THE HISTORY OF
SECONDARY
SCHOOL

当代中国普通高中教育研究报告丛书

丛书主编　霍益萍　朱益明

国外中学学生指导制度历史演进

■　杨光富　著

GUIDANCE AND
COUNSELING
IN THE MAIN
FOREIGN
COUNTRIES

华东师范大学出版社

2010 年教育部人文社会科学青年基金项目"国外中学学生指导制度发展历史探究"(项目编号：10YJC880141)终结性研究成果。

2014 年教育部基础教育二司委托项目"普通高中学生发展指导实施指南"阶段性研究成果。

目 录

国外中学学生指导制度历史演进

序

2010 年《国家中长期教育改革和发展规划纲要(2010～2020)》明确提出要在普通高中建立学生发展指导制度。同年,我和朱益明教授受教育部基础教育二司委托,组织科研团队开展"普通高中学生发展指导"课题研究。从那时起,本书作者杨光富老师即开始着手研究国外普通中学的学生发展指导制度,先后发表多篇文章,并申请到教育部人文社科基金项目。2013 年 11 月起光富老师利用赴美研修一年的机会,系统阅读和梳理了大量文献资料,实地考察美国中学的学生指导实务,并向美国大学的教授咨询请教,在此基础上最后完成了这本专著。尽管国内陆续也有一些文章介绍国外普通中学学生发展指导制度,但就资料的详实、论述的系统、讨论问题的广泛而言,本书无疑是目前国内该领域首屈一指的研究成果。

从光富老师的介绍中,我们可以看到现代学生发展指导制度是与中等教育机构改革及普通高中出现相伴而生的产物。从最初侧重对学生进行职业指导和以心理学作为理论基础,到今天法规的健全、理论的完善、标准的确立、课程的多彩、量表的开发、网络的运用和各种实验项目等的大量涌现,一百多年间国外学生发展指导制度发生了很大的变化,但其本质特征始终未变:即关注学生的需求并及时提供专业的支持与帮助。由此可见,国家把开展学生发展指导工作规定为我国普通高中学校的一项基本职能,置于和教学、管理同等重要的地位,确实是推动新形势下普通高中发展的一个重大举措。它对于落实"以人为本"的教育理念,改变普通高中片面追求升学率的现象,全面提高学生综合素质,完善现代学校制度建设具有重要意义。

从这几年课题合作学校的实施情况来看,普通高中学生发展指导具体内容与学校现有工作既有交叉又有不同。学校应关注不同并在交叉中形成互补和调整,才能共同对学生的健康成长产生积极影响。学生发展指导具有尊重个体、强调服务、关注成长、自主发展的特质。和管理相比,它着眼于正面引导学生正确的行动方向和行为方式;和德育工作相比,它重在满足学生的个性化成长需要,更贴近学生的现实生活和切身利益;和日常教学辅导相比,它侧重激发学习动力、提升学习能力和掌握学习策略;和心理健康教育相比,它强调以发展性指导为主,干预矫正为辅,重在正面教育;和职业教育相比,它属于非定向教育,通过引导学生认识自我和了解外部世界,着重培养学生选择和决策的人生规划能力。可以说,学生发展指导具体的内容和形式或许是学校已经开展或存在的,但其本质特征却是高中学校现有工作中严重缺失的。在普通高中即将普及的今天,国家教育改革的目标方向已经很清晰,着力凸显人在教育中的首要地位,强调高中自身的独立价值,要求为学生个体发展提供一种与其成长、成熟和社会化相匹配的知识、技能、价值观和态度的过程和经历,为学生的终身发展、人生幸福、融入社会生活、承担社会责任等奠定基础。显然,要实现高中教育的独立价值,学生发展指导制度不可或缺,无法替代。

光富老师通过自己的勤奋工作和深入研究,为我们打开了一扇窗,让我们看到了外面的精彩和自己的不足。知耻而后勇,相信高中的校长和老师会借鉴本书内容并创造属于自己的学生发展指导的本土经验。同时也希望光富老师继续开展这一领域的研究,为中国普通高中学生发展指导制度的建立作出更大的贡献。

霍益萍
2015 年 2 月于华东师范大学

第一章

前言

现代意义上的学生指导源于 19 世纪末 20 世纪初的欧美各国,经过 100 多年的发展,它已成为和教学、管理并重的现代学校三大职能之一。"指导"一词在西方国家的教育话语体系中为"guidance"(指导),在后来的发展过程中逐渐被"counseling"(咨询)所代替。目前,在西方的教育理论和实践中,经常用"school guidance and counseling"(学校指导与咨询)来表示。

国外和我国港、澳、台地区及大陆学生指导名称不一。西方国家一般称之为"学生指导与咨询"(guidance and counseling),从事学生指导工作的专业人员的被称为"学生指导教师"(counselor);[①]法国称之为"方向指导"(orientation),从事学生指导工作的专业人员被称为"方向指导顾问";我国港、澳、台地区称之为"学生辅导"或"学校辅导",从事学生指导工作的专业人员被称为"辅导师"、"辅导教师"或"辅导员",而我国大陆又把它称为"学生发展指导"。[②]

第一节　学生指导概念的界定

"指导"一词的英文是 guidance,它来自 guide 一词。guide 的意思是"指导"、"引导"、"向导"。guidance 的意思是引导的行动,是引导者所提供的指挥或监督,此为一般的解释。但不同的学者对"指导"一词的解释又有所不同。

1970 年,亚瑟·朱利叶斯·琼斯(Arthur Julius Jones)在其名著《指导原理》(*Principles of Guidance*)一书中,为指导所下的定义是:[③]

> 指导是指某人给予另一人的帮助,使其做出抉择与适应,并对所遇到的问题加以解决。其任务是帮助个人决定所要前往的方向,所要达成的工作,以及如何实现其目的。同时,指导也帮助个人解决生活上所遇到的各种问题。但指导不代替个人解决问题,只帮助个人自己去解决问题,其对象是个人而非问题,其目的是促进个人自我指导(self-direction)。

---

① 国内学者对"counselor"一词的翻译包括:辅导员、咨询员、咨询师、咨询教师、心理咨询师,学生顾问、辅导教师、顾问教师、导师、指导员等等,本书将其译为"学生指导教师"。
② 为避免概念混淆,本文涉及上述概念时统一用"学生指导"一词。
③ Arthur Julius Jones, Buford Stefflre, Norman R. Stewart. Principles of Guidance. New York: McGraw-Hill. 1970, p7.

此定义强调指导在于协助他人做出决定并解决问题，即通过指导他人，使他人独立地对所遇到的问题加以解决。詹姆斯·帕特里克·卓别林（James Patrick Chaplin）在其主编的《心理学词典》（1985）（*Dictionary of Psychology*，1985）中，对指导作如下的解释：[1]

> 指导是协助个人在教育与职业生涯中获得最大满足的方法。它包括使用晤谈、测验和资料搜集，以协助个人有系统地计划其教育与职业的发展。它紧邻治疗，而可能用到指导教师（guidance counselors）。

夏兹尔与史东（Shertzer & Stone）把指导视为：[2]

> 协助个人了解自己及其周边世界的历程。这个定义涉及 4 个关键词：（1）历程——指的是一系列朝向目标迈进的行动或步骤；（2）协助——指预防、矫治和改善困境的工作；（3）个人——指学校情境中的一般学生，未必是有特殊问题的困难者；（4）了解自己及其周边世界——指深入而完整地自我了解、自我接纳、体察环境和了解人群。

《简明不列颠百科全书》指出：[3]

> 指导亦称咨询，一种心理学方法，用以帮助人发现及发挥自己在教育、职业和心理上的潜力，使本人能最大限度地得到幸福并使社会受益。

英国学者德·朗特里认为指导是：[4]

> 就教育上的进步、就业机会、个人烦恼（例如吸毒或避孕）或生活中的突发事件向大中小学生提出忠告。

日本教育家平冢益德认为，指导是指"为了个人的幸福和社会的效益，在每个

---

① 吴武典主编：《学校心理辅导原理》，广州：广东世界图书出版公司 2003 年版，第 3 页。
② 方明主编：《学校心理辅导原理》，北京：北京农业大学出版社 2005 年版，第 2～3 页。
③ 不列颠百科全书公司编著：《简明不列颠百科全书》（9），北京：中国大百科全书出版社 1986 年版，第 444 页。
④ ［英］德·朗特里主编，陈建平译：《西方教育词典》，上海：上海译文出版社 1988 年版，第 58 页。

人努力发现和发展各自潜力的整个时期对其援助的过程"。[①] 此概念已经被 1955 年版的《世界教育年鉴》采纳,平冢益德指出:[②]

(1) 从每个人都有各自向好的方向成长的可能性这一信念出发,强调自我理解,自我开发;

(2) 提倡必须为此提供适当的帮助(运用儿童和中小学生能够理解的各种方法,改善学校、家庭、社会等方面的各种条件,准备适当的体验机会等等);

(3) 主张如果能够帮助每个人不仅关心自己的幸福,也能关心别人的幸福的话,就可能导致个人的幸福,又可增进社会效益。

国外学生指导全面负责学生的学业、心理、升学、就业等各个方面的指导,内容非常广泛。美国学者琼斯(Jones,1957)曾根据美国心理咨询协会(American Counseling Association,ACA)所要解决问题的性质,将学生指导的内容范围分为八个方面:[③]

(1) 健康与身体发展问题(身体缺陷、缺乏活力、营养不良、体型不匀称等);

(2) 家庭与亲属的关系问题;

(3) 休闲生活问题(缺乏运动或阅读兴趣、缺乏休闲活动所需的技艺);

(4) 人格问题(多愁善感、害羞、自卑、过分自信、过度幻想、粗心大意、缺乏同情、与别人不能相处、情绪不稳定等);

(5) 宗教生活问题(宗教信仰的改变、父母强迫子女信教、科学与宗教的冲突等);

(6) 学校教育与生活问题(学习缺乏计划性、学习习惯欠佳、读书不专心、厌恶学习、逃学旷课等);

(7) 社会道德问题(说谎、吸烟饮酒、不礼貌、社交活动过度、交友与恋爱中的问题等);

(8) 职业问题(缺乏职业兴趣、缺乏职业准备、不知如何择业等)。

可以看出,国外学界对"指导"一词的界定可谓"仁者见仁,智者见智"。根据上

---

① [日]平冢益德主编,黄德诚等译:《世界教育辞典》,武汉:湖北教育出版社 1989 年版,第 588 页。
② 同上书,第 588~589 页。
③ 刘华山、江光荣主编:《咨询心理学》,上海:华东师范大学出版社 2010 年版,第 176 页。

述对"指导"概念的界定,可以得出"学生指导"一词有以下几个方面的特征:(1)指导人员应具有一定的专业知识、技能及道德规范;(2)指导的对象既包括正常的学生,也包括有特殊问题的学生;(3)指导是协助的过程,应该是助人自助,指引方向,而不是越俎代庖;(4)指导内容主要涉及学业、生涯、品德、情感和心理发展等方面内容;(5)指导的目的是让指导对象能够自我了解、自我接纳,以便帮助其发现其潜力,最终达到自我发展的目的。

综合上述的界定,笔者把"学生指导"一词界定为:学生指导是协助学生的过程,在这个过程中,指导人员根据学生的身心特点和社会发展的要求,运用其专业知识与技能,协助学生对所遇到的问题做出明智的选择,并帮助学生自我了解、自我接纳,自我欣赏,最终使其在学业、生涯、生活和心理等方面达到全面发展的目的。

第二节　指导、咨询与心理治疗

在学生指导领域,我们会经常遇到关于学生指导(guidance)、心理咨询(counseling)与心理治疗(psychotherapy)几个常见的概念。

心理咨询又称心理商谈或心理顾问,是通过交谈与磋商、解释与指导,帮助来访者解决心理问题,提高社会适应能力和抗病能力,从而达到心理健康的目的。1997年10月,美国心理咨询人员最大的专业组织——美国心理咨询协会(ACA)对"心理咨询"一词进行了界定:[①]

通过认知、情感、行为或系统的干预和策略,应用心理健康、心理学和人类发展的原则,致力于推进人的身心健康、个人成长以及职业的发展。

"心理治疗"一词英文为"Psychotherapy"或"Therapy"。《心理咨询百科全书》中说,心理治疗也可称为精神治疗,是指治疗者与患者之间通过表情、态度和行为等相互交往过程,运用心理学的理论、方法和技术,去改变或影响患者的消极认知情绪,从而消除或减轻导致患者痛苦的各种心理因素和异常行为。因此,心理治疗一般是由经过专业训练的治疗者运用心理治疗的有关理论和技术,对来访者进行帮助,以消除或缓解来访者的问题或障碍,促进其人格向健康、协调的方向发展。

---

① [美]塞缪尔·T·格拉丁著,陶新华等译:《心理咨询:一个综合的职业》(第五版),南京:江苏教育出版社2007年版,第4页。

关于三者的差别,可以通过心理干预的三个中心点:矫正、发展、预防加以理解:①

> 心理治疗着重于矫正,而将发展和预防放在次要的位置。心理治疗通常是临床心理学家和精神病学家的工作。由于精神病学家受过训练,所以他们也使用服用精神药物的化学疗法来治疗心理机能障碍。心理咨询首先着重于发展而将矫正和预防放在次要位置。学生指导首要强调的是预防,而发展和矫正则在其次。

表 1-1 学生指导、心理咨询和心理治疗的区别

比较项目	学生指导	心理咨询	心理治疗
帮助对象	正常人,在学业、生涯、品德和心理发展中遇到的问题。	遇到各种问题的正常人,如在人际关系、职业选择、恋爱婚姻等方面遇到的问题。	有心理障碍和心理疾病的患者
实施者	学校指导教师;各科教师	学校指导教师;心理工作者	临床心理师;精神科医生等
持续时间	短期	短期且密集(一般为一至数次)	长期(有时长达一年以上)
考虑的时机	现在与未来	现在与未来	过去历史与影响
实施方法	强调资料的提供与获得、经验的分享及情感上的支持	强调咨询关系;以专业的助人方法帮助当事人做自我探索,以达到改变与成长的目的;重视问题的解决	帮助当事人对过去经验的探索
工作场所	学校、机构、社团、志愿服务组织	医院、诊所、学校、社区、法律部门、职业培训部门	大多在医疗环境或私人诊所
实施特性	教育性、发展性、预防性	发展性、解决问题	补救性、医疗性
主要功能	重在预防	重在发展	重在矫正

总之,"学生指导"和"心理咨询"两词的区别之一是学生指导重在帮助个人做出最佳选择,而咨询则强调帮助他们做出改变。指导的早期工作大多是在学校和

---

① [瑞典]胡森(Torsten Husen)、[德]波斯尔斯韦特(T. Neville Postlethwaite)主编,舒运祥编译:《国际教育百科全书》(第二卷 C),贵阳:贵州教育出版社 1990 年版,第 460 页。

职业中心,由成人指导学生做决定,比如说要学什么课程,或是从事什么职业。这种关系的双方是不平等的,它的益处在于可以帮助那些经验较少的人找到生活的方向。

同样,学生一直以来都接受着家长、老师、童子军辅导员或是教练的辅导,他们在这个过程中获取对自身及这个世界的了解。此类学生指导工作永远不会过时,不管年龄有多大或处于人生的哪个阶段,人在做决定的时候总是需要帮助的。但这种指导只是专业心理咨询所提供的整套服务中的一部分。而心理治疗是专业的心理医生对心理障碍者进行治疗的过程。三者在对象、实施时间、实施方法等方面都有所区别,详见表1-1。

上述概念的区别有助于指导教师明确自己的职责,在实践中一旦超过自己能力与职责范围的事,如学生出现严重的心理问题时,就必须寻求专业人员的帮助,以取得指导的实效性。但在实践中,人们又把学生指导和心理咨询两个词等同使用。随着学生指导专业化的发展,同时也为了使更多的学生在学校心理健康教育中受益,拓展心理咨询的服务范围,国外常把学生指导与心理咨询结合起来使用,称之为学生指导与咨询(guidance and counseling)。

第三节　本书的内容框架与结构

1909年5月,帕森斯正式出版了《选择一份职业》(*Choosing a Vocation*)一书,第一次系统阐述了特质因素理论(trait-and-factor theory)在学生指导实践中如何运用的问题,标志着现代学生指导制度的正式确立。现代学生指导制度的诞生距今已有100多年的历史,其发展大致可以分为以下七个阶段:

1. 国外学生指导的早期探索阶段(19世纪)

2. 帕森斯与现代学生指导制度的建立(20世纪初)

3. 学生指导制度在西方的兴起(20世纪10~20年代)

4. 学生指导制度在中学的普及(20世纪30~40年代)

5. 国外学生指导制度的健全(20世纪50~60年代)

6. 国外学生指导制度的改革(20世纪80~90年代)

7. 国外学生指导制度的现状(21世纪至今)

本书将围绕我国普通高中建立学生发展指导制度现实的需要,从历史的角度对美国、英国、法国、德国、日本五个国家的中学学生指导制度的发展历史进行全面的梳理与深入的研究,本书的内容框架与结构详见图1-1。

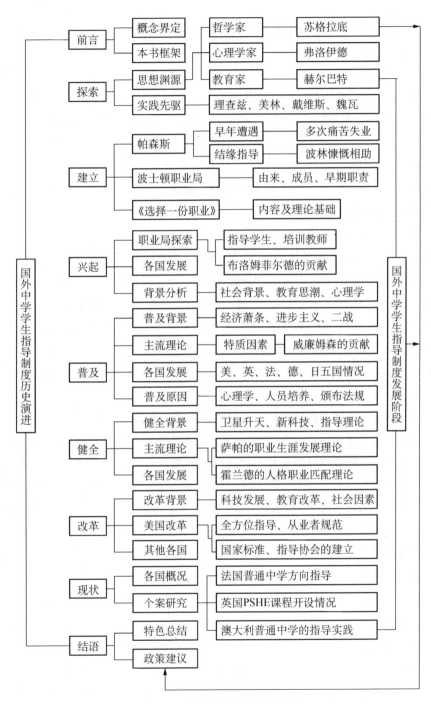

图 1-1　本书的内容框架与结构

第四节 本书的内容梗概

从时间上讲,本书的研究重点是从19世纪中后期至21世纪初100多年来美国、英国、法国、德国和日本五个国家中学学生指导制度发展的历史演变情况。全书由9章内容组成,其中第一章为"前言",最后一章为"结语",其余7章为正文部分。

第一章为"前言"部分,首先对学生指导的概念进行了界定,并对学生指导、心理咨询和与心理治疗三者之间的关系进行了辨析。之后,对全书的内容框架与结构以及其内容梗概进行了介绍。

第二章介绍了国外学生指导的早期探索情况。首先,从古代摩西、穆罕默德对门徒的指导,古希腊苏格拉底的"产婆术"及名医希波克拉底的心理咨询干预法,近代弗洛伊德的"谈话治疗法"等案例说起,表明指导早在宗教、哲学、医学、心理等领域广泛地应用,历史渊源流长,自古就有。其次,对德国教育家赫尔巴特通过"训育"对学生指导及马克思的职业指导思想进行了阐述。接着,对学生指导在学校的早期探索情况进行了论述,介绍了理查兹、美林、芒斯特伯格、戴维斯、魏瓦和戈登等几位先驱的学生指导思想及实践情况。最后,总结了国外早期学生指导的基本特征。

第三章介绍了帕森斯对现代学生指导制度建立的贡献。帕森斯大学毕业后多次失业及寻找工作的痛苦经历,对他后来从事学生指导工作有着重大影响,而真正让帕森斯结缘于职业指导的是慈善家波林·阿加西·肖女士。1905年,帕森斯被波林聘请为公民服务社布拉德温纳协会的主任,后来又在她的资助下,帕森斯于1908年创立了波士顿职业局,他领导着拉尔夫·艾伯森、露辛达·怀曼·普林斯和菲利普·戴维斯三位员工全力投入波士顿公共学校学生指导的组织工作。1909年5月,帕森斯的遗著《选择一份职业》出版,第一次系统阐述了特质因素理论,标志着学生指导理论的正式创立,同时也标志着现代学生指导制度的建立。

第四章介绍了学生指导制度在国外的兴起情况。1909年,梅耶·布洛姆菲尔德成为波士顿职业局的新领导人,掀起了美国20世纪前20年的学生指导运动。1916年,杜威对"教育即指导"和"教育与职业"等问题进行了精辟的论述。一战期间,美国采用军队α型和β型智力测试来甄选士兵为学生指导工作沿着科学化的方向发展打下了基础,心理卫生运动使心理咨询成为学校学生指导的重要内容之一。英国于1909年颁布了世界上第一个有关职业指导的法律《职业交换法》;英国国家工业心理学研究院在学生指导理论与实践研究方面做了大量的工作;至20年代,英国的中学纷纷设立职业指导机构,开展职业指导工作。法国于 1912 年在巴黎成立"为青年选择职业提供资料和建议办公室";1928 年,在巴黎建立了"全国职业方向指导研究所",开展方向指导的相关问题研究。1919 年,德国颁布法令规定,凡人口一万以上的,必须由当地行政当局设立职业指导机构;1920 年,德国劳动部成立全国职业指导的总机关——中央职业局;1922 年的《全国职业介绍所法案》规定开展职业指导的相关事务。1925 年,日本发出"关于对少年进行职业指导"的通知,要求对青少年进行适当的职业指导;1927 年,文部省颁布"关于尊重学生个性及进行职业指导"的训令,被认为是学校进行指导工作的真正起点。

第五章介绍了学生指导制度在国外中学的普及情况。威廉姆森在《怎样对学生进行咨询》一书中进一步完善了帕森斯的"特质因素",使其成为 20 世纪 30 至 40 年代学生指导的主流理论。美国的《乔治—巴登法案》和《国防教育法》规定联邦拨款为学生指导工作提供经费;罗杰斯的"当事人中心疗法"奠定了美国现代学生指导的框架。英国《1944 年教育法》要求学校专设职业导师,开展学生指导工作;1948年《就业与培训法》要求中学必须实施职业指导;二战后,心理辅导开始进入学校。1937 年 3 月,法国教育部长让·泽提出了在中学阶段的第一年设立方向指导班。1938 年的《职业方向指导和职业义务教育法》要求为学生提供指导服务;1947 年的《郎之万—瓦隆教育改革方案》提出要对学生进行方向指导工作;至 50 年代末,法国有专职的方向指导人员参与学校的指导工作,指导对象和内容也得到了进一步的扩大。1946 年的《美国赴德国教育代表团报告》对联邦德国的学生指导工作提出了建设性的意见;1947 年的《德国教育民主化的基本方针》要求加强中小学生的指导工作;1959 年的《关于普通教育的改革和统一的总纲计划》主张在四年制基础学校之后的第五、第六年级定为观察期,并对学生进行定向指导。日本 1947 年的《学习指导要领》规定在社会科教育中进行职业指导;1949 年,文部省颁布的《教员许可法》把初高中的职业指导列为许可科目之一,并明确了指导教师职称晋升问题;50年代,威廉姆森等多位美国专家赴日进行学生指导方面的专题培训。50 年代,"出路指导"一词在日本学校教育中被广泛使用。本章最后还对学生指导制度普及的原因进行了分析。

第六章介绍了国外学生指导制度的健全情况。苏联卫星升天、新科技发展、萨帕的职业生涯发展理论和霍兰德的人格—职业类型匹配理论的发展等因素促进了国外学生指导制度的健全。美国 1964 年的《国防教育法修正案》开始将学生指导的资助范围扩大到小学及中学后教育阶段;1974 年的《生计教育法案》要求拨款资助生涯教育;1965 年的《中小学教育法》提出为中小学指导教师的培训和学校指导项目的实施提供资助;这个阶段美国学生指导行业协会还颁布了指导教师的培养标准。20世纪60~70年代间，英国发布了《工业训练法》、《就业和训练法》、《学校教育白皮书》和《纽森姆报告》等，对学生指导工作做出了相关规定；70年代，英国学生咨询协会和英国咨询协会也先后成立；高校也开始介入培养专业的学生指导教师。法国于70年代建立了国家教育与职业信息办公室，出版学生指导资料；1971年，把职业方向指导中心改为"信息与方向指导中心"；1972年，法国规定以公开竞争的方式招聘信息与方向指导顾问。1970年的联邦德国颁布《教育结构计划》把第五、第六学级定为"定向阶段"；1969年的《建立综合中学的实验学校》，在实验学校设立学生指导机构；70年代，联邦德国还通过开设"劳动学"课程对中学生进行职业预备教育。1960年，日本发布《按照国民收入倍增计划，制定长期教育计划的报告》，提出学生指导工作的两点计划。1960年，唐纳德·萨帕的《职业心理学》一书被译为日文，为指导工作提供了理论指导；60~70年代，日本的学校主要通过各种形式开展指导工作。

第七章介绍了国外学生指导制度的改革情况。本章对美国的全方位学校指导项目、《美国心理咨询协会道德准则与从业标准》、《学校指导教师道德标准》和《学校指导项目的国家标准》进行了详细的阐述。英国1988年《教育改革法》规定在中学开设生计指导课程；从20世纪80年代起，英国推行"职业教育试点计划"，在普通教育中增设职业技术课程；1997年的《教育法》规定为所有9~11岁的学生提供一个职业教育计划。法国在80年代取消班主任，实行教师监护制，对学生开展个别化的方向指导服务；1989年的《教育方向指导法》要求加强对中学学生的方向指导和个别教学。统一之后的德国，在主体中学增设"劳动学"课程，同时在综合中学开展分组教学与指导。日本在高中开设《职业基础》，通过课程开展指导工作；1995年，日本进路指导学会提出了中学职业指导的教育目标，为学校职业指导工作明确了方向。

第八章介绍新世纪国外学生指导制度的现状。重点对法国普通中学的方向指导，英国PSHE课程及澳大利亚的学生指导进行了个案研究。

第九章为"结语"部分，主要对国外学生指导制度发展及实践的特色进行了总结，并提出了在我国普通高中建立学生指导制度的设想。

另外，本书从第二章起，每章的正文之前都有一个内容摘要，把该章涉及的重点内容按照在文中出现的先后顺序简单地罗列出来，以便让读者在较短时间内了解该章所要论述的主要内容，再根据自己的兴趣与需要，作进一步的阅读。每章的正文之后还安排了"进一步思考"和"延伸阅读"两部分内容。"进一步思考"所列的问题均为该章涉及的核心内容，可作为读者的阅读提纲或阅读后进一步思考之用，同时也有引导读者对相关问题作深入研究的意图。"延伸阅读"部分列出了该章研究所涉及的重要文献,本书附录部分还附有《学校指导教师道德标准》、《霍兰德职业倾向测验量表》等相关信息,希望对读者今后的研究与学生指导工作的实践有所帮助。

第二章
国外学生指导的早期探索

自从有了人类,就有了指导。古代的摩西、穆罕默德等通过指导为门徒提供启示和灵感。古希腊的苏格拉底采用"产婆术"引导学生获取知识。古希腊名医希波克拉底采用心理咨询干预的方式对心理障碍者进行心理辅导。

1626年,意大利的托马斯科·加佐尼出版《环球广场所有时代的职业》一书,该书是国外第一本有关职业发展和职业选择的著作;1631年,托马斯·鲍威尔出版了第一本英文版的有关职业信息的专著——《汤姆的所有贸易》。

弗洛伊德则通过"谈话治疗法"为心理有问题者进行治疗,为后来的学生指导的心理辅导提供了实践基础。赫尔巴特提出通过"训育"对学生进行指导。1835年,马克思在《青年在选择职业时的考虑》一文中把"人类的幸福"和"自身的完美"作为职业选择的指导思想,并提出影响职业选择的因素。

莱桑德·理查兹是西方教育史上第一个提出建立学生指导职位的教育家,也是第一位建议通过大学来培养专门学生指导人员的教育家,这对学生指导制度的建立有重大的影响。

1888年,乔治·美林在旧金山考格斯威尔高中首开职业指导工作的先河,他是西方早期从事学生指导实践的第一人。

雨果·芒斯特伯格的著作《职业与学习:一本受欢迎的阅读教材》被认为是历史上第一本职业理论方面的心理学著作,同时也是第一次运用职业理论来评估一个人与职业的匹配,并成为后来约翰·霍兰德人格—职业类型匹配理论的先导。

西方教育史上第一位在中学和大学开设学生指导课程的是耶西·戴维斯,这对后来各国中学和高校开设学生指导课程有一定的影响。

1904~1906年,伊利·魏瓦担任纽约州布鲁克林男校高中的校长,他帮助男生在暑假和业余时间找到合适的工作,被誉为公共学校职业指导制度之父。

玛丽亚·戈登分别在英格兰和苏格兰创办了教育信息与职业局。1908年,出版了《职业手册——特别为进入商业、工业和专业的男孩和女孩而准备》,这本书为其他国家在开展职业指导实践时所效仿。

第一节　国外学生指导的思想渊源

教育语境中,指导是告诉被指导者方向和方法的意思。自从有了人类,就有了指导。原始社会里,由于教育职能没有分化,指导还不是独立的教育职能,它与教育是浑然一体的。因此,这个时期成年人通过训练以及言传身教式的指导,使年轻一代逐渐习得群体的知识、技能、志趣、抱负、价值观、宗教信仰以及生活习俗。因此,指导是一种古老的教育方式。[1] 古代哲学家、近代心理学家及教育家都有从事指导工作的实践或对学生指导工作有精辟的论述,这为现代学生指导的产生提供了一定的思想渊源。

一、古代哲学家的实践

美国心理学家杰弗里·科特尔(Jeffrey A. Kotte)认为,"最早从事指导工作的教师(counselors)是社会领袖,他们试图通过其教学为他人提供启示与灵感"。[2] 他们当中有的是宗教领袖,如摩西(Moses,公元前1200)、穆罕默德(Mohammed,公元前600)和乔达摩·悉达多(Buddha,公元前500)。这些宗教领袖许多是发挥着"指导教师"的作用,因为他们针对门徒或学生做工作,努力传授智慧,以激发情绪、精神和智力方面的成长。尽管他们的指导方法与当前学生指导的方法有着显著的不同,但我们也继承了他们一些基本的宗旨:(1)对于任何值得咨询的问题,并没有唯一正确的答案;(2)对于同一种经验,有多种可能的解释;(3)如果哲学不能个性化并且与日常生活联系,它就是毫无价值的。[3]

另外,从事指导工作的还有的是哲学家,如苏格拉底(Socrates,公元前450)、柏拉图(Plato,公元前400)和亚里士多德(Aristotle,公元前350)。古希腊"三杰"中,苏格拉底以他的苏格拉底法(Socratic method)或称"产婆术"著名。在苏格拉底法中,苏格拉底善于"追问",尤其善长于"反讽术"和"产婆术"。他谈笑风生,却咄咄逼人,通过不断提出问题使对方陷入矛盾之中,并迫使其承认自己的无知,同时不断启发、引导学生,使学生通过自己的思考,得出结论,最后使学生逐步掌握明确的定义和概念。在《美诺篇》[4]里,苏格拉底与一童奴的对话,他使美诺的一名从未受过

第二章　国外学生指导的早期探索

---

[1] 黄向阳:《学生发展指导制度建设刍议》,《教育发展研究》2010 年第 15~16 期,第 64 页。

[2] Jeffrey A. Kottler, David Shepard. Introduction to Counseling: Voices from the Field (sixth Editon). Broadman & Holman Publishers 2008, p33.

[3] 同上注。

[4] 《美诺篇》是柏拉图记载的苏格拉底对话录,以苏格拉底对话体写成。——著者注

教育的童奴能够完全凭借自己的力量推论正方形和三角形。

在对话中,苏格拉底让童奴画出一个比边长为二(尺)、面积为四(平方尺)的正方形大一倍的正方形,童奴认为这是可以的,且新图形的面积为八、边长为四;苏格拉底画出一个面积为十六而边长却为四的正方形,否定了童奴之前的认识;童奴重新认为面积为八的正方形的边长在二和四之间,为三;而计算结果却是面积为九,童奴表示自己并不知道面积为八的正方形的边长是多少;在苏格拉底的指导下,最后孩子以已知正方形的对角线为边长画出正方形,从而解决了这个问题,得到了一个其面积两倍于已知正方形的正方形。

苏格拉底并没有直接告诉孩子的答案,仅仅凭着所提出的一系列问题便把答案给诱导出来了,使童奴获得了真正的理解,从而达到了较好的指导效果。

二、中世纪教会学校职业指导的探索

中世纪是西欧封建社会的一个阶段,中世纪又分为早期和后期。时间大致指的是 5 世纪末到 14 世纪。教会学校是当时唯一的教育机关,修道院是中世纪最典型的教会教育机构,最初只对志在侍奉上帝、准备充当神职人员的人进行教育。其教育目的主要是培养教士,当时指导的主要职责是"如何让学生成为未来教堂里的教士"。[1]

后来,社会的政治、经济、文化的进一步发展,极大地促进了当时社会的劳动分工。所以,教会学校在招生时扩大了学生的范围,一些并不以神职为生的人也被接纳。此时,在指导方面的一个大的变化是,教会学校的教育增加了职业教育与职业指导的内容。

三、17、18 世纪对社会职业的介绍

在 17 世纪初,有关职业发展和职业选择的著作已问世了。其中第一本有关这方面的著作是意大利人托马斯科·加佐尼(Tomasco Garzoni)于 1626 年出版,这本书名为《环球广场所有时代的职业》(*The Universal Plaza of All the Profession of the Times*),在书中向人们详细描述了当时的各种职业。[2] 这本书在意大利有 25 种版本,另外还有多种其他语言的翻译版本,可见其受欢迎的程度。

---

[1] Robert L. Gibson, Marianne H. Mitchell. Introduction to Counseling and Guidance (seventh edition). Pearson Merrill Prentice Hall, p3.
[2] A Brief History of School Guidance and Counseling in the United States. http://education.stateuniversity.com/pages/2023/Guidance-Counseling-School.html.

1631 年，托马斯·鲍威尔(Thomas Powell)出版了第一本英文版的有关职业信息的专著——《汤姆的所有贸易》(*Tom of All Trades*)，这也是一本图画书。① 在这本书中，"鲍威尔提供了大量的职业方面的信息，并告诉学生进入这些职业的途径及所需的知识"。②

18 世纪，约瑟夫·科利尔(Joseph Collyer)、艾德蒙·卡特(Edmund Carter)、丹尼斯·狄德罗(Denis Diderot)和罗伯特·坎贝尔(Robert Campbel)等人继续关注职业选择与职业发展。③ 如罗伯特·坎贝尔的著作《伦敦贸易者》(*The London Trademan*)在 1747 年时被视为"所有行业、职业、艺术在文学与技术层面的一次概述，目前在伦敦和威斯敏斯特(伦敦市的一个行政区，英国议会所在地)具有实践价值……为家长提供信息，指导青年人如何选择商业活动"。④ 类似的一些出版物率先提供了与职业发展有关的信息，也成为职业指导与咨询的先驱。

四、早期精神病学家的心理干预

除了宗教领袖和古希腊哲学家的指导实践外，早期的精神病学家则通过心理干预的方式，对心理障碍的人进行心理指导。其中，最著名的有希波克拉底(Hippocrates，约公元前 460～公元前 377)和弗洛伊德(Sigmund Freud，1856～1939)。

(一)希波克拉底：最早提出了心理干预

希波克拉底是被西方尊为"医学之父"的古希腊著名医生，西方医学的奠基人。他认为心理障碍类似于人体的其他疾病，应该给予干预与治疗。人们认为，最早的心理咨询干预是希波克拉底于 2,000 多年前提出的。⑤

古希腊医学受到宗教迷信的禁锢。巫师们只会用念咒文、施魔法、进行祈祷的办法为人治病。这自然是不会有什么疗效的，病人不仅会被骗去大量的钱财，而且往往因耽误病情而最终死去。

---

① ［美］J·J·施密特著，刘翔平等译：《学校中的心理咨询》，上海：华东师范大学出版社 2008 年版，第 4 页。

② Donald G. Zytowski. Four hundred years before Parsons. The Personnel and Guidance Journal. Vol. 50 Issue 6 February 1972, pp443～450.

③ John J. Schmidt. Counseling in Schools：Comprehensive Programs of Responsive Services for All Students. Pearson/Allyn and Bacon 2008，p4.

④ ［美］J·J·施密特著，刘翔平等译：《学校中的心理咨询》，上海：华东师范大学出版社 2008 年版，第 4 页。

⑤ Jeffrey A. Kottler, David Shepard. Introduction to Counseling：Voices from the Field (sixth Editon). Broadman & Holman Publishers 2008，p34.

图 2-1　希波克拉底

为了抵制"神赐疾病"的谬说，希波克拉底积极探索人的肌体特征和疾病的成因，提出了著名的"体液学说"（humours）。认为人体由血液（blood）、黏液（phlegm）、黄胆（yellow bile）和黑胆（black bile）四种体液组成，四种体液在人体内的比例不同，形成了人的不同气质：性情急躁、动作迅猛的胆汁质；性情活跃、动作灵敏的多血质；性情沉静、动作迟缓的黏液质；性情脆弱、动作迟钝的抑郁质。每一个人生理特点以哪一种液体为主，就对应哪一种气质。先天性格表现会随着后天的客观环境变化而发生调整，性格也会随之发生变化。

希波克拉底曾说过：医生治病有两种武器，一是药物，一是语言。语言是实施心理辅导的主要工具。可见，心理辅导在医学实践中起着举足轻重的作用。他认为，疾病的治疗手段也不仅是药物、手术和理疗等，而安慰、疏导以及行为重建等措施也可以治病。

确切地讲，医护人员不但要关注病人所患的是什么病，关注病人的心理状态，还要根据病人的气质类型，并有针对性地给予心理辅导，这为后世的医学心理疗法提供了一定指导基础。希波克拉底心理干预的措施目前仍为人们使用，如系统诊断访谈法、详细的既往病史记录、治疗关系中信任的确立，甚至包括梦的解析以及认可受到压抑的情感等。

（二）弗洛伊德：通过催眠来达到宣泄的目的

弗洛伊德是奥地利精神病医生及精神分析学家，精神分析学派的创始人。他认为被压抑的欲望绝大部分是属于性的，性的扰乱是精神病的根本原因。他的著有《性学三论》、《梦的释义》、《图腾与禁忌》、《日常生活的心理病理学》、《精神分析引论》、《精神分析引论新编》等。弗洛伊德和同事约瑟夫·布洛伊尔（Joseph Breuer，1842～1925）一起提出了通过宣泄而达到治疗效果的"谈话疗法"。

弗洛伊德在用催眠方法治疗病人时发现：

图 2-2　弗洛伊德

在催眠状态下病人的想法与现实大不一样,而且常常有悖于高尚的伦理道德。以后,弗洛伊德又发现,让病人在放松状态下去自由联想,也能获得与催眠状态下同样的效果。当时,布洛伊尔正在为他的情人安娜·欧治疗歇斯底里症。她经常暂时性地瘫痪,发病时,她不能使用其本国的语言即德语来说话,但仍然会说法语和英语;她不能喝水,即使渴了也是这样,等等。布洛伊尔发现,如果他给她催眠,在催眠状态下,她会说出在有意识状态时所不记得的事情,催眠以后,她的症状会得到了一定的缓解。

通过催眠术的应用,弗洛伊德发现在人的意识背后,还深藏着另一种极其有力的心智过程——"潜意识"。后来,他发掘这种潜意识,并加以分析,最后导致了他的精神分析学整个科学体系的建立。这种催眠治疗方法也被称为"谈话治疗法"。这种"谈话疗法"为后来的学生指导的心理辅导提供了实践基础。

五、赫尔巴特对指导的界定

约翰·弗里德里希·赫尔巴特(Johann Friedrich Herbart,1776~1841)是19世纪德国哲学家、心理学家,科学教育学的奠基人。

赫尔巴特认为"教育的唯一工作与全部工作可以总结在这一概念之中——道德","道德普遍地被认为是人类的最高目的,因此也是教育的最高目的"。[①] 他认为,从教育本质看教育目的可以分为两个部分:"可能的目的"(或选择的目的)和"必要的目的"(或称"道德的目的")。"可能的目的"是指与学生将来选择职业有关的目的;"必要的目的"是指儿童将来不管从事任何活动,都必须具备的完善的道德品质。

接着他又提出了实现教育目的的手段分为儿童管理、教育性教学和训育三种。其中,管理是教育的准备措施,训育是培养学生性格的道德力量、实现教育必要目的的手段,教学工作是发展学生多方面兴趣、实现教育可能目的的手段。由此构建出来的学校职能体系包含了学生管理、训育和教学等三项基本工作。"就其实质性内容而言,赫尔巴特所谓的'训育'(Zucht)包括对学生的指导和训练工作。"[②]

赫尔巴特非常重视班级管理工作,"如果不紧紧而灵活地抓住管理的缰绳,那么任何课都是无法进行的"。[③] 但他又指出:"真正的教师应当'摆脱'管理。"[④]"满足

① 张焕庭主编:《西方资产阶级教育论著选》,北京:人民教育出版社1979年版,第259~260页。
② 黄向阳:《学生发展指导制度建设刍议》,《教育发展研究》2010年第15~16期,第67页。
③ 〔德〕赫尔巴特著,李其龙译:《普通教育学·教育学讲授纲要》,北京:人民教育出版社1989年版,第23页。
④ 陈桂生:《教育文史辨析》,上海:华东师范大学出版社2012年版,第387页。

于管理本身而不顾及教育,这种管理乃是对心灵的压迫,而不注意儿童不守秩序行为的教育,连儿童也不认为它是教育。"①因此,他主张训育应该同管理与教学结合起来进行。

赫尔巴特《普通教育学》的第五章对"训育"的概念、措施、应用等方面作了详尽的论证。第六章还对"训育的特殊性"进行了考察。他把训育分为"激发"与"抑制"两类措施,其中包括压制、惩罚、赞许与奖励。② 有些措施与管理相同,但运用中却有区别。管理所关心的是现在的作用,其手段一般比较严厉。而训育将注意到学生的未来。"管理仅着眼于行动造成的结果,而训育则还要看尚未付诸行动的意图。"③因此,训育中采用的压制与惩罚旨在使儿童吸取教训;赞许与奖励旨在使儿童需要榜样,并得到启发。另外,训育是一种持续的诱导工作,要对儿童的性格进行直接或间接的陶冶。赫尔巴特指出,"训育的调子完全不同,不是短促而尖锐的,而是延续的、不断的、慢慢地深入人心的和渐渐地停止的……使人感觉到一种陶冶的力量"。④

集体教育体制下,许多时候,管住学生的错误行为,比指导学生的正确行为来得紧迫,以至于教师往往会出现重管理轻指导的倾向。因此,赫尔巴特特别强调,教育工作者要重视对学生的行为管理,但要尽可能快地结束管理,过渡到真正的教育上来。

六、马克思早年生涯指导的观点

卡尔·马克思(Karl Marx)是科学共产主义的创始人。他早年撰写的《青年在选择职业时的考虑》一文,提出了选择职业的指导思想以及影响职业选择的因素等思想,从中可以看到作为影响人类最大的思想家对学生指导中的生涯指导的一些宝贵观点。

(一)写作背景

1818 年 5 月 5 日,马克思生于德国普鲁士莱茵省特里尔城的一个犹太律师家庭,殷实的家境和开明的家庭氛围使马克思度过了幸福的童年。1830 年,马克思进入特里尔中学,并在那里度过了五年的中学时光。

中学毕业前夕,马克思和他的同学面临着升学与就业的问题,大家都在考虑将

---

① [德]赫尔巴特著,李其龙译:《普通教育学、教育学讲授纲要》,北京:人民教育出版社 1989 年版,第 23 页。

② 同上书,第 150 页。

③ 同上书,第 151 页。

④ 同上书,第 151 页。

来做什么工作。有的人希望成为诗人、科学家和哲学家,献身于文艺和学术事业;有的人打算做教士和牧师,幻想天堂的幸福;有的人一心想当官吏,把高官厚禄作为奋斗的目标;有的人则羡慕资产者的豪华生活,把舒适享乐作为自己的理想。总之,他们从利己主义出发,以个人幸福作为选择职业的标准。

1835年8月12日,马克思参加中学毕业考试,并完成了德语作文《青年在选择职业时的考虑》①一文,对未来的职业选择进行了全面的阐述。

马克思与其他同学的想法不同,他没有考虑选择哪种具体的职业,而把这个问题提高到对社会的认识和对生活的态度上加以考虑,表达了为人类服务的崇高理想。由于文章文笔优美、思想深邃,从中可以看出其远大的志向及宽广的胸怀,得到了老师和校长的高度赞评。

(二) 选择职业的指导思想

在这篇文章中,马克思明确提出"人类的幸福"和"自身的完美",这是当年马克思选择职业的主要指导思想。

首先,马克思认为青年人在职业选择上不要盲目自私。如果只是为了自己的虚荣心而选择职业,那他或许就会缺乏一种为职业持之以恒奋斗的源源不绝的动力,甚至对所选择的职业会因从事时间的长久而感到疲惫和厌倦。他说,因为"如果一个人只为自己劳动,他也许能够成为著名的学者、大哲人、卓越诗人,然而他永远不能成为完美无疵的伟大人物"。②

其次,马克思告诫青年人在选择工作时应遵循人类的幸福和我们自身的完美,那他就能享受到职业给他带来的无限而又无私的乐趣,就能成为一个高尚的、伟大的、完美的人。"在选择职业时,我们应该遵循的主要指针是人类的幸福和我们自身的完美……人们只有为同时代人的完美,为他们的幸福而工作,才能使自己也达到完善。"③"如果我们选择了最能为人类福利而劳动的职业,那么重担就不能把我们压倒,因为这是为大众而献身,那时我们所感到的就不是可怜的、有限的、自私的乐趣。我们的幸福将属于千百万人,我们的事业将默默地,但是永恒发挥作用地存在下去,而面对我们的骨灰,高尚的人将洒下热泪。"④

(三) 影响职业选择的因素

1. 自身因素。自身情况包括个人喜好、身体条件和自身能力等。在个人喜好

---

① 全文参见:卡尔·马克思:《青年在选择职业时的考虑》,《德语学习》2011年第1期。

② 中共中央马克思恩格斯列宁斯大林作编译局:《马克思恩格斯全集》(第一卷),北京:人民出版社1995年版,第459页。

③ 同上注。

④ 同上注。

因素中，虚荣心会让人的心窍被迷惑而无法正确地选择职业。这个时候，我们需要冷静地对待，马克思在文中说，如果我们通过冷静的研究，认清所选择职业的全部分量，了解了它的困难后，仍然对它充满热情，我们仍然爱它，觉得自己适合它，这个时候我们才应该选择这份职业。

在身体条件因素中，马克思坚持青年不应该超越身体体质的限制来选择职业。他说："由于体质不适合我们的职业，不能持久地工作，而且工作起来也很少乐趣。如果我们选择了力不能胜任的职业，那么我们决不能把它做好，我们很快就会自愧无能，并对自己说，我们是无用的人，是不能完成自己使命的社会成员。由此产生的必然结果就是妄自菲薄。还有比这更痛苦的感情吗？"[①]在个人能力因素中，马克思强调青年应该在正确估计自身能力的基础上选择职业。

2. 社会因素。除了自身因素外，马克思还在文中还提醒青年人选择职业要考虑到社会的因素。他说："我们并不总是能够选择我们自认为是合适的职业，我们在社会上的关系，在我们有能力决定它们以前就已经在某种程度上开始确立了。"[②]也就是说，青年人在择业时要立足于社会现实坚实的土壤，才能使人在从事职业的过程中变得高尚、变得完美和变得幸福，使人在从事职业的过程中获取尊严和荣誉。

尽管《青年在选择职业时的考虑》一文的思想还很不成熟，但字里行间表现出了马克思为自己的理想而自豪，为自己的幸福属于千万人而快乐。

马克思在《青年在选择职业时的考虑》一文中思考了青年在选择职业时考虑的一些因素，阐明了他对待选择职业的看法，怎样选择适合自己的职业，如何使自己的价值在所从事的职业中体现出来。在最后他说出自己的志向，选择"最能为人类而工作的职业"。这些观点对青少年的职业选择有着重要启发意义，对后来学生指导工作的开展也有一定的指导意义。

第二节　国外学生指导的早期实践

学生指导制度的萌芽与莱桑德·撒门·理查兹（Lysander Salmon Richards）、乔治·美林（George Merill）、雨果·芒斯特伯格（Hugo Munsterberg）、耶西·巴特里克·戴维斯（Jesse Buttrick Davis）、伊利·魏瓦（Eli W. Weaver）和玛丽亚·奥格

---

① 中共中央马克思恩格斯列宁斯大林著作编译局：《马克思恩格斯全集》（第一卷），北京：人民出版社
1995年版，第458页。

② 同上书，第458页。

尔维·戈登(Maria Ogilvie Gordon)等学生指导先驱的早期实践密不可分。

一、莱桑德·理查兹:最早提出建立学生指导这一职业

莱桑德·理查兹原本是一名皮革商人,来自美国马萨诸塞州东部的昆西市。他是废奴主义者,并提倡戒酒。他还兼任几家报纸的通讯员。在 40 岁时,他在马萨诸塞州的马什菲尔德市(Marshfield)建立了一所商学院。

1881 年,理查兹移居到波士顿,并出版了一本名为《Vocophy:一个新的职业》(*Vocophy:The New Profession*)的专著。①

在这本书中,他提出要建立一个名为"Vocophy"的职业,他提出从事这一职业的人被称为"顾问"(英语为"counselor"或"vocopher")。他认为顾问的职责就是"发现学生的天赋或潜能,并创造有利的条件和环境去培养他……"②他还建议在大学设立一个教授职位,专门从事"顾问"方面的研究,同时大学还要成立专门的机构(institution)用来培养学生指导顾问。

应该说,莱桑德·理查兹是西方教育史上第一个提出建立学生指导职位的教育家,也是第一位建议通过大学来培养专门学生指导人员的教育家,这对学生指导制度的建立有重大的影响。

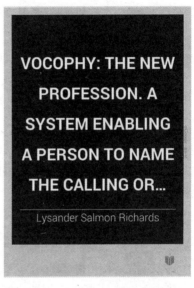

图 2-3　理查兹著作的封面

这里需要指出的是,为什么现在美国的学生指导教师被称为"counselor"而不是"vocopher"。这主要因为帕森斯提出他的"vocational counseling"这一概念的时候,正处于美国进步运动③(progressive movement)的鼎盛时期,而理查兹所提的这个概念比帕森斯早了近 30 年。加之,很多领导波士顿进步运动的机构都投入到由帕森斯创立的波士顿职业局职业指导的工作中去了,"这促使帕森斯的概念很快被人接

---

① Lysander Salmon Richards. Vocophy:The New Profession. A System Enabling a Person to Name the Calling Or Vocation One is Best Suited to Follow. Pratt Brothers,1881.
② Norman C. Gysbers. A History of School Counseling. American School Counselor Association 2010,p3.
③ 美国史学界一般把 1900~1917 年间美国所发生的政治、经济和社会改革运动统称"进步运动"。

受并广泛地传播开来"。①

二、乔治·美林:早期的实践与学生指导的萌芽

1888 年,乔治·美林在旧金山考格斯威尔高中(Cogswell High School)首开职业指导工作的先河。② 1894 年,美林创建了加利福尼亚工艺学校(California School of Mechanic Arts),并担任该校校长。他建议在四年的学习中,前两年学生主要从事学术科目的学习与探究,而后两年应该集中进行职业方面的准备。

1895 年 1 月,美林正式将学生指导付诸实践,其内容主要包括个人分析、个别咨询、就业辅导、追踪研究四项,具体内容如下:③

(1)在校两年的示范练习(sample exercise),这主要来自各行各业简单的工作,其中一半的时间用来学习英语、公民、数学和科学;(2)个人学习与学校咨询指导;(3)学生特别职业的选择;(4)花两年时间为未来的一个职业作准备,包括相关的技术学习;(5)就业。

美林应该是西方早期从事学生指导实践的第一人,这也是学生指导制度萌芽的标志。

三、雨果·芒斯特伯格:职业能力测试题的开发

雨果·芒斯特伯格(Hugo Munsterberg,1863～1916)出生于德国东部但泽的一个犹太人家庭,是工业心理学的创始人、行为科学的先驱。1882 年芒斯特伯格在但泽大学预科毕业,进入日内瓦大学学习法语和文学,半年后转入德国莱比锡大学,师从著名心理学家冯特。1885 年,在冯特的指导下,他获得心理学博士学位。1887 年,他又获海德堡大学医学博士学位,之后在弗莱堡大学任教。

1892 年,芒斯特伯格应美国哈佛大学心理学教授威廉·詹姆斯(William James,1842～1910)之邀,到哈佛大学担任了三年实验心理学客座教授,期满后继续回弗莱堡大学任教。两年后,由于一再被邀请,芒斯特伯格重返哈佛大学讲坛,

① Donald G. Zytowski. Frank Parsons and the Progressive Movement. The Career Development Quarterly, Vol. 50 September 2001, p62.

② Mark L. Savickas. Pioneers of the vocational guidance movement: a centennial celebration. Career Development Quarterly, Vol. 57 Issue 3 Mar 2009, p194.

③ John M. Brewer. History of vocational guidance: Origins and early development. New York, NY: Harper & Brothers 1942, p49.

并接管了由詹姆斯创设的心理学实验室，成为詹姆斯机能学派的继承人。在哈佛大学的 19 年间，芒斯特伯格的出色才能得到美国人的普遍承认，他作为当时美国最著名的心理学家之一，受世人瞩目。在学生指导方面，他最大的贡献是最早开发出职业能力测试题，为学生指导向科学化发展奠定了基础。

1910 年，芒斯特伯格为学校的函授班撰写了一本教材——《职业与学习：一本受欢迎的阅读教材》(*Vocation and Learning：A Popular Reading Course*)。教材共分为 5 个部分，探讨了职业与学习的关系问题。这本书被认为是历史上第一本职业理论方面的心理学著作，同时也是第一次运用职业理论来评估一个人与职业

图 2-4　雨果·芒斯特伯格

是否匹配，并成为后来约翰·亨利·霍兰德(John Henry Holland)人格—职业类型匹配理论的先导。①

1910 年，他和他的学生开始研究把心理学应用于工业，采用大量的测验，判断不同人的职业能力，从而开始了以科学方法在工业中进行职业指导。他在研究设计一项判断什么性格的司机发生事故可能性最小的测验时，开发出这份职业性向测验。在波士顿电车司机的测验中，他通过测量持续注意力来判断事故发生的可能性。在之后与美国电话电报公司的合作中，他又开发出针对求职者的记忆力、注意力和灵敏性的测验。这些测验立即被应用于职业指导中。

1912 年，芒斯特伯格把心理学应用于工业试验的研究成果用德文写成《心理学和工业效率》(*Psychology and Industrial Efficiency*)一书，次年又出了英文版。这些成果对学生指导领域的实践产生了一定的影响。例如，因为受到芒斯特伯格的电车司机和接线员测验的启发，密歇根州高中校长及职业指导早期的领袖耶西·戴维斯与密歇根州电话公司合作，在 1912 年和 1913 年开发出对电话接线员的测验，包括速度、接线准确度以及数字记忆能力等方面。②

---

① Erik J. Porfeli. Hugo Münsterberg and the Origins of Guidance. The Career Development Quarterly, Vol. 57 Issue 3 March 2009，p225.

② [美]乔尔·斯普林著，史静寰译：《美国学校：教育传统与变革》，北京：人民教育出版社 2010 年版，第 350～351 页。

四、耶西·戴维斯:第一个学生指导教师

1895 年,耶西·戴维斯大学毕业后到美国密歇根底特律中央中学(the Detroit Central High School)任教。一开始他教 6 个班的代数,然而这并不是他的专业。两年后,他改教历史,并成为 11 年级的负责人。这时,戴维斯开始通过鉴别学生的能力,并实施教育咨询和职业咨询工作,他不仅强调职业信息的重要性,为学生提供就业信息,也强调工作的道德价值,进行职业道德教育。①

1907 年,戴维斯到密歇根大急流城中央中学(Grand Rapids Central High School)任校长。在这期间,他还建立了密歇根第一所初级中学,它同时也是一所初级学院——密歇根大急流城初级学院,并担任第一任校长,这个初级学院主要为学生提供高中后职业培训工作。戴维斯认为,教育的主要功能就是指导学生进入企业中的合适岗位,并且通过学校的社会生活使他们成为适应这个岗位的人。而校长的职位使他有更好的机会把想法付诸实践,开展学生指导的探索工作。

图 2-5 耶西·戴维斯

为此,戴维斯为 7～9 年级的学生建立了系统的职业指导课程,这门课程是放在每周五的英语写作课上进行,专门进行"职业和道德指导",通过这个课程帮助塑造学生的个性,并推行职业与品德指导工作。每周一次的写作其主要任务就是帮助学生找到一份未来适合于自己的职业。作文的题目不断引导学生清晰地认识自我并选择职业。"9 年级的高中生要分析自己的个性和习惯;11 年级的学生要确定一个职业,并找到需要为从事这项职业所做的准备;12 年级的学生要进行关于职业的社会责任,在公共事业中的特殊作用以及在社区中承担责任的研究。"②

总体来说,戴维斯把指导分为三个阶段:

---

① Mark Pope. Jesse Buttrick Davis(1871～1955): Pioneer of Vocational Guidance in the Schools. Career Development Quarterly, Vol. 57 Issue 3 Mar 2009, p251.

② [美]乔尔·斯普林著,史静寰译:《美国学校:教育传统与变革》,北京:人民教育出版社 2010 年版,第 351 页。

第一个阶段:认识自己

认识自己(self-knowledge)这一阶段的对象是 7、8 年级学生。其指导的主题是"理想与奋斗",通过指导让学生唤醒自己的愿望,认识自身的价值。[1] 在这个主题下,戴维斯要求学生研究的问题主要有:(1)对某个职业进行研究;(2)把这个职业同国外同样职业进行比较;(3)考察记录工厂、办公大楼、商店所见的职业,现举一例加以说明。

对一份职业的比较研究[2]

1. 这个职业在国外哪些国家可以见到?

2. 我所了解的这份工作和国外同样工作有什么不同?

3. 我应该居住在哪里? 为什么?

(1) 这个国家更健康吗?

(2) 这个国家能让我有更多的机会去施展我的职业抱负吗?

有时课堂讨论围绕名人传记进行,讨论问题有:(1)一个成功人士的生活经历(由教师在课堂上读给学生听);(2)学生讲述所知道的一个成功人士的生活;(3)学生对未来的打算。[3] 详见如下讨论与写作提纲:

一个成功人士的经历[4]

1. 这位成功人士生活在什么时候,在哪里生活?

2. 他从事什么工作?

3. 他成功的最重要因素是什么?

4. 他工作时拥有哪些快乐?

5. 什么使他在工作上有所作为?

6. 他有哪些座右铭,并加以评价。

---

[1] Jesse Buttrick Davis. The saga of a schoolmaster. Boston: Boston University Press 1956,p179.

[2] National Council of Teachers of English. Vocational Guidance Work in the Grand Rapids Central High School. The English Journal,Vol. 3 No. 9 Nov. 1914,p575.

[3] 同上注.

[4] 同上书,pp575~576.

在这个阶段,讨论的主题还有关于学生自己生活的,如:(1)我如何挣得第一笔钱?(2)我如何度过星期六;(3)我第一份真正的工作等。

第二个阶段:职业方面的知识

对象为9、10年级学生。其中9年级强调学生个性的塑造,其研究更加个性化,如第一次的作文练习将会涉及如下几个方面:①

> 我的祖先:他们来自哪里,为什么来到这个地方,他们是否面临一些困难,他们是如何克服的;等等。
>
> 我的父母:早年的生活;遇到的困难;职业;他们的职业优势与不足;他们为孩子付出了哪些努力?
>
> 我自己:孩提时代;学校生活;我的好运与坏运;所遭遇的困难;爱好;我的爱好;我的理想;我的健康状况;等等。

这些讨论有助于学生了解祖先与自己亲人所从事的职业和自己未来的职业打算;也可增进师生之间的进一步了解,为下一步的指导打下基础。同时,这一阶段指导的主题还有"道德与行为习惯"、"健康与卫生"等。10年级主要集中社会中的各行各业,主要通过学生自己搜集资料,并汇报关于他们父母、朋友和他们所感兴趣的职业。

第三个阶段:职业选择

对象为11、12年级学生。11年级的指导内容是让学生选择一份职业,并为此做好准备;而12年级的指导的主题是"服务"——"作为一个忠实的公民在服务其社区中的作用"。② 除了开设专门的指导课程外,戴维斯认为学生指导应该渗透到学生所有的科目中去,他指出:"所有教师都应该激发每一位学生在他们学习领域的兴趣……历史老师应该让他们的学生查找他们所感兴趣职业的历史背景或起源。"③

由于他在学生指导方面的突出贡献,1912年,戴维斯被任命为大急流城职业指导主任,指导当地学校的学生指导工作。在这期间,戴维斯认真地总结了他在大急流城中央中学学生指导的经验,并撰写了学生指导方面有重要影响的专著——《职业和道德指导》(*Vocational and Moral Guidance*)。该书于1914年出版,全书共321页,分

---

① National Council of Teachers of English. Vocational Guidance Work in the Grand Rapids Central High School. The English Journal, Vol. 3 No. 9 Nov. 1914, p576.

② Jesse Buttrick Davis. The saga of a schoolmaster. Boston:Boston University Press 1956, p179.

③ 同上书,pp179~180.

为两个部分。第一部分是"通过教育进行专业与道德教育",共16章内容,主要涉及公立学校职业指导与道德指导的重要性、各个年级的指导计划与职业定向、未来生活成功的要素、了解社会上的各种职业、选择未来的职业、为未来的工作做好准备、为就业做准备的课程、给父母的话、工作安置等。第二部分是"实践工作者是如何获得成效的",共10章内容,主要是来自一线指导教师的工作案例,探讨学生指导工作中的具体实践问题。[①] 该书一个重要的观点是"一个人没有健全的道德就不可能有真正的成功"[②],因学生时代的道德指导关系到一个人的未来。为了说明这个问题,戴维斯在书中还举了一个例子:有一个男孩,各方面条件都适合担任某项工作,但是他无法控制自己的脾气,最终没有能够获得这个工作。[③] 因此,他告诫每个指导教师必须让学生明白,某些品质如仁慈、殷勤、甘于奉献等都是工作中必不可少的因素。

由于戴维斯的不懈努力,密歇根大急流城中央中学成为了当时职业指导早期的一个范例。1913年,国家职业指导协会(National Vocational Guidance Association)第一次会议在大急流城中央中学召开,该校校长戴维斯被选为协会第一任秘书长,第二年他当选协会主席一职。之后,戴维斯几乎走遍了整个美国,发表演说宣传中学开展学生指导的意义。1914～1916年,他还受美国众多大学的聘请,开设学生指导方面的课程来培养学生指导教师。

应该说,他是西方教育史上第一位在中学和大学开设学生指导课程的人,这对以后各国中学和高校开设学生指导课程有一定的影响。他成为19世纪后期至20世纪初期这个阶段职业指导发展的一个重要领袖,也被看作是学校第一位学生指导老师。[④]

五、伊利·魏瓦:公立学校职业指导制度之父

1904～1906年,伊利·魏瓦担任纽约州布鲁克林男子高中的校长,他对就业工作很感兴趣,为此他组织了一个同伴咨询项目(peer counseling program),来帮助男生为他们暑假和业余时间找合适的工作。

1918年,伊利·魏瓦出版了《对女孩有利的职业》一书(*Profitable Vocations for Girls*),该书是根据纽约州布鲁克林女子高中学生指导实践的基础上撰写而成。在该书的前言中,作者论述了教师在学生指导中的作用,"教师应该在课程上给女

---

① Jesse Buttrick Davis. Vocational and Moral Guidance, Boston: Ginn 1914.

② John Marks Brewer. The Vocational-guidance Movement: Its Problems and Possibilities. New York: The Macmillan Company 1926, p3.

③ Jesse Buttrick Davis. Vocational and Moral Guidance, Boston: Ginn 1914, p87.

④ Mark Pope, Jesse Buttrick Davis (1871～1955): Pioneer of Vocational Guidance in the Schools. Career Development Quarterly, Vol. 57 Issue 3 Mar 2009, p248.

生提供有关职业方面信息,帮助他们形成未来就业明确的打算,并教会他们解决在选择职业时所遇到的问题,并为未来的成功做好准备……"。接着,他又于1921年出版了该书的姊妹篇——《对男孩有利的职业》(*Profitable Vocations for Boys*)一书。这两本书分别为男生和女生撰写,同时注意到了男女学生在指导方面需求的不同,为当时的学生指导提供了理论与实践两方面的建议。

由于他在学生指导方面的贡献,他逝世时,刊登在1922年11月3日《纽约时报》上讣告的标题就是"伊利·魏瓦逝世:公共学校职业指导制度之父"(Weave Dead. Father of Vocational Guidance System in the Public)。[①]

六、玛丽亚·戈登:撰写职业指导手册

图2-6　玛丽亚·戈登

第六位早期学生指导先驱是19世纪英国著名的地质学家及古生物学家玛丽亚·戈登(Maria Ogilvie Gordon, 1864~1939)。她于1864年出生于阿伯丁郡的马尼马斯科(Monymusk),她是英国伦敦大学第一个获得理学博士的女性,同时她也是德国慕尼黑大学第一个获得哲学博士的女性。

她分别在英格兰和苏格兰创办了教育信息与职业局(educational information and employment bureaus),为学生提供职业方面的信息,并开展指导工作。

1908年,她和格拉斯哥、爱丁堡、敦提和苏格兰等地的社会工作者一起出版了《职业手册——特别为进入商业、工业和专业的男孩和女孩而准备》[②](*A Handbook of Employments Specially Prepared for the Use of Boys and Girls on Entering the Trades, Industries, and Professions*),这本书为其他国家开展职业指导实践时所效仿。[③]

---

① Eli Witwer Weaver Dead. Father of vocational guidance system in the public schools. New York Times, November 3 1922.

② Maria Ogilvie Gordon. Occupations; Vocational guidance; Employment agencies, Great Britain Publisher: Aberdeen: The Rosemount Press 1939.

③ Mark L. Savickas. Pioneers of the vocational guidance movement: a centennial celebration. Career Development Quarterly, Vol. 57 Issue 3 Mar 2009, p194.

受戈登的启发,1908 年,爱丁堡学校委员会(Edinburgh School Board)资助辖区的教育信息与职业局,让其为年轻人未来的就业提供指导与咨询。1909 年,在时任英国贸易委员会主席的温斯顿·丘吉尔(Winston Churchill)的建议下,议院和苏格兰和英格兰的职业局合作,资助为青年人开展职业指导,为他们未来寻找到适合的,有前途的固定的工作。[①] 应该说,戈登为学生指导在英国的普及作出了重要贡献。

第三节　国外早期学生指导的基本特征

本章的主题为"国外学生指导的早期探索"。首先,通过对古代宗教领袖摩西、古希腊哲学家苏格拉底、早期的精神病学家希波克拉底和弗洛伊德以及赫尔巴特和马克思关于学生指导的论述,探讨了现代学生指导理论的思想渊源;其次,本章还对莱桑德·理查兹、乔治·美林、雨果·芒斯特伯格、耶西·戴维斯和伊利·魏瓦、玛丽亚·戈登等六位学生指导先驱早期的学生指导实践工作进行了阐述。通过上述的研究,我们可以得出国外早期学生指导有如下几个方面的基本特征:

一、指导工作自古就有

也就是说,自从有了人类社会,就有了指导工作。在原始社会,教育和社会生活、生产劳动密切结合,年轻一代通过参与生产劳动、部族生活以及各种仪式或典礼获得教育与指导,习得知识、技能以及生活习俗等。进入奴隶社会后,教育从生产劳动中分化出来,教师在相当长的历史时期里,也主要是采取指导的方式,如古希腊哲学家苏格拉底就采用"产婆术",引导学生通过自己的思考获取知识。

二、心理学科是其重要的理论基础

学生指导的发展与心理学科密不可分,应该说,心理学科是学生指导萌芽的重要理论基础。如古希腊著名医生希波克拉底最早采用心理咨询干预的方式对心理障碍者进行心理辅导;弗洛伊德则通过"谈话治疗法"为心理有问题者进行治疗;雨果·芒斯特伯格也是第一次运用职业心理学理论来评估一个人与职业的匹配等。这些都说明心理学在学生指导从萌芽到正式确立中起到其他学科不可替代的作用,上述心理学家的理论与实践也对后来学生指导向科学化发展奠定了基础。

---

① James A. Athanasou, Raoul van Esbroeck. International Handbook of Career Guidance, p103.

三、早期学生指导实践侧重职业指导

学生指导起源于职业指导,学生指导最初的主要职责就是职业指导,该制度建立最初就是为了解决当时的就业矛盾。如乔治·美林在旧金山考格斯威尔高中首开职业指导工作的先河。雨果·芒斯特伯格最初主要关注职业能力测试题的开发,其著作《职业与学习:一本受欢迎的阅读教材》就探讨了职业与学习关系的问题。耶西·戴维斯在西方教育史上第一位为7~9年级的学生开设系统的职业指导课程;1908年,德国学生指导先驱沃尔夫博士创立了一个职业咨询与指导机构,为学生提供职业指导等。

四、学生指导方式的多样化

在早期的探索中,早期的学生指导先驱们积极探索富有成效的指导方式。如苏格拉底的"产婆术"和弗洛伊德的"谈话治疗法"。这些方法仍是我们目前学生指导工作中常用的方法。另外,雨果·芒斯特伯格采用职业能力测试量表,来预测一个人与职业的匹配程度;耶西·戴维斯通过写作课程,推行职业与品德指导工作;伊利·魏瓦则通过开办同伴咨询项目来帮助学生寻找合适的工作等,这些方式为学生指导工作的顺利开展及后来学生指导的发展贡献了自己的智慧。

进一步思考

1. 阐述现代学生指导产生的思想渊源。

2. 赫尔巴特对指导是如何界定的?

3. 阅读马克思《青年在选择职业时的考虑》一文,并概括其生涯指导的基本观点。

4. 概括学生指导先驱早期的实践及对学生指导工作所做出的贡献。

5. 国外早期学生指导有哪些基本特征?

延伸阅读

黄向阳:《学生发展指导制度建设刍议》,《教育发展研究》2010年第15~16期。

杨光富:《社会转型与西方中学学生指导制度的建立》,《外国中小学教育》2012年第9期。

卡尔·马克思:《青年在选择职业时的考虑》,《德语学习》2011年第1期。

Jesse Buttrick Davis. Vocational and Moral Guidance, Boston: Ginn 1914.

John M. Brewer. History of vocational guidance: Origins and early development. New York, NY: Harper & Brothers 1942.

Norman C. Gysbers. A History of School Counseling. American School Counselor Association 2010.

Donald G. Zytowski. Frank Parsons and the Progressive Movement. The Career Development Quarterly, Vol. 50 September 2001.

Erik J. Porfeli. Hugo Münsterberg and the Origins of Guidance. The Career Development Quarterly, Vol. 57 Issue 3 March 2009.

Mark L. Savickas. Pioneers of the vocational guidance movement: a centennial celebration. Career Development Quarterly, Vol. 57 Issue 3 Mar 2009.

Mark Pope. Jesse Buttrick Davis (1871 ~ 1955): Pioneer of Vocational Guidance in the Schools. Career Development Quarterly, Vol. 57 Issue 3 Mar 2009.

National Council of Teachers of English. Vocational Guidance Work in the Grand Rapids Central High School. The English Journal, Vol. 3, No. 9 Nov. 1914.

第三章

帕森斯与现代学生指导制度的建立

弗兰克·帕森斯被誉为"现代学生指导之父"。1909年5月,帕森斯遗著《选择一份职业》第一次系统阐述了科学的职业指导理论——特质因素理论,提出帮助人们正确选择职业的三因素理论,确立了职业指导在现代社会中的地位,标志着现代学生指导制度的正式建立。

帕森斯一生先后做过铁路工程师、公立学校的教师、律师、大学教师等工作。由于受经济大萧条的影响,他大学毕业后经历过多次失业及寻找工作的痛苦经历,这为他后来创立职业指导机构,帮助青年人寻找适合的工作有着重大的影响。

帕森斯曾说:"除了选择丈夫或妻子之外,人生再没有第二种选择比职业选择更重要的了。"而真正让帕森斯结缘于职业指导工作的是慈善家波林·阿加西·肖女士。1905年,她聘请帕森斯为公民服务社布拉德温纳协会的主任,从事成人教育工作,帕森斯由此对青年人的就业问题产生了兴趣。

1908年1月23日,在波林的资助下,帕森斯创立了波士顿职业局,并出任首任局长,开始从事青少年的职业指导工作,这是美国第一个专门的学生指导机构。波士顿职业局的其他三位指导教师——拉尔夫·艾伯森、露辛达·怀曼·普林斯和菲利普·戴维斯也对现代学生指导制度的建立贡献了自己的力量与智慧。

在《选择一份职业》这部著作中,帕森斯提出了选择职业的三条基本原则:(1)清楚地了解自己;(2)了解各种职业必备的条件及获得成功所需的知识;(3)对前两个原则之间的关系进行深入的分析,做到人职匹配。职业选择三原则的提出,基本上确立了现代学生指导理论的基本框架,指明了学生指导工作的首要任务。这三条原则一直被认为是职业选择的至理名言,并作为职业指导的基本原则仍影响着今天的学生指导工作的实践。

本书的"国外学生指导的早期探索"一章论述了早期学生指导先驱为学生指导制度的建立所作出的贡献。然而,真正提出学生指导计划的是弗兰克·帕森斯(Frank Parsons)。1909 年,帕森斯的著作《选择一份职业》(*Choosing a Vocation*)出版,该书被认为是西方第一本关于学生指导方面的书籍。在该书中,他首次使用了"指导"(guidance)一词。[①] 国外教育史学界一般把 1908 年波士顿职业局的创立及 1909 年《选择一份职业》专著的出版作为现代学生指导制度诞生的标志,帕森斯本人也因此被誉为"现代学生指导之父"。[②]

第一节　热衷学生指导的帕森斯

帕森斯大学毕业后经历过失业及寻找工作的痛苦经历,这对他后来创立职业指导机构,帮助青年人找到适合工作有着重大的影响。然而,真正让帕森斯结缘于职业指导工作是慈善家波林·阿加西·肖(Pauline Agassiz Shaw,1841~1917)女士创立的公民服务社,并得到了她资金的资助成立第一个专业的职业指导机构。

一、兴趣较为广泛

帕森斯 1854 年 11 月 14 日出生于美国新泽西州一个名叫芒特霍利(Mount Holly)的地方。15 岁时,他就考进了美国著名的康奈尔大学学习。在学习期间,他热衷社会改良运动。因此,他写的专著和文章多是关于社会改革运动、妇女参权、税收和全民教育等。[③] 三年后,以优异的成绩获得土木工程学士学位。

毕业后,他在马萨诸塞州西部的一个公司任铁路工程师,但由于经济大萧条,公司很快就破产了,1873 年刚刚工作一年的帕森斯就丢掉了自己的第一份工作。之后,他通过数月的寻找,谋得了一份工人的工作。后来,帕森斯还担任了

① Jean Guichard. A Century of Career Education: Review and Perspectives. International Journal for Educational and Vocational Guidance 2001, p156.
② Mark Pope. A Brief History of Career Counseling in the United States. Career Development Quarterly, Vol. 48 Issue 3 Mar 2000, p196.
③ Frank Parsons. http://www. answers. com/topic/frank-parsons.

图3-1 现代学生指导之父——弗兰克·帕森斯

马萨诸塞州南部索斯布里奇市（Southbridge）一所公立学校的教师。[1] 失业及寻找工作的痛苦经历，对他以后从事职业指导工作有着重大的影响。

由于受到朋友说他最适合学习法律的影响，他又花了3年的时间系统学习了法律，1881年，他还通过了马萨诸塞州律师资格考试，成为了一名律师。但因为学习劳累导致身体健康状况不断下降。之后，他在新墨西哥州花了3年时间才把身体调养好。[2] 1885年，帕森斯定居于波士顿，一直到去世。[3]

来到波士顿后，他开始担任律师，但他发现"这并没有他预想的那样美好"。[4] 后来，他应出版社的邀请写了几本法律方面的教科书，并获得了一定的美誉。由于阅读能力和社交圈的扩大，对他后来的职业产生很大的影响。如他被波士顿基督教青年会聘请为教师，专门讲解英国文学。1892年，他还获得了波士顿大学法学院讲师的教职（一直教到1905年）。[5] 后来，他又于1897年至1899年间担任过堪萨斯州立农学院的教师、密苏里州特伦顿鲁斯金学院（Ruskin College）推广部主任等。

二、结缘职业指导

然而，帕森斯最感兴趣的领域就是帮助青年选择职业。早在1894年帕森斯就曾提出过，明智的工业体系应该让每一个人从事最适合他天性的工作。[6] 他认为，

---

① Arthur Mann. Frank Parsons: The Professor as Crusader. The Mississippi Valley Historical Review, Vol. 37 No. 3 Dec. 1950, p472.

② Benjamin O. Flower. An Economist With Twentieth Century Ideals: Professor Frank Parsons, C. E., Ph. D., Educator, Author, and Economist. Arena, XXVI August 1901, pp157～160.

③ Donald G. Zytowski. Frank Parsons and the progressive movement. The Career Development Quarterly, Vol. 50 September 2001, p57.

④ Frank Parsons. http://www. answers. com/topic/frank-parsons.

⑤ Arthur Mann. Frank Parsons: The Professor as Crusader. The Mississippi Valley Historical Review, Vol. 37 No. 3 Dec. 1950, p473.

⑥ Mark L. Savickas. Meyer Bloomfield: Organizer of the Vocational Guidance Movement (1907～1917). Career Development Quarterly, Volume 57 March 2009, p261.

"'未来的城市'需要专门训练有素的人来帮助青年人做出职业选择"。② 帕森斯还曾说:"除了选择丈夫或妻子之外,人生再没有第二种选择比职业选择更重要的了。"③

而真正让帕森斯结缘职业指导的是慈善家波林·阿加西·肖女士,"正是她的资助才使帕森斯关于职业指导的想法付诸实践"。④

波林生于瑞士,她的父亲让·路易斯·鲁道夫·阿加西(Jean Louis Rodolphe Agassiz)是世界著名的自然学家。1850 年,因父亲到哈佛大学任教,她随全家搬到马萨诸塞州的坎布里奇。1860 年,波林和昆西·亚当斯·肖(Quincy

图 3-2 慈善家波林·阿加西·肖①

Adams Shaw)结婚。波林的丈夫是波士顿一名富有的铜矿投资商。波林和丈夫育有 5 个孩子,这使得她对儿童的早期教育产生了兴趣。由于她发现当地幼儿教育机构缺乏,1877 年,她在波士顿开办了两所幼儿园。由于两所幼儿园办得非常成功,1883 年,她又在波士顿资助了 31 所免费的幼儿园。同时她还为穷人开办了 8 所托儿所。⑤ 这些经验激发了她开办社会服务机构为人们提供教育的兴趣。

1901 年,波林在波士顿建立公民服务社(the Civic Service House),为青年和移民提供教育机会,并帮助其寻找工作。1905 年,帕森斯被任命为公民服务社布拉德温纳协会(the Breadwinner's Institute)的主任(director)。⑥ 该协会有一个成人教育项目,帕森斯和别人一起承担了"工业历史"、"经济与生活的法则"、"实用心理学方法"等课程。这是他第一次从事成人教育工作,在授课的过程中,他对青年人的就业问题产生了浓厚的兴趣。1907 年,帕森斯说服了波林,资助他建立波士顿职业局(Vocational Bureau of Boston),开展职业指导和咨询方面的工作。⑦ 这才最终使帕

① Pauline Agassiz Shaw. http://bwht. org/pauline-agassiz-shaw/
② Mark Pope. A Brief History of Career Counseling in the United States. Career Development Quarterly, Vol. 48 Issue 3 Mar 2000, p195.
③ [美]J·J·施密特著,刘翔平等译:《学校中的心理咨询》,上海:华东师范大学出版社 2008 年版,第 7 页。
④ David B. Hershenson. Frank Parsons's Enablers:Pauline Agassiz Shaw, Meyer Bloomfield, and Ralph Albertson. Career Development Quarterly, Vol. 55 September 2006, p78.
⑤ 同上注。
⑥ Frank Parsons. http://en. wikipedia. org/wiki/Frank_Parsons.
⑦ Donald Blocher. The Evolution of Counseling Psychology. Springer Publishing Company,1 edition July 12,000, p14.

森斯真正走上职业指导的这条道路。在帕森斯遗著《选择一份职业》的扉页中写道："本书献给阿加西的女儿昆西·亚当斯·肖夫人，她为波士顿的青年人做了很多富有远见的慈善事业，同时，通过她资助的社会机构，为整个国家的青年人做了很多有益的事……"①

第二节　创办一所学生指导机构

在慈善家波林的资助下，1908 年 1 月 23 日，帕森斯创立了波士顿职业局（Vocational Bureau of Boston），并出任首任局长，开始从事青少年的职业指导工作，这是美国第一个专门的学生指导机构。②

一、波士顿职业局的由来

波士顿职业局创立源于帕森斯对当时基础教育的反思。19 世纪中后期，美国大力发展基础教育，但取得的成效有限。统计数据显示，当时中学入学率尽管在过去十年中增长了近一倍，仍然只占适龄青少年总数的 11.4%。③ 帕森斯曾说过，在波士顿市的小学毕业生里，能够继续完成中学学业的，十六人中不到一人。④ 因此，绝大部分的学生在初中，甚至小学毕业后就进入了就业市场。由于当时的学校很少对学生进行职业教育和职业指导，导致大批离开学校的学生既缺乏一定的职业技能，也无法找到适合自己的工作，同时企业却苦于招不到高素质的员工，大量的人力资源被浪费，由此带来的失业、贫困和劳动力流动造成社会的不安定。对于教育而言，这意味着一种失败。早在 1894 年帕森斯就曾提出过，明智的工业体系应该让每一个人从事最适合他天性的工作。⑤

帕森斯认为这种情况必须改变。1906 年，帕森斯发表了主题为《理想城市》（The Ideal City）的演讲，他强调为青年提供科学的职业教育和择业指导是实现理想城市不可或缺的条件之一。他认为，未来理想城市不仅仅是为青年人寻找到一份

---

① Frank Parsons. Choosing a Vocation. Houghton Mifflin 1909，head page.

② Mark Pope. A Brief History of Career Counseling in the United States. Career Development Quarterly，Vol. 48 Issue 3 Mar 2000，p196.

③ ［美］丹尼尔·坦纳、劳雷尔·坦纳著；崔允漷等译：《学校课程史》，北京：教育科学出版社 2006 年版，第 73 页。

④ Frank Parsons. Choosing a Vocation. MD：Garrett Park Pr. 1909，p160.

⑤ Mark L. Savickas. Meyer Bloomfield：Organizer of the Vocational Guidance Movement（1907～1917）. Career Development Quarterly，Vol. 57 March 2009，p261.

工作,更重要的是帮助他们,让他们自己选择一份适合他们的工作。[1] 当时波士顿公民服务社的梅耶·布洛姆菲尔德(Meyer Bloomfield)也应邀参加了演讲,深受帕森斯演讲的启发。

1907年春天,布洛姆菲尔德在市民服务社的楼顶花园安排了一场座谈会,邀请帕森斯及几位住在服务社周边的几名工人,和即将从高中毕业的60多名男生来探讨未来的职业规划问题。其中有三分之一的男生希望未来能成为律师,三分之一的希望成为医生,12个学生计划读大学,还有一些同学没有回答。布洛姆菲尔德后来写道,大部分的学生的职业规划不切合实际,更多的学生对未来的职业选择无所适从。[2] 当时帕森斯针对同学们提出的问题给出了中肯的意见,同学们纷纷表示赞同,还有几位同学要求和帕森斯单独交流。应该说,当时的座谈获得了非常好的效果。

座谈会结束后,布洛姆菲尔德非常想创立一个职业指导机构,并说服帕森斯为这个机构设计职业指导实施方案。1907年年底,方案终于完成,并获得了著名慈善家波林的赞赏,她表示愿意为该项目提供启动资金。[3] 1908年1月13日,波士顿职业局正式成立,该局隶属于市民服务社,帕森斯担任首任局长,这是美国历史上第一所专门的职业指导机构。

布洛姆菲尔德曾在一本专著里回忆道:"自此,一个办公室的门向那些有就业问题的学生们敞开了,而弗兰克·帕森斯就是这个办公室的负责人。"[4]自此,帕森斯正式开始为年轻人提供职业指导咨询工作。在指导时,帕森斯经常采用面谈的方式与被指导者进行交流,在面谈过程中,帕森斯会通过观察对方的行为举止和习惯,对该人作出鉴定。有时也运用自我分析表来判断需要职业指导的年轻人如何调整自己的个性。咨询结束后,帕森斯会让接受指导者带一份问卷回去。问卷的指导语写道:"对着镜子观察你自己。让你的朋友发自肺腑地告诉你他们对你的外貌、举止、声音……的看法,让你的家人和朋友帮助你找到缺点。"在指导语之后,接受指导者需要回答一些问题,涉及个人自信心、努力程度等问题,以及类似"你会让你的手指甲总是脏兮兮的,并且总是穿着你的亚麻布衣吗?"等问题。[5]

---

① Mark L. Savickas. Meyer Bloomfield: Organizer of the Vocational Guidance Movement (1907~1917). Career Development Quarterly, Vol. 57 March 2009, p261.

② Meyer Bloomfield. The vocational guidance of youth. Boston: Houghton Mifflin 1911, p29.

③ David B. Hershenson. Frank Parsons's Enablers: Pauline Agassiz Shaw, Meyer Bloomfield, and Ralph Albertson. Career Development Quarterly, Vol. 55 September 2006, p80.

④ Meyer Bloomfield. The vocational guidance of youth. Boston: Houghton Mifflin 1911, p30.

⑤ [美]乔尔·斯普林著,史静寰译:《美国学校:教育传统与变革》,北京:人民教育出版社2010年版,第349页。

让人感到惋惜的是,在职业局成立 8 个月后即 1908 年 9 月 26 日,帕森斯却因病与世长辞了。

▌ 二、波士顿职业局的主要成员

帕森斯是波士顿职业局的创立人,应该说对现代学生指导制度的建立功不可没。另外,波士顿职业局第一批指导人员也为职业局的初期发展贡献了自己的智慧。首批员工除了帕森斯外,还有三位助理指导老师,他们是拉尔夫·艾伯森(Ralph Albertson)、露辛达·怀曼·普林斯(Lucinda Wyman Prince)和菲利普·戴维斯(Philip Davis)。[①]

2009 年,为了纪念学生指导诞生一百周年,《职业发展季刊》在 3 月份这一期上发表了 9 篇文章,其中汉德·森索伊·布瑞蒂克(Hande Sensoy Briddick)女士的《波士顿职业局:首批员工》一文,在充分挖掘资料的基础上,重点论述了露辛达·怀曼·普林斯(Lucinda Wyman Prince)、拉尔夫·艾伯森(Ralph Albertson)和菲利普·戴维斯(Philip Davis)职业局三位指导老师所做的工作。[②] 根据该篇文章及笔者所掌握的材料,下文将对这三位首批员工进行简单的介绍,从中我们也可以看看职业局在建立之初,指导老师是如何开展工作的。

(一) 露辛达·怀曼·普林斯

普林斯于 1862 年生于美国马萨诸塞州沃尔瑟姆市。她在马萨诸塞州弗雷明汉师范学校(Framingham State Normal School)毕业后,曾做过学校的行政工作。后来,她成为波士顿妇女教育工业联合会成员(Women's Educational and Industrial Union, WEIU)。WEIU 主要为妇女提供法律援助、职业指导和帮助安置工作等。它当时有很多教育培训项目。当时 WEIU 会员有 50 多名妇女。大部分的人在百货公司工作,由于缺乏销售的技能,得到的报酬普遍较低。1905 年,她和她丈夫创办普林斯营销学校(Prince School of Salesmanship),帮助妇女获得营销的技巧。[③] 不到两年的时间,培训项目取得了巨大的成功,并吸引了马萨诸塞州以外学生的参加。

由于普林斯对职业指导这项事业的大力支持,以及她在职业指导方面的天赋,她被招募到波士顿职业局工作。她和帕森斯一样对当时学生的高辍学率深感忧虑,

---

① Zytowski, D. G. Frank Parsons and the Progressive Movement, The Career Development Quarterly, Vol. 50 September 2001, p61.

② Hande Sensoy Briddick. The Boston Vocation Bureau's First Counseling Staff. Career Development Quarterly, Vol. 57 March 2009, pp215~224.

③ Potter, J. F. Women's Educational and Industrial Union, In L, Eisenmann (Ed,), Historical dictionary of women's education in the United States, Westport, CT: Greenwood Press 1998, pp480~482.

但她坚信,职业培训会给这些学生更好的帮助。到波士顿职业局工作后,普林斯对公立学校的职业指导产生了浓厚的兴趣。在 WEIU 的资助下,1911 年,普林斯为当地高中教师开办一个培训班,培训他们的营销技巧,以便他们能指导更多的学生。1912年,普林斯专为高中学生开办的营销培训课程正式开课,在 3 个月之内,波士顿所有的高中女生都接受了培训。1913 年,普林斯被任命为波士顿公立学校营销学课程主任。在她的推动下,到 1916 年之前,有 10 所高中开社营销学方面的课程。

图 3-3　露辛达·怀曼·普林斯

应该说,普林斯为当时职业指导的发展贡献了自己的智慧与力量。普林斯是教育史上第一个担任学生指导的女性指导老师,并成为后世所效仿的一个榜样。[①]

普林斯营销学校现在已经成为波士顿西蒙斯学院的一个系,该系目前还有克里坦顿妇女联合会(Crittenton Women's Union),继续为马萨诸塞的妇女提供服务。

(二) 拉尔夫·艾伯森

波士顿第二位指导老师是拉尔夫·艾伯森(1866～1951)。据史料记载,他是帕森斯最亲密的知己。[②] 1866 年 10 月 21 日,艾伯森出生于纽约长岛。艾伯森毕业于

① Hande Sensoy Briddick. The Boston Vocation Bureau's First Counseling Staff. Career Development Quarterly,Vol. 57 March 2009,p217.

② Mark Pope,Maria Sveinsdottir. Frank,We Hardly Knew Ye:The Very Personal Side of Frank Parsons. Journal of Counseling & Development,Vol. 83 Issue 1 Winter 2005,p109.

俄亥俄州奥伯林学院(Oberlin College)。

艾伯森是在布拉德温纳协会和帕森斯认识的,那时他们共同承担了一些培训课程。1907 年,经帕森斯介绍,艾伯森担任法林百货公司(Filene's Department Store)的管理职位。其间,艾伯森还修改了帕森斯撰写的《法林百货公司的经营体系》,同时担任普林斯负责的 WEIU 在法林百货公司实习生及公司雇员营销方面的培训课程。

史料记载:"拉尔夫·艾伯森是帕森斯在布拉德温纳协会形影不离的伙伴及合作者。艾伯森曾担任波士顿职业局秘书,并负责职业局第一期学生指导老师的培训课程……并为《选择一份职业》(帕森斯的遗著)出版做准备工作。"[1]

帕森斯在去世之前,指定艾伯森为他未出版书稿的委托人。"在学生指导史上最值得一提的是,艾伯森成为书稿《选择一份职业》的委托人,书稿在艾伯森精心整理书稿的基础上,最终在帕森斯逝世后正式出版。"[2]瓦特(Watts)曾说道:"没有艾伯森帮助,帕森斯就不可能在耶鲁大学搜集资料,也不会有《选择一份职业》书稿的诞生;没有艾伯森的整理,也不会有这本书的正式出版。"[3]从这一点上讲,艾伯森在学生指导发展史上是作出了重要贡献的。

(三) 菲利普·戴维斯

菲利普·戴维斯出生于俄罗斯的慕托尔(Motol),原名为傅威尔·乔姆伦斯基(Feivel Chemerinsky)。在 13 岁时,跟随他的两个哥哥移民到美国,并把名字改为现名。1901 年,戴维斯被布洛姆菲尔德招聘到市民服务社工作。在市民服务社,戴维斯主要参与一个教育培训课程,为移民讲授英语、公民学等课程。[4] 1905 年,布洛姆菲尔德开发一门新的课程,帕森斯担任主讲,戴维斯作为帕森斯的助手。1906 年,戴维斯和布洛姆菲尔德参加了帕森斯关于《理想城市》的演讲,后来,布洛姆菲尔德邀请帕森斯为夜校的学生开设《职业的选择》这门课程,取得了非常好的效果。波士顿职业局成立后,戴维斯被招募到职业局任职。由于他在市民服务社的工作经历,他很快成为一名出色的指导老师。

戴维斯非常钦佩帕森斯睿智的头脑和渊博的知识,并把帕森斯誉为"具有自我

---

① John M. Brewer. History of vocational guidance: Origins and early development. New York, NY: Harper & Brothers 1942, p65.

② David B. Hershenson. Frank Parsons's Enablers: Pauline Agassiz Shaw, Meyer Bloomfield, and Ralph Albertson. Career Development Quarterly, Vol. 55 September 2006, p82.

③ Gale A. Watts. Frank Parsons: Promoter of a progressive era. Journal of Career Development, Vol. 20(4) Summer 1994, pp265~286.

④ Philip Davis. And crown thy good. New York: Philosophical Library, 1952, p121.

牺牲精神的改革者"。[1] 1909 年，布洛姆菲尔德从市民服务社辞职，之后戴维斯接替他担任服务社的主人，继续从事他的职业指导师的角色。同时，他也出版了一些关于职业指导方面的书籍。如 1915 年，他出版了《大街上的流浪孩子：小人物与大问题》(*Street-Land：Its Little People and Big Problems*)，督促市政领导解决街头流浪儿童问题。同年，戴维斯和市民服务社的梅达·赫尔曼·所罗门(*Maida Herman Solomon*)主编了《社工服务领域》(*The Field of Social Service*)一书，作为社会工作者的培训教材。这一年，戴维斯和梅布尔·希尔(Mabel Hill)合作撰写了《新美国人公民学》(*Civics for New Americans*)一书，以帮助新来的移民尽快适应美国文化。

三、波士顿职业局初期的主要工作

在《波士顿职业局档案》一书中，明确了该局有以下几个方面的任务：[2]

(1) 研究那些未经过指导和培训过的学生，从毕业到找到工作所浪费的时间，探究其原因，并找到解决问题的办法；

(2) 协助家长、老师和学生及需要帮助的人，帮他们选择职业、为此作何准备等；

(3) 制定学校与职业合作项目，充分发挥个人的能力和机会；

(4) 出版职业指导方面的研究成果；

(5) 为那些愿意为公立学校、慈善机构开展职业指导的有教养的男女青年进行培训；

(6) 搜集整理指导方面的相关资料。

在职业局成立之初，在帕森斯在领导下，职业局吸引了一批商业经营者、教育者和社会工作者参与职业指导这项工作。具体来说，波士顿职业局早期从事的主要工作有以下四个方面：

(一) 设立职业指导交换所

职业局在波士顿市设立多个职业指导交换所(Clearing-house for Vocational Guidance)，职业局派专人管理。职业指导交换所的主要职责是提供职业指导方面

---

[1] Philip Davis. And crown thy good. New York：Philosophical Library, 1952, p178.

[2] Vocation Bureau of Boston. Record of the Vocation Bureau of Boston, 1913. Boston：The Vocation Bureau 1913, p3.

的材料,包括各类职业指导的专著、小册子、报告、书报等一些资料。来职业指导交换所的人员既有学生、家长,也包括对职业指导感兴趣的社会人士和研究人员。

(二) 出版关于职业情况的研究成果

职业局的研究主要聚焦学生将来要从事的职业,并将每种职业的情况汇编成小册子,供学生及社会人士阅读。职业局此类研究的目的有以下几个方面:①

(1) 用简明与准确之方法,将职业事实贡献于社会;

(2) 陆续将职业雇用之情形,报告于众。凡关于专门事业,寻常事业,家庭职业,政府职务,或关于新出有价值之男女职业位置,无不随时调查,随时报告,使求业者知悉;

(3) 尽力供给家长,教师及其他需要此种协助之人,以种种需要之资料。如某种职业所需要之训练,其机会何若,其酬报何若,其前途希望何若,其进身之方法如何,无不加以审慎之搜讨,藉资参考;

(4) 分析研究职业兴趣习惯与近世工业需要之关系,由此立一适当之根据,筹一适宜之训练方法,凡社会方面与经济方面之需要,无不兼筹并顾,务使各得其平。

职业局关于每种职业的调查,一般需几个月时间完成,有些比较复杂的职业甚至需要一年以上。受调查的人大多为雇主、工头、职工、工会职员、服务社会事业的人士等,与该行业有关系者均为调查对象,书稿出版前,会将书稿送给有关人士阅读,以保证资料描述与实际情况吻合。

(三) 指导当地中学开展工作

波士顿职业局在成立之初就与波士顿学校委员会(Boston School Committee)建立了良好的关系,在职业局的影响下,地方当局还成立了学校职业指导委员会,和波士顿职业局一起开展学生的职业指导工作。如在 1909 年春季,波士顿学校委员会通过为公立学校的毕业生开展职业指导的决议,这个决议方案就是由波士顿职业研究提交的,这个决议也是刚刚成立的职业局所要从事的具体任务,具体包括5 个方面的内容:②

(1) 职业局负责人将全力投入波士顿公共学校毕业生职业指导的组织

① 邹韬奋:《韬奋全集》(11),上海:上海人民出版社 1995 年版,第 371 页。
② Meyer Bloomfield. The Vocational Guidance of Youth. Boston:Houghton Mifflin 1911, pp32~34.

工作；

（2）职业局将在学校委员会的名义下召集波士顿市公共学校校长和教师会议，安排毕业班学生的职业指导工作；

（3）职业局负责人将在学校委员会教育主管或其指定的相关人员配合下，为公共学校毕业班开设职业讲座；

（4）职业局认为必须从现任教师中培养职业指导老师，建议各校挑选愿意为本校学生进行职业指导的教师，由职业局负责人在委员会指定人员配合下，通过一系列会议的形式对这些教师进行培训；

（5）职业局负责人将详细记录一年内的工作成果，包括接受指导的学生人数、学生对于职业选择的态度、指导教师给予的意见等，并尽可能对指导效果进行跟踪了解，然后依据这些记录向波士顿学校委员会提交年度工作报告。

职业局和波士顿学校委员会合作的一项最重要的成果就是，波士顿学校委员会要求波士顿各中学配备一名职业指导教师（Vocational Counselors），开展职业指导工作。职业局定期为职业指导教师开会，除了进行培训外，还要研究自己学校的学生指导问题，并聘请雇主或热心协助之人士共同讨论。另外，在职业局的要求或带领下，职业指导教师还会前往学生家庭调查情况，主要涉及学生的职业方面的问题。由于波士顿职业局加强了与各校的联系，并注重对职业指导教师工作之指导，学生指导工作在波士顿市各中学很快地普及起来了。

（四）加强与雇主的联络

波士顿职业局除了加强与学生、家长、学校的联系外，它还注重与雇主、工商业机关、工商业专家等等密切联络。其目的，一方面是为了调查职业界的实际情况；另一方面，也是为了征求雇主的意见。在帕森斯去世后，这一传统也得到了很好的保留。如 1912 年，职业局成立了经理雇用协会（Employment Managers' Association），让职业界重要分子都有参加职业指导之机会，并明确该协会的宗旨：[①]

（1）讨论关于职工之种种问题：例如训练问题及增加效率问题；

（2）比较彼此雇用职工之经验，研究其成功与失败之所由，俾将来知所改良；

（3）聘请专家，或富有甄别职工智能及改进此种智能之学识经验之人士，共同研究。尤注意研究者为利用青年才能之最善方法。

---

① 邹韬奋：《韬奋全集》（11），上海：上海人民出版社 1995 年版，第 372 页。

职业局成立之初,帕森斯在给美国职业署的一份报告中说:"职业指导应成为每个地区公立学校体制中的一部分。职业指导所应具有的职业指导艺术培训,应像医学和法学界的培训一样仔细。他们应拥有科学技术所能设计的测量儿童感觉、能力及整个身体、智力和情感素质的各种设施。"①

因此,帕森斯对学校指导工作以及指导教师的培养问题一开始就给予了充分的关注。从上面的史料也可以看出,波士顿职业局一方面与学校联络,一方面与职业界联络,通力合作,解决职业指导问题。在工作中,注重培训专业的指导教师;指导当地中学开展指导工作;为学生的职业规划提供指导;开展相关研究并加以出版等,为职业局后来的健康快速发展提供了很好的发展蓝图。

第三节　出版第一本学生指导理论专著

帕森斯对现代学生指导最大的贡献是出版了第一本学生指导理论专著——《选择一份职业》。实际上,这本书是帕森斯的遗著。帕森斯于 1908 年 9 月 26 日逝世。后来,书稿在他的同事兼好友拉尔夫·艾伯森的整理下,于 1909 年 5 月正式出版。《选择一份职业》第一次系统阐述了科学的职业指导理论,即特质因素理论(trait-and-factor theory)。该书提出帮助人们正确选择职业的三因素理论,确立了职业指导在现代社会中的地位,标志着学生指导理论的正式创立。

一、《选择一份职业》主要内容

《选择一份职业》内容涉及"个人调查"、"行业调查"、"机构与工作"三个部分内容,共 165 页。各部分内容如下:第一部分"个人调查",内容包括:一、科学方法的重要性;二、原则与涉及的方法;三、指导老师与指导对象;四、关于个人情况的进一步讨论;五、方法概述。第二部分"行业调查"内容包括:六、不同行业获得成功的有效条件;七、行业的分类;八、面向女性的行业;九、统计的用处;十、工人的需求运动;十一、工人的地理分布。第三部分"机构与工作"内容包括:十二、职业局;十三、学校职业指导教师;十四、辅助的帮助;十五、个案分析。

在这本书中,帕森斯把职业指导看成帮助个体去研究自己与可能职业之间相互关系的过程,并根据自己的能力、兴趣和机会选择一个适合自己的工作。该书主要是为 12 至 14 岁离开学校的学生提供职业指导。他提出了职业指导中三个基本

---

① 钱贵江主编:《职业指导与大学生就业》,苏州:苏州大学出版社 2004 年版,第 26 页。

的要素:测试、提供信息、对职业作出抉择。① 目的是帮助学生在职业的选择中,把自己的职业倾向、兴趣与最后的职业选择较好地结合起来。帕森斯指出,职业指导有助于学生科学地选择职业,比他们在各种各样的职业中举棋不定要好得多。

二、选择职业的重要性

在这本书的前言中,作者给学生提出了以下几点忠告:②

(1) 选择一份职业比盲目找一份工作要好;

(2) 应在全面、可靠的指导及自我分析的基础上,才能对职业进行选择;

(3) 年轻人应该对职业进行大量的调查,而不是简单地寻找一份工作或偶然获得一个职位;

(4) 专家或对成功职业所需要条件进行认真研究人的忠告对青年人的职业选择是有益的;

(5) 把对自己的分析写在纸上似乎是个简单的问题,但这种研究极其重要。

从这几点忠告中可以看出,帕森斯反对没有准备,漫无目地选择职业;强调专家和指导教师在学生职业规划中有着极其重要的意义。"每个青年人都需要别人的帮助,他需要所有的信息及他能得到的帮助。他需要被人指导,需要职业指导教师。在人生做出重要抉择时,他需要来自有经验人的认真与系统的帮助。"③另外,他还告诫学生,要对自己的情况进行全面的分析,要对职业进行全面的分析与了解。这些观点对我们当前做好学生指导工作有着极其重要的指导价值。

三、学生指导的理论基础

帕森斯的遗著《选择一份职业》是西方第一本关于学生指导方面的理论著作,它提出帮助人们正确选择职业的特质因素理论,确立了职业指导在现代社会中的地位,标志着职业指导理论的创立。

该书第一次系统阐述了科学的职业指导理论,即特质因素理论。特质就是人的生理、心理特质或总称为人格特质,包括能力倾向、兴趣、价值观和人格等,这些

---

① Donald A. Biggs. Dictionary of Counseling, Gerald Porter 2000,p48.

② Frank Parsons. Choosing a vocation. Boston:Houghton Mifflin 1909,pviii.

③ 同上书,p5.

都可以通过心理测量工具来加以评量。因素是指客观工作标准对人的要求，是指在工作上要取得成功所必须具备的条件或资格，这可以通过对工作的分析而了解。

在这本书中，他把职业指导过程分为个人分析、职业分析、个人与职业的结合三个阶段，这就是帕森斯提出的选择职业三条基本原则，这也是特质因素理论的核心思想，具体来说：①

　　（1）清楚地了解自己，如态度、能力、兴趣、志向、智慧、局限及其原因；

　　（2）了解各种职业必备的条件及获得成功所需的知识，在不同岗位上所具有的优势、不足及如何补偿，不同的行业有哪些机会及前途如何等；

　　（3）对前两个原则之间的关系进行深入的分析，做到人职匹配。

除此之外，他还强调家庭出身、家庭成员的教育状况、阅历、经验等因素的影响。"在所有早期职业指导理论家中，帕森斯主张职业指导，一是通过研究个性，二是调查现有的职业，最后通过人职匹配来完成职业的选择。这个过程被称为特质因素理论，该理论成为 20 世纪早期职业指导的基础。"②这里的人职匹配(matching men-and-jobs)可分为两种类型：

　　（1）因素匹配（活找人）。例如需要有专门技术和专业知识的职业与掌握该种技能和专业知识的择业者相匹配；或脏、累、苦劳动条件很差的职业，需要有吃苦耐劳、体格健壮的劳动者与之匹配。

　　（2）特性匹配（人找活）。例如，具有敏感、易动感情、不守常规、个性强、理想主义等人格特性的人，宜于从事审美性、自我情感表达的艺术创作类型的职业。

该理论的理论前提是，每个人都有一系列独特的特性，并且可以客观而有效地进行测量；为了取得成功，不同职业需要配备不同特性的人员；选择一种职业是一个相当易行的过程，而且人职匹配是可能的；个人特性与工作要求之间配合的愈紧密，职业成功的可能性越大。

该理论在一百多年的发展中，得到不断的发展和完善，形成职业选择和职业指导过程的三个步骤：

---

① Frank Parsons. Choosing a vocation. Boston：Houghton Mifflin 1909，p5.

② Vernon G. Zunker. Career Counseling：A Holistic Approach，Cengage Learning 2011，p22.

第一步，对学生的情况进行分析评价，全面了解其生理和心理特征。可以通过心理测量及其他测评手段，全面了解学生的身体状况、能力倾向、兴趣爱好、气质与性格等方面的个人资料，并通过会谈、调查等方法获得有关求职者的家庭背景、学业成绩、工作经历等情况，并对这些资料进行评价。

　　第二步，分析职业对人的要求，并向学生提供有关的职业信息，包括：(1)职业的性质、工资待遇、工作条件以及晋升的可能性；(2)求职的最低条件，诸如学历要求、所需的专业训练、身体要求、年龄、各种能力以及其他心理特点的要求；(3)为准备就业而设置的教育课程计划，以及提供这种训练的教育机构、学习年限、入学资格和费用等；(4)就业机会。

　　第三步，人—职匹配，指导老师在了解学生的特性和各种职业要求的基础上，帮助学生进行比较分析，帮助学生选择一个既合适自己特点又有可能得到的未来理想的职业。

　　特质因素理论的核心是人与职业的匹配，各种心理测量工具和美国出版的大量职业信息书刊业为之提供了良好的支持，使之被人们广泛采用。因此，它为教师的职业指导和学生的生涯规划提供了可以操作的最基本原则。由于该理论有较强的可操作性，"特质因素理论已经成为所有学生指导理论中最经久不衰的理论"。[1]帕森斯的职业选择三原则的提出，确立了职业指导理论的基本框架，指明了职业指导工作的任务，一直被认为是职业选择的至理名言，并作为职业指导的基本原则影响着今天的职业指导工作的实践。

进一步思考

　　1. 弗兰克·帕森斯对学生指导的发展作出了哪些贡献？

　　2. 慈善家波林·阿加西·肖在弗兰克·帕森斯成长的道路上提供了哪些帮助？

　　3. 简述波士顿职业局的职责及其在学生指导历史上的地位。

　　4. 波士顿职业局早期的指导教师主要开展了哪些工作？

　　5. 谈谈弗兰克·帕森斯的遗著——《选择一份职业》的主要内容。

---

① Vernon G. Zunker. Career Counseling：A Holistic Approach，Cengage Learning 2011，p22.

Frank Parsons. Choosing a Vocation. Houghton Mifflin 1909.

John M. Brewer. History of vocational guidance: Origins and early development. New York, NY: Harper & Brothers 1942.

Meyer Bloomfield. The vocational guidance of youth. Boston: Houghton Mifflin 1911.

Vocation Bureau of Boston. Record of the Vocation Bureau of Boston, 1913. Boston: The Vocation Bureau 1913.

Arthur Mann. Frank Parsons: The Professor as Crusader. The Mississippi Valley Historical Review, Vol. 37 No. 3 Dec. 1950.

David B. Hershenson. Frank Parsons's Enablers: Pauline Agassiz Shaw, Meyer Bloomfield, and Ralph Albertson. Career Development Quarterly, Vol. 55 September 2006.

Gale A. Watts. Frank Parsons: Promoter of a progressive era. Journal of Career Development, Vol. 20(4) Summer 1994.

Hande Sensoy Briddick. The Boston Vocation Bureau's First Counseling Staff. Career Development Quarterly, Vol. 57 March 2009.

Jean Guichard. A Century of Career Education: Review and Perspectives. International Journal for Educational and Vocational Guidance 2001.

Mark L. Savickas. Meyer Bloomfield: Organizer of the Vocational Guidance Movement (1907~1917). Career Development Quarterly, Vol. 57 March 2009.

Mark Pope. A Brief History of Career Counseling in the United States. Career Development Quarterly, Vol. 48 Issue 3 Mar 20005.

Zytowski, D, G. Frank Parsons and the Progressive Movement, The Career Development Quarterly, Vol. 50 September 2001.

第四章
学生指导制度在西方的兴起

1908 年 9 月 26 日,波士顿职业局的创始人帕森斯因病去世。1909 年 12 月,梅耶·布洛姆菲尔德接任波士顿职业局局长一职,从而掀起了美国 20 世纪前 20 年的学生指导运动。

1910 年秋,波士顿市的 117 名教师参加波士顿职业局组织的培训,他们成为美国第一批专业的指导教师;1911 年 7 月,布洛姆菲尔德在哈佛大学开设了学生指导方面的培训课程,这是美国大学第一次开始培养专业的学生指导教师。

1914 年,波士顿大学成立职业指导系,布洛姆菲尔德任主任,这是美国在大学成立的第一个学生指导系;1917 年,波士顿职业局并入哈佛大学教育研究生院,更名为哈佛大学教育研究生院职业指导局。

1910 年 11 月,第一届全美职业指导会议召开;1913 年,美国成立了第一个学生指导专业组织——全国职业指导协会(NVGA);1915 年,该协会创办一份专业期刊——《职业发展季刊》。

1916 年,杜威出版的《民主主义与教育》一书对"教育即指导"和"教育与职业"等问题进行了精辟的论述,为学生指导的发展提供了理论支撑。

一战爆发后,美国采用军队 α 型和 β 型智力测试来甄选优秀士兵,测试在学校也得以推广运用,为学生指导工作沿着科学化的方向发展打下了基础。

1908 年,克利福德·比尔斯出版《一颗找回自我的心》一书,揭开了美国心理卫生运动的序幕,从而使心理咨询成为学校学生指导的重要内容之一。

英国的学生指导可以追溯到 20 世纪初,1902 年,英格兰建立公立的劳动办公室,从而开启学生指导工作;1909 年,英国颁布了世界上第一个有关职业指导的法律《职业交换法》;1921 年,查尔斯·迈尔斯成立英国国家工业心理学研究院(NIIP),开展学生指导的理论与实践研究;20 世纪 20 年代,英国各地纷纷设立青少年职业介绍所及青年顾问委员会,各中学也纷纷设立职业指导机构,开展职业指导工作。

法国方向指导的研究与应用最初是在心理学领域。为了给企业挑选优秀的员工,1910 年起,心理学家拉伊开展了一系列实验;1912 年,在巴黎成立法国方向指导的第一个机构——"为青年选择职业提供资料和建议办公室";1928 年,法国在巴黎建立了"全国职业方向指导研究所",开展方向指导相关问题研究,并对方向指导人员的培养问题进行了探索。

德国的学生指导可以追溯到 19 世纪末,1883 年,德国的一个内科医师在莱比锡创立德国第一个学生指导机构,用于儿童的职业指导;1908 年,沃尔夫博士创立了一个职业咨询与指导机构为学生提供咨询;1913 年,德国成立了职业指导委员会,主要由工商界代表组成;1913 年,法兰克福和柏林还为学生播放涉及各种各样职业的电影,这有可能是历史上第一次使用视觉材料来开展指导工作;1919 年 3 月18 日,德国规定,凡有人口一万以上的地方,必须由当地行政当局设立职业指导机构,如人口不满一万的地方,可合数地共设一个职业指导机构;1920 年,德国劳动部成立的中央职业局,成为全国职业指导的总机关;1922 年 7 月 22 日,德国颁布《全国职业介绍所法案》,规定开展职业指导的相关事务。

日本最早的职业指导工作是在儿童教养研究厅进行的;1924 年,日本颁布《职业介绍法》,明令取缔和禁止一切以营利为目的的职业中介组织和活动;1925 年,文部省普通学务局和内务省社会局就联合发出"关于对青少年进行职业指导"的通知,要求学校和社会上的职业介绍所联合协作,共同对青少年进行适当的职业指导;1927 年 11 月,文部省颁布"关于尊重学生个性及进行职业指导"的训令,明确规定了学校职业指导的基本方针和内容,被认为是学校进行指导工作的真正起点。

职业的高度分化、移民与失业人数的不断增加是促使其产生的直接社会原因,而教育理论和心理学的发展则为学生指导的产生奠定了理论基础。

1908 年 9 月 26 日，波士顿职业局的创始人帕森斯因病去世。1909 年 12 月，梅耶·布洛姆菲尔德（Meyer Bloomfield，1878～1938）接任波士顿职业局局长一职，领导波士顿职业局开展职业指导工作，从而掀起了美国了 20 世纪一二十年代的职业指导运动。继美国之后，英国、法国、德国、日本等国也纷纷开展学生指导工作，在全世界范围内掀起了学生指导运动的热潮。

第一节　波士顿职业局的探索

职业局成立之初其主要职责就是为学校的学生指导提供职业指导工作。帕森斯病逝后，波士顿职业局坚持以书信、讲演和出版书籍等方式积极宣传职业指导的意义。除此之外，该局还开展以下几个方面的工作：为波士顿市里的学校开展职业指导工作，并培训职业指导教师；在哈佛大学、加利福尼亚大学、波士顿大学等开展暑期培训课程；举办首届全国职业指导会议；开展相关研究，出版系列研究成果等。这些工作为学生指导在全美的普及打下了很好的基础。

一、为社会人员和在校生提供指导服务

波士顿职业局成立后就立即开始为需要的人提供指导方面的服务，指导方式是在职业局接受来访者关于职业方面的咨询。波士顿职业局的指导教师不仅对每个来访者的咨询进行了认真的指导，还做了详细的记录。约翰·马克斯·布鲁尔（John Marks Brewer）曾随机抽取了 133 个来访者的咨询记录，具体情况见表 4 - 1 133 份来访者咨询及指导情况分析。

表 4 - 1 只是涉及指导过程中遇到的主要问题，其实，还有很多有关职业咨询方面的问题还没有列进去，应该说，咨询与指导的内容非常广泛。从表中还可以看出，职业局来访者数量众多，有在职工作的，更多的为在校学生、未找到工作的毕业生及失业者。

除了要对来访者进行面对面指导外，职业局还接受来信咨询。有许多写信给职业局的人是因为之前读过帕森斯著作的，有些是受到了报纸和杂志宣传的误导，如有些著名杂志竟说："如果你要晓得你自己的超卓天才，只要写信给波士顿职业局就得了。"于是，职业局收到了大量的来信。下面是 1911 年至 1915 年间职业局接

受信函指导情况的分析。

波士顿职业局信函指导情况分析[①]

来信情况分析：

回信情况分析：

所收的信函只有少数说起自己的受教育情况或当前的工作情况：有34人说他们有工作，但是不满意；有8人说在学校，8人在大学，16人没有事做。这些信大多来自美国各地方，还有7封是由外国来的。应该说，波士顿职业局学生指导工作的声誉已经传播全美，甚至美国以外的其他国家。

波士顿职业局对每一封信函都进行了认真的回复，在回复信件上也会附上这样的一句话："要由通信商榷关于职业指导的事，是绝对不可能的。由这种企图出来的结果，只有害处。"

表4-1 133份来访者咨询及指导情况分析①

性别	男	93人	指导对象年龄	12～16岁	20人
	女	40人		17～21岁	58人
来自区域	波士顿	78人		22～25岁	18人
	马萨诸塞州其他地方	50人		26～30岁	15人
				31～40岁	2人
	其他州	5人		41岁以上	2人
教育程度	小学毕业	22人	就业情况	工作不合适	25人
	高中在读	10人		想有所提高	5人
	高中毕业	31人		想找工作	8人
	大学在读	7人		想得到工作的建议	49人
	大学毕业	5人			
	有学习的计划	44人			
寻找职业指导	关于特殊职业的机会	17人	职业选择的建议		11人
	特殊职业的准备	22人			

二、在波士顿的学校开展指导实践

帕森斯创建职业局的一个重要目的就是为学校提供指导服务。在他去世后不久，职业局接到了波士顿公立学校教育主管斯特拉顿·D·布鲁克斯（Stratton D. Brooks）发出的请求，希望职业局能够为高中学生选择职业课程提供帮助。为了开

---

① Vocation Bureau of Boston. Record of the Vocation Bureau of Boston，1913. Boston：The Vocation Bureau. 1913，pp27～28.

展好此项工作,1909 年 6 月 19 日,波士顿职业局聘请来自马萨诸塞州列克星顿的戴维·斯通·惠勒(David Stone Wheeler)担任波士顿职业局局长。惠勒上任伊始就组织教师为波士顿毕业班的学生开展讲座,提供职业方面的指导,同时还带领学生开展行业调查等。

1909 年 11 月,惠勒由于开展卫理公会牧师的培训工作,他离开了职业局。1909 年底,布洛姆菲尔德接任局长,他上任后提出,将波士顿的公立学校作为今后职业局职业指导工作的主要任务之一。① 在 1910 年之后的几年中,波士顿职业局确立了以发展学生指导和开展职业研究为主,兼顾社会咨询的服务宗旨。在 1913 年的官方记录中明确提出,要致力于延长义务教育年限、消除童工现象、为青年争取更多的培训机会,帮助他们顺利实现由学校到职业岗位的过渡。②

在波士顿职业局的推动下,1910~1911 年,波士顿初等学校的每位毕业班学生都拥有了一张属于自己的职业信息记录卡;市内主要区域的 30 个初等学校毕业班举办了职业讲座;首批 117 名教师完成培训,成为各自学校的职业辅导员;兼任调研员的职业局助理在 200 多所企业中开展了职业调查,成果被印制成传单或手册提供给教师、学生和家长;还预备在公立学校建立职业图书馆。可以说,职业局与波士顿学校委员会(Boston School Committee)的合作是"全面的"、"大规模的"和"决定性的"。这也是美国历史上第一次在公立学校系统内开展系统化的学生指导试点。

1913 年 2 月,波士顿公立学校董事会投票决定增设一个独立的公立学校职业指导部,选派专人任部门主管。公立学校职业指导部成立后,当地学校大受它的影响,随后纷纷在校内设立职业指导部,校长亲自选聘至少一名职业指导教师(Vocational Counselors),开展职业指导工作。波士顿职业局和公立学校职业指导部一起共同开展公立学校的指导工作。如带领各学校的职业指导教师开展社会各种职业的调查工作,编制有关职业信息的小册子;与学校教师和学生家长协力合作,对毕业生出校后的就业情况进行调查;每个学年末,职业指导部会派人到各中学里面去观察,亲身与毕业的各班作个人的叙谈,甚至为学生介绍工作等;设立委员会,如 1912 年职业局成立经理雇用协会(Employment Managers' Association),并召开职业指导方面的会议等。公立学校职业指导部这一官方管理机构的建立标志着学校指导工作正式进入了公立学校体系,并成为一项常规工作。

1913 年后,在布洛菲尔德的领导下,职业局开始更多地将注意力集中到学校与

---

① Mark L. Savickas. Meyer Bloomfield: Organizer of the Vocational Guidance Movement (1907~1917). Career Development Quarterly, Vol. 57 March 2009, pp261~262.

② Vocation Bureau of Boston. Record of the Vocation Bureau of Boston, 1913. Boston: The Vocation Bureau 1913, p3.

企业在个人发展问题上的衔接。这是经过数年实践摸索后对帕森斯理论的突破，也标志着职业局服务宗旨的进一步拓展。布洛菲尔德认为，解决青年发展问题的关键是要弥合学校教育与未来公民生活和职业生活间存在的鸿沟，增加学校生活的目的性和趣味性，同时让职业生活更富教育意义、更有收获。① 这就意味着真正有效的学生指导应该成为个人终身发展的有机组成，只有尽可能增强企业的人力资源开发意识，才便于在学校教育中渗透职业精神和职业文化。

三、开展专业指导教师的培训工作

因学生人数增加较快，加之社会对职业指导需求的不断增大，原有的指导人员不能胜任职业指导的工作。

1909 年 6 月 19 日，戴维·斯通·惠勒担任波士顿职业局局长。与此同时，波士顿公立学校委员会任命 117 名教师为指导教师（counselors）。② 1910 年秋，来自波士顿市 117 名教师报名参加了培训课程。③ 职业局为这 117 名指导教师的培训起草了详细的培训计划，培训班每两周一次，他们利用业余时间聚集在学校委员会的大厅里接受辅导，主要形式是听讲座。

布洛姆菲尔德向教师们介绍了职业指导的意义、理论和实用技巧，鼓励他们走近学生的生活、更多地去了解现实中的职业环境，并不时邀请各行各业的人士前来发表演讲。④ 这些教师除了承担正常的教学外，还义务为学生提供指导服务。⑤ 他们成为波士顿也是美国第一批专业的指导教师，为美国学生指导的顺利开展打下了很好的基础。

1911 年，职业指导在美国已发展为一项具有广泛社会影响的运动，作为这项运动的策源地，一时间波士顿吸引了许多前来学习取经的人。面对更大的发展空间，布洛姆菲尔德意识到职业指导培训不应再局限于本市教师两周一次的集会讲座。1911 年 7 月，布洛姆菲尔德在哈佛大学第一次开设了学生指导方面的培训课程，培

62

---

① Vocation Bureau of Boston. Vocational Guidance and the Work of the Vocation Bureau of Boston. Boston: The Vocation Bureau 1915, p8.

② Suhnu Ram Sharma. Vocational Education and Training History Methodology, Issues and Perspective. K. M. Rai Mittul for Mittal Publications (India) 1994, p47.

③ Mark L. Savickas. Meyer Bloomfield: Organizer of the Vocational Guidance Movement (1907~1917). Career Development Quarterly, Vol. 57 March 2009, p264.

④ Frederick J. Allen. Principles and Problems in Vocational Guidance. New York: McGraw-Hill 1927, p7.

⑤ Mark L. Savickas. Meyer Bloomfield: Organizer of the Vocational Guidance Movement (1907~1917). Career Development Quarterly, Vol. 57 March 2009, p264.

养未来从事学生指导工作的人员,这是美国大学第一次开始培养学生指导教师。①
首个培训班共有 10 次讲座,参加的教师为 50 人。1912 年和 1913 年,该培训课程延
长至 6 个星期,每周上 5 次,在讲座外增加了讨论会、课外阅读和实地参观。对于攻
读文科准学士的学生,还可以折算学分。

根据培训班的通知,该培训班课程名称为:《职业指导》,课程主要包括:职业指导教
师的职责与要求;职业指导理论。我们可以看到培训的内容包括讲座,讨论,阅读相关
材料,参观商业、制造业、教育及社会等各类机构。除了讲座外,还有个人阅读与讨论、
参观商业、制造业、教育及社会等各类机构等方式。讨论的主题有以下几个方面:②

(1)职业选择需要考虑的要素;学校和家庭环境对职业选择的影响。
(2)职业指导的需求。(3)职业指导的兴起情况,包括德国、英国、苏格兰和美
国。(4)职业指导教师的职业与要求。(5)职业调查。(6)职业指导与雇佣;职
业介绍所;欧洲和美国青少年的就业和学徒委员会;就业机构。(7)职业指导
的技巧。(8)科学管理与安置。(9)职业效率的基础:教育、经济和个人情况。
(10)职业指导中的问题;案例分析。(11)职业指导中的社会因素。

哈佛短期《职业指导》课程的培训获得了很大的成功,为了满足日益增长的职
业指导需求,除哈佛大学暑期培训班外,波士顿职业局从 1912 年 10 月起,开办
了星期一下午的课程班。③ 培训班吸引了来自马萨诸塞州的牛顿、切尔西、坎布
里奇、萨默维尔等地以及罗得岛州德普罗维登斯以及其他地区教师的积极
参加。④

哈佛大学暑期培训课程分别在 1911 年、1912 年和 1913 年暑期开班。1914 年,
哈佛大学的培训课程转移到波士顿大学,并成立职业指导系,布洛姆菲尔德任主
任,这是美国在大学成立的第一个学生指导系。1914 年至 1917 年间,布洛姆菲尔
德以"职业指导特聘教授"的身份在波士顿大学任教,主要讲授一门名为"职业指导
理论与实践"(The Theory and Practice of Vocational Guidance)的课程,该课程一直
持续到 1917 年,后来由波士顿职业局副局长弗雷德里克·爱伦(Frederick J. Allen)
接替该门课程。1916 年,爱伦出版了《商业雇佣》(*Business Employments*)和《鞋业》

---

① 杨光富:《社会转型与西方中学学生指导制度的建立》,《外国中小学教育》2012 年第 9 期,第 51 页。
② Vocation Bureau of Boston. Record of the Vocation Bureau of Boston, 1913. Boston: The Vocation
Bureau 1913, p11.
③ 同上书,p12.
④ 同上注。

（*The Shoe Industry*）两书。

1914 年和 1915 年的夏天,布洛姆菲尔德前往位于西海岸的加利福尼亚大学,主持暑期职业指导培训。1916 年至 1917 年夏天,布洛姆菲尔德又在哥伦比亚大学师范学院开设了职业指导课程。布洛姆菲尔德为职业指导编写的两本教材于 1915 年问世,一本名为《职业指导阅读材料》（*Readings in Vocational Guidance*）,另一本是《青年、学校与职业》（*Youth，School and Vocation*）。[1]

1917 年,波士顿职业局并入哈佛大学教育研究生院,更名为哈佛大学教育研究生院职业指导局。自此以后,美国高校培养专业的指导教师得到了较快的发展。

到 20 世纪 20 年代,美国大部分高校都提供学生指导方面的课程,为中学培养专业的学生指导教师。据资料显示,1925 年,美国有 35 所高校提供暑期学生指导培训课程,到 1928 年,数量增至 70 所高校。[2]

对于高校培养专业的指导人员,当时美国著名的心理学家桑代克曾有过非常乐观的估计,他在 1913 年写道:"通过有关人类特性以及各种职业对人的要求方面知识的学习,1950 年后从师范院校毕业的每一个学生,都能在指导高中生选择职业方面,提出比索勒姆、苏格拉底和本杰明·福兰克林加在一起还要高明的建议。"[3]

第二节　美国学生指导工作开展情况

20 世纪前 20 世纪,布洛姆菲尔德领导波士顿职局在美国掀起了职业指导运动。1916 年,实用主义教育家约翰·杜威（John Dewey，1859～1952）出版《民主主义与教育》一书中,对"教育即指导"和"教育与职业"等问题进行了精辟的论述,为学生指导的发展提供了理论支撑。一战爆发后,美国军方开始使用心理测量来甄选优秀的士兵,其成功经验使团体测验的方式在教育领域同样得以推广运用,为学校学生指导工作沿着更科学化的方向发展打下了基础。另外,这一时期的心理卫生运动促使心理咨询成为国外学校学生指导的重要内容,丰富了指导的内容。

一、布洛姆菲尔德对指导工作的贡献

帕森斯的特质因素理论确立了职业指导在现代社会中的地位,标志着职业指

---

[1] Mark L. Savickas. Meyer Bloomfield：Organizer of the Vocational Guidance Movement（1907～1917）. Career Development Quarterly，Vol. 57 March 2009，p265.

[2] John M. Brewer. History of vocational guidance：Origins and early development. New York, NY：Harper & Brothers 1942, p184.

[3] 李仁山主编:《大学生就业指导与范例》,北京:首都经济贸易大学出版社 2004 年版,第 11 页。

导理论的创立。而布洛姆菲尔德应该是 20 世纪前 20 年职业指导运动卓越的领导者。① 在帕森斯去世后，正是梅耶·布洛姆菲尔德领导波士顿职业局开展的职业指导工作，从而在美国掀起了职业指导运动。

1878 年 2 月 11 日，布洛姆菲尔德在罗马尼亚的首都布加勒斯特出生。四岁时，他随父亲搬到美国纽约的曼哈顿。布洛姆菲尔德在当地的公立小学、中学接受教育。在 1899 年，他在纽约城市学院获得文学学士学位，1901 年，他又在哈佛大学获得第二个文学学士（社会学专业）。在大学期间，他义务为移民子女服务的大学安置室（University Settlement House）的图书馆担任志愿者。他发现，图书馆管理员对每个学生个性特点与理想都了如指掌，每次借书时，她都会给学生推荐一些关于职业选择方面的书籍，这些职业以前对他们来说都是陌生的，这给布洛姆菲尔德留下了印象深刻。另外，他还担任希伯来工业学校雅各布·赫克特俱乐部（Jacob Hecht Club）讲解员。"这些经历使他对社会工作及民政事务产生了兴趣。"②

图 4-1　布洛姆菲尔德

应该说，20 世纪初学生指导有两个代表性人物：一个是帕森斯，另一个就是布洛姆菲尔德。布洛姆菲尔德在学生指导发展史上主要有以下几点贡献：

（一）协助创建波士顿职业局

一提到波士顿职业局，我们便会想起其创始人帕森斯。其实，这里也有布洛姆菲尔德的一份功劳，正是由于布洛姆菲尔德的启发与建议，帕森斯最终创办了职业局。

哈佛大学毕业后，布洛姆菲尔德成为波士顿移民服务机构——公民服务社（the Civic Service House）的首任主管。该服务机构由慈善家波林·阿加西·肖（Pauline Agassiz Shaw）女士自助创建，主要为移民和青年人提供教育培训，并帮助他们寻找工作，布洛姆菲尔德在服务社一直工作到 1910 年。在这期间，他还从波士顿大学法律学院获得了法律学位，并认识了帕森斯。

---

① Mark L. Savickas. Meyer Bloomfield: Organizer of the Vocational Guidance Movement (1907 ~ 1917). Career Development Quarterly, Vol. 57 March 2009, p265.

② John N. Ingham. Biographical Dictionary of American Business Leaders (A ~ G). Greenwood Press 1983, p78.

从本书第三章的论述中我们可以看到,布洛姆菲尔德听了帕森斯《理想城市》的演讲后,邀请帕森斯给高中毕业班学生做职业指导,并获得了很好的反响。于是,座谈会结束后,他想成立一个职业指导机构,并建议帕森斯设计方案,后又说服了慈善家波林·阿加西·肖,1908 年,服务社增加了一个职业指导办公室——波士顿职业局。1909 年 12 月,他担任职业局局长(共 8 年时间)。应该说,职业局的创建,布洛姆菲尔德功不可没。

(二) 举办首届全美职业指导会议

在布洛姆菲尔德和弗兰克·斯雷登(Frank Snedden)的积极提议和倡导下,1910 年 11 月 15～16 日,波士顿职业局与波士顿商会共同举办了首届全美职业指导会议(National Conference on Vocational Guidance),共有 45 个城市派代表参加了此次会议。代表来自制造行业、从业人员、商人、社会工作者及教育工作者等。通过这次会议,与会代表对职业教育,特别是对青年人职业指导的意义有了较为清楚的理解,"对即将开展的职业指导运动产生了兴趣,并成为该运动的支持者与参与者"。[①] 由于第一届大会反响较好,1912 年,又举办了第二届全美职业指导大会。

(三) 开展"波士顿实验"

布洛姆菲尔德上任后,继续开展的主要工作是关注学校学生的职业指导,"尤其要帮助这些学生,让他们对未来的工作产生兴趣,同时要学会做出明智的选择"。[②]

在他的领导下,1910 年至 1913 年间,波士顿职业局与当地学校教育委员会合作开展了被称为"波士顿实验"(Boston Experiment)的公立学校学生指导项目。学生指导被提上议事日程的主要原因是"大量证据表明父母们前所未有地希望学校能够为孩子的未来提供建议和帮助"。[③] 更深层的原因则是进入 20 世纪后美国劳动力市场对学历的要求明显提高,职业教育的发展不仅提供了更多的教育机会,也促使家长、教师和学生逐渐意识到教育水平与未来收入间的联系。

为了帮助初等学校毕业生在升学和就业问题上做出理性的选择,同时改变三分之二的中学生中途辍学的现状,波士顿学校委员会决心与职业局合作,在波士顿所有公立初等和中等学校里尝试建立学生指导机制。

(四) 创建全美职业指导协会

布洛姆菲尔德在担任局长期间,他帮助波士顿中小学开展指导工作,另外,在

---

① Mamta Mahndiratta. Encyclopaedic Dictionary Of Education (Vol 3). Sarup & Sons 1997,p783.

② Mark L. Savickas. Meyer Bloomfield: Organizer of the Vocational Guidance Movement (1907～1917). Career Development Quarterly,Vol. 57 March 2009,p263.

③ Vocation Bureau of Boston. Record of the Vocation Bureau of Boston,1913. Boston: The Vocation Bureau. 1913,p8.

布洛姆菲尔德提议的推动下,1913 年,美国成立了"全国职业指导协会"(the National Vocational Guidance Association,NVGA)。

1915 年,该协会开始创办《职业发展季刊》(*Career Development Quarterly*),发行不定期的专业刊物。1921 年,NVGA 开始定期出版《国家职业指导简报》(*The National Vocation Guidance Bulletin*),在以后的几十年中该出版物经历了几次更名,最终成为《职业发展季刊》(*Career Development Quarterly*)。

全国职业指导协会成立的重要意义在于,它建立了一个专业学术组织和一份专业出版物,使得早期纷乱的职业指导运动得以融为一体,引导职业指导运动朝着科学化、正规化的方向发展,并使得学生指导工作的职业化角色得到社会的进一步认可。

(五)出版职业指导专著

除了上述的贡献外,1911 年,他出版了职业指导方面的第一本书——《青年职业指导》(*The Vocational Guidance of Youth*)。[1] 1915 年,布洛姆菲尔德另外两本职业指导方面的教材问世,一本名为《职业指导阅读材料》(*Readings in Vocational Guidance*),另一本是《青年、学校与职业》(*Youth,School and Vocation*)。[2] 这几本著作的出版为当时学生指导的实践提供了较好的理论参考。

二、杜威关于学生指导的概念的论述

约翰·杜威(John Dewey,1859~1952)是美国 19 世纪中叶到 20 世纪中叶著名的实用主义教育家。他的著作涉及诸多领域,教育方面的主要著作有:《我的教育信条》(1897)、《学校与社会》(1899)、《儿童与课程》(1902)、《我们怎样思维》(1910)、《民主主义与教育》(1916)、《经验与教育》(1938)等。在他的代表作《民主主义与教育》一书中,专门列了"教育即指导"(第 3 章)以及"教育与职业"(第 23 章),提出"教育即指导"的观点,同时对职业指导问题进行了精辟的论述。

图 4-2　约翰·杜威

---

① 该书中文版见:[美]卜龙飞(M. Bloomfield)著,王文培译:《青年职业指导》,上海:中华书局 1924 年版。

② Mark L. Savickas. Meyer Bloomfield:Organizer of the Vocational Guidance Movement (1907～1917). Career Development Quarterly,Vol. 57 March 2009,p265.

(一) 指导概念的界定

在他的代表作《民主主义与教育》一书中,第 3 章的标题是"教育即指导"(Education as Direction)。该章开篇就指出,指导(direction)、引导(guidance)①和控制(control)是一种特殊的教育形式,接着对这三个概念进行了辨析。他指出,"引导"是指"通过合作帮助受指导人的自然能力";"控制"是指"承受外来的力量并碰到被控制的人的一些阻力";"指导"是指"把被指引的人的主动趋势引导到某一连续的道路,而不是无目的地分散注意力。指导表达一种基本的功能,这一功能的一个极端变为方向性的帮助,另一个极端变为调节或支配"。②

从上面的阐述可以看出,"指导"是比较中性的一个词,既可以朝好的方面发展,也可能是朝坏的方面发展。

(二) 指导的必要性

杜威认为,"教育有指导作用"。儿童天生有许多的潜能与天赋,我们需要做的是把这些潜能与天赋发掘出来。如何"发掘",这就要求教育者对青年的行为必须进行"引导",这种"引导"要让青年能自觉地接受,因为"强制"是不会有良好教育效果的。因此,指导就是把儿童天然具备的东西保存下来,开发出来。

(三) 指导方法

杜威还强调指导不能强制,要让青年能自觉地接受,因"强制"是不会有良好教育效果的。他尤其反对"控制",因为它有意无意地就把儿童假定成"一个人的趋势天然是纯粹个人主义的或自我中心的,因而反社会的。控制表示使他的自然冲动服从公共的或共同目的的过程"。③ 因而,控制就是对儿童进行"强制或压迫",就自然把儿童看成是需要控制的对象。因此,"我们不能强加给儿童什么东西,或迫使他们做什么事情。忽视这个事实,就是歪曲和曲解人的本性"。④

杜威还举例说,我们可以把马引到水边,却不能迫使它饮水;虽然我们能把一个人关在教养所,却不能使他悔过。⑤ 因此,要使青少年了解进行各种"活动"的目的与价值,不能强制他们去进行某种"活动",而要让他们自觉地去参加某种"活动",才能发挥教育的指导作用。

(四) 职业指导

在指导内容方面,杜威在《民主主义与教育》一书第 23 章"教育与职业"中对"职

---

① "guidance"一词可翻译为"指导"、"引导"等义,为了"direction"区别,此处译为"引导"。——著者注

② [美]约翰·杜威著,王承绪译:《民主主义与教育》,北京:人民教育出版社 1990 年版,第 26 页。

③ 同上注。

④ 同上书,第 28 页。

⑤ 同上注。

业指导"进行了精辟论述。后来,他又就职业教育问题写过不少文章,对此主题也有论述。关于职业指导,杜威有以下几个方面的重要观点:

1. 职业指导的目的

他认为,职业指导就是帮助一个人"找出适宜做的事业并且获得实行的机会,这是幸福的关键"。①

2. 职业指导就是培养学生对职业的兴趣

"最根本的问题不是要训练各个人从事某种特别的职业,而是要使他们对于必须进入的职业产生生动的和真诚的兴趣。"②从中可以看出,杜威把职业指导与个人兴趣联系起来,认为如果一个人对他所从事的职业感兴趣,不仅能使个人得到满足,而且因其热爱此工作,必能使该项工作做得更好,更加有利于他和社会。

最后,杜威要求职业指导应具有灵活性,"如果教育者以职业指导可使人对职业做出确定的、无可改变的和完全的抉择,那么,教育和所选择职业都可能流于呆板,阻碍将来的发展"。③

3. 反对为学生预先选择一份职业

因为"预先决定一个将来的职业,使教育严格为这个职业做准备,这种办法会损害现在发展的可能性,从而削弱将来适当职业的充分准备"。杜威认为,"唯一可供选择的办法,就是使一切早期的职业预备都是间接的,而不是直接的;就是通过从事学生目前的需要和兴趣所表明的主动作业。只有这样,教育者和受教育者才能真正发现个人的能力倾向,并且可以表明在今后生活中应选择何种专门的职业"。④

20 世纪初期,"指导"还未成为学校工作中的专门职能。杜威所谓"控制"、"引导"与"指导",只是学理上的区分。他把"指导"界定为对学生确立正当的行为方向和向着正当方向调节自己的行为,提供帮助;同时,他提出职业指导就是培养学生对职业的兴趣,并反对为学生预先选择一份职业。这些思想为美国乃至欧美其他国家的学生指导工作提供了一定的理论支撑。

三、心理测量在美国军界的成功应用

这个时期一个最重要的事件是心理测量开始在美国军界的应用,这为以后学

---

① [美]约翰·杜威著,王承绪译:《民主主义与教育》,北京:人民教育出版社 1990 年版,第 324 页。
② [美]约翰·杜威著,赵祥麟、任钟印、吴志宏译:《学校与社会·明日之学校》,北京:人民教育出版社 1994 年版,第 357 页。
③ [美]约翰·杜威著,王承绪译:《民主主义与教育》,北京:人民教育出版社 1990 年版,327 页。
④ 同上书,326~327 页。

生指导的科学化发展提供了一定的技术与方法,并极大地促进了美国普通中学学生指导工作朝专业化方向发展。

1914年8月,第一次世界大战爆发。为了选拔优秀的年轻人加入军队,美国国防部组织100多名专业心理学家,参与编制了一系列心理测验工具,其中包括著名的军队α型和β型智力测试(Army Alpha and Army Beta intelligence tests)。

美国心理学家会主席(APA)罗伯特·默恩斯·耶基斯(Robert Mearns Yerkes,1876～1956)出任新兵检查委员会主席,主要成员有三位:亨利·赫伯特·戈达德(Henry Herbert Goddard,1866～1957),他是第一个把比纳测验翻译介绍到美国的学者;路易斯·麦迪逊·推孟(Lewis Madison Terman,1877～1956)及其推孟的一个研究生。[①]

委员会的目的是使心理学有助于增进军队的效率,为此他们拟订了许多研究计划,包括:如何将心智不足者从募兵中过滤出来,如何将甄选出来的募兵安排到适当的职位上。同时,委员会还调查了士兵的动机、士气、身体失能者的心理以及纪律等相关问题。

在前期测试的基础上,委员会于1917年开发了一套新的测验试题,即著名的军队α、β智力测验,用于征募军人。α测验适合于有阅读能力的人。参加α智力测验测试军人的年龄大约为13周岁,下面的样题摘自《发现》杂志,要求在3分钟之内完成,题目涉及句子排列、单词意思、简单计算、数字推理、生活常识等,具体详见下面试题:

美国军队α智力测验测试题[②]

一、下面的句子被打乱了,但重新组合后可以表达出完整的意义。请把下面的句子重新组合,再回答每一句话意义是否正确。

1. Bible earth the says inherit the the shall meek.   对(   ) 错(   )

2. a battle in racket very tennis useful is   对(   ) 错(   )

二、回答下面的问题。

3. 如果一列火车在1/6分钟内行驶200码(yards),那么在1/15秒内能行驶多少英尺(feet)?

① Philip John Tyson, Dai Jones, Jonathan Elcock. Psychology in Social Context: Issues and Debates 2011, p45.

② Edward Neukrug. The World of the Counselor: An Introduction to the Counseling Profession(second edition). Wadsworth Publishing Co Inc 2003, p37.

4. 一艘U形潜水艇在水下一个小时前进8英里,在水面上一个小时能前进15英里。那么,如果通过一个长为100英里的隧道,其中2/3的行程在水下,整个行程需要多长时间?

5. 燃气发动机火花塞在什么地方?　　曲轴箱　排气歧管　汽缸　化油器

6. 布鲁克林族(Brooklyn Nations)被称为什么?

巨人族(giants)　金莺(orioles)　超霸(superbas)

7. 广告说99.44%纯度的产品是:斧头牌烘焙苏打(Arm & Hammer baking soda)　　酥油(Crisco)　　象牙皂(Ivory Soap)　　托利多(Toledo)

8. Pierce-Arrow牌汽车产地是:弗林特(Flint)　水牛城(Buffalo)　底特律(Detroit)　托利多(Toledo)

9. 祖鲁人(Zulu)的腿的数目为:2　　4　　6　　8

三、下面两个单词的意思是相同还是相反?

10. vesper, matin　　　　　　　　　　相同(　)　相反(　)

11. aphorism, maxim　　　　　　　　　相同(　)　相反(　)

四、根据下面数字的排列规律,请写出接下来的数字:

12. 74　71　65　56　44　接下来的数字是(　)

13. 3　6　8　16　18　接下来的数字是(　)

14. 选择在镜子里看到的景象:

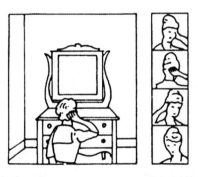

15. 这幅图缺少什么东西?　　　　　16.这幅图缺少什么东西?

答案:1. 对　2. 错　3. 12英尺　4. 9小时　5. 汽缸　6. 超霸

(superbas) 7. 象牙皂 8. 水牛城 9. 2 10. 相反 11. 相同 12. 29
13. 36 14. A 15. 勺子 16. 留声机的喇叭

当他们发现募兵中有 30% 的人不识字时,他们又发展了"军队 β 测试",这是一套专为不会阅读英文的人而设计的测验。这套该测验虽包含了一般信息、词汇、抽象推理、理解和算术等测试内容,但基本上以一个笼统的总分来表示被试的智力水平。当时的研究者们分析了 15,000 名 20~55 岁的军队官兵在此测验上的测试成绩。结果表明,随着年龄的增长,成人在智力测验上的得分不断下降,50 岁组成人的测验分数只是 20 岁组成人得分的 80%。[①]

当然,从现代的眼光看,此研究在测验的评分方式与取样的代表性等方面存在缺陷,可它毕竟为后续研究者采用心理测量方法探究成人智力发展的规律开了个好头。

心理测量在美国军方的成功应用也影响到了教育领域,使团体测验的方式在教育领域同样得以推广运用。心理测量对学校学生指导的影响不仅限于它为指导人员提供了更为可靠的依据,还为学校学生指导工作沿着更科学化的方向发展打下了基础。

四、心理卫生运动的推动

心理卫生运动最初是从如何正确认识精神病和给精神病患者以人道的待遇开始的。美国心理卫生运动的代表人物是美国心理学家克利福德·比尔斯(Clifford Beers)。

比尔斯生于 1876 年,18 岁就读于耶鲁大学商学院。毕业后,到纽约一家保险公司工作。比尔斯的哥哥患有癫痫病,他目睹其兄病情发作时昏倒在地、四肢抽搐、口吐泡沫的可怕情景,担心这种病会遗传到自己身上,于是终日惶恐不安。24 岁时,比尔斯因精神失常从四楼跳下,企图自杀未遂,结果被送入精神病院。在精神病院的三年时间里,比尔斯亲身体验到了精神病患者内心苦闷以及所受到的冷漠、虐待,因而出院后决心为精神病人的康复事业而奋斗。

1908 年,他出版了一本自传体著作《一颗找回自我的心》(*A Mind That Found Itself*)。在书中他揭露了精神病院对病人的冷酷和虐待,讲述了自己的病情、治疗和康复的经过,向世人发出了改善精神病人待遇的强烈呼吁。

然而,该书最初出版时却遭到了社会的冷淡和非难,有些人甚至认为该书所言

---

① Richard Schulz, Timothy A. Salthouse. Adult development and aging: myths and emerging realities. Prentice Hall PTR 1999, p136.

皆为"疯话"。当时最著名的美国心理学家詹姆斯(W. James)和最著名的精神病学家麦尔(A. Meyer)对此书的内容极为震动。他们分别发表讲话、撰写文章,对该书予以充分的肯定和赞扬。从此,揭开了大规模开展心理卫生运动的序幕。

1908年5月,比尔斯在其家乡发起组建了世界上第一个心理卫生组织:康涅狄格州心理卫生协会。该协会明确提出"为维护人类的精神健康而努力",并明确协会的5项工作目标,这标志着心理卫生已成为一种有组织的社会运动,其工作目标如下:[①]

(1)保持心理健康;(2)防止心理疾病;(3)提高精神病患者的待遇;(4)普及宣传有关心理疾病的科学知识;(5)与心理卫生有关的机构合作。

1909年2月,比尔斯发起成立了"美国全国心理卫生委员会",其宗旨是防止心理异常和精神疾病的产生,增进人的心理健康。之后,美国29个州相继成立了65个心理卫生委员会。1917年,美国心理卫生委员会创办了《心理卫生》季刊,积极开展心理卫生宣传,影响极大。心理卫生运动终于在美国成为普及全国的运动。受其影响,美国学校也纷纷建立心理卫生机构,并用各种方式帮助学生解决在心理健康方面所出现的问题,从而使心理咨询成为学校学生指导的重要内容之一。

五、学生指导运动在各州的开展

20世纪初,波士顿兴起了职业指导运动,该运动激发了人们对职业指导的兴趣与关心。在1910至1920年间,美国的中小学大多设立了学生指导这个职位,相关的培训也轰轰烈烈地开展起来,在一些学区还设立了职业指导办公室。[②]

(一)各州开展情况的个案研究

下面以纽约市、马萨诸塞州萨默维尔市、芝加哥等地的学生指导情况做个案分析,从中可以洞悉学生指导最初在美国开展的基本情况。

1. 纽约市的学生指导开展情况

在波士顿市职业指导运动的影响下,美国纽约市也开展了学生指导工作。1911~1913年,纽约市的一项调查列出了初中所能够提供的机会,包括:[③]

---

① 汪元宏、吴贵春:《大学生心理健康指南》,合肥:安徽大学出版社1999年版,第11页。

② Norman C. Gysbers. A History of School Counseling. American School Counselor Association 2010, p14.

③ [美]乔尔·斯普林著,史静寰译:《美国学校:教育传统与变革》,北京:人民教育出版社2010年版,第352页。

(1)提供了不同课程的学习机会;(2)改革教学面向两性学生,并且提供机会满足学生进入高中和职业学校的不同需求;(3)根据能力将学生分类。

可以看出,纽约市学生指导工作的最大创举是为学生提供差异性课程,同时帮助学生选择符合自己兴趣、能力和未来职业要求的教学内容。而学校指导教师的职责是帮助每名学生找到适合自己的职业方向,然后通过课程帮助学生为未来职业做好充分的准备。

另外,纽约高中教师协会(The High School Teachers' Association)还对学生的职业指导需求进行了调查,给学生发放指导资料,并和毕业班的学生进行座谈,发行小册子,介绍职位等。

1914~1915年冬季,纽约市曾邀布洛姆菲尔德到该城指导学生指导工作,布洛姆菲尔德指导纽约未成年人职业帮助市长委员会(Mayor's Committee on Vocational Help to Minors)开展职业情况调查工作。调查主要围绕学生所在学校学生指导开展情况、毕业生的就业情况、就业环境、家长对孩子遇到的问题与看法、雇主对儿童的看法以及儿童自己的观点等。这个调查的范围很大,同时恐不周到,又尽力与特殊个人有所接触,详查状况与问题,同时又开了许多会议。但委员会并没有公布调查结果,不过这个委员会在认真分析调查结果的基础上,起草了一份全面的职业指导计划,并在曼哈顿的三所中学开展职业指导的试点工作。[①]

2. 马萨诸塞州的萨默维尔市

在这个市,有20位教师对建立职业指导计划进行了初步的调研,调查结果发现,学生在高中只能接受类似商业方面的较少的职业指导课程,这也许并不是一些学生喜欢的职业。最后,他们提出了一个系统的职业指导计划,并建议教育部门,要为每所高中配备一名专职的指导教师,为萨默维尔市学生指导工作的开展指明了方向。

3. 伊利诺伊州的芝加哥市

其实,早在1910年,芝加哥市的一些学校就开展了职业指导这项工作。1912年,芝加哥城市俱乐部职业指导委员会(Chicago City Club)提出了一份学生职业指导需求的报告。

1913年,芝加哥教育局成立职业指导室,并划出办公时间,管理全市的职业指导工作,对遇有不应该辍学而从事工作的儿童,设法叫他回校继续读书。此外职业

---

① John Marks Brewer. The Vocational-guidance Movement: Its Problems and Possibilities. New York: The Macmillan Company 1926, p41.

指导室还调查该城的工业情况,发行期刊报告,为青少年介绍职业等。另外,还对已经就业的毕业生进行随访,调查其工作状况。

4. 密苏里州的圣路易斯市

在密苏里州的圣路易斯的中学,他们通过职业指导课或学生之家课的方式来对学生进行指导,这种特殊的课程最终变成了学校社会活动的核心部分,也是指导计划的一部分。

如位于圣路易斯的本·布鲁伊特初中就是很有代表性的个案。该校的每名学生,从 7 年级开始每学年必须选择 150～200 小时的职业指导课。七年级的学生要选择未来的职业方向;八年级的学生根据未来的职业方向,从三门课程中选择一门学习。①

1917 年上任的校长菲利普·考克斯指出:一名掌舵的校长就是要让"学校对每名学生负责,承担起社会的责任,引导每个学生和所有学生朝向提高社会效能这个目标发展"。

(二) 学生指导工作在全美的基本情况

在 1918 年,威尔·卡森·瑞安(Will Carson Ryan)的一份报告对美国二十世纪初的学生指导发展及开展情况进行了非常详细的论述,这些论述能够反映当时的基本情况。②

1. 可以在所有年级所有科目中找到职业指导方面的内容,尤其在文学、地理和社区公民这几门课程中:

(1) 地理学科。什么城市和地区因什么产品和工业而著名? 自己所在地区因什么而著名? 讨论和这些产品和工业有关的职业。

(2) 在《公民》专门课程中,尽可能让学生了解各种各样公职人员和工人的具体职业。

(3) 在所有年级的科目中,都有大量的职业方面的内容。

2. 在所有年级,特别在 6、7、8 年级,作文内容大部分是围绕学生们的职业兴趣、职业经历、职业喜好以及对未来的职业的期望等方面。

3. 在 6、7、8 年级,学生要给父母写封信,信的内容是关于学校职业指导、

---

① [美]乔尔·斯普林著,史静寰译:《美国学校:教育传统与变革》,北京:人民教育出版社 2010 年版,第 353 页。

② Will Carson Ryan. Vocational guidance and the public schools (Bulletin, Issues 24～31 1918). Washington, DC Bureau of Education Bulletin. Washington Government. Govt. Printing Office 1919, p82.

学校的课程情况,并解释每门课程作哪些准备等。安排教师与家长座谈,相互启迪、相互鼓励与合作。

4. 教师除了给6、7、8年级的学生进行职业启发外,还要给学生上职业选择方面的课程,校长要和学生讨论他们的未来。

5. 高中新生入学要填写表格对课程做出选择,如果有可能,对未来的职业做出选择。

6. 帮助高中一年级的学生选择适合的学习课程。

7. 高中的图书馆要为教师和学生准备大量的职业方面的文献。

8. 整个高中阶段,英文教师布置的作文内容大部分是围绕学生们的职业兴趣、职业经历、职业喜好以及对未来职业的期望等方面。

9. 组织学生调查城市里就业的机会与条件,让学生得到来自地方商会和社会服务联盟尽可能的帮助。

10. 为高一、高二的学生提供职业方面的选修课。授课时要带学生走访附近的农场、工厂和商店等,讨论男性、女性成功的职业,调查当地及附近就业机会及需要的条件等。

11. 邀请职场成功人士到校给学生介绍并和学生一起讨论一些有趣的职业。

12. 鼓励学生利用周六去参加一些工作,并努力找他们认为喜欢的职业。同时,要充分利用农业俱乐部。喜欢木工的男孩,可以和木匠一起建造房屋;喜欢护理的女孩,要让她们在学校参与这样的一些工作。那些想成为教师的,就让他们帮助教师做一些事情。

13. 职业局要为希望利用下午、周六或假期工作的学生提供工作机会;要为那些即将毕业的学生安排就业的机会等。

1918年,由美国教育学会领导的一个委员会在一份报告中提出了职业指导应作为中等教育的组成部分,从而确立了学校职业指导的应有地位,并推动了全美学校职业指导工作的蓬勃开展。

第三节　主要国家学生指导制度的兴起

继美国之后,英国、法国、德国、日本等国也纷纷开展学生指导工作,在全世界范围内掀起了学生指导运动的热潮。

一、英国

(一) 英国学生指导的肇端

英国学生指导的历史可以追溯到 20 世纪初。1902 年,英格兰建立公立的劳动办公室(Public Labour Bureaux),为学生、求职者及雇主开展职业指导,并开设职业教育和训练的夜校班,1908 年,苏格兰也建立这样的办公室。这被看作是英国学生指导的肇端。①

(二) 英国最早的学生指导法规

1909 年,英国颁布了世界上第一个有关职业指导的法律《职业交换法》(The Labor Exchanges Act)。1910 年,英国颁布《职业选择法》(Choice of Employment),该法又称《教育法》(Education Act)。这两个法案目前仍是英国职业指导活动的最主要的法案,它们以法律形式规定教育机关承担的职业指导责任,保证了职业指导工作的开展。

1909 年的《职业交换法》是世界上第一个有关就业指导的法律。该法规定,英国国家劳工部必须在全国各地设立青年职业介绍所和青年职业顾问委员会,作为对青年实施职业指导的机构。根据该法还建立了劳动力交流所。同年,所内设立青少年职业服务部,旨在帮助青少年选择职业。

1910 年的《职业选择法》规定,地方教育局负责 17 岁以下青少年学生的职业指导工作。法案规定,"地方教育当局要给学生提供职业选择方面的信息、建议与帮助"。② 1918 年,该法又把指导对象的年龄延长至 18 岁及以下的青少年。自此以后,英国职业指导工作便在中央和地方两级政府的组织下普遍展开。

因此,根据 1909 年和 1910 年的两部法律,当时英国的职业指导由两个部门负责:一个是英国劳工部,该部在全国设立了青年职业介绍所,由劳工部提供资金在全国开展职业指导工作;另外一个是地方教育当局所设的青年职业局。③

(三) 英国早期的职业指导机构

据统计,青年职业介绍所在英国全国各地设立仅一年,就成功地介绍了 4,907 人就业。④ 此外,青年职业介绍所还编印各种介绍职业状况的小册子,内容包括地方各类职业的名称、地方各行各业人才需求概况、从事各类职业必须具备的起码资

① M. Rachel Mulvey. Career guidance in England: retrospect and prospect. British Journal of Guidance & Counselling, Vol. 34 No. 1 February 2006, p14.

② Meyer Bloomfield. Youth, School, and Vocation. Houghton Mifflin Company 1915, p109.

③ United States Bureau of Labor Statistics. Labor Vocational Guidance in Germany and Great Britain. Monthly Review of the U. S. Bureau of Labor Statistics, Vol. 4 No. 1 Jan. 1917, p70.

④ 徐跃进、黄日强:《当代人才热点问题探索》,南昌:江西人民出版社 2009 年版,第 92 页。

格要求、各行各业学徒培训制度概况以及各类职业的工资收入及福利待遇等。

英国早期的职业指导机构主要由校外团体设立,校内一般不设,英国早期职业指导机构的工作是:

（1）登记将毕业的学生人数;（2）与这些学生进行谈话,了解他们毕业后的打算以及他们的职业兴趣和能力等,并向他们介绍社会的职业状况;（3）接待学生家长,征求家长意见,并与家长共商学生的就业问题;（4）详看学校送来的关于各学生情况的介绍表,以了解学生的学习成绩、健康状况及能力、品行等;（5）在充分把握各方面情况的基础上,向学生提出就业建议。

(四) 国家工业心理学研究所的建立

英国学生指导的发展也得益于英国心理学家,英国应用和工业心理学先驱查尔斯·迈尔斯(Charles Samuel Myers, 1873~1946)创立并领导英国国家工业心理学研究所(National Institute of Industrial Psychology, NIIP)对指导工作的推动。

迈尔斯生于英国伦敦,1898 年毕业于英国剑桥大学医学院,后师从里弗斯(William Halse Rivers)学习实验心理学,并在圣巴苏洛默医院工作。1902 年返回剑桥大学,1904~1906 年在里弗斯领导下,迈尔斯作为一个解说员活动于实验心理学领域之中。1906 年获剑桥大学心理学博士学位。同年,接替里弗斯担任剑桥大学实验心理学实验室主任,这个实验室也是英国第一所实验心理学实验室,后来他在伦敦国王学院也建立了一所类似的心理学实验室。一战之前,迈尔斯培养了第一代剑桥大学的心理学学生,这批学生中有不少人后来都成了著名的学者和教授。战后,迈尔斯的兴趣开始转向应用领域。

1921 年,迈尔斯离开剑桥大学,成立英国国家工业心理学研究院,并任首任院长直至 1940 年。迈尔斯领导的 NIIP 主要开展工业心理学研究,工作主要涉及三个方面:[①]

（1）该所实际工作的核心是改善工业中的"人的因素",介绍选择工人的优良方法,并使工人均能适合其工作,且指导青年选择其最合适的职业。

（2）研究工作则讨论发展最优良出品时应有的"人的因素",工作时工人具备心理情况,肌肉疲劳的条件,此外还编制特殊测验及改进职业指导的方法。

---

① 喻鉴清编译:《各国职业指导》,上海:商务印书馆 1937 年版,第 50 页。

（3）教导工作则致力于创设完美的图书馆，扩大工业心理学宣传，训练大量人才，增添大学工业心理学的课程等。

该所对英国学生指导最大的贡献在于编制了各种测验量表，如智力测验量表、体格测验量表、品行测验量表、兴趣测验量表等。每种量表包含若干项目，每一项目都规定有标准分数。学生在接受某一量表测验时，每通过一个项目，便获得规定的分数。这样，指导者便可根据学生在接受某一量表测验后所获得的累计分数的高低来判定其某一方面素质的高低，同样，可根据多种量表的测验给果来评判多方面的素质，然后按照学生的素质水平，推荐适合其身心状况的职业或工种。由于这种方法较为科学，因而可靠性较大，职业指导的成功率也较高。

由于该所通过科学的方法来评估学生的兴趣、爱好及各方面的能力，为未来的职业选择提供科学的指导。因此，职业指导工作富有成效，在社会上引起了很大反响，许多中学都积极与之联系，请求协助职业指导。

20 世纪 20 年代中期，NIIP 曾对一批在本所接受过职业心理测验并已工作了两年的人员进行调查，结果发现，按照 NIIP 的指导选择职业的人中，80％对所选职业感到满意，在不遵从 NIIP 的指导而自行择业的人中，60％以上对所择职业感到不满。[1]

1931 年，研究院出版《选择职业的方法》（*Methods of Choosing a Career*）一书。[2] 该书的研究成果是建立在实验及大量数据的基础上，为学生指导提供了科学的方法。

（五）学生指导工作的领导机构

英国中学的职业指导一开始由两个机构共同负责，一是地方教育当局（Local Education Authorities），受教育部的指导与督察。另外一个部门为劳工部，分设各地青少年雇佣处（Juvenile Employment Exchange），与学校开展合作，开展职业指导工作。双方虽合作开展指导工作，但在工作中也产生一些隔阂。自 1923 年修正《失业保险案》后，各地方教育当局有支配 18 岁以下青年失业保险金的权力，但如欲得此权，必须同时设立青年职业所，指导及介绍青年的职业，否则指导责任仍归劳工部所设的青年指导委员会。

因此，1924 年后，青年的职业指导机关有两种：一种是地方教育当局所设的青

---

① 代其平：《英国中等学校职业指导历史简介》，《教育与职业》1989 年第 8 期，第 37 页。

② Frank Maynard Earle. Methods of choosing a career：a description of an experiment in vocational guidance conducted on twelve hundred London elementary school children. G. G. Harrap & company ltd. 1931，p333.

年职业局,一种是劳工部职业介绍所的青年职业顾问委员会。但试行数年之后,感到事权不统一,因于 1927 年后统一行政权,将各地方一切职业介绍及指导机关隶属于劳工部,但各地方教育当局仍极力协助此项工作。

为了扩大指导的范围,英国各地纷纷设立青少年职业介绍所及青年顾问委员会(Juvenile Advisory Committee)。至 1928 年,全国有青少年职业介绍所 220 处。[①]这些职业介绍所主要的任务有:

    (1) 搜集整理离校儿童的信息;

    (2) 对 18 岁及以下的青少年提供职业指导工作;

    (3) 接受家长和青少年来所里咨询有关职业方面的问题;

    (4) 登记发布用人单位的招聘信息。介绍工作所有的经费均由政府拨款资助。

(六) 学校学生指导工作的开展

20 世纪 20 年代,除了校外的职业指导机构外,各中学也设立职业指导机构,给在校学生开展职业指导工作。如伦敦公立中学校长联合会 (The Incorporated Association of Head Masters of Public Secondary School) 附设有中学生职业介绍委员会联合劳工部伦敦办事处,指导中学生选择职业。其他各地中学有同样的机构开展同样的工作。

随着实际需要,这几类机构陆续在许多中学诞生。比如,伦教的一些中学设置了学校职业介绍部、中学职业指导部、职业诊察所、中学职业介绍委员会、中学女子职业指导委员会等等。伴随学校职业指导机构的出现,职业指导教师也应运而生。其工作是:

    (1) 向学生介绍社会职业状况,提供有关的职业信息;

    (2) 通过谈话、观察等方法了解学生各方面的情况,并建立档案,按成绩、体格、品行、兴趣、能力及家庭情况等类别加以记载;

    (3) 带领学生到工厂企业等部门参观,使学生实地了解各种职业情况;

    (4) 与工商部门保持密切联系,以了解职业变化情况和雇佣情况;

    (5) 与学生家长密切联系,以了解学生的家庭情况及父母对孩子的期望和职业考虑;

---

① 喻鉴清编译:《各国职业指导》,上海:商务印书馆 1937 年版,第 48 页。

（6）学生毕业时，邀请各方代表，如厂方、校方、学生及其家长，共同参加会议，商讨学生的就业事宜，然后向学生推荐适合于他的职业；

（7）学生就业后，与其保持密切联系，协助他干好工作，并在必要时帮助他解决工作中的困难或变更职业。

二、法国

法国方向指导制度的建立可追溯到 20 世纪初西方的职业指导，它是在 1850 年至 1940 年期间伴随着工业革命而产生并初步发展的。[①]

（一）早期的研究与实践

法国对方向指导的研究与应用最初是在心理学领域。1904 年，法国心理学家图卢兹（E. Toulouse，1865～1947）、瓦西德（N. Vaschide）和皮埃龙（H. Pieron）一起出版《实验心理学的技术》（*Technique de psychologie experimentale*），该书是心理技术学应用于职业选择和指导的方法论基础。[②]

法国心理学家拉伊（Jean Maurice Lahy，1872～1943）是法国应用心理学的开创者之一，他在方向指导方面主要的功绩是他于 1910 年起，有关为企业挑选优秀员工的实验和相关著作。[③] 1907 年，拉伊在巴黎高等研究实习学校毕业后，在由图卢兹负责的瓦尔德马恩省的犹太城精神病院所属实验心理学实验室里工作。第一次世界大战以后，他被任命为高等研究实习学校实用心理学实验室主任和巴黎大学心理学院的教授。

从 1910 开始，拉伊在心理技术学这个领域里就印刷工人、打字员和电车司机的选拔问题发表了一些独创性的研究意见。1924 年巴黎地区公共运输公司恳请拉伊帮助筹建心理技术学实验室，其目的是为这个公司挑选优秀的电车和汽车司机进行实验，后来，拉伊在法国和国外又创办了许多这样的实验室。拉伊还曾在土伦（Toulou）为法国地中海舰队挑选炮手，为巴黎一些大商店挑选男女售货员。他还创办了各种学校的心理学实验室和巴黎劳动力再教育中心。拉伊发表了许多饶有兴趣的著作，特别是《泰勒制和职业劳动心理学》（1916）和《运用心理、生理、逻辑学选拔劳动者：电、汽车司机》（1927）。

而在学业和职业的方向指导方面，人们的研究主要试图促进儿童和青年人如何适应学校生活和工作环境。差别心理学方法在职业方向指导中的最早应用是在瑞士

① 杨光富：《法国中学方向指导制度考察及思考》，《外国中小学教育》2010 年第 12 期，第 26 页。
② ［法］莫里斯·何世岚著，姜志辉译：《心理学史》，北京：商务印书馆 1998 年版，第 59 页。
③ Norman C. Gysbers. Career Guidance and Counselling in Primary and Secondary Educational Settings. International Handbook of Career Guidance. Netherlands：Springer 2008，p249.

由克拉帕雷德(E. Claparède，1873～1940)实施的，他在1912年与波维(Bovet)一起创办了让-雅克·卢梭学院，还专门写了著作《怎样判定小学生的能力》(1923)，他的国际影响很大。他的一位学生，法国人丰台涅(J. Fontène，1879～1944)，对建立法国的方向指导作出了贡献。在图卢兹的合作者皮埃龙的影响下，法国的方向指导广泛开展。学业的裁决性测验逐渐让位于为提高学生适应学校和工作环境能力而在整个学习期间采取的持续性措施，让位于使每个人都能自我作出合适选择的教育。

(二) 法国第一个方向指导机构的建立

19世纪末，西方教育界已在酝酿着对学生的方向指导，瑞士和美国先后在1902年和1908年建立了有关机构。[①] 1908年1月13日，美国的弗兰克·帕森斯建立的"波士顿职业局"(Vocational Bureau of Boston)，帕森斯出任首任局长。该局的主要目的就是帮助人们学习、了解有关职业方面的知识。1910年在波士顿召开了全美第一次职业指导大会。1918年，美国政府把职业指导定为中等学校的重要教学内容，同时，还通过国防教育法规来推动中学职业指导课计划的实施。方向指导自20世纪初产生以来，许多国家都视其为解决失业、完善教育的良方而加以重视。

与此同时，法国各级各类学校对学生的方向指导工作也十分重视。与美国不同的是，法国的升学与就业方向指导最先来自非官方组织。1912年在巴黎成立的"为青年选择职业提供资料和建议办公室"是法国方向指导的第一个机构。[②] 该机构正如它名称所指的那样，主要是为青年的就业提供职业方面的信息。此后，在里昆、土鲁兹、南特等省相继成立了这种机构。1921年，斯特拉斯堡出现了"职业方向指导办公室"，这种机构采用考试的方式为青年选择职业提供建议。

上述机构的出现，促使法国政府于1922年颁发了第一个有关法令，法令对方向指导作了解释："在把青年男女安置在工商业之前的全部工作，它的目的是发现他们在道德、身体和智力方面的能力。"[③]同时国家开始介入这项工作，国家职业教育总司统管全国的方向指导，资助职业方向指导办公室，建立新的机构等。

1928年，教育学家、心理学家、社会学家等方向指导研究的先驱们在巴黎建立了"全国职业方向指导研究所"(Institut National D'Étude du Travail et D'Orientation Professionnelle)，该所主要开展方向指导相关问题研究，并对方向指导人员的培养问题进行了探索。[④] 他们认为，方向指导人员培养的核心课程包括教

[①] 邢克超、李兴业：《法国教育》，吉林：吉林教育出版社2000年版，第212页。

[②] 邱木华、李建求主编：《青年学生职业指导》，北京：中华工商联合出版社2000年版，第16页。

[③] 邢克超、李兴业：《法国教育》，吉林：吉林教育出版社2000年版，第212页。

[④] Leonard A. Ostlund. INETOP: Vocational Guidance in France. Personnel and Guidance Journal. April 1958，p566.

育学,心理学、生理学课程等,同时侧重对人的能力的观测与考核,并加强他们了解社会就业趋势及社会组织机构等方面的知识培训。1930 年,国家颁布法律,资助该研究所,保证其研究、培训和收集情报工作的顺利进行。

三、德国

德国职业教育在全球处于领先地位,中学生毕业后绝大部分人都会选择继续进行职业教育,其职业指导工作在世界上也是首屈一指。

(一) 德国学生指导的肇端

德国的学生指导可以追溯到 19 世纪末。1883 年,德国的一个内科医师在莱比锡创立德国第一个学生指导机构,用于儿童的职业指导。[①] 1903 年,斯姆波尔(Cimbal)在汉堡建立教学补救咨询中心(remedial pedagogic counseling center)。3 年后,柏林也建立同样的机构,为儿童提供指导。

(二) 沃尔夫博士的早期实践

德国另一位重要的先驱是沃尔夫(Wolff)博士。他创立了一个职业咨询与指导机构,并有一个助手。1908 年,他告诉附近的学校,他愿意为需要职业指导的学生提供咨询,时间为晚上,地点为他所在的哈雷(Halle)统计局办公室里。

据他的秘书统计,每年接受沃尔夫单独指导的人数为:1908 年 27 人;1909 年 54 人,1910 年 79 人,1911 年 104 人。[②] 沃尔夫被认为是推动德国开展职业指导的第一人,在他的努力下,职业指导快速地普及到慕尼黑、普福尔茨海姆、杜塞尔多夫等地。[③]

(三) 德国中央学生指导机构

1908 年,德国社会福利会中央办公室(Central Office for Social Welfare)给行会、商会、职业介绍所及与职业训练有关的各机构寄送调查表格,调查各机构职业指导的实施情况。1911 年,儿童福利会中央办公室(Central Office for Child Welfare)在埃尔伯费尔德市召开会议,会议的主题是探讨职业指导问题。1913 年,在社会福利会中央办公室的提议下,德国成立了职业指导委员会,主要由工商界代表组成。委员会主要从事以下几项工作:[④]

---

① Thomas H. Hohenshil, Norman E. Amundson, Spencer G. Niles. Counseling Around the World: An International Handbook. American Counseling Association 2013, p203.

② James A. Athanasou, Raoul van Esbroeck. International Handbook of Career Guidance. Springer Science & Business Media 2008, p103.

③ Mark L. Savickas. Pioneers of the vocational guidance movement: a centennial celebration. Career Development Quarterly, Vol. 57 Issue 3 Mar 2009, p195.

④ 喻鉴清编译:《各国职业指导》,上海:商务印书馆 1937 年版,第 83 页。

（1）唤起各界对职业指导工作的同情与赞助，尤须特别注意市政当局及各行会对此事的同情和赞助。

（2）使实施职业指导的各机构能尽其责开展职业指导事宜。

（3）用有条理的方法搜集关于职业指导的材料，加以整理。

（4）此委员会既作为研究职业指导的中心机构，同时也将与抱有相同目的机关通力合作，开展职业指导的工作。

1913年，法兰克福和柏林两地还为学生播放涉及各种各样职业的电影，以促进学生思考他们未来的职业。这有可能是历史上第一次使用视觉材料来开展指导工作。[1]

（四）一战后地方指导机构的建立

1918年11月，持续了四年的第一次世界大战正式宣告结束。一战后的德国因为赔款、战争消耗等原因，民不聊生，经济一度陷入崩溃。由于经济的衰退，失业人数不断增加，使得职业指导这项工作显得更加重要。1919年3月18日，普鲁士内务部、工商部、农业部、教育部共同颁布一项联合法令，规定：[2]

无论农村和城市，凡有人口一万以上的地方，必须由当地行政当局设立职业指导机构，如人口不满一万的，可合并数地共设一个职业指导机构。倘使地方已有介绍职业的机构，那么新设的职业指导局可和它联络办理。

德国政府根据此法令，要求各州建立职业指导与学徒安置局。1920年，德国劳动部成立的中央职业局（Federal Employment Board）成为全国职业指导的总机关。至1922年，德国已设立公立职业指导事务所达592所。[3] 各职业指导局和事业事务所成立后，立即开展职业指导工作。

于1920年4月成立的柏林职业指导局第一年度所办理的介绍和指导事件已达46,179件，无论男女学生离校之际都受该局的指导，调查其家境状况及其所想从事的职业等。[4] 同时，各地要求指导教师必须与工业界保持联系，并接受来自贸易、制造业、农业各界人士的建议。因此，该法令不仅奠定了普鲁士职业指导的基础，也

---

① James A. Athanasou, Raoul van Esbroeck. International Handbook of Career Guidance. Springer Science & Business Media 2008, p103.

② 刘湛恩：《世界各国职业指导的近况》，《教育杂志》1928年第3期，第2页。

③ 喻鉴清编译：《各国职业指导》，上海：商务印书馆1937年版，第84页。

④ 刘湛恩：《世界各国职业指导的近况》，《教育杂志》1928年第3期，第2页。

是德国其他各州开展职业指导所要依据的一部重要法令。[1]

（五）《全国职业介绍所法案》的颁布

1922 年 7 月 22 日，德国颁布《全国职业介绍所法案》(Employment Exchanges Act)，法案规定，各邦公立职业介绍所经中央职业局或各邦最高长官指令，开展职业指导相关事务。1923 年 5 月 12 日，中央职业局规定公立职业介绍所应遵守如下原则：

（1）关于职业介绍所的普通原则：职业介绍所须用种种方法，使青少年尽量获得自己所想要的职业。并用种种方法使社会人士明了职业的重要。负责职业指导的人员，凡遇人请求指导，无论择业或改业，皆须热诚给予指导。职业介绍所中附设有职业指导部，对于已受指导的人，须继续加以跟踪调查并给予帮助。职业指导必须要与离校的青年男女接触，因此要与本地区的学校保持密切的联系。职业指导教师不仅懂得职业指导的原理与方法，而且必须熟悉各种职业的大致内容以及年轻人的特殊情况。因此，要担任职业指导教师，至少要有五年的工作经验，年龄在 28 岁以上。指导妇女的职业，必须另请女性指导教师。

（2）关于各邦职业局的普通原则：各邦职业局为各邦职业介绍所的中心机构，有管辖邦内各公立职业介绍所的权力。对各邦内公立职业介绍所的事务，职业局必须与之合作，并加以指导与监督。各邦职业局须时常调查并注意各业的供求形势。各行各业重要的参考资料供各职业介绍所共享。遇有职业介绍无法解决的指导事宜，职业局必须加以关注并加以推行。

除此以外，中央职业局又对公立职业介绍所以外职业指导机构或个人所应遵守的普通原则规定如下：

任何职业指导机构或介绍事务所，必须将本机构的名称、性质及事务的范围报告职业局，此类机构必须有公立职业介绍所所具备的相同的条件，并必须报告其中负责人姓名。如此类机构所指导的职业只有有限的若干种，如遇所指导的人所想选择的职业不在其范围之内，须介绍至公立职业介绍所中加以指导。

---

[1] Franklin Jefferson Keller. Vocational guidance throughout the world: A comparative survey. New York: W. W. Norton & Company Inc 1937, p125.

四、日本

日本把升学指导与就业指导结合起来,统称为"进路指导"。① 日本的学生指导工作是从美国舶来的,约在 1910 至 1915 年间,日本有人将 Vacational Guidance 译为"职业指导"(shokugyo shido),并将此工作介绍到日本。② 自指导介绍到日本后,政府和民间建立了相关组织,一开始主要以介绍工作为主,后来到了 20 世纪 20 年代,指导工作正式进入日本的初高中学校。

(一)日本学生指导的由来

自从 1915 年美国的职业指导理论翻译介绍到日本以后,学生指导就引起了日本劳动界和教育界的重视,为把职业指导引入学校教育,20 世纪 20 年代初,日本开展学生职业指导的教育实验。日本最早的职业指导工作是在儿童教养研究厅进行的。1921 年在制定《职业介绍法》的同时,在东京中央职业介绍厅内设立"儿童性能诊断相谈厅",第二年在社会教育课内增设职业指导专题。

图 4-3 日本职业指导机构

① 许嘉璐主编:《中国中学教学百科全书》(教育卷),沈阳:沈阳出版社 1990 年版,第 216 页。

② Agnes Watanabe, Edwin L. Herr. Guidance and Counseling in Japan. The Personnel and Guidance Journal, April 1983, p462.

(二)学生指导的主要机构

1921年,东京设立劳动科学社,其经费由一个纺织公司提供,1924年,该社的预算经费是3万元。① 该社和东京帝国大学一起开展职业指导方面的研究工作。

同年,日本颁布《职业介绍法》,明令取缔和禁止一切以营利为目的的职业中介组织和活动。根据该法,日本政府在东京、大阪、名古屋、福冈、青森五个地方设职业介绍事务局,隶属于内务省社会局,此五局下设的职业介绍所分布于全国各市町村。② 中央内务省及五局与各市町村皆设有职业介绍委员会为咨询机关。文部省中则设有中央职业指导协会,为全国研究指导之枢纽,由文部省普通教育局内职员及一部分学者组成,该协会每月出版一本职业指导方面的资料,该组织为日本学校职业指导的普及与发展作出了贡献,具体情况见图4-3。

另外,东京教育专家组织有日本职业指导研究会。另外,全国有职业介绍一千余处,其中东京有16所,这些介绍所主要对失业者开展职业指导工作,并帮助其寻找工作。③

尤其需要指出的是,全国各地设立的职业介绍所的事业并不仅限于介绍工作,它们的职责也包括职业指导。

下面以东京府立职业介绍所为例,我们从介绍中可以看出,其职业指导是其重要的一项任务,具体见下:④

> 1. 本所职责。(1)职业指导——与各小学联络提携,随时研究指导;(2)职业介绍——如满十五岁以上之小学毕业生,介绍职业;(3)保护监督——与各小学联络提携,保护监督已就业之少男少女;(4)性能检查——包括职业心理测验与身体测验;(5)各种谈话——包括职业谈话、法律谈话与健康谈话;(6)研究调查——包括职业调查、职业分析、性能检查、职业指导与选择、其他;(7)编辑书籍。
>
> 2. 指导顺序。填表——召唤、谈话——检查身体、心理、智能——登记——分发(即为介绍)保状(即具保证书)——就业——就业后辅导。

从上述职业介绍所职责及指导顺序,我们可以看出日本的所谓"职业介绍",其

---

① 喻鉴清、陈重寅主编:《中学职业指导及升学指导》,南京:南京书店1931年版,第31页。
② 米靖编:《二十世纪中国职业教育学名著选编》,北京:教育科学出版社2011年版,第261页。
③ 潘文安:《职业指导ABC》,上海:ABC丛书社1931年版,第20页。
④ 邹韬奋:《韬奋全集》(11),上海:上海人民出版社1995年版,第376页。

主要职责就是"职业指导"。

(三) 学生指导进入学校

日本学者指出,"'指导'(日语为 seikatsu shido)是大正时期(1912~1928)传入日本,但在学校实施这项工作却是 20 世纪 20 年代的事"。[①] 学生指导进入初高中学校的一个重要法令就是"关于尊重学生个性及进行职业指导"的训令。

其实早在 1925 年,文部省普通学务局和内务省社会局就联合发出"关于对青少年进行职业指导"的通知,要求学校和社会上的职业介绍所联合协作,共同对青少年进行适当的职业指导。

因此,针对日本的初中、高中毕业生都有升学和就业的问题,1927 年 11 月,文部省颁布"关于尊重学生个性及进行职业指导"的训令。该训令明确地规定了学校职业指导的基本方针和内容,被认为是学校进行指导工作的真正起点。[②] 训令要求学校平时要注意调查了解学生的性格、智能、兴趣、特长、身体及家庭、环境等情况,要根据学生的个人所长进行适当的职业指导,以使学生毕业后能够适应社会需要,推进社会进步。自此,日本把学生指导作为学校教育的重要一环正式地引入了学校。[③] 该训令对此后学校职业指导的发展起到了重大的指导作用,至今仍被认为有现实意义。

应该说,20 世纪 20 年代,日本中小学校的职业指导活动十分活跃,涌现了一大批热心于职业指导活动的教师。但正当广大教师期待职业指导工作更加普及、更加发达的时候,日本军国主义者悍然发动侵略战争,使学校和社会职业指导机构一贯坚持的尊重个性、自主选择的指导原则遭到破坏和否定,职业指导成了为军国主义政权提供、介绍和分配劳动力的一种工具。

纵观西方主要资本主义国家学生指导制度的建立与发展的历程,应该说在第一次世界大战前后,西方主要发达国家的中学都建立了学生指导制度,为学生提供指导服务。

第四节　学生指导制度兴起的背景分析

教育史学界普遍认为,国外中学开展学生指导最先源于 19 世纪末 20 世纪初美国的职业指导。如西方学者托尔斯滕·胡森(Torsten Husén)就明确指出,学生指

---

① Agnes Watanabe, Edwin L. Herr. Guidance and Counseling in Japan. The Personnel and Guidance Journal. April 1983, p462.

② 王珍、张树桂等主编:《职业指导》,北京:地质出版社 1995 年版,第 298 页。

③ 孙震瀚主编:《国外职业指导》,杭州:浙江教育出版社 1991 年版,第 80 页。

导是"在美国兴起和发展的产物"。[1] 应该说,学生指导最早产生于美国并不是偶然的,职业的高度分化、失业者的大量存在是促使学生指导产生的直接社会原因,而教育理论和心理学的发展则为学生指导的产生奠定了理论基础。

一、社会分工的高度分化

16 世纪到 18 世纪中叶,西方社会逐渐进入资本主义工场手工业时期,生产上产生分工协作是其主要特征。新职业的大规模产生开始于 18 世纪的产业革命。蒸汽机和其他各种机器的发明创造与使用,产生了成百上千的新职业。19 世纪发生的第二次工业革命,以电力的广泛应用为特点,使世界跨入了电气时代,美国的工业生产突飞猛进。从 1850～1860 年,工厂数目由 12 万发展到 14 万,投资额由 5 亿美元发展到 10 亿美元,工业生产总值由 10 亿美元增加到 20 亿美元。[2]

工业的发展引起了生产劳动部门增加,电力的应用产生许多新的工业部门,这给一切旧有的工业部门带来了新设备、新工艺,出现了普遍的生产技术和生产管理上的革新,工业生产开始采用标准化、系统化、自动化和流水作业等新的生产方法,新的技术层出不穷。资本主义生产无论在深度上或广度上都跃到了一个新的阶段。大工业生产使劳动场所从家庭中分离出来,青年人不再是跟从父母学习劳动技能,日益复杂的劳动世界使青年人越来越难以了解职业的信息和要求。为了使年轻一代找到适合个人情况的就业机会,就需要给予他们必要的职业指导和职业准备。

二、移民和失业人数不断增加

19 世纪中期,美国由于工业的迅速发展和西部边疆的开发,需要大量的劳动力,人们纷纷涌向西部。在 1861～1910 年期间,大约有 2,300 万移民进入美国境内,这个数字几乎同 1860 年美国的总人口相等。大量的移民入境,缓和了劳动力不足的矛盾,但也导致了社会问题与日俱增,给人们的生活带来了许多忧虑和困难。

1873 年美国的经济危机,在 3 年内使两万家企业和银行倒闭,全国 4,000 万人口,失业工人达 300 万人,加上家属,共有 1,000 万人挣扎在饥饿线上。当时的"天之骄子"大学毕业生也未能幸免,"毕业即失业"在大学校园普遍流行。随着垄断统治的加强,工人失业人数不断增加。据统计,在 1897 年后的 10 年中,美国工人失业

① Torsten Husén. The International Encyclopedia of Education (Vo7). Oxford: Pergamon Press 1985, p1075.
② 杨光富:《美国赠地学院发展历史研究》,华东师范大学 2004 年硕士学位论文,第 10 页。

率平均每年都在 10％以上，另外还有一半的工人谋不到全日制工作。工人的生活每况愈下，罢工此起彼伏。

为了缓解工人与资本家的矛盾，解决移民和失业工人就业问题，挽救危机中的垄断资本主义制度，资产阶级的改良者提出了各种各样的理论和措施。职业指导就是在这种背景下提出来的，其目的是试图通过职业指导来解决失业者的就业问题。

三、新教育思潮的影响

19 世纪末期，美国实现了工业化，制造业的产值开始超过国民总产值的一半。新兴的创造业要求社会提供足够数量的技术工人。但是，传统的学徒制满足不了这种需要。许多教育家提出改革教育结构，要求中等教育跳出旧框子，面向大多数学生，面向社会，不但为高等教育输送合格毕业生，而且要为工商业直接培养初、中级技术人才，为经济发展提供必要的人力基础。

他们指出，在民主社会中，应当发展每个人的知识、兴趣、能力和习惯，帮助学生找到合适的职业，进行有效的安置。著名教育家杜威还提出，要改革因循守旧的教育方法，更多地关注个人的动机、兴趣和发展。教育必须从心理学上探索儿童的能量、兴趣和习惯。这些主张，不仅为美国的中等教育结构改革，而且为在学校中开展职业指导工作作了理论上的准备。

四、心理测验受到重视和运用

1860 年，德国莱比锡大学物理学家费希纳（G. T. Fechner）出版《心理物理学纲要》一书，从而创立了所谓的"心理物理学"，为实验心理学的创立开辟了道路。1879 年，冯特（Wilhelm Wundt）在莱比锡大学建立了世界上第一所"心理学实验室"，并且把心理现象都纳入心理学实验室加以实验研究，这样心理学就成为一门独立的实验性科学。

1883 年，冯特的第一个美国弟子，心理学家、教育家霍尔（Granville Stanley Hall）在美国建立了第一所心理学实验室，研究和测定儿童的身体和心理特征。1883 年，英国优生学家高尔顿（Francis Alton）在《人类才能及其发展的研究》一书中首先提出了"测验"这个术语，并创设了"人类学测量实验室"。

美国的心理测验学家詹姆斯·麦基恩·卡特尔（James McKeen Cettell）于 1890 年在《心灵》杂志上发表了一篇重要文章《心理测验及其测量》，文中探讨了个别差异的测量和智力测验。

应该说,19 世纪的心理物理学和实验心理学的创立,为测量人的心理提供了可能,也为鉴定学生的各种特殊能力倾向提供了可能,引起了学生指导理论的质的飞跃。

在上述条件与背景之下,职业指导在美国显得十分迫切,同时为学生指导实践提供了可能。因而从 20 世纪 20 年代开始,在世界范围内形成了规模大、范围广的学生指导运动。

结　语

纵观学生制度 100 多年的发展历史及本阶段学生指导在世界主要国家发展情况,我们可以得出如下几个结论:

(1) 开展学生指导工作起点较早。

国外学生指导工作源于 19 世纪末 20 世纪初处于急剧转型时期的欧美各国,现代学生指导制度诞生的标志是弗兰克·帕森斯 1909 年出版的《选择一份职业》一书,距今已经有一百多年的历史。

(2) 各国注重通过立法推动指导工作。

在这一阶段,各国为推动学生指导工作,陆续颁布了一系列的法规法规,如英国 1909 年的《职业交换法》;日本 1924 年颁布的《职业介绍法》;德国 1922 年颁布的《全国职业介绍所法案》等。这些法律法规为推动学生指导提供了法律保障。

(3) 职业指导是本阶段主要的职责。

该制度建立最初就是为了解决当时就业的矛盾。如美国第一个专门的学生指导机构——波士顿职业局,成立于 1910 年的"全国职业指导协会";法国 1912 年成立的方向指导第一个机构"为青年选择职业提供资料和建议办公室";德国 1913 年成立的职业指导委员会。上述的机构其主要的职能就是为学生开展职业指导服务。另外,颁布的有关法律法规也是关于职业指导方面的,如英国 1909 年的《职业交换法》;日本 1924 年颁布的《职业介绍法》;德国 1922 年颁布的《全国职业介绍所法案》等。

(4) 心理咨询纳入指导工作之中。

在第一章也提到,学生指导的发展与心理学科密不可分,在 20 世纪前 20 年代心理学科对学生指导理论与实践的推动所起的作用是显而易见的。在一战期间,美国采用军队 α 型和 β 型智力测试来甄选优秀士兵,测试在学校也得以推广运用,因为它为测量学生的能力倾向提供了可能,这为学生指导工作沿着科学化的方向发展打下了基础。另外,克利福德·比尔斯出版《一颗找回自我的心》一书,揭开了美国心理卫生运动的序幕。加之,二战后向人生发展指导的转向、二战的爆发和30年代经济萧条局面的缓和所产生的社会历史条件的变化,使人们的需求,远远超过了教育与职业这两个方面,人们开始寻求个人行为动机、情绪和人际关系等个人适应问题上的帮助,由此出现了心理治疗。其重要标志是指导的范围由职业适应开展到整体性的人生发展,从而使心理咨询成为学校学生指导的重要内容之一。

（5）开始注重专业指导教师的培养

这方面在美国的学生指导工作中体现得最为明显。如早在1910年秋,波士顿职业局就着手为波士顿市培训117名专业的指导教师,随后哈佛大学第一次在高校开设这样的培训课程。另外,1914年,波士顿大学成立职业指导系;1917年,哈佛大学成立教育研究生院职业指导局,拉开了美国高校培养专业指导教师的序幕。

总之,国外学生指导由官方创办到政府管理,由分散、不正规到系统、制度化,由校外到校内外并举,并将方向指导融于整个教育教学中,其方法多种多样,其成功做法对我国建立学生发展指导制度有很好的借鉴意义。

进一步思考

1. 波士顿职业局早期主要开展哪几项工作?
2. 布洛姆菲尔德对学生指导工作有哪些重要贡献?
3. 简述杜威对学生指导概念的界定。
4. 一战期间,美国军方 α 型和 β 型智力测试对学生指导工作有何影响?
5. 简述美国心理卫生运动及其影响。
6. 概述 20 世纪前 20 年代学生指导在美国开展的基本情况。
7. 简要概述英国、法国、德国、日本学生指导工作的起源与发展情况。
8. 请对现代西方学生指导制度兴起的背景加以分析。

延伸阅读

潘文安:《职业指导 ABC》,上海:ABC 丛书社 1931 年版。

孙震瀚主编:《国外职业指导》,杭州:浙江教育出版社 1991 年版。

王珍、张树桂等主编:《职业指导》,北京:地质出版社 1995 年版。

邢克超、李兴业:《法国教育》,吉林教育出版社 2000 年版。

[美]约翰·杜威著,王承绪译:《民主主义与教育》,北京:人民教育出版社 1990 年版。

喻鉴清、陈重寅主编:《中学职业指导及升学指导》,南京:南京书店 1931 年版。

喻鉴清编译:《各国职业指导》,上海:商务印书馆 1937 年版。

邹韬奋:《韬奋全集》(11),上海:上海人民出版社 1995 年版。

刘湛恩:《世界各国职业指导的近况》,《教育杂志》1928 年第 3 期。

代其平:《英国中等学校职业指导历史简介》,《教育与职业》1989 年第 8 期。

Frank Maynard Earle. Methods of choosing a career: a description of an experiment in vocational guidance conducted on twelve hundred London elementary school children. G. G. Harrap & company ltd. 1931.

Frederick J. Allen. Principles and Problems in Vocational Guidance. New York: McGraw-Hill 1927.

James A. Athanasou, Raoul van Esbroeck. International Handbook of Career Guidance. Springer Science & Business Media 2008.

John M. Brewer. History of vocational guidance: Origins and early development. New York, NY: Harper & Brothers 1942.

John Marks Brewer. The Vocational-guidance Movement: Its Problems and Possibilities. New York:The Macmillan Company 1926.

Meyer Bloomfield. Youth, School, and Vocation. Houghton Mifflin Company 1915.

Norman C. Gysbers. Career Guidance and Counselling in Primary and Secondary Educational Settings. International Handbook of Career Guidance. Netherlands: Springer 2008.

Norman C. Gysbers. A History of School Counseling. American School Counselor Association 2010.

Suhnu Ram Sharma. Vocational Education and Training History Methodology, Issues and Perspective. K. M. Rai Mittul for Mittal Publications (India) 1994.

Thomas H. Hohenshil, Norman E. Amundson, Spencer G. Niles. Counseling Around the World: An International Handbook. American Counseling Association 2013.

Vocation Bureau of Boston. Record of the Vocation Bureau of Boston, 1913. Boston: The Vocation Bureau 1913.

Vocation Bureau of Boston. Vocational Guidance and the Work of the Vocation Bureau of Boston. Boston: The Vocation Bureau 1915.

Will Carson Ryan. Vocational guidance and the public schools (Bulletin, Issues

24 ～ 31 1918). Washington, DC Bureau of Education Bulletin. Washington Government. Govt. Printing Office 1919.

Mark L. Savickas. Meyer Bloomfield: Organizer of the Vocational Guidance Movement (1907～1917). Career Development Quarterly, Vol. 57 March 2009.

Agnes Watanabe, Edwin L. Herr. Guidance and Counseling in Japan. The Personnel and Guidance Journal. April 1983.

United States Bureau of Labor Statistics. Labor Vocational Guidance in Germany and Great Britain. Monthly Review of the U. S. Bureau of Labor Statistics, Vol. 4 No. 1 Jan. 1917.

Leonard A. Ostlund. INETOP: Vocational Guidance in France. Personnel and Guidance Journal. April 1958.

M. Rachel Mulvey. Career guidance in England: retrospect and prospect. British Journal of Guidance & Counselling, Vol. 34 No. 1 February 2006.

Mark L. Savickas, Pioneers of the vocational guidance movement: a centennial celebration. Career Development Quarterly, Vol. 57 Issue 3 Mar 2009.

Mark L. Savickas. Meyer Bloomfield: Organizer of the Vocational Guidance Movement (1907～1917). Career Development Quarterly, Vol. 57 March 2009.

第五章
国外学生指导制度在中学的普及

20世纪30年代的经济大萧条;进步主义教育运动以及二战期间军队选拔士兵的方法等因素促进了国外学生指导制度在中学的普及。

1939年,威廉姆森出版《怎样对学生进行咨询》一书,提出了"指导式咨询"及学生指导工作必须遵循的六个步骤:分析、综合、诊断、预测、咨询、追踪。威廉姆森的特质因素理论成为20世纪30至40年代学生指导主流的指导理论。

美国《乔治—巴登法案》(1946)及《国防教育法》(1958)有关条款为学生指导工作提供经费保障。罗杰斯提出"当事人中心疗法",强调指导过程的主角是当事人而不是指导教师,奠定了美国现代学生指导的框架。1959年,科南特出版的《今日美国中学》建议,每250~300名中学生应配备一名专任的指导教师,学校应通过开设"可获得谋生技能的多样化课程"强化生涯规划与指导。

英国颁布的《1944年教育法》将中学分为文法中学、技术中学与现代中学,三类中学均开设了职业指导课程,要求学校专设职业导师,并将指导时间从毕业班提前到第三学年初。战后,心理辅导开始进入学校,内容不仅限于职业或适应问题,而是对个人的全面发展问题给予了充分的关注。

1937年3月,法国教育部长让·泽提出了在中学的初级阶段实行统一学校制度的方案,在中学阶段的第一年设立方向指导班。1938年,法国颁布的《职业方向指导和职业义务教育法》要求为学生提供指导服务。1928年,法国成立全国职业方向指导研究所(INETOP),开展人员培训及研究工作。

1947年《郎之万—瓦隆教育改革方案》把义务教育划分为基础教育阶段(6~11岁)、方向指导阶段(12~15岁)决定阶段(15~18岁三个阶段),对不同阶段开展相应的指导工作。

1946年9月,《美国赴德国教育代表团报告》提出学校开展学生指导工作的建议。1947年发布的《德国教育民主化的基本方针》,要求加强中小学生的指导工作,并对未满18岁的辍学青年进行职业指导与教育。1959年《关于普通教育的改革和统一的总纲计划》,主张在四年制基础学校之后的第五、第六年级定为观察期,在这两个年级中,由教师根据学生各自的能力、兴趣进行定向指导。

1946年的《美国教育使节团报告书》建议日本应加强学生指导工作。1947年10月,日本颁布《学习指导要领》,规定在社会科教育中,要安排一定的单元时间进行职业指导教育。1949年5月31日,文部省制定了《教员许可法》,把初高中的职业指导列为许可科目之一,从事职业的教师和教授其他科目的教师在职称晋升等方面具有同等的地位。50年代，威廉姆森等多位美国专家赴日进行学生指导方面的专题培训。1957年中央教育审议会的《关于科学技术教育振兴方策》的报告中首次使用"出路指导"取代"职业指导"，此后，"出路指导"这一教育名词在日本学校教育中被广泛使用。1953年，文部省决定在中学设置"职业指导主事"，协助中学校长负责全校的职业指导工作。1953年，东京大学建立了第一个学生指导中心，之后，众多高校纷纷建立学生指导中心。1955年，日本成立学生指导研究会，同时创刊《学生指导》杂志。

　　心理学科的发展在西方主要国家学生指导制度的普及中功不可没。1896年，赖特纳·魏特默在美国宾夕法尼亚大学为在职中小学教师开设心理学课程，将心理学原理用于指导学生的学习，开创现代中小学学业指导之始；1905年，"比奈—西蒙智力测验量表"发明，并在学校得到广泛应用；1908年，美国心理学家克利福德·比尔斯的《一颗找回自我的心》一书出版，引发了一场全社会的心理卫生运动，最终使心理咨询成为了学生指导的重要内容；1927年，斯特朗兴趣量表编制完成，这是最早的职业兴趣测验；1940年，美国心理学家格塞尔编制了格塞尔发展量表，为儿童的学业指导提供了量化的指标，这也是国外学生指导走向科学化之路的一个重要标志。另外，重视专业学生指导教师的培养、发挥专业团体在学生指导工作的作用、通过颁布法令给予学生指导提供经费保障等也是学生指导普及的重要原因。

第一节　国外学生指导制度普及的背景

20 世纪 30 至 50 年代，世界各国主要经历了 30 年代的经济大萧条、40 年代的第二次世界大战以及 50 年代的苏联卫星上天等重大事件，这都对美国等其他发达国家的学生指导制度的普及产生了直接或间接的促进作用。另外，产生于 19 世纪末并持续到 20 世纪 50 年代的"进步主义教育运动"由于强调个性自由，也对学生指导的普及产生了积极的影响。

一、30 年代的经济大萧条

第一次世界大战以后，美国经济的快速繁荣使其一跃成为了资本主义头号强国，但是在经济迅速繁荣的背后却隐藏着巨大的危机。1929 年 10 月 29 日星期二，美国纽约华尔街金融体系崩溃，引发了经济危机，这个时期被称为大萧条(the Great Depression)。从 1929 年 10 月 29 日到 11 月 13 日短短的两个星期内，共有 300 亿美元的财富消失，相当于美国在第一次世界大战中的总开支。[①] 华尔街金融体系的崩溃使美国进入了大萧条时期，并且很快波及到其他资本主义国家。

随着股票市场的崩溃，欧美各国的经济随即全面陷入毁灭性的灾难之中，大萧条也造成了严重的社会问题。由于大萧条，各国中小学学生辍学比率急剧增加，如美国约有 200～400 万中学生中途辍学；许多人忍受不了生理和心理的痛苦而自杀；社会治安日益恶化。其中最重要的问题是失业，包括大中学校的毕业生。在美国，从 1929 年到 1932 年短短的 3 年时间里，工业生产水平下降一半以上，失业人数从 400 万上升到 1,200 万。[②] 在美国各城市，排队领救济食品的穷人长达几个街区。英国则有 500 万～700 万人失业，不得不排着更长的队伍等候在劳务交易市场内。

世界性经济大萧条产生的学生辍学以及青年人从学校走向社会所面临的求职、就业及职业适应性等问题，引起了一些有社会改良愿望人士的热切关注，同时许多教育工作者对此也进行了反思，并力促改革。其实第一次世界大战的结束前的 1917 年，美国就颁布了《史密斯—休士法》(Smith-Hughes Act)，规定联邦拨款在中学建立职业教育课程，并开展职业指导。20 世纪 30 年代的经济大萧条，中学辍学人数不断增加，同时大量人员失业。另外，许多人忍受不了生理和心理的痛苦而

---

① 卜伟欣选编：《世界上下五千年》，长春：吉林出版集团 2009 年版，第 192 页。
② 杨捷：《中学与大学关系的重构》，华东师范大学 2006 年博士学位论文，第 22～23 页。

自杀,在这种情况下,使社会和有关法令把社会的焦点放在了教育指导上,开展职业指导与心理辅导工作,在一定程度上也促进了学生指导工作的完善。

二、美国进步主义教育运动

"从 20 世纪 20 年代至 20 世纪 30 年代,学校指导工作的发展也得益于进步主义教育的兴起。"[①]进步教育(progressive education)是指产生于 19 世纪末并持续到 20 世纪 50 年代的美国的一种教育革新思想。其教育理论源自卢梭,裴斯泰洛齐和福禄培尔等人的教育思想,并深受现代科学的影响。把儿童作为教育的中心,强调教育与社会生活的联系,重视课程的改革,主张以科学和生活代替古典知识在学校中的主导地位,重视儿童的自由、兴趣、主动性、经验及活动在教育教学过程中的作用,提倡个别化的教学方式等。

作为进步主义教育的主要代表人物杜威,对学生指导工作的发展起到一定的促进作用。首先,他在其代表作《民主主义与教育》一书中专门列了"教育与职业"一章,专门探讨教育与职业问题,后来,他又就职业教育问题写过不少文章。他的职业教育思想,职业指导也是其重要论文的内容。他认为职业指导的目的是"帮助一个人找出适宜做的事业并且获得实行的机会,这是幸福的关键"。[②] 杜威特别强调指出,职业教育不等于狭隘的职业训练。对于职业教育来说,"最根本的问题不是要训练各个人从事于某种特别的职业,而是要使他们对于必须进入的职业产生生动的和真诚的兴趣,如果他们不愿成为社会寄生虫的话,还要使他们知道关于那种职业社会的和科学的态度。目的不是要训练养家活口的人"。[③]

在杜威的《民主主义与教育》的第三章"教育即指导"里,杜威认为,"教育有指导作用"。成人与教育者对青年的行为必须进行"引导",这种"引导"要让青年能自觉地接受,因为"强制"是不会有良好教育效果的。杜威举例说,我们可以把马牵到水边,却不能强迫它饮水;我们虽然可以把一个人关在悔过院里,却不能强迫他悔过。要使青少年了解进行各种"活动"的目的与价值,不能强制他们去进行某种"活动",而要让他们自觉地去参加某种"活动",才能发挥教育的作用。杜威对学生指导相关问题的论述为国外学生指导制度的发展和普及提供了理论支撑。

---

① Jesse Russell, Ronald Cohn. History of School Counseling. Bookvika 2012, p5.
② [美]约翰·杜威著,王承绪译:《民主主义与教育》,北京:人民教育出版社 1990 年版,第 324 页。
③ [美]约翰·杜威著,赵祥麟、任钟印、吴志宏译:《学校与社会·明日之学校》,北京:人民教育出版社 1994 年版,第 357 页。

三、第二次世界大战的爆发

这个阶段除了经历经济大萧条外,1939年9月爆发了第二次世界大战,并持续到1945年8月才结束。在第一次世界大战期间,心理测试被用来选拔士兵。二战期间,心理测试同样被应用于选拔特种专业人员,如飞行员、炮兵等。除了选拔士兵之外,战时的心理咨询,战后的退伍军人安置都应用了相关的心理学知识。

二战期间,军事人员的心理选拔得到了飞速发展,美国、德国、英国、澳大利亚等国军事心理学家发展了不少新的测试方法并扩展了其应用范围。如德国成立了心理参谋团,由15个心理实验室组成,分布于陆、海、空三军各个部门。[①] 法国各部队中有专门从事军事心理学研究的参谋人员,各军事院校都有军事心理学专家,二战期间,对士兵和领导选拔作了深入的研究,并收到了较好的效果。

由于心理战中地位和作用的日益突出,各国越来越重视心理学,二战时期各国军队中有许多心理学专业出生的人员,军人的心理咨询也是战时的一项重要内容。如二战爆发后,美国设置了研究与运用军事心理学的专门机构——心理作战部。二战末期,美国集中了近30所大学和军事部门的100多名心理学家编写了《军人心理学》和《军事学校教材:武装部队心理学》,完成了大约500多个不同内容的军人心理学研究项目。[②]

从上面的论述中可以看出,各国开展军事心理学研究,其重要的一项任务就是进行士兵选拔工作,其主要采取智力测试与特殊能力测试的方式,有时也利用投射测验等方法来鉴定军人的性格及个性倾向。谈话法也被广泛地加以利用,并发展成为士兵选择的一种重要手段。

这一时期编制的测量工具注重军人的能力倾向、职业兴趣,这使得指导工作变得越来越心理学化,越来越专业化。其次,二战期间的军人心理咨询也是其重要的一项内容。另外,二战结束时,各国根据选拔时测试对象的心理机能或能力、态度和兴趣方面的资料,从而为退伍人员的安置提供了比较科学的依据和方法。

总之,一战和二战期间的心理测量的成功经验,也极大地推进了学校指导工作向科学化道路的迈进。

第二节　威廉姆森对特质因素理论的完善

在本书的第三章,主要论述了帕森斯与西方现代学生指导制度的建立。他的

① 刘红松:《军事心理学》,北京:解放军出版社1986年版,第8页。
② 冯正直主编:《军事心理学》,北京:军事医学科学出版社2009年版,第3页。

一个最重要的贡献是,于 1909 年出版了《选择一份职业》一书,系统地论述了有关学生指导的理论与实践方法,即特质因素理论(trait-and-factor theory),提出帮助人们正确选择职业的三因素理论。他理论的主要内容是:清楚地了解自己,对自己的天赋、能力、兴趣、抱负、资源、局限和其他因素了然于胸;明确所要达到的要求和成功的条件,自身的优势和劣势,获得工作的几率;对上述两组因素之间关系的客观推断。[1]

　　特质因素理论是以个性心理学和差异心理学为基础,承认人的个性结构存在客观差异,强调心理因素在职业选择中的匹配作用,重视心理测量技术的运用和问题的诊断,其主要焦点就是人职匹配。但在职业指导方面的应用,则是建立在帕森斯职业指导三因素思想的基础上,由美国明尼苏达大学学生指导专家艾德蒙·威廉姆森(Edmund G. Williamson,1900～1979)发展而成,成为欧美各国 20 世纪 30 至 40 年代学生指导主流的指导理论。[2]

一、威廉姆森的生平介绍

　　1900 年 8 月 14 日,威廉姆森出生于美国伊利诺斯州的罗斯维尔(Rossville)。1925 年,他获得伊利诺斯大学文学学士学位。1931 年获得美国明尼苏达大学心理学博士学位。毕业后,他留校任教,同时担任校测试与咨询处(the testing and counseling bureau)首任主任(1931～1938)。1938 年,他被任命学生事务服务中心(Student Personnel Services)协调员。1941 年起,威廉姆森担任校教务长,在这期间,他提出了"代替父母"(in loco parentis)计划,他认为大学新生一般只有 14 岁左右,认为从保护学生的利益出发,学校应当代表父母担负起相应的责任。[3] 1969 年,威廉姆森从学校退休,1979 年 1 月 30 日去世。

图 5-1　艾德蒙·威廉姆森

① Audrey L. Rentz. Student Affairs Functions in Higher Education. Charles C. Thomas Publisher Limited 1988,p73.
② [美]Stanley B. Baker,Edwin R. Gerler 著,王工斌、焦青、伍芳辉等译:《21 世纪的学校咨询》(第四版),北京:中国轻工业出版社 2008 年版,第 11 页。
③ Edmund G. Williamson. In Loco Parenti:That Wonderful Institution. The Student Government Bulletin. U. S. Vol. 7 No. 1 Spring 1962,pp18～19.

威廉姆森曾担任过明尼苏达心理协会主席(1939～1940)、美国心理学协会心理咨询分会主席(1945～1947)、美国学生事务与指导管理协会(President of the American Personnel and Guidance Association)主席等职。

二、威廉姆森的学生指导思想

1939年,威廉姆森出版《怎样对学生进行咨询》(*How to Counsel Students*)一书,在帕森斯理论的基础上发展了帕森斯的职业选择三原则,提出"特质因素"匹配理论,强调指导式咨询的作用。① 这一理论认为,每一个个体都有独特的能力与潜质,这些特性都是与不同的工种的要求相关联的,不同的职业岗位需要不同特性的人;心理测验可以获得对个体特性的认识,以便个体找到最能体现和发挥其特性的工作。根据这一理论,职业指导人员既要了解当事人的个性特征,又要了解不同工种、行业对劳动者的要求,帮助每一独特的个体与相应的职业匹配。其关于学生指导思想的观点主要有以下几个方面:

(一) 指导策略

威廉姆森认为,应重视心理测量技术及对问题的诊断在指导的过程中的作用。

1. 心理学策略技术的应用

这主要归功于20世纪20年代以后,大量心理测验量表的出现与应用,如霍夫兰的"兴趣量表"、"自我指导检索量表"、"加拿大职业兴趣量表"、"差异能力倾向测验"等。心理测量技术的发展也为特质因素理论提供了科学的指导手段。威廉姆森也强调,要充分发挥心理测量在指导中的作用,通过能力测验、特殊能力测验、职业兴趣测验以及人格测验,全面了解被指导者的情况。另外,根据特质因素理论,编制了一些职业指导用书,如加拿大的《职业分类词典》、美国的《职业词典》等。

2. 问题的诊断

特质—因素论的职业指导十分重视诊断的功能。对于职业选择发生困难的人,必须先加以诊断,然后再对症下药。威廉姆森阐明了诊断的意义在于以一种逻辑的程序,由各项相关的或无关的资料中,了解被指导者的特性,寻找出前后一致的方向或目标,并进一步预测判断该方向或目标是否适合于被指导者。为了诊断被指导者的问题,威廉姆森提出了下述四种可能的问题和情况:②

(1) 没有选择。被指导者处在一种混乱状态,不知道也无法表达所需要选

① Williamson, E. G.. How to Counsel Students. New York: McGraw-Hill Book Company 1939.
② 俞文钊、吕建国、孟慧编著:《职业心理学》(第二版),大连:东北财经大学出版社2007年版,第72页。

择的职业。

（2）不确定的选择。被指导者虽说出自己所希望的职业名称，但并不知道是否合适自己。

（3）不明智的选择。被指导者所选择的职业与自身的能力、性格等条件不相符合。

（4）兴趣与能力相互矛盾。这种矛盾包括三种情况：一是对某项工作兴趣高但能力低，二是能力适合某项工作但兴趣低于能力，三是兴趣与能力不在同一个工作领域。

威廉姆森强调在职业指导的过程中，对于职业选择有困难的人，必须进行仔细的诊断，通过各种各样的途径，包括进行心理测验，收集有关被指导者的个人资料，如个人兴趣、职业能力、职业态度、家庭背景、教育程度、工作经验等，然后综合整理这些材料，分析被指导者的个人特点，将个人的情况与职业要求相对照，分析其匹配程度，协助被指导者做出职业选择。

（二）指导步骤

威廉姆森认为，为确定被指导者真正的问题所在，指导人员必须尽量收集所有相关资料，分析被指导者问题的症结所在，以作为指导的主要依据。为了保证指导工作的实效性，威廉姆森和约翰·达利（John G. Darley）提出了学生指导工作必须遵循的六个步骤。[①]

（1）分析（Analysis）。通过各种测验工具及其他途径，收集有关被指导者个人的兴趣、性向、态度、家庭背景、知识、教育程度及工作经历等资料，来分析被指导者将来可能从事的工作。

（2）综合（Synthesis）。以个案研究法及测验的侧面图，综合整理所收集的资料，以显示被指导者个人的特点。

（3）诊断（Diagnosis）。整理分析所收集的资料，描述被指导者显著的特征和问题，将个人能力的侧面图与职业要求相对照，分析其匹配的程序，查出问题之所在。

（4）预测（Prognosis）。依据各项资料，预测个人职业成功的可能性，或者可能产生的后果以及调整职业的可能性，据此确定选择或调整的方向。

（5）咨询（Counseling）。协助被指导者了解、接受并运用各项有关的个人

---

① Rocio Reyes Kapunan. Fundamentals of Guidance and Counseling. Rex Bool Store 1974，pp57～58.

与职业方面的资料,进而与被指导者晤谈有关择业或调整的计划。咨询的主要过程为:首先与被指导者建立良好的人际关系,进而通过交谈、测量或其他方法帮助被指导者更加深入地了解自我;然后帮助被指导者制订教育或职业计划;最后帮助被指导者实施自己的职业计划。

（6）追踪(Follow-up)。在隔一段时间之后,指导教师要对指导效果进行跟踪,看被指导者是否按照建议的办法去实行,并协助被指导者执行计划,若实行而无效果,则改善实施的办法或重复上述有关步骤。

由上述步骤,可以看出,指导工作应以指导教师为中心,取得被指导者的合作,依照逻辑的次序,按步进行,来解决被指导者心理上,或行为上的困扰问题。在上述六个步骤中,前四项主要是指导教师的工作,被指导者仅在最后两个步骤上积极参与指导过程,因而有关资料的收集、处理与解释,均是指导人员的任务,而测验工具的使用以及有关职业资料的提供等,则是特质因素理论的根本所在。

指导教师与被指导者的接触大致可分为三个阶段:第一次接触主要是建立关系,从中获得学生的相关信息;第二次接触则在实验测验之后,主要是对测验结果进行解释,将测验结果传达给被指导者;第三次接触则是对目标或问题解决方法的分析、选择或决定。在最后的过程中,主要对各种可能的选择途径进行深入了解,然后协助被指导者做出决定。

（三）指导方法

关于指导方法,威廉姆森提出了"指导式咨询"(Directive Counseling)这一概念,它也被称为"临床咨询"(Clinical Counseling)。这一概念是相对卡尔·罗杰斯(Carl R. Rogers)的"非指导式咨询"(Non-directive Counseling)提出而来的。"指导式咨询"要求指导教师首先要和被指导者建立友善的关系,使被指导者相信他有能力解决问题,愿意和他合作,然后听取有关方面对被指导者情况的各种报告,指导教师收集各项有关资料,并加以分析整理。其次,根据各资料,诊断被指导者心理困难的症结所在,再对症下药,设计可行的解决办法,最后依照解决办法,为被指导者解决困难问题。

1946年夏,威廉姆森在芝加哥大学教学生指导课程,当时有位罗杰斯的学生阿巴克尔(D. Arbuckle)发起了一场威廉姆森与罗杰斯的辩论会,从那时起才有"指导式"与"非指导式"咨询之称。

威廉姆森认为,指导教师只帮助被指导者成为其所想成为的自己是不够的。因为指导教师更重要的任务是帮助被指导者成为其所应该成为的自己。指导教师无法免于自己的价值观对被指导者的影响。教育过程是一种积极的、主动的互动历程,指导教师或教师对被指导者必然具有影响力。

威廉姆森指出,人必须不断地追求卓越,才不会停滞。指导教师必须帮助学生有更高的目标和理想。威廉姆森认为,个体并未具备足够的资源去达到最大的发展,须有人引导。教师应引导学生了解改变的可能性,也应引导学生对自己不满,才有可能产生改变,安于现状将不会进步。他说如果学生像盏灯,教师的任务是给学生火柴,教学生自己点灯,使灯发亮,直到学生学会自己找火柴。教师不必替学生直接点灯,但也不能袖手等待灯自己发亮。教师及指导教师的角色便是引导学生学会主动去找火柴来点亮自己,以便其不断追求卓越。威廉姆森的指导理念在于帮助个体对自己有更高的期待,并努力追求卓越,永不停息。

另外,指导式咨询以使用测验与提供资料为主。威廉姆森还提出了解答测验的三种方法:

(1) 直接建议。职业指导人员直接告诉被指导者最适当的选择或必须采取的计划与行动;

(2) 说服。职业指导人员以逻辑方法向被指导者提供其对各项资料所做的诊断与预断,被指导者可据此推知答案。指导人员不作直接建议,仅以说服的方式让被指导者明了其应做出的抉择;

(3) 解释职业指导人员向被指导者说明各项资料的意义,以增进被指导者的认识。

威廉姆森认为,解释的方法是最完整而较令人满意的方法。解释的过程通常是由职业指导人员从兴趣测验的结果开始谈起,然后以其兴趣与能力、性向、成就等测验配合分析,加上人格测验资料,之后再解说其与上述测验结果的关联。各项资料解释完后,再与被指导者讨论其与职业选择的关系。

三、特质因素理论的评价

特质因素理论是最早的职业指导理论,它奠定了职业指导的基础,其模式与方法为职业指导所广泛采用,影响深远,根本原因就在于这一理论抓住了职业领域中"求职与就业"这一主要矛盾,通过对被指导者和职业两方面的全面深入分析,寻找人与职之间的最佳匹配,使职业指导有规可循、有资可用。由于其简单明了的三步法和心理测验的科学方法很快发展成为风靡欧美的职业指导理论模式。因此,我把这个时期称之为"特质因素论时代"。当然,特质因素理论之所以能成为这一时代的主导理论,不仅因为它本身具有简明易于操作等优点,主要原因是它符合当时欧美等发达资本主义国家社会发展的需要。

首先,它有助于缓解工业集中化所带来的结构性失业的压力和劳资矛盾。第一次世界大战以后,欧美等资本主义国家加快了集中化进程。但随着企业机械化、自动化水平的提高,出现了大量工人失业的现象。资本家为了缓解阶级矛盾,一边给效率高的工人增加工资,一边倡导职业指导。

其次,它也成功地解决了各阶层子弟的教育分流问题。战后各国都不同程度地延长了义务教育的年限,建立了分流教育体系。如法国的"观察期"和"方向指导期";英国的"11+"、"16+"考试;美国综合中学的"能力分组"。当时兴起的智力测验很快被应用于学校教育,成为决定学生升学、不同轨学校在招考新生中选择学生的重要工具。与此同时,"特质因素理论"职业指导学派所研制的各种性向测验也发挥着重要的作用,共同解决了初等教育后的教育分流问题。尽管这种甄别手段后来越来越受到严厉的批评,但在当时的条件下,这种尝试为后来教育学和职业指导理论的科学化奠定了基础。

当然,特质因素理论也有其自身的局限。一方面,个人所具有的特性错综复杂,性向、需要、价值观之间存在着交互作用,很难精确地加以测量;另一方面,职业也千差万别,种类繁多,很难为每一种职业确定所需的个人特性,最多只能限于通用性强的职业和少数特殊职业。同时,人、职之间的最佳匹配也很难用某种固定模式来解决。

第三节　主要国家学生指导制度的普及历程

一、美国

美国学生指导制度普及的重要标志是,1946年颁布的《乔治—巴登法案》以及1958年颁布的《国防教育法》,两部法律有关条款明确规定为学生指导工作提供经费保障。20世纪40至50年代,心理学家卡尔·罗杰斯提出"当事人中心疗法";1959年,科南特出版的《今日美国中学》建议学校建立学生指导制度,这为美国20世纪30至50年代学生指导制度的普及都产生了重要影响。

(一)联邦政府对指导工作的介入

在美国普通中学学生指导的发展过程中,联邦政府通过立法为此项工作提供经费保障。如1946年通过的《乔治—巴登法案》促使美国联邦政府制定了一个心理咨询人员的培养计划。1958年,美国联邦政府推出《国防教育法》(National Defense Education),给指导工作提供专门的经费。

1. 1946 年《乔治—巴登法案》

二战结束后,为了尽快摆脱战争影响,提高职业教育教学质量问题,美国国会于 1946 年颁布了《乔治—巴登法案》,该法也被称为《1946 年职业教育法》(the Vocational Education Act of 1946)。《乔治—巴登法案》中有关"拨款"一项又于同年加以修订,追加 285 万美元的补助费。到 1949 年仅补助费一项就高达 2,700 万美元。[①] 该法案规定联邦政府每年提供 300 万美元的款项用于学生指导工作的开展。[②] 该项资金具体涉及以下几个方面:[③]

(1)各州学生指导工作的管理费用;

(2)学生指导教师培养者的薪水;

(3)学生指导研究的费用;

(4)地方学生指导管理和指导教师的费用。

该法案是美国历史上第一次提及学校咨询师以及州、地方管理者从政府获得资源、领导及财政支持。"由于这一规定,学生指导工作第一次得到了政府财政上的支持,从而使得学生指导工作在各州得到了快速的发展。"[④]

2. 1958 年《国防教育法》

20 世纪 50 年代,苏联人造地球卫星升空震醒了当时自大的美国人,面对教育的落后和美国学生在国际竞赛中的低迷表现,美国开始重新审视教育,1958 年《国防教育法》的颁布便是在这一背景中产生的。

该法对美国学生指导制度的普及产生了重要影响。该法案第五编的标题为"指导、咨询和测验;发现和鼓励有才能的学生",该章专门论述了学校中的指导工作,规定学校要推行学生指导及评估计划,识别天才及迟缓的学生并因材施教,并给指导工作提供专门的经费。

该法案第 502 条规定,通过提供资金帮助各州成立并维持学校心理咨询、测试及其他与学生指导相关的服务:[⑤]

① 刘传德:《美国职业教育发展史略》,《北京师范大学学报》1988 年第 4 期,第 60 页。

② Ella Stephens Barrett. Vocational Guidance and the George-Barden Act. The High School Journal, Vol. 31 No. 1 Jan. ～Feb. 1948, p1.

③ Glenn Erle Smith. Principles and practices of the guidance program: A basic text. New York: The MacMillan Company 1951, pp67～68.

④ Norman C. Gysbers. A History of School Counseling. Alexandria: American School Counselor Association 2010, p65.

⑤ 瞿葆奎主编:《美国教育改革》,北京:人民教育出版社 1990 年版,第 130～131 页。

兹授权为到 1963 年 6 月 30 日为止的财政年度拨款 1,500 万美元,为到 1964 年 6 月 30 日为止的财政年度拨款 1,750 万美元,为到 1965 年 6 月 30 日为止的财政年度拨款 2,400 万美元,为到 1966 年 6 月 30 日为止的财政年度拨款 2,450 万美元,为尔后相继的两个财政年度各拨款 3,000 万美元,为到 1969 年 6 月 30 日为止的财政年度拨款 2,500 万美元,为到 1970 年 6 月 30 日为止的财政年度拨款 4,000 万美元,为到 1971 年 6 月 30 日为止的财政年度拨款 5,400 万美元,以用于根据本章为州教育机关提供补助以援助它们制定和维持测验、指导和辅导的方案。

另外,该法的法案第 511 条规定,通过拨款资助高校培养专业的学生指导教师。因此,这一法案极大地刺激了学校学生指导工作的发展,下面是通过了《国防教育法》(1958～1963)后迅速发生的一些变化:①

(1) 全职心理咨询师的人数增加了 126%,从 12,000 人到 27,180 人。学校心理咨询师与学生人数的比率从 1∶960 上升到 1∶530;

(2) 州的指导教师的人数从 99 人增加到 257 人;

(3) 超过 400 个心理咨询学院获得政府资助,有 13,000 以上的人员接受了心理咨询师培训;(4)地方校区扩大了对指导与心理咨询服务的资金,从 560 万美元增加到了 1 亿 2 千 7 百万美元以上。

(二) 专业学生指导教师的培养

学生指导教师的选拔与培养得益于《乔治—巴登法案》和《国防教育法》的颁布,这两部法律为专业教师的培养提供经费资助。

1946 年的《乔治—巴登法案》和 1958 年的《国防教育法》两部法律则明确规定,国家拨款资助培养学生指导教师。如《国防教育法》第 511 条授权在高校建立学生指导学院与训练项目,提高那些为中学学生提供服务或通过培训将成为学生指导教师的技术水平,该法规定:②

兹授权为到 1959 年 6 月 30 日为止的财政年度拨款 6,250,000 美元,随后

---

① John J. Schmidt. Counseling in Schools: Essential Services and Comprehensive Programs. Pearson Education Inc. 2003, p13.

② National Defense Education Act (NDEA) (P. L. 85～864),http://wwwedu. oulu. fi/tohtorikoulutus/ jarjestettava_opetus/Troehler/NDEA_1958. pdf, p1593.

连续三年每年拨款 7,250,000 美元以资助高校为中学培养学生指导教师。

法案颁布后,截至 1959 年 4 月,150 多所高校向联邦政府提出申请,计划培养学生指导专业教师。①

《国防教育法》后,越来越多的高校参与了学生指导人员的培养,这也是"学生指导人员培训的繁荣时期,有将近 14,000 人接受该法案资助高校的专业培训"。②

另外,自《国防教育法》颁布后,越来越多的高校开设了"指导与咨询"专业来培养本科生和研究生。1960 年,有 38 个州规定,学校的学生指导人员必须由研究生院负责培养,担任此项工作的人员要有州政府有关部门颁发的资格证书。20 世纪 70 年代初,要求学校指导人员至少要获得"指导与咨询"专业的硕士学位。③ 目前,学校指导办公室主任和业务顾问要求必须具有博士学位。这种专业化制度保证了指导工作的质量,有利于学生指导工作的自我完善。

《乔治—巴登法案》颁布后,美国大约有 80 所高校从事专业指导教师,其中 40 所是本科水平的,另 40 所是研究生水平的。④ 由此,承担美国公立学校的学生指导工作的指导教师开始走向了专业化的发展之路。

在《国防教育法》的影响之下,美国高校的学生指导教育专业从 1958 年的大约 80 个增至 1962 年的 400 多个,而所有这些增加的培养计划都是研究生程度的教育。⑤ 另外,20 世纪 30 年代末,全美 1,297 所高中仅有聘请了 2,286 名专业指导教师,到 1960 年,已有 7.9 万名专业的指导教师在各州的公立中学开指导工作。⑥

《乔治—巴登法案》和《国防教育法》的颁布成为美国学生指导发展史上具有里程碑意义的重要事件。有了政府的重视,再加上充分的政策与经费支持,从 20 世纪 60 年代开始,美国学校的学生指导进入了一个快速提高的阶段,1964 年,学生指导工作已扩展到小学,1965 年美国学生指导工作者达到三万人。⑦ 在社会需求的推动和国家政策的大力支持下,学校学生指导工作在美国得到了迅速发展,成为世界其

---

① ACA History[EB/OL]. , http://www. counseling. org/AboutUs/OurHistory/TP/Home/CT2. aspx.

② H. Borow. Notable events in the history of vocational guidanc. In H. Borow(Ed.), Man in a world a work. Washington, D. C. : Houghton Mifflin 1964, pp45~64.

③ 杨光富:《国外中学学生指导的实践与特色》,《全球教育展望》2011 年第 2 期,第 70 页。

④ Edwin L. Herr. Career Development and Its Practice: A Historical Perspective. The Career Development Quarterly. Vol. 49 No. 3. 2001, pp198~203.

⑤ Kenneth B. Hoyt. A Reaction to Mark Pope's "A Brief History of Career Development Counseling in the United States". The Career Development Quarterly Vol. 49 No. 6 2001, pp374~378.

⑥ 曹丽:《20 世纪美国公立学校学生指导的历史嬗变》,《河北大学学报》(哲学社会科学版)2013 年第 6 期,第 105 页。

⑦ 叶一舵:《台湾学校辅导发展研究》,福州:福建教育出版社 2011 年版,第 44 页。

他国家学校学生指导工作开展的典范。

（三）罗杰斯与现代学生指导的框架

20 世纪 40 至 50 年代对学生指导的实践产生巨大影响的美国心理学家卡尔·罗杰斯（Carl Ransom Rogers，1902～1987）的"非指导式咨询"（Non-directive Counseling）理论，该理论又被称为"个人中心治疗法"（Person-Centered Therapy）或"当事人中心疗法"。该理论奠定了美国现代学生指导的框架，对美国学生指导制度的普及也作出了一定的贡献。

1. 非指导式咨询的提出

罗杰斯是当代美国人本主义心理学的主要代表之一。1942 年，他出版了《心理咨询与治疗：实践中的新概念》（Counseling and Psychotherapy：New Concepts in Practice）一书，在这本书中，他对弗洛伊德分析理论中的主要观点提出质疑。他认为，心理咨询的重点应该转移到当事人（client）身上，并提出了"以人为中心"的咨询模式，即"非指导式咨询"。

所谓"非指导式咨询"，即对当事人的各种诉说和行为不加评论，不予指导，只是引导他们表达内心的感情，在治疗者提供的良好气氛中自己发现并做决定，该法被人称为"点头疗法"。[①] 1951 年他把治疗方法命名为"以人为中心治疗"，用以说明它重视的是当事人而不是治疗方法。在 1951 年出版的《当事人中心治疗法》（*Client-centered Therapy*）一书中他指出，以人为中心治疗的重心应在当事人身上，而不是那些非指导性方法，应重点关注当事人的情绪状况，敏锐地反映当事人的内心变化，把握其主观感受，并帮助当事人关注自己的内心世界。

2. 指导的条件

以人为中心治疗的实施依赖于一些必要的条件。在治疗时，如何形成以被指导者为中心的最佳的咨询氛围，显然是最重要的条件。要想形成理想的咨询氛围，通常需要两方面条件：

（1）被指导者本身必先承认自己在自我概念上有矛盾之处，如自己觉得兴趣和能力适合学文科，而又不得不顺从父母的期望勉强去学医科，而且愿意向咨询师坦诚地说出自己的感受，并希望获得他的帮助。

（2）被指导者与咨询师之间要建立良好关系，一方面被指导者对咨询师怀有良好的印象，向他表露自己内心世界时有足够的安全感；另一方面咨询师要具有坚实的专业素养和广博的知识经验，以及协助被指导者解决问题的实际

---

① 陈新、严由伟主编：《心理咨询与治疗》，南京：南京师范大学出版社 2001 年版，第 141 页。

能力和技巧。

除上述两方面的必要条件外,罗杰斯着重指出,咨询师本身在人格与态度上必须具备以下三大要件:①

(1) 真诚一致(congruence, genuineness)。指咨询师表里如一,言行一致,不造作,不虚假。

(2) 无条件积极关注,或无条件绝对尊重(unconditional positive regard)指咨询师对被指导者表示真诚和深切的关心、尊重和接纳。

(3) 设身处地理解或同理心(empathy)。是指咨询师深入了解并能设身处地体会被指导者的内心世界。

3. 指导的步骤

在《心理咨询与治疗:实践中的新概念》一书,罗杰斯把指导过程分为 12 个步骤:②

(1) 被指导者主动求助,这是心理咨询和心理治疗的前提;

(2) 咨询师说明情况,要向被指导者说明,对他所提出的问题并完现成的答案,咨询师只能帮助被指导者自己寻找答案或自己解决问题;

(3) 咨询师鼓励被指导者自由表达所遇到的困惑,咨询师务必采取友好、诚恳、接受对方的态度,掌握会谈的技巧,有效地促进对方自由表达自己的情感;

(4) 咨询师要能够接受、认识并澄清对方的负面情感;

(5) 促进被指导者的成长,即要善于发现被指导者的积极情感,并促进其成长;

(6) 接受被指导者的正面情感,但不宜加以赞许或表扬,也不应进行道德评价;

(7) 被指导者开始接受真实的自我;

(8) 帮助被指导者澄清可能的决定及应采取的行动,但不能勉强对方或给

① 车文博:《人本主义心理学大师论评》(第 7 卷),北京:首都师范大学出版社 2010 年版,第 254～259 页。

② Carl R. Rogers. Counseling And Psychotherapy. Boston. MA: Houghton Mifflin Company 1942, pp31～45.

予某种劝告；

（9）产生指导的效果；

（10）进一步加以指导，帮助被指导者发展更深层次的领悟；

（11）被指导者全面成长；

（12）指导结束。被指导者感到无需继续帮助时指导即告结束。

4. 影响与贡献

罗杰斯"以人为本"的咨询模式是以人为中心的，其突出的特点就是带领患者走进自己的心理世界，学会自己看待自己，相信人有能力引导、调整和控制自己。[①]罗杰斯的这种非直面式的、以当事人为中心的方法很快受到了广泛的认可。1951年，罗杰斯的另一大作《当事人中心疗法》(Client-Centered Therapy)问世，标志着这一理论流派走向成熟。简而言之，罗杰斯对学生指导的贡献主要有以下三方面：

（1）提出了一种新的指导理论——这个新理论强调咨询过程的主角是当事人而不是咨询师，是当事人对改变负责而不是咨询师对改变负责；

（2）真正开始以心理学的眼光来分析咨询关系和咨询过程，致力于寻找心理咨询和治疗中真正起作用的要素，从而使咨询变成一个以科学为基础的实践学科；

（3）提出了这种非指导式咨询，使得原来主要在学校进行的指导活动，以及主要在心理卫生机构进行的咨询活动有了统一的理论基础。

20世纪30至50年代，由于经济大萧条、世界大战等，经济、文化急剧变化，给人们带来了许多心理上的问题，尤其是在情绪和人际关系方面，人们开始渴望在社会适应和情绪调整、人际关系改善上得到心理咨询师的帮助，罗杰斯的"非指导式咨询"就是在这样的背景下产生的，它也为解决上述问题作出了自己的贡献。由于罗杰斯咨询模式的影响，学校的学生指导工作的重点也就由学生的职业指导逐步转移到了学习和生活适应，特别是情绪障碍的诊治上来，这给美国学校心理辅导带来了最深刻的转变，从而奠定了现代心理咨询与辅导的框架。[②]

（四）科南特关于建立学生指导制度的建议

詹姆斯·布赖恩特·科南特(James Bryant Conant，1893～1978)曾被美国教

[①] 陈家麟、骆伯巍：《青春期性心理咨询：大中学生性心理咨询的理论和实践》，哈尔滨：黑龙江科学技术出版社1999年版，第36～37页。

[②] 霍益萍、朱益明主编：《普通高中学生发展指导研究》，上海：华东师范大学出版社2013版，第159页。

育界称为"也许是 20 世纪中叶最有影响的美国教育家"。科南特出生于美国马萨诸塞州的多尔彻斯特。他于 1913 年在哈佛大学获得文学学士学位,1916 年在同校获哲学博士学位。1919~1953 年历任哈佛大学化学系教授、系主任、校长(1933~1953)。在 20 世纪 50 至 60 年代,科南特还兼任过美国政界、科技界和教育界的许多重要职务。

科南特一生从事过教育、科技、外交等各项工作,但在他平生中占有最重要地位和最有影响的则是教育方面。美国教育界公认,科南特"对 20 世纪五六十年代美国公共教育无可置疑地产生了比其他任何个人都要大的影响"。[1]

从 1957 年开始,在美国卡内基促进教育基金会的资助下,科南特组织了对美国中学的调查研究。在几位同事的帮助下,他访问了美国 26 个州、103 所中学。[2] 经过两年多的调查研究,于 1959 年出版了题为"今日美国中学"(The American High School Today)的调查报告。1967 年,科南特又出版了《综合中学》(*The Comprehensive High School*)一书。这两本著作集中体现了他关于美国中等教育改革的主张。在《今日美国中学》一书中,他提出了改进美国公共中等教育的二十一条建议。而《综合中学》一书则是对他的有关教育改革建议被采纳实行的情况的研究,以及对其中有些建议的进一步阐发。

科南特在《今日美国中学》中提出的第一条建议就是在学校建立学生指导制度,这种指导工作应当从小学开始,并使小学、初中和高中的指导工作很好地衔接起来,学校要按照人数比例配备符合要求的专业指导教师,具体建议如下:[3]

> 中学里每 250~300 名学生应当有专任的指导教师 1 人。指导教师应当具备当教师的经历,但是实际上应当拿出全部时间做指导工作;他们应当熟悉使用学生能力倾向与学业成绩测验工具的方法,熟知自己的职能并不是代替家长的工作而是帮助家长给青年提出忠告。为此,他们应当同家长和学生有密切的接触,应当根据学业和能力性向测验、各门课程的成绩记录以及教师的评语来测定学生的兴趣和能力,通过指导工作力求年年使学生订出符合其兴趣与能力的选课计划;他们应当对那些能够发展谋生技能的选修课程抱有好感,了解阅读能力迟钝学生选课计划,并且随时准备同他们的教师进行合作。

---

[1] [美]科南特著,陈友松译:《科南特教育论著选》,北京:人民教育出版社 1988 年版,第 1 页。
[2] 滕大春主编,王桂、李明德分卷主编:《外国教育通史》(第六卷),济南:山东教育出版社 2005 年版,第 107 页。
[3] [美]科南特著,陈友松译:《科南特教育论著选》,北京:人民教育出版社 1988 年版,第 65~66 页。

除了指导教师对学生进行指导外，科南特第一条建议要求学校开设"可获得谋生技能的多样化课程"，可根据男女学生的性别差异及地方经济的需要不同设置多样化的课程，以此来加强学生的生涯规划指导。科南特建议如下：①

> 应当为有志于养成各种谋生技能的女生设置课程，如设置打字、速记、会计和办公机器的使用、家政或家政的一个专业分支的课程。学了后一类课程，再通过升入大学深造，就可能引导学生从事营养学家的职业。如果能劝说社区各零售商店适当打开就业之门，就可开设市场推销教育方面的课程。要是在农村社区，就应当包括农业方面的职业课程，还应当视地方经济的需要为男生开设手工艺和工业课程，应当在 11 年级和 12 年级要求用每周半天的时间学习这种职业课程。每个专门行业应当设立由业主和劳工双方代表组成的顾问委员会。这些课程可以利用联邦的经费来开设。
>
> 学校行政方面应当经常调查职业课程所涉及的那些行业的就业情况。当一个社区不再有某一行业的就业机会时，就应当取消这种职业的训练课程。当一个社区或区域有了新的就业机会，学校行政方面就应当随时准备开这些新的职业课程。

科南特关于学校建立学生指导制度、明确学生与指导教师的比例、加大学生职业类选修课的比例建议，较好地适应了美国社会的需要，对美国后来学生指导工作的开展产生了较大的影响。

二、英国

《1944 年教育法》要求文法中学、技术中学与现代中学均开设了职业指导课程，要求学校专设职业导师，开展学生指导工作。1948 年《就业与培训法》明确要求，全国各地的中学必须对所有的在校学生实施职业指导。这部法律极大地推动了英国学生指导制度的普及。

（一）本阶段教育的基本情况

20 世纪 20 年代，工党执政后，出于政治需要提出了"人人有权受中等教育"的口号。1924 年，英国政府任命了以哈多爵士（Sir W. H. Hadow）为主席的调查委员会，负责对英国的全日制小学后教育进行调查研究。委员会在 1926 年至 1933 年间

---

① ［美］科南特著，陈友松译：《科南特教育论著选》，北京：人民教育出版社 1988 年版，第 71~72 页。

提出了三次《关于青少年教育的报告》(The Education of the Adolescent)，一般称为
《哈多报告》。报告把 11 岁以后所受的各种形式的教育均称为中等教育，为了使每
个儿童进入最适合的学校，应该在小学毕业即 11 岁举行选择性考试。另外，报告把
中学分为文法学校与现代中学。[①] 文法学校仍旧是传授学术知识、为上层社会服务
的升学教育，而现代中学则具有职业教育的性质，是为就业服务的职业教育。1938
年的《斯宾斯报告》提出的中等教育三分法，即将中学分为文法中学、现代中学与技
术中学。1944 年，英国议会通过了《1944 年教育法》，在英国职业教育发展史上具有
跨时代的意义。该法律将中学分为文法中学、技术中学与现代中学。《斯宾斯报
告》提出的中等教育三分法终于以法律的形式得到承认。

二战后，英国中等教育分为文法中学、现代中学与技术中学三类，学生根据个
人能力入学，这是实施指导工作的基本制度。[②] 学校对青少年身心发展的辅导由教
师负责，导师制则是辅导的另一形式。职业指导在现代中学与技艺中学中受重视，
多数学校设有职业导师(career master)，负责指导学生就业。学生遇到情绪或其他
心理问题，教师无法处理时，则转介至各地方的心理中心就诊。

但由于文法中学、技术中学、现代中学分离设立，各自高树藩篱，以致学校的指
导工作不易发挥实际的效果。后来积极推行综合制中学(comprehensive secondary
school)，学生入学，先学习共同课程，第一学年中途，或第二学年之处，分文法、技
艺、现代等三个方向。职业指导在现代与技艺中学极为重视，多数学校设有指导教
师，负责指导学生就业工作，对受义务教育期满离校的学生也很注意，学校对于青
少年身心发展的指导，多由专职指导教师负责，极具成效。

(二)《就业与训练法》与中学指导工作

1948 年，英国政府颁布《就业与培训法》(The Employment and Training Act)，
该法授权劳工部发布全国就业信息，在中央设立全国青年就业指导委员会和全国
青年就业委员会，委员会由劳动部、教育和科学部以及苏格兰教育部选拔人员联合
组成，其职责是负责监督和管理英国全国青年的职业指导工作，如指派就业委员会
举办成人就业培训，保障就业安排，指导劳工异地就业等。劳工部设置专门的青年
就业及残疾司，其主要职责之一就是为青年提供就业服务。

该法还规定，地方的中学职业指导工作由地方劳动局或地方教育当局负责，并
明确要求，英国全国各地的中学必须对所有的在校学生实施职业指导。

---

① 瞿葆奎主编，金含芬选编：《英国教育改革》，北京：人民教育出版社 1993 年版，第 51～60 页。
② 叶一舵：《台湾学校辅导发展研究》，福州：福建教育出版社 2011 年版，第 44 页。

(三) 二战后学生指导的新变化

第二次世界大战以后，随着中等教育改革的深化，英国中学的指导工作出现了一些新的变化，具体有以下几个方面：

1. 重视职业指导工作

战后英国的文法中学、技术中学、现代中学都开设了职业指导课程。通过课程的开始，帮助学生系统地了解各种职业的状况，帮助学生选择适合自己未来的职业。通常每周1~2个课时。[①] 这种课程会比较系统地向学生介绍社会各种职业和工种的性质、历史发展和未来趋势、经济价值和社会价值、所需要的专业知识和基础知识以及它们与人们年龄、性别、能力、兴趣等之间的关系。

授课的方式除了教师课堂讲解外，还有专题讨论的形式，对某一问题进行全面的探讨，有时还让学生进行职业模拟等，通过情景表演法，体验各种职业。由于这种课程有较大实用性，因而对学生有很大吸引力，特别是那些打算毕业后即就业的学生，尤奉之为选择职业的指南。

2. 心理辅导进入学校

英国有计划、有组织的心理咨询活动可以追溯到20世纪40年代后期。[②] 其实，英国在20世纪初就开始应用心理咨询为人们选择职业提出有价值的参考建议。随着第二次世界大战的结束，大批的退伍军人涌向社会，他们的就业问题以及心理创伤的治疗需要大量的心理咨询人员，为缓和二战带来的各种社会危机，使得心理咨询应运而生，英国心理学的研究也进入了空前的繁荣。

以后，心理咨询广泛应用于各行各业之中，从对正常人的指导和帮助，到对心理疾病病人的心理治疗，其中涉及教育辅导、心理健康咨询、婚姻家庭咨询等各个方面，心理咨询逐渐成为一门学术性的学科，心理测验和辅导技巧也日益受到重视。

这时英国学校心理辅导内容不仅限于职业或适应问题，而且对个人的全面发展问题给予了更多的关注。所以在后来逐渐产生的各种辅导模式中，注重个性和人的整体发展的辅导模式，以情感交流为基础的新的辅导方法越来越受到重视。

3. 重视学生的选课工作

英国的三类中学在高年级都以选修课的形式对学生进行职业技术教育。因此，学生能否正确地选择专业课程，在很大程度上直接影响他毕业后的就业，因此，

---

① 代其平：《英国中等学校职业指导历史简介》，《教育与职业》1989年第8期，第37页。
② Windy Dryden, Dave Mearns, Brian Thorne. Counselling in the United Kingdom Past, present and future. British Journal of Guidance & Counselling, Vol. 28 No. 4 2000, p469.

学校对学生的选课指导普遍十分重视。具体措施有:

(1) 指导教师通过讲座或会议等形式,向同学们详细介绍每门选修课的情况,并提出自己的建议,如哪类学生适合于选修哪类课程等。

(2) 邀请学生家长参加"选课会",让家长、学生和指导教师充分交换意见,针对家长和学生的疑问,指导教师进行解答,在此基础上,拟出学生选课的初步意见。

(3) 通过书面的形式与家长进行沟通。这主要面向因为各种原因无法参加"选课会"的家长,书面材料包括由学校印发包含所要开设的专业课程的说明书,详细介绍各种课程的内容,请家长填写关于孩子选课的意见,并寄回学校。

(4) 确定所选课程。指导教师汇总家长、学生等各方面意见,确定学生所选课程。

4. 将指导工作时间提前

第二次世界大战以前,学生指导工作一般在学生毕业前的最后一个学期才进行,有的学校甚至是在学生即将毕业之前的一个月才开展。由于时间较短,对学生的观察了解难免肤浅,以此作为指导学生择业的依据,似嫌不足。

为了更深入地把握学生的身心特点,减少指导工作的失误,自第二次世界大战以后,各类中等学校都把指导工作提前,一般在第三学年初开始,这样指导教师能更多地了解学生,以确保指导的针对性与有效性。

三、法国

20 世纪 30 年代,虽然法国正式承认全国职业方向指导研究所,并对其资助,各地也设立了方向指导相关机构,但当时的机构分属于不同团体和系统,没有统一的章程,国家统一协调的作用也十分有限。因此,在 20 世纪 30 年代至 50 年代,法国颁布了相关的法律,使方向指导制度逐渐地建立了起来。

(一) 方向指导班的设立

第一次世界大战后,法国教育改革的呼声相当强烈。始建于大革命时期的法国近代教育体制到 19 世纪末已基本定型,是典型的双轨制,其中为劳动人民子女设立的初等教育和为资产阶级子女设置的中等教育互不衔接。其次,课程内容注重古典人文学科,脱离学生的实际生活。另外,由于教育中央集权,过分地强调一致,而导致忽视学生的个性差异和个体发展倾向。

1919 年,法国掀起了"统一学校运动"。所谓"统一学校",就是"属于全体和面向全体的学校"。在这场运动中,"新大学同志会"发挥了重要作用,他们认为,应该使初等教育和中等教育相互衔接,高等教育向一切中学毕业生开放。1925 年以后,法国初步实现了小学阶段的统一学校。1930 年,法国的国立中学和市立中学实行免费。1933 年,法国政府决定在中学设立统一入学考试制度,使学生享有入学机会的平等。1937 年 3 月,法国教育部长让·泽(Jean Zay, 1904～1944)提出了在中学的初级阶段实行统一学校制度的方案。其主要内容有:[①]

(1) 把中学的初级阶段改为独立的公立学校,与初等统一学校衔接,实现初级中等教育的统一;

(2) 为通过考试、持有"初等教育证书"、升入中学第一阶段的学生设立"方向指导班"(11～12 岁),以指导和培养学生的兴趣与能力的发展;

(3) 依学生的能力和表现在第二年实行分流,分别进入古典中学、现代中学和技术中学。

该法案对法国学生指导工作的最大贡献是,在中学阶段的第一年设立方向指导班。改革所提出的三类中学和"方向指导班"等思想,得到了许多教育家和心理学家的肯定。法案颁布后,1937 年 5 月 22 日,法国教育部正式发布命令,在全国建立 50 个试验点,正式开设方向指导班,开展学生指导的试点工作。[②] 为了及时了解试点学校的情况,1938 年 1 月和 5 月,法国教育部两次组织各试点学校的教师开会,讨论方向指导班的工作,并对实验结果进行评估。

试点学校的教师普遍反映,自设立指导班以后,加强了各学科之间的联系,学生们的学习兴趣和主动性都得到了极大的提高,同时学习负担减轻了,师生关系也有所改善。但也存在一些问题,如学生对学习内容的掌握深度不够,容易放任自流,教师的负担过重等等。会议还对如何改进指导班的工作进行了讨论,并定出一些新措施以推动中等教育,特别是教学方法上的改革。

由于是教育集权制国家,教学中比较强调统一性,对学生的个性不太重视。而方向指导要求教师在指导时,要根据学生的兴趣及倾向而不是其家庭出身、社会地位。这就要求教师深入了解学生,并在教学中采用新的精神和方法,包括兴趣中心、活动方法、小组活动,师生在教学上的合作等。因此,方向指导制度的设立引起教学方法的重大变革,对基础教育的发展起到积极的作用,受到了各方的好评,但

---

① 吴式颖主编,李明德、单中惠副主编:《外国教育史教程》,北京:人民教育出版社 1999 年版,第 544 页。
② 滕大春主编:《外国教育通史》(第五卷),济南:山东教育出版社 1993 年版,第 227 页。

由于之后爆发了第二次世界大战，这一改革被迫中止，但它所提出关于设立方向指导班等建议为其二战后的教育改革所采纳。

（二）职业方向指导中心的建立

1938 年，法国颁布了《职业方向指导和职业义务教育法》，建立方向指导中心。[①] 该法的具体内容有：[②]

> 在每一个省或人口最集中的城市设立一个职业方向指导中心[③]，原有的指导机构继续存在。新建的职业方向指导中心不但要进行职业方向指导，而且还要对所有 14～17 岁、愿意进入工商业当学徒的青少年进行义务的身心检查和职业资格指导，需要时可出具证明，说明他们是否适合从事某种职业。一个省或几个省再设立一个职业方向指导秘书处，在教育行政部门的领导下，负责协调、检查和监督各职业方向指导中心的工作。

1939 年的实施细则将职业方向指导的范围进一步扩大，要求将方向指导范围扩大到手工业和农业，即所有完成义务教育（当时为 14 岁）的青年都应去中心接受身心检查和职业方向指导。当时，这些中心的主要工作是，综合学校、医生、家庭三方面提供的情况，向家长和学生提出从事何种职业的建议及途径。

（三）全国职业方向指导研究所的职责

1928 年，法国依据高等教育自由机构（établissement libre d'enseignement supérieur）条例，成立全国职业方向指导研究所（Institut National D'Étude du Travail et D'Orientation Professionnelle, INETOP）。该所的主要任务是，开展方向指导人员的培训及相关问题的研究工作，包括"从事心理辅导咨询师之初步训练（心理学学士后训练二年），以及有关专业人员和教师之继续教育与实习辅导；从事学徒心理与能力发展，以及从事辅导人员计划与心理评量技术之心理学研究"。[④] INETOP 所设的主要部门有：[⑤]

---

① Historical overview of guidance in France. http://www. euroguidance-france. org/upload/UserFiles/ File/in_english/HistoricaloverviewofguidanceinFrance. pdf.

② 赵云芳：《大学生就业与创业指导》，北京：中国农业大学出版社 2004 年版，第 49 页。

③ 法国政府于 1971 年 7 月 7 日颁布法令，将职业方向指导中心一律改称为"信息与方向指导中心"（Le Centre d'Information et d'Orientation, CIO）。——著者注

④ 贾馥茗总纂，国立编译馆主编：《教育大辞书 6》，台北：文景书局 2000 年版，第 646 页。

⑤ Neil H. Graham. Orientation and Guidance in Paris. Peabody Journal of Education, Vol. 32, No. 4 Jan. 1955，pp230～233.

（1）研究中心，下设生理学、应用心理学、儿童心理学三个实验室，开展相关问题研究；

（2）测试服务中心；

（3）方向指导中心，为学生提供咨询指导服务，同时它也是指导教师的实习场所；

（4）信息与图书服务，向所有对方向指导感兴趣的人开放；

（5）心理学部；

（6）生理学部；

（7）经济科学部；

（8）方向指导部，主要研究职业方向指导的常见问题、学校在方向指导中的作用、关于职业方向指导的组织机构与立法；提供指导咨询服务等。

（9）职业部。主要向学生提供社会各种职业的名称；帮助学生了解父母及家人的职业；各种职业的未来前景。

另外，INETOP 在 1929 至 1972 年间每两个月出版一本名为"BINOP"（Bulletin de l'Institut National d'Etude du Travail et d'Orientation Professionelle）的简讯，1972 年改名为《学校职业指导》（L'Orientation scolaire et professionnelle）。[①]

（四）方向指导相关法律的颁布

可以说，1938 年的法令使方向指导成为一种制度。此后至 20 世纪 60 年代，法国又陆续颁布了多项有关方向指导的法律，不断加强方向指导工作。

1. 郎之万—瓦隆教育改革方案

第二次世界大战使法国的教育遭到严重破坏。1944 年，法国政府组建了一个由各方面代表组成的教育改革委员会，并任命法国著名的物理学家郎之万（P. Langevin，1870～1946）为主席，儿童心理学家瓦隆（Henri Wallon，1870～1962）为副主席。该委员会于 1947 年向议会提交了《教育改革方案》（又称为《郎之万—瓦隆教育改革方案》），该方案提出法国实施 6～18 岁学生的免费义务教育，明确提出要对学生进行方向指导的教育，以便让每一位中学生都能得到方向指导方面的指导。

该方案把 6～18 岁的免费义务教育划分为三个阶段：（1）基础教育阶段（6～11岁）；（2）方向指导阶段（12～15 岁）；决定阶段（16～18 岁）。从这三个阶段看，方向指导涉及初中和高中所有年级的学生。在方向指导方面，该方案指出：该阶段

---

① Neil H. Graham. Orientation and Guidance in Paris. Peabody Journal of Education, Vol. 32 No. 4 Jan. 1955, p233.

"用来对少年儿童的能力、禀赋、兴趣等进行系统观察,以便发现他们的能力之所在,对其发展方向予以指导,与此同时还要确保他们在普通知识方面得到必要的补充"。①

为何要对6~18岁的学生进行方向指导?该方案也给出了明确的答案:"为了更准确地使用能力,就得发挥个人才能,由此提出了又一个原则,及方向指导原则。先是学业方向指导,后是职业方向指导,最终都要使每个劳动者,每个公民在最适合其可能性,并且最有利于其成功的岗位上。"②

在经过四年的方向指导性的中等教育之后,学生进入决定阶段,要分别进入学术型学校、技术型学校、艺徒制学校三种不同类型的中学学习,三类学校的教育均为3年,学生在18岁时结束免费义务教育。这一阶段,仍要对学生继续进行方向指导,"适宜于接受高等教育的学生将受到相应的理论性培养。至于其他学生,将继续学习普通文化,而且普通文化的学习要与面向职业的专门文化的学习相联系,使得根据能力而被指定将从事某种职业的年轻人能够在第三分段结束时进入职业生涯"。③

虽然由于思想不统一、政治不稳定、经费不充分等多种原因,计划未付诸实施,但它的先进性和合理性使它成为战后法国历次教育改革的基础,对方向指导工作也有很大的借鉴作用。

2. 1959年1月法国政府颁布了《教育改革法令》

1959年1月法国政府颁布了《教育改革法令》。该法规定,义务教育年限由战前的6~14岁延长到16岁。④ 具体实施过程如下:

> 6~14岁为初等教育。所有儿童都应接受同样的初等教育。之后,除个别被确定不适于接受中等教育的儿童外,其余儿童都进入中等教育的第一阶段,即两年的观察期教育(observation phase)(11~13岁)。两年后,学生进入中等教育的第二阶段(13~16岁),这个阶段分为四种类型,即短期职业型、长期职业型、短期普通型、长期普通型。短期型均为三年制,长期型为四年或五年。长期普通型中等教育实际上是为大学做准备的教育。

---

① 吴式颖主编,李明德、单中惠副主编:《外国教育史教程》,北京:人民教育出版社2005年版,第647页。
② 瞿葆奎主编,张人杰选编:《法国教育改革》,北京:人民教育出版社1994年版,第75页。
③ 同上书,第77页。
④ Julia Resnik. The Democratisation of the Education System in France after the Second World War: A Neo-Weberian Glocal Approach to Education Reforms. British Journal of Educational Studies, Vol. 55 No. 2 Jun. 2007, pp156.

（五）本阶段方向指导发展的特点

从 1938 年国家立法到 20 世纪 50 年代末,法国的方向指导制度发生了很大变化,这个阶段发展的主要特点有以下几个方面:

1. 方向指导对象和内容的扩大

方向指导制度建立之初,方向指导中心的服务的对象仅是 14～17 岁完成义务教育后准备在工商业就业的青年。以后,扩大到工、商、手工业和农业就业的所有 14～17 岁青年。1959 年的教育改革后,法国政府提出职业方向指导中心要"为各级各类教育服务",它们尤其加强了在新设的初中观察阶段(第一、二年)结束时和方向指导阶段(第三、四年)结束时,即初中毕业时的工作。20 世纪 50 年代初,开始提出对成人的方向指导,1970 年得到官方的正式认可。

2. 有专职的方向指导人员参与指导工作

1938 年,政府承认方向指导工作人员必须持有全国职业方向指导研究所颁发的文凭。1944 年,该所颁发的文凭成为国家文凭。1945 年在全国职业方向指导研究所设立"资料研究与技术教育研究中心",研究各技术教育机构学生的出路、劳动力的需求,为方向指导提供情报。

1956 年,公立方向指导中心的工作人员成为国家公务员;方向指导工作人员的文凭须通过理论与实践考试才可获得。从 1968 年开始,方向指导顾问参加中小学班级委员会的工作,并对学生的升学和学业进行指导。于是这种指导就成了"学业与职业方向指导"。就在这一段时期,对成人进行职业方向指导也发展了起来。

3. 国家不断加强对方向指导工作的支持与资助

全国职业方向指导研究所(INETOP)的经费由政府拨款。1947 年,法国政府给 INETOP 拨款的总额为 3,800 万法郎,而 1951 年,拨款总额增至 2 亿法郎。另外根据 1951 年的 5 月 24 日的法令,指导人员的薪水由政府发放,因此,1952 年的政府拨款又增至 6 亿法郎。[①]

由于社会的重视和国家的介入,方向指导工作的经费增加,机构进一步系统化。根据资料统计,1953 年,法国信息与方向指导中心的总数为 209 个,学生指导教师总数为 500 人。[②] 到 20 世纪 60 年代末,全国已有职业方向指导中心 250 个,专职工作人员 1,500 名(1945 年约为 300 名)。[③] 随着职业方向指导中心的增多,专职

① Leonard A. Ostlund. INETOP: Vocational Guidance in France. Personnel and Guidance Journal. April 1958, p566.

② L'Orientation professionnelle publique en France. Bulletin-Minitère de l'education national. Paris France 1953, pp7～9.

③ 邢克超、李兴业:《法国教育》,长春:吉林教育出版社 2000 年版,第 213 页。

人员的不断增加,法国政府对方向指导工作的投入的经费也大大增加了。

四、联邦德国

二战后,德国被美、英、法、苏四国占领。1948年,美、英、法三国占领区合并,并于1949年9月建立了德意志联邦共和国。1949年10月,苏联占领区也建立了德意志民主共和国。分裂后的两个德国走上了各自发展的道路,在教育方面的差异也进一步扩大。

德国早在第一次世界大战时职业指导就相当发达,政府为适应战时需要,曾设立就业指导机构。这些机构多数兼做心理辅导,实施心理测验工作。1933年纳粹当政后,虽继续学生指导工作,但以服务国家为目的。第二次世界大战后,联邦德国在教育重建计划中,表明学生指导工作基于民主原则,重新组织与扩充。20世纪40至50年代,联邦德国各校推行指导工作特别重视职业指导,按照新的学校制度,学生都能根据其能力、性向,进入不同的学校。

(一)《美国赴德国教育代表团报告》与指导工作的建议

第二次世界大战给德国造成了毁灭性的破坏,基础教育也不例外。为了恢复战后联邦德国教育,1946年9月,美国政府组织了一个赴德教育代表团,委托该团对美战区的教育状况进行调查,并为重建德国教育提出行之有效的方案。该团在进行考察后提出了一份《美国赴德国教育代表团报告》(Report of the United States Education Mission to Germany),报告认为德国教育需要进行民主化改革,并提出了具体的改革建议。报告对战后联邦德国的学生指导工作也提出了建设性的意见:[①]

> 由于德国大多数青年约在14岁就对他们的职业作出选择了,所以重要的是对这些选择的指导应在很小年龄阶段就开始,并应考虑他们个人的特殊能力倾向和可能的职业机会。在这个问题上存在许多重要的因素。首先,应承认,对所有儿童(对那些打算上大学的人以及对那些进入非学术性专业的人)指导都起一种作用。鉴于波茨坦协议使德国经济发生的急剧变化,需要修复炸毁地区和在使用原材料上的变化,这种指导在目前就尤为重要了。学校负担不起为不存在的工作培养人,要防止这一点,在政府和工业界办的教育与经济机构之间紧密联系是必需的。此外,目前工作机会的变化会要求重新训练成千上万的工人,因为他们的工作已消失了。为他们以及为越来越多地进入

---

① 瞿葆奎主编,李其龙、孙祖复选编:《联邦德国教育改革》,北京:人民教育出版社1991年版,第252~253页。

工业界的妇女开设简短训练课程将是必需的。

目前,在德国学校制度里还不存在有组织的职业指导来满足这些需求。因此,可以建议:由于应急需要,职业指导应成为教育制度的正规设置。为此,还可建议:受过训练的人应被雇用。

1947年7月,盟国管制委员会综合了各占领当局的对德教育政策,发布了题为《德国教育民主化的基本方针》的第54号指令,要求加强中小学生的指导工作,并对未满18岁的辍学青年进行职业指导与教育,该指令基本内容可概括为10点内容,有关于学生指导方面的内容有:[①]

(1)包括对18岁以前应当对所有6至15岁学生实行普通义务教育,并对所有18岁以前不再受其他教育的青年实行部分时间制职业义务教育;

(2)应当向所有中小学生与大学生提供就学指导与职业方向指导。

鉴于各占领区各种实际情况有所不同,管制委员会并没有要求各占领区立即执行上述指令,而要求各地区从具体情况出发,逐步贯彻这一指令。

(二)确定观察期,进行定向指导

重建后的联邦德国学制因各州实行教育自治而不统一,但各州之间也有不少共同点。一般儿童都必须先受共同的基础学校教育,在基础学校之后,分流进入教育性质有别、质量不同的三轨学校,即国民学校高级阶段、中间学校和高级中学。国民学校高级阶段学习期限一般为4年,与职业学校和职业专科学校相衔接;中间学校学习期限一般为6年,与各类专科学校相衔接;高级中学学习期限一般为9年,与高等学校相衔接。

1958年,联邦德国成立了联邦教育委员会,作为联邦内务部和各州教育部长常务会议的咨询机构。1959年2月,该委员会提出《关于普通教育的改革和统一的总纲计划》(简称《总纲计划》),对全国普通教育的学制进行全面的规划。《总纲计划》,赞同以心理学家胡特(A. Huth)、社会学家米勒(K. V. Müller)和教育家魏因施托克(H. Weinstock)为代表的关于社会需要三种不同等级的人才和实际与存在着适应这种需要的具有三种能力特征的儿童的理论。因此主张保持三类型中学,即通过完全中学培养理论人才,通过国民学校培养实践型人才,通过中间学校培养界于前两者之间的人才,即所谓的"桥梁型人才"。

---

① 李其龙、孙祖复:《战后德国教育研究》,南昌:江西教育出版社1995年版,第12~13页。

但《总纲计划》不赞成原来的那种让儿童读完基础学校四年后就进行分轨的做法,它指出:[①]

在上完基础学校四年以后,儿童们的分流是必要的,以便向进中间学校和高级中学的学生提出要求较高的作业和教学内容,对较有才能的学生尽早地产生作用。因此,在儿童 10 岁时,就应该进行挑选;应该认真地编制挑选方法,以便减少错误的决定。然而,尤其对于发展较慢的儿童来说,过早分轨会埋没这些儿童的才华,而有一部分儿童智力上早熟,但这些儿童并非表明他们今后能适应中间学校和完全中学的教育要求。

同时《总纲计划》也不赞成用延长基础学校年限来推迟分轨或让家长自由为自己的子女选择各类中学的做法,认为这样或者会延误儿童接受要求较高的中学教育,或者会降低中间学校和完全中学的要求。

为了解决上述矛盾,《总纲计划》主张在四年制基础学校之后的第五、第六年级定为观察期,在这两个年级中,由教师根据学生各自的能力、兴趣进行定向指导,学生完成这个阶段的教育后,分别进入不同类型的高一级学校——实科学校、文科中学。[②]《总纲计划》认为,这样的结构改革有助于克服过早分轨造成儿童不恰当分流的弊病,同时又可以通过"定向阶段"的分组教学进行因材施教,对一些有才华儿童进行高要求教育,从而避免了延误他们智力发展的弊病。这一计划的某些部分为各州文化教育部所接受,例如,各州逐步取消了中学入学选拔考试,实行促进阶段(或称"定向阶段")等,并进一步推动了教育改革的讨论。[③]《总纲计划》所提出的定向阶段的目的主要有四个方面:[④]

(1) 使每个学生在这一阶段中确认自己的学习能力与兴趣方向;
(2) 使每个学生学习能力和学习意愿得到促进;
(3) 使每个学生经过这一阶段的体验和在教师的指点下对自己今后的教育途径作出最佳选择;
(4) 除了以学历来决定每个学生未来的升学途径外,使其他诸如家庭出身

---

① 瞿葆奎主编,李其龙、孙祖复选编:《联邦德国教育改革》,北京:人民教育出版社 1991 年版,第 284～285。
② 翟海魂编著:《发达国家职业技术教育历史演进》,上海:上海教育出版社 2008 年版,第 148 页。
③ 吴文侃、杨汉清主编:《比较教育学》,北京:人民教育出版社 2006 年版,第 230 页。
④ 李其龙:《德国教育》,长春:吉林教育出版社 2000 年版,第 275 页。

和性别等因素在这种决定中不再起作用，也就是说，使这种决定客观化。

如何进行指导呢？主要有以下两个步骤：

（1）家长和学校密切配合。四年级第一学期要召开会家长、班主任、主要任课教师、校长，乃至主体中学、实科中学、文科中学校长共同参加的会议，说明情况和回答家长们的问题。

（2）学校根据成绩推荐某同学到某类学校读书，而家长有决定权，但各州在操作过程又有所不同。在有些州，家长的要求高过了学校的推荐，该学生必须参加学校安排的一次考试；若考试通不过，家长或服从学校的推荐，或让孩子重读四年级。在另一些州，如果家长的要求高过了学校的推荐，该学生可以到家长期待的学校去试读，但在半年乃至今后两年的定向期中学校都可以根据其成绩决定他的去留。

五、日本

战后日本投降，学生指导工作主要受美国影响较大，一是 1946 年的《美国教育使节团报告书》建议日本加强学生指导工作；另外，50 年代美国派遣专家到日本高校开展学生指导方面的专题培训。随之，日本也掀起了翻译介绍国外学生指导理论的热潮。这一阶段日本也颁布了一系列的法律法规，这也极大地促进了战后日本学生指导制度的普及化之路。

（一）二战结束前教育的基本情况

20 世纪 30 年代的世界性资本主义经济危机对日本社会经济发展产生剧烈影响。在缓和阶级矛盾、发展经济的过程中，与日本在政治、经济、思想文化领域全面实施法西斯政策相适应，日本的教育也逐步演变成为军国主义的、法西斯主义的教育。

1937 年，日本教育改革委员会印制的《日本民族实体的基本原则》一书与 1941 年日本文部省发布的《臣民之道》，加上 1890 年日本颁布的《教育敕语》，成为二战前指导日本军国主义教育的三份重要文件。这也使得学校和社会职业指导机构一贯坚持的尊重个性、自主选择的指导原则遭到破坏和否定，职业指导成了为军国主义政权提供、介绍和分配劳动力的一种工具。

（二）战后美国对日本指导工作的影响

1945 年 8 月 15 日，日本接受《波茨坦公告》，宣布无条件投降。美国军队打着联合国军的旗号，进驻日本，对日本实行全面占领。在美军完全占领期间(1945 年 9 月至 1952 年 4 月)，美军对日本的政治、经济、军事、教育等进行了全方位的改造。其中，在学生指导方面也深受美国的影响，这体现在以下几个方面：

1. 确定战后日本教育发展方向

战前日本的教育制度是以《教育敕语》作为指导思想建立起来的国家主义、军国主义的教育制度。其目的是培养军国主义的"忠顺臣民"，学校教育的正常教学秩序横遭破坏。这种教育制度根本不能适应战后日本政治经济变化的新形势。为了给战后的日本提供一个教育改革蓝图，1946 年 3 月初，以伊利诺州立大学名誉校长、纽约州教育长官乔治•斯托达德(George D. Stoddard)为团长的由 27 人组成的教育使节团来日本考察教育，并于 3 月 30 日向美国占领军总部军提交了《美国教育使节团报告书》(简称《报告书》)，《报告书》由绪言和 6 章正文组成，约 2 万字，提出了日本教育改革的各项建议。①

在美国占领军的指令下，日本进行了教育改革。战后初期的改革主要是排除军国主义和极端的国家主义教育，引进美国模式，以实现教育民主化为基本宗旨，以完善人格、尊重个性、实现教育机会均等为基本内容。如其中在教育目的方面，该报告书提出"强调要尊重学生的个性和发展个性，培养作为'民主社会'之一员的'民主公民'"。② 按照《报告书》所确定的教育改革蓝图，日本随后颁布了对学生指导工作有重要影响的《学校教育法》、《学习指导要领》等法律法规。

此外，根据美国教育使节团的建议，日本开始了新教育的展开运动。作为新教育的一环，强调应该将学生指导(生活指导、教育指导)问题作为重要问题来对待。20 世纪 40 年代末，学生指导运动得到了迅速发展，日本文部省为了适应这一需要，于 1949 年出版了《初中、高中的学生指导》一书，有关学生指导的书籍也相继翻译、出版。③

2. 派遣美国专家赴日讲学

1951 年，美国杨百翰大学教务长韦斯利•劳埃德(Wesley P. Lloyd)、明尼苏达大学学生指导专家艾德蒙•威廉姆森(Edmund G. Williamson)等六位心理咨询专家，在日本的东京大学、京都大学、九州大学三所高校进行了长达 3 个月的讲习班，课程的主题为美国学生指导工作的理论与实践。④ 参加课程学习的是从事学

---

① 滕大春主编，王桂、李明德卷主编：《外国教育通史》(第六卷)，济南：山东教育出版 1994 年版，第 349 页。

② 陈宝堂编著：《日本教育的历史与现状》，合肥：中国科学技术大学出版社 2004 年版，第 79 页。

③ 张日升：《咨询心理学》，北京：人民教育出版社 1999 年版，第 49 页。

④ Agnes Watanabe, Edwin L. Herr. Guidance and Counseling in Japan. The Personnel and Guidance Journal, April 1983, p462.

生指导工作的研究与实践的高校教师及行政官员,在这三个班中,参加课程学习的人员对相关问题进行了"热烈的讨论与争论",让参加课程学习的对学生指导工作有了全面的了解和认识。之后,1955年,韦斯利·劳埃德、罗宾逊(F. P. Robinson)和博尔丁(E. S. Bordin)再次来到日本对高校教师进行学生指导方面的培训。

1956年,美国明尼苏达大学的威廉姆森带领6位教师也再次来到日本,在东京大学授课,时间为3个月,课程主题主要集中在"学生指导的理论与实践"。[①] 此后,更多的美国咨询心理学家被邀请到日本讲课,指导开展学生指导工作。

美国学者在日本关于学生指导方面的讲座对日本学生指导工作的影响也是巨大的,其表现在:1953年,日本东京大学建立了第一个学生指导中心,开展学生指导工作的实践及研究工作。之后,日本的国立大学如山口大学、京都大学、东北大学、名古屋大学纷纷建立了学生指导中心,同时,私立大学,如立教大学、庆应大学、学习院大学和日本女子大学也建立的学生指导中心。[②] 1955年,成立学生指导研究会,同时创刊《学生指导》杂志。1958年,第一次研究会在京都大学召开。1962年,第一届全国学生指导研究会议召开。[③]

3. 翻译美国学生指导方面的书籍

美国专家在日本授课的同时,也掀起了日本理论和实践工作者对美国学生指导工作学习的热潮,相关学生指导方面的书籍也被翻译到美国来,极大地推动了日本学生指导工作的开展。

1942年,罗杰斯出版《咨询心理学与心理治疗》(*Counseling and Psychotherapy*)一书,该书于1951年被日本学者藤生堂本(Fujio Tomodo)译成日文。[④] 1955年,他又翻译了罗杰斯的《个人中心疗法》(*Client-centered Therapy*)。在这个时期,美国学者唐纳德·舒伯(Donald Super)的《职业心理学》(*The Psychology of Careers*)也被翻译为日文。[⑤] 另外,美国其他一些学生指导方面的书籍也被陆陆续续翻译成日文,这些译著对日本的学生指导工作的实践产生了非常好的影响。

[①] Osamu Tabata. The History and Trends of Counseling in Japan. The Annual Report of Educational Psychology in Japan, Vol. 34 1995, p197.

[②] 同上注。

[③] 何成银主编:《大学生心理咨询与治疗》,成都:四川教育出版社1992年版,第12页。

[④] Sachiko Hayashi, Toru Kuno, Yoshihiko Morotomi, Mieko Osawa, Mikio Shimizu and Yasuhiro Suetake. Client-Centered Therapy in Japan: Fujio Tomoda and Taoism. Journal of Humanistic Psychology, Vol 38 No. 2 Winter 1998, p105.

[⑤] Agnes M. Watanabe-Muraoka. A Perspective on Career Counselling in Japan. Asian Journal of Counselling, Vol. 16 No. 2 2009, p175.

（三）二战后日本学生指导的重要法规

战后,日本颁布了一系列法律法规,其中对学生指导工作影响最大的是 1947 年颁布《学校教育法》及《中学学习指导大纲职业指导篇》等。

1.《学校教育法》:实现指导课程化

第二次世界大战以后,日本对教育进行了全面改革。1947 年 3 月,日本颁布《学校教育法》,该法由 9 章 108 条组成。《学校教育法》重新明确了职业指导在学校中的地位和作用,把职业指导作为学校实现培养目标的重要一环,这在其培养目标中得到体现。例如,该法规定,初级中学的培养目标是:"教授学生掌握社会所需职业的基础知识与技能,培养尊重劳动的态度以及根据个性选择出路的能力。"[①]高中的培养目标是:"基于在社会上必须承担任务的自觉性,使学生能适应个性决定将来的道路,应提高学生的一般教养,并使熟悉专门的技能。"[②]

在初高中的培养目标中可以看出,日本中学教育既要向学生传授高等普通基础知识,又要授予某种职业专门技术;既要向大学输送新生,又要向社会输送低级技术人员和熟练劳动者。因此在实施教育时,在普通教育中渗透职业教育,注重培养学生未来职业的素质和兴趣,为根据其个性,选择好未来的职业打下基础。由此可见,职业指导在实现初、高中培养目标中的作用。从此,日本学校的职业指导开始进入了一个新的历史时期,即课程化时期,自此职业指导被正式地列入学校的教育计划。

1949 年 5 月 30 日,日本颁布《文部省设置法》,第一章《总则》第 5 条规定,文部省的管辖事务,其中包括"对初、中等教育的职业教育进行指导并给予援助和建议"。[③]

2.《学习指导要领》:指导成为学校必修课

1947 年 10 月,日本政府又颁布了一部《学习指导要领》(试行),这是一部具体规定幼儿园、小学、初中、高中学校的课程开设、教学内容、学习目标、掌握要点以及教学进度、学习单元等的教育法,它的作用类似于我们国家制定的课程标准。《要领》规定,把职业课程作为中学的必修课和选修课,同时明确在社会科教育中,要安排一定的单元时间进行职业指导教育。[④]

根据《要领》,初中课程分为选修课必修两大类,其中国语、习字、社会、国史、数学、理科、音乐、图画手工、体育、职业等 10 个科目为选修科目;外国语、习字、职业、

---

① 国家教委情报研究室:《日本教育法规选编》,北京:教育科学出版社 1987 年版,第 17 页。

② 同上书,第 19 页。

③ 邱生主编:《当代日本教育改革与教育立法》,沈阳:辽宁教育出版社 1989 年版,第 300 页。

④ 孙震瀚主编:《国外职业指导》,杭州:浙江教育出版社 1991 年版,第 81 页。

自由研究等四个科目为选修科目。职业课程分为必修与选修两类,课程包括农业、商业、水产、工业和家政5个科目。必修课为每周4节,初中三年共420课时;选修学科是4个,如果包括职业课程中的5个科目,总计有8个科目,选修课每周1至4节。其中对职业科目的要求是,无论男女,都应从5个科目中选择1个或数个科目进行学习。具体情况见下表:

表5-1　新制初中职业课程与其他课程课时数比较(1947年)[1]

	比较项目	第7学年	第8学年	第9学年
选修课	职业课程	140(4)	140(4)	140(4)
	必修课时合计	1,050(30)	1,050(30)	1,050(30)
必修课	职业课程	35~140(1~4)	35~140(1~4)	35~140(1~4)
	选修课时合计	35~140(1~4)	35~140(1~4)	35~140(1~4)
备注	括号内为每周课时数,一学年为35周。			

　　另外,《要领》把日本普通高中的课程分为两类:(1)为大学升学的课程;(2)为职业准备的课程。[2] 这里职业准备的课程是指"以普通教育为主的学校在提高一般教养的同时,为满足毕业后打算就业学生的要求而提供的课程"。日本普通高中职业准备的课程为实业科,设置农业、工业、商业、水产、家政等五个科目,设置25学分[3](每学年每周8~9课时),占总学分的29.4%(高中三年总共85学分),应该说职业教育在整个高中阶段课程安排中占有很大比例。[4]

　　1949年8月,文部省发行了《初高中职业指导手册》,进一步明确了学校职业指导的方针、内容和方法。其中,把职业指导的内容分解为六个方面:即情报、调查、训练、商谈、协助和辅导。

　　1951年,文部省对《要领》进行了修订。规定在教学计划中增设"特别教育活动",并且明确提出,要利用特别教育活动中的课外学习时间对学生进行职业指导。

　　3.《关于科学技术教育振兴方策》:职业指导改为出路指导

　　1957年中央教育审议会的《关于科学技术教育振兴方策》的报告中首次使用

① 〔日〕水原克敏著,方明生译:《现代日本教育课程改革》,北京:教育科学出版社2005年版,第106页。
② 同上书,第119页。
③ 一学年每周一课时为一学分,一学年为35周。——著者注
④ 〔日〕水原克敏著,方明生译:《现代日本教育课程改革》,北京:教育科学出版社2005年版,第125页。

"出路指导"取代"职业指导",此后,"出路指导"这一教育名词在日本学校教育中被广泛使用。[①] 这是因为学校职业指导的性质、内涵、方法等与社会上的职业介绍所或企业单位所进行的职业指导有着很大的差别。学校进行的职业指导,实际上既包含着就业指导又包含着升学指导。

此后,1958 年修改后的《初中学习指导要领》把职业指导更名为"出路指导"。1960 年的《高中学习指导要领》中也将职业指导更名为"出路指导"。[②] 出路指导主要指为学生在职业定向、升学考试及自我能力、兴趣的了解与测试上提供信息咨询与指导服务。旨在帮助学生在择业与升学过程中增强对自我的了解,减少其中的盲目性与片面性,以求最大限度的人职匹配与自我完善。其内容主要为:促进每个学生的能力及适应性的延伸和发展;指导学生学习和职业有关的知识;培养与职业有关的正确态度;指导学生如何选择职业;对学生进行求职指导以及对毕业生进行跟踪指导等。

把职业指导改为出路指导的目的在于使学校的职业指导与社会上的职业指导有所区别。所以,使用"出路指导"一词更为准确。同时,在这两个《要领》中,明确地规定了出路指导的最低学时数。规定初中的出路指导,三年中不得少于 40 学时;规定高中的出路指导活动每周不少于 1 学时。

4.《教员许可法》:确立指导教师的法律地位

1949 年 5 月 31 日,文部省制定了《教员许可法》,在该法第二章《许可证》规定:[③]

初中及高中教员的许可证,可授予下列规定的各个学科:(1)初中教员,教授国语、数学、理科……职业指导、职业实习……;(2)高中教师,可教授国语、社会、数学……职业指导……。

该法把初高中的职业指导列为许可科目之一,从事职业的教师和教授其他科目的教师在职称晋升等方面具有同等的地位,从而,从法律上保证了每个教师都具有职业指导方面的知识和能力。

5. 设置"职业指导主事"

1953 年 11 月,文部省发布了一条省令,决定在中学设置"职业指导主事"(即专

---

① 杨兵:《日本高中出路指导研究》,东北师范大学 2009 年硕士学位论文,第 6 页。

② 同上注。

③ 邱生主编:《当代日本教育改革与教育立法》,沈阳:辽宁教育出版社 1989 年版,第 333 页。

职职业指导主任），协助中学校长负责全校的职业指导工作。1956 年 6 月 30 日，日本颁布《地方教育行政经营法》又规定，在都、道、府、县教育委员会的事务局设置指导主事，对管辖地区的中学的学生指导工作进行指导。① 该法对指导主事的职责与素质做了进一步明确："指导主事，受上司之命，从事有关学校的课程、学习指导以及其他关于学校教育专门性事项的指导工作。""指导主事，必须是对教育有见识，并且对学校的课程、学习指导以及其他有关学校教育专门性事项有教养和经验者。"②

1971 年，文部省又把中学的"职业指导主事"改称为"进路指导主事"（即出路指导主任），并进一步明确了出路指导主任的职责。

（四）战后日本学生指导的发展阶段

20 世纪 50 年代日本学生指导工作大致可分为 3 个时期：

1. 指导工作的复兴阶段

日本从 1927 年到日本战败的近二十年时间内，指导工作主要为其军国主义服务，为发动侵略战争做人员准备，反映了当时的需要。日本战败后，基于民主主义的教育体制，职业指导工作从原先的军国主义指导思想中摆脱开来，使正常的职业指导工作逐渐开展起来。1946 年，职业指导杂志复刊，日本应用心理学会成立了职业指导研究分会。第二年，日本发行新制中学职业指导教科书，东京都职业适宜性相谈所于 1948 年成立。

2. 心理量表的应用阶段

日本如将 GATB（一般职业适宜性检查），DAT（差别能力测验），以及斯特朗（E. K. Strong）的职业兴趣量表（Strong Vocational Interest Blank）等先后引进并加以修改，使其成为日本标准版，大量用于学生指导中的适宜性检查。

3. 心理辅导的引入阶段

约从 1958 年起，进入以职业咨询为主的第三时期。原先职业指导工作是以职业分析为主，而从第三时期开始，着重个人分析，更多地对个人进行职业选择辅导。日本职业咨询工作的开展，在理论上受罗杰斯提倡的咨询心理学的影响较大。自罗杰斯的《咨询心理学与心理治疗》一书于 1951 年被译成日文后，改变了日本学生指导工作职业指导为主，注重对学生的心理辅导，同时强调"以人为中心"的指导模式，使得日本指导内容和方法都产生了很大的改变。

---

① 瞿葆奎主编，钟启泉选编：《日本教育改革》，北京：人民教育出版社 1991 年版，第 120 页。
② 同上书，第 121 页。

第四节　学生指导制度普及的成功经验分析

现代意义上的学生指导起源于 19 世纪末 20 世纪初的美国职业指导,如西方学者托尔斯顿·胡森(Torsten Husén)就明确指出,学生指导是"在美国兴起和发展的产物"。[1] 随之,指导的内容也由职业指导扩展到学业、心理、生活等多方面。[2] 而学生指导工作在西方主要国家中学的大规模普及是在 20 世纪 40 年代至 50 年代间。[3] 探究其在国外普通中学普及的原因,除了其适应了当时的社会需求外,也有其他诸多因素,如积极寻求心理学科的支持、重视专业学生指导教师的培养、发挥专业团体在学生指导工作的作用、通过颁布法令给予学生指导提供经费保障等。

一、把心理学作为其专业化发展的理论支撑

普通中学学生指导的成功普及首先得益于心理学科的发展,具体来说,心理辅导的尝试、心理测量和心理卫生两大运动的开展等都为学生指导提供了一定的技术与方法,从而促进了国外普通中学学生指导工作朝专业化方向的发展。

(一)心理学理论在特殊学生指导中的尝试

美国心理学家赖特纳·魏特默(Lightner Witmer)率先尝试用心理学知识指导学习困难学生。魏特默是德国心理学家冯特的学生,1892 年获得博士学位。1896年,他在美国宾夕法尼亚大学创办了第一个临床心理诊所,以诊治有情绪问题或学习困难的儿童,首创"临床心理学"(clinical psychology)这一术语,并被誉为"临床心理学之父"。[4] 同时,魏特默为在职中小学教师开设心理学课程,并指导他们将心理学原理用于协助了解学生学习困难问题,从而开创了现代中小学学业指导之始。[5]

1915 年,美国心理学家格塞尔(Arnold Gesell)在康涅狄格州巡回对儿童进行智力测验,并以此为依据对特殊儿童进行能力分班。1940 年,他编制了格塞尔发展量表(Gesell Developmental Schedules)。该量表主要诊断 4 个方面的能力:动作能、应

① Torsten Husén. The International Encyclopedia of Education (Vo7). Oxford:Pergamon Press 1985,p1075.
② Mark Pope. A brief history of career counseling in the United States. The Career Development Quarterly, March 2000, pp197～198.
③ Norman C. Gysbers. A History of School Counseling. Alexandria:American School Counselor Association 2010, p65.
④ 洪炜:《医学心理学》,北京:北京医科大学 1996 年版,第 4 页。
⑤ 张春兴:《心理学思想的流变:心理学名人传》,上海:上海教育出版社 2002 年版,第 185 页。

物能、言语能、应人能。① 在量表的记分上,格塞尔认为应当分别对 4 个领域进行计算,从而得出 4 个方面的发展商数(Developmental Quotient,简称 DQ):DQ=测得的成熟年龄/实际年龄×100。发展商数如低于 65~75,则表明有严重的落后。格塞尔的婴幼儿发展量表为儿童的学业指导提供了量化的指标,这也是国外学生指导走向科学化之路的一个重要标志。

(二) 心理咨询在学生指导中的运用

1. 心理卫生运动使心理咨询成为指导的内容

1908 年,美国心理学家克利福德·比尔斯(Clifford Beers)出版了一部深受读者喜爱的专著——《一颗找回自我的心》(*A Mind That Found Itself*)。书中他呼吁改善精神病院的医疗条件,改善对心理疾病患者的治疗方法和手段,最终引发了一场全社会的心理卫生运动。

在美国心理卫生运动的推动及影响下,世界许多国家和地区纷纷成立了本国或本地区的心理卫生组织。1908 年,世界第一个心理卫生组织——康涅狄格州心理卫生协会成立。② 1948 年,第三届国际心理卫生大会通过了一份题为《心理健康与世界公民》的纲领性文件,要求各国的心理卫生工作者必须十分重视社会因素对心理健康的意义。在这次会议上,还成立了新的国际心理卫生组织——世界心理健康联合会,来自 38 个国家的 100 名专家参加了该联合会的工作。该会开展了卓有成效的活动,几乎在所有国家先后建立了心理卫生联合会,或全国委员会,以加强心理卫生工作。这对于世界各国心理卫生工作的发展无疑具有十分重要的意义。

1959~1960 年,国际心理卫生委员会与联合国世界健康组织及联合国教科文组织共同举办了"国际心理健康年",呼吁全人类重视心理卫生。③ 因此,心理卫生运动要求全社会重视心理健康,并强调健康的自我调节,这些观念影响了早期的学校心理指导工作者,使心理咨询活动在学校得以萌生,以预防和对付可能发生的心理问题,最终使心理咨询成为了学生指导的重要内容。④

2. 心理咨询模式奠定了现代学生指导的框架

20 世纪 40 年代,美国心理学家卡尔·罗杰斯(Carl Ransom Rogers)创立了"以人为本"的心理咨询与辅导模式,该模式突出的特点就是带领患者走进自己的心理

① 郑日昌:《心理测验与评估》,北京:高等教育出版社出版 2005 年版,第 173 页。
② 北京未来新世纪教育科学研究所主编:《中小学生心理发展与辅导》,呼和浩特:远方出版社 2006 年版,第 5 页。
③ 刘俊卿主编:《中小学生心理卫生学》,大连:辽宁师范大学出版社 2002 年版,第 13 页。
④ 吴增强:《学校心理辅导通论:原理·方法·实务》,上海:上海科技教育出版社 2004 年版,第 34 页。

世界,学会自己看待自己,相信人有能力引导、调整和控制自己。[①] 由于罗杰斯咨询模式的影响,学校学生指导工作的重点也就由学生的职业指导逐步转移到了学习与生活适应方面,特别是情绪障碍的诊治与指导上来,这给美国学校学生指导工作带来了深刻的转变,从而奠定了现代学生指导的框架。

(三) 心理测量对学生指导工作科学化的推进

1. 现代智力测量的探索

应法国当局甄别智力落后儿童与正常儿童的需要,1905 年,法国心理学家比奈(A. Binet)与医生西蒙(T. Simon)合作,提出了著名的"比奈—西蒙智力测验量表"。1916 年,斯坦福大学教授特曼(Terman)修订了此量表,采用了智商来衡量儿童的智力水平,即:智商(IQ) = 智龄(MA)/ 实龄(CA)× 100。

美国教育心理学家桑代克(Thorndike)在智力测验的基础上,提出了测定儿童学业成绩的公式,即:成绩商数(A·Q) = 学业成绩年龄(A·A)/ 智龄(M·A)× 100。根据这一公式,凡是成绩商数超过 100 的儿童,说明其成绩年龄超过心理年龄,即学习成绩超过应达到的水平,属于上等学习能力;反之,则属于下等学习能力。因此,按照此公式,判断儿童的学业成绩的优劣不能只看各科分数,还要看是否达到智力与学习能力的一般标准。

比奈—西蒙智力测验量表发明使得学校能够科学地区分学生,掀起了心理测量运动,它在美国普通中学在开展指导工作时得到了广泛的应用,极大地促进了学生指导工作向更科学化方向的发展。

2. 第一个职业兴趣测验量表的诞生

1927 年,斯特朗(E. K. Strong)编制完成了第一个正式的职业兴趣量表——斯特朗兴趣量表(Strong Interest Inventory, SII),这是一个历史最悠久、研究数据最多、信效度相对较高的量表。它于 1927 年第一次出版,后来经过多次修订,被翻译成西班牙语、法语、中文等多种文字。斯特朗兴趣量表的优点是可信度高,有大量的相关研究支持,量表结果表现了多层次、多方面的内容。[②]

斯特朗兴趣量分三部分:(1)对职业名称的选择;(2)对学校科目的选择;(3)对业余活动的选择。其测验结果包括综合职业主题(general occupational theme)、基本职业兴趣分类(basic interests scale)、具体职业名称(occupational titles),以及个性风格(personality style)。它的信度在 0.81 到 0.91 之间,并有着良好的效度。[③]

---

① 陈家麟、骆伯巍:《青春期性心理咨询:大中学生性心理咨询的理论和实践》,哈尔滨:黑龙江科学技术出版社 1999 年版,第 36~37 页。

② 张乃建主编:《心理学》,北京:中国人民大学出版社 2009 年版,第 301 页。

③ 同上书,第 302 页。

斯特朗兴趣调查表包括 317 个题目,被分为以下 8 个部分:①

  (1) 职业:135 个职业名称,对其中每一个作出反应:喜欢(L),无所谓(I),不喜欢(D)。

  (2) 学校科目:39 个学校科目,对其中每一个作出反应:喜欢(L),无所谓(I),不喜欢(D)。

  (3) 活动:46 个一般职业活动,对其中每一个作出反应:喜欢(L),无所谓(I),不喜欢(D)。

  (4) 休闲活动:29 个娱乐活动或爱好,对其中每一个作出反应:喜欢(L),无所谓(I),不喜欢(D)。

  (5) 不同类型的人:20 类人,对其中每一个作出反应:喜欢(L),无所谓(I),不喜欢(D)。

  (6) 两种活动之间的偏好:30 对活动。对每对活动指出偏爱左边的活动(L)或右边的活动(R),或没有偏好(＝)。

  (7) 你的个性:12 种个性特点,根据其是否描述了自己,并作出反应:是,不知道,否。

  (8) 对工作世界的偏好,6 对观念、数据和事物,在每对中指出偏爱左边的题目(L)或右边的题目(R),或没有偏好(＝)。

  斯特朗兴趣量表是最早的职业兴趣测验,它不但能为人们提供就业方向,而且还能对职位转换和职业发展提供帮助。测试结果经过计算机分析,可以与不同类型、不同职业的人群平均水平作比较,这样就能够了解自己在工作领域、职业行为、休闲活动、教育专业等方面感兴趣的程度,明确自己的兴趣到底是什么以及可能在哪个领域取得成功。该量表为学生职业倾向的测量与指导提供了科学的方法。

  3. 心理测量在军界的成功应用

  1917 年,美国政府为了选拔优秀的年轻人加入军队参加第一次世界大战,召集了不少著名的心理学家,参与编制了一系列心理测验工具,其中包括著名的军队 α 型和军队 β 型智力测试。

  这些测验的成功使用也影响到了教育领域,使团体测验的方式在教育领域同样得以推广运用。在学生指导工作中,心理测量用科学的方法来揭示一个人的兴趣、特长和局限性受到学生指导教师和学生们的青睐。

---

① 宋志海、刘献文主编:《大学生职业生涯规划教程》,沈阳:辽宁大学出版社 2009 年版,第 119～129 页。

心理测量对学校学生指导的影响不仅限于它为指导人员提供了更为可靠的依据,即以测量结果为依据进行指导。心理测量运动在学校范围内得以广泛开展,心理评估和心理诊断技术的发展,使学校学生指导工作沿着更科学化的方向发展。

二、重视专业学生指导教师的培养

学生指导工作从在国外普通中学诞生之日起,有识之士就对专业指导教师的培养给予了充分的重视。之后,弗兰克·帕森斯开设相关培训课程将设想付诸实践,而高校的介入使得学生指导专业人才的大规模培养才得以实现。

(一) 建立学生指导教师职位的设想

1881年,学生指导早期的先驱——莱桑德·理查兹(Lysander Richards)出版了一本名为《Vocophy:一个新的职业》(*Vocophy:The New Profession*)的专著。在这本书中,他提出要建立一个名为"Vocophy"的职业,他提出从事这一职业的人被称为"顾问"(英语为"counselor"或"vocopher")。[1] 他还建议在大学设立一个教授职位,专门从事"顾问"方面的研究,同时大学还要成立专门的机构(institution)用来培养学生指导顾问。[2]

理查兹是西方教育史上第一个提出建立学生指导职位的教育家,也是第一位建议通过大学来培养专门学生指导人员的教育家,这对后来学生指导工作的普及有重大的影响。

(二) 培训专业学生指导人员的尝试

20世纪头十年,理查兹的设想在美国得到了实现。1908年1月23日,现代学生指导之父弗兰克·帕森斯(Frank Parsons)创立了波士顿职业局(Vocational Bureau of Boston),他出任首任局长,开始从事青少年的职业指导工作。同时,他还开设了一门课程专门训练年轻人如何成为一名学生指导顾问(counselor)。

在帕森斯的影响之下,1910年,波士顿职业局为波士顿市中学的学生指导教师开设专门的培训班,培训一直持续到1913年。之后,波士顿学校委员会(the School Committee of Boston)接管此项培训任务,继续培训学生指导教师,培训课程对波士顿市区学生指导教师专业化发展起了重要的作用。

---

① Norman C. Gysbers. A History of School Counseling. Alexandria:American School Counselor Association 2010,p3.

② Lysander Richards. Vocophy:The New Profession. Marlboro:Bratt Brothers,Steam Job Printers 1881,p41.

（三）高校对学生指导教师培养的介入

除此之外,高校也陆续介入专业的学生指导教师的培养工作。第一所开设学生指导课程的高校是哈佛大学。同时,波士顿地方教育官员实施了一项"波士顿计划",即选派 100 名中小学教师加以培训,成为专门的学生指导顾问。[①]

1911 年,继帕森斯之后主持波士顿职业局的布隆费德(M. Bloomfield)在哈佛大学第一次开设了学生指导方面的培训课程,培养未来从事学生指导工作的人员,这是美国大学第一次开始培养学生指导顾问。[②] 该培训课程侧重于学生职业指导,现对该门课程介绍如下:"职业指导——职业指导教师的职责与要求;职业指导的理论与实践。通过讲授、阅读和报告等方式进行,讲授分为 10 次。"[③]从中可以看出,培训内容既有学生指导的理论知识,也有实践方面的具体指导。

20 世纪 20 年代,美国大部分高校都提供学生指导方面的课程,为中学培养专业的学生指导教师。据资料显示,1925 年,美国有 35 所高校提供暑期学生指导培训课程,到 1928 年,数量增至 70 所高校。[④] 另外,1946 年的《乔治—巴登法案》和 1958 年的《国防教育法》两部法律则明确规定,国家拨款资助培养学生指导教师。在这两部法案的资助下,越来越多的高校开设了"指导与咨询"专业来培养本科、硕士研究生。

1928 年,法国成立全国职业方向指导研究所(INETOP),专门用于培养专门的方向指导教师。1938 年,法国政府要求方向指导工作人员必须持有全国职业方向指导研究所颁发的文凭。1944 年,该所颁发的文凭成为国家文凭。

三、发挥学术团体在学生指导中的作用

专业的学术团体是国外整个学校指导服务体系中非常重要的一部分,国外中学学生指导工作的开展离不开专业团体的推动。对于专业人员的培育与发展起着非常重要的作用,也是学生指导工作在中学普及的一大助推器。

1913 年,美国成立了"全国职业指导协会"(the National Vocational Guidance Association,NVGA),并创办《职业发展季刊》(*Career Development Quarterly*)。1952 年,美国成立人事与指导协会(the American Personnel and Guidance Associa-

---

① 杨光富:《社会转型与西方中学学生指导制度的建立》,《外国中小学教育》2012 年第 9 期,第 51 页。

② Don Zytowski. 100 Years of Career Guidance-Honoring Frank Parsons Counselor Training. http://www. kuder. com/news/vol6_no3/Parsons. html.

③ John M. Brewer. History of vocational guidance:Origins and early development. New York:Harper & Brothers 1942, p184.

④ 同上注。

tion，APGA)，该协会于 1983 年更名为"美国学生指导与发展协会"(the American Association of Counseling and Development，AACD)，1992 年，AACD 改为现名——美国心理咨询协会(American Counseling Association，ACA)。ACA 对美国学生指导工作的理论与实践作出了杰出的贡献，如制定了学校指导教师的培训标准，同时通过《今日咨询》以及《咨询与发展杂志》(*Journal of Counseling & Development*)加大同行之间的学术交流与研究，同时也为专业的学生指导人员的实践提供理论指导。

1922 年，英国成立英国青少年就业与福利协会(Association of Juvenile Employment and Welfare Officers)；1924 年，成立英国精神分析学会(British Psychoanalytic Society)；1927 年，英国成立儿童指导委员会(the Child Guidance Council，CGC)；1951 年，成立英国心理治疗师协会(British Association of Psychotherapists)，这些协会在英国的职业指导、心理辅导及学业指导中发挥了极其重要的作用。

四、颁布法律法规，加强学生指导工作

颁布法令为学生指导提供经费，是国外学生指导普及的一条重要的成功经验。如美国普通中学学生指导的发展过程中，联邦政府颁布了《乔治—巴登法案》(The George Barden Act，1946)以及 1958 年的《国防教育法》(National Defense Education，1958)，两部法规都明确规定给指导工作提供专门的经费。前文已经阐述，在此不必赘述。

英国在 20 世纪初颁布了 1909 年的《职业交换法》(The Labor Exchanges Act)以及 1910 年的《职业选择法》(Choice of Employment)，以法律形式规定教育机关承担的职业指导的责任；1948 年，英国又颁布《就业与培训法》(The Employment and Training Act)，明确要求各地的中学必须对所有在校学生实施就业指导，并提供经济资助。

1922 年 7 月，德国颁布《全国职业介绍所法案》(Employment Exchanges Act)，规定各邦公立职业介绍所，开展职业指导相关事务；1959 年 2 月，联邦德国提出《关于普通教育的改革和统一的总纲计划》，主张在四年制基础学校之后的第五、第六年级定为观察期，由指导教师根据学生的能力、兴趣进行定向指导，学生完成这个阶段的教育后，分别进入不同类型的更高一级学校。

1927 年，日本文部省颁布"关于尊重学生个性及进行职业指导"的训令，明确地规定了学校职业指导的基本方针和内容；1947 年 3 月，日本颁布《学校教育法》，将职业指导列入学校的课程计划，正式实现职业指导的课程化；1947 年，日本颁布《学

习指导要领》(试行),规定指导成为学校的必修课;1949年,文部省颁布《教员许可法》,把初高中的职业指导列为许可科目之一,从而确立了指导教师在学校中的法律地位。

结　语

从学生指导在国外普通中学的建立、发展与普及的成功经验中,也可以得出以下几点结论与启发:

(一) 指导工作离不开心理学科的指导

因为不仅心理辅导需要心理学知识,另外职业倾向、性格、兴趣的测试也离不开心理学量表。因此我们在培养专业的学生指导人员时一定要注重其心理学素养的提升。同时,我们在开展指导工作时也要注重各种心理量表的开发与使用,这样会使我国的学生指导工作尽快向科学化方向的发展。

(二) 加强专业指导教师的培养

为提高学生指导的科学性,必须要有专业的指导人员参与承担学生发展指导工作。可以依托高校教育学、心理学等院系设置"学生指导"专业,同时依托高校加强对班主任、科任教师的在职培训,提高他们开展学生指导活动的理论及实践水平。同时,我们应尽快建立学生指导职业准入制度,专职人员必须获得相应的资格证书,这样可以在短时间内推动我国学生指导教师队伍整体素质的提高。

(三) 发挥专业学术团体的作用

中国教育学学会应该根据现实的需要,尽快成立"学生指导协会",并牵头制定行业专业培训标准和职业准入制度。条件成熟的话,可以创办相关期刊,加强学术交流,推动学生指导的理论与实践研究。

(四) 颁布相关法律法规

从上文的论述中可以看出,国外各国在开展学生指导工作的探索过程中,颁布了一系列的法律法规,从而使学生指导工作走向了一个快速发展的道路。因此,我国教育行政部门应根据我国实际情况,建立学生发展指导相关法规政策,使开展学生发展指导工作有法可依。目前亟须解决的问题是,应明确专业的学生指导教师的地位、权利与义务,同时加大国家对此项工作的经费投入等,为学生指导工作在我国普通高中的建立、开展与普及保驾护航。

进一步思考

1. 概括威廉姆森的学生指导思想的主要内容。

2. 威廉姆森对学生指导工作作出哪些重要贡献?

3. 简述《乔治—巴登法案》和《国防教育法》有关学生指导的规定及其影响。

4. 简述罗杰斯非指导式咨询及其影响。

5. 科南特为学校建立学生指导制度提出哪些建议?

6. 二战后,英国学生指导工作有哪些的新变化?

7. 20 世纪 30~50 年代,法国方向指导的发展有哪些特点?

8. 二战后,德国对定向指导工作作出哪些规定?

9. 二战后,美国对日本指导工作有哪些影响?

10. 本阶段日本在学生指导方面颁布了哪些重要法规?

11. 简单分析学生指导制度在国外普及的主要原因。

延伸阅读

[美]Stanley B. Baker、Edwin R. Gerler 著,王工斌、焦青、伍芳辉等译:《21 世纪的学校咨询》(第四版),北京:中国轻工业出版社 2008 年版。

[美]科南特著,陈友松译:《科南特教育论著选》,北京:人民教育出版社 1988 年版。

[日]水原克敏著,方明生译:《现代日本教育课程改革》,北京:教育科学出版社 2005 年版。

北京未来新世纪教育科学研究所主编:《中小学生心理发展与辅导》,呼和浩特:远方出版社 2006 年版。

车文博:《人本主义心理学大师论评》(第 7 卷),北京:首都师范大学出版社 2010 年版。

陈新、严由伟主编:《心理咨询与治疗》,南京:南京师范大学出版社 2001 年版。

国家教委情报研究室编:《日本教育法规选编》,北京:教育科学出版社 1987 年版。

霍益萍、朱益明主编:《普通高中学生发展指导研究》,上海:华东师范大学出版社 2013 版。

李其龙、孙祖复:《战后德国教育研究》,南昌:江西教育出版社 1995 年版。

李其龙:《德国教育》,长春:吉林教育出版社 2000 年版。

刘俊卿主编:《中小学生心理卫生学》,大连:辽宁师范大学出版社 2002 年版。

邱生主编:《当代日本教育改革与教育立法》,沈阳:辽宁教育出版社 1989 年版。

瞿葆奎主编,李其龙、孙祖复选编:《联邦德国教育改革》,北京:人民教育出版社 1991 年版。

瞿葆奎主编,张人杰选编:《法国教育改革》,北京:人民教育出版社 1994 年版。

瞿葆奎主编,钟启泉选编:《日本教育改革》,北京:人民教育出版社 1991 年版。

瞿葆奎主编:《美国教育改革》,北京:人民教育出版社 1990 年版。

瞿葆奎主编,金含芬选编:《英国教育改革》,北京:人民教育出版社 1993 年版。

滕大春主编,王桂、李明德分卷主编:《外国教育通史》(第 6 卷),济南:山东教育出版社 2005 年版。

滕大春主编:《外国教育通史》(第五卷),济南:山东教育出版社 1993 年版。

吴增强:《学校心理辅导通论:原理·方法·实务》,上海:上海科技教育出版社 2004 年版。

邢克超、李兴业:《法国教育》,长春:吉林教育出版社 2000 版。

翟海魂编著:《发达国家职业技术教育历史演进》,上海:上海教育出版社 2008 年版。

张春兴:《心理学思想的流变:心理学名人传》,上海:上海教育出版社 2002 年版。

张日升:《咨询心理学》,北京:人民教育出版社 1999 年版。

郑日昌:《心理测验与评估》,北京:高等教育出版社 2005 年版。

曹丽:《20 世纪美国公立学校学生指导的历史嬗变》,《河北大学学报》(哲学社会科学版)2013 年第 6 期。

代其平:《英国中等学校职业指导历史简介》,《教育与职业》1989 年第 8 期。

杨光富:《社会转型与西方中学学生指导制度的建立》,《外国中小学教育》2012 年第 9 期。

杨兵:《日本高中出路指导研究》,东北师范大学 2009 年硕士学位论文。

H. Borow. Notable events in the history of vocational guidance. In H. Borow (Ed.), Man in a world a work. Washington, D. C. : Houghton Mifflin 1964.

Carl R. Rogers. Counseling And Psychotherapy. Boston. MA: Houghton Mifflin Company 1942.

Jesse Russell, Ronald Cohn. History of School Counseling. Bookvika 2012.

John J. Schmidt. Counseling in Schools: Essential Services and Comprehensive Programs. Pearson Education Inc. 2003.

John M. Brewer. History of vocational guidance: Origins and early development. New York: Harper & Brothers 1942.

Leonard A. Ostlund. INETOP: Vocational Guidance in France. Personnel and Guidance Journal. April 1958.

L'Orientation professionnelle publique en France. Bulletin-Minitère de l'education national. Paris France 1953.

Lysander Richards. Vocophy: The New Profession. Marlboro: Bratt Brothers, Steam Job Printer 1881.

Norman C. Gysbers. A History of School Counseling. Alexandria: American School Counselor Association 2010.

Rocio Reyes Kapunan. Fundamentals of Guidance and Counseling. Rex Bool Store 1974.

E. G. Williamson. How to Counsel Students. New York: McGraw-Hill Book Company 1939.

M. Agnes. Watanabe-Muraoka. A Perspective on Career Counselling in Japan. Asian Journal of Counselling, Vol. 16 No. 2 2009.

Agnes Watanabe, Edwin L. Herr. Guidance and Counseling in Japan. The Personnel and Guidance Journal, April 1983.

Edmund G. Williamson. In Loco Parenti: That Wonderful Institution. The Student Government Bulletin. U. S. Vol. 7 No. 1 Spring 1962.

Edwin L. Herr. Career Development and Its Practice: A Historical Perspective. The Career Development Quarterly. Vol. 49 No. 3. 2001.

Ella Stephens Barrett. Vocational Guidance and the George-Barden Act. The High School Journal, Vol. 31 No. 1 Jan. ~Feb. 1948.

Mark Pope. A brief history of career counseling in the United States. The Career Development Quarterly, March 2000.

Neil H. Graham. Orientation and Guidance in Paris. Peabody Journal of Education, Vol. 32, No. 4 Jan. 1955. Osamu Tabata. The History and Trends of Counseling in Japan. The Annual Report of Educational Psychology in Japan, Vol. 34 1995.

Sachiko Hayashi, Toru Kuno, Yoshihiko Morotomi, Mieko Osawa, Mikio Shimizu and Yasuhiro Suetake. Client-Centered Therapy in Japan: Fujio Tomoda and Taoism. Journal of Humanistic Psychology, Vol 38 No. 2 Winter 1998.

Windy Dryden, Dave Mearns, Brian Thorne. Counselling in the United Kingdom Past, Present and Future. British Journal of Guidance & Counselling, Vol. 28 No. 4 2000.

第六章
国外学生指导制度的健全

受苏联卫星升天的影响,1958年9月,美国颁布了《国防教育法》,要求通过指导、咨询和测验来发现和鼓励有才能的学生。在美国的引领下,国外其他国家开始加大学生指导制度的改革力度,各家学说也应运而生,流派纷繁。

1957年,美国心理学家唐纳德·萨帕提出职业生涯发展理论,把人的职业发展划分为成长、探索、建立、维护和衰退等5个阶段。在20世纪70年代,他又勾画出"生涯彩虹图",指导学生成为自己生涯的设计师。

1969年,约翰·霍兰德依据其兴趣,把个体分为六种不同的人格类型,即现实型、研究型、艺术型、社交型、企业型和常规型,并提出人格—职业类型匹配理论,认为兴趣与职业密切相关,不同的人需要不同的工作环境。

美国1964年《国防教育法修正案》开始将学生指导的资助范围扩大到小学及中学后教育阶段。1971年,西德尼·马兰提出了"生计教育计划",该计划要求以职业为中心,把普通教育和职业教育结合起来,并把这种教育形式贯彻到小学、中学甚至高等学校的所有年级中去。1974年,美国颁布《生计教育法案》,要求每年拨款1,000万美元的联邦教育资金用于支持生涯教育。1965年的《中小学教育法》明确提出为中小学指导教师的培训和学校指导项目的实施提供资助。

1964年,美国学校咨询师协会与国家指导督导与咨询培训者协会联合发布了第一个中学指导教师的培训标准。1976年,弗吉尼亚州成为美国第一个通过立法实行心理咨询执照制度的州。1977年,"咨询教育者和导师学会"(ACES)又制定出心理咨询博士学位的专业教育标准。20世纪70年代,美国有400多所高校设有咨询与指导专业。

1964年,英国颁布《工业训练法》,规定教育部门和产业部门共同承担起职业指导和培训的任务。在1973年《就业和训练法》的推动下,中学开设专门的职业指导课程,帮助学生了解社会的各种职业。1977年《学校教育白皮书》,要求学校必须在学生年满13岁时开始向他们提供适宜的职业指导,同时引导社会多方积极参与到职业指导工作中来。1970年英国成立学生咨询协会,1976年成立英国咨询协会,开始了英国心理咨询专业化的探索。1963年,英国中央教育咨询委员会公布了《纽森姆报告》,建议学校应该设立专业的学生指导教师,随之,基尔大学和雷丁大学开始培养专业的学生指导教师。20世纪60至70年代,计算机也逐渐介入了英国学校的学生指导事务,并极大地推进了学校的学生指导工作。

20世纪70年代,法国建立了国家教育与职业信息局,出版学生指导资料是其主要职责。1971 年,法国将"职业方向指导中心"改为"信息与方向指导中心"。1972 年,法国以公开竞争的方式招聘信息与方向指导顾问,并接受全国劳动与职业方向研究所两年的培训工作。

1970 年,联邦德国颁布《教育结构计划》,强调中学阶段的职业教育与职业指导问题,并把第五、第六学级定为"定向阶段",通过指导以便使学生对今后的分流选择做好准备。1969 年,联邦德国通过《建立综合中学的实验学校》,在实验学校设立学生指导机构。联邦德国通过开设"劳动学"课程对中学生进行职业预备教育,这门课程是综合劳动、职业、技术、经济、社会、政治等各个领域的入门教育。在 20 世纪 60 年代,联邦德国的中学指导工作主要任务是:个性发展教育(自我定向)、促进社会参与性的教育(社会定向)、为职业生涯做准备(职业定向)三项主要任务,其中职业定向贯穿于整个普通学校教育之中。

1960 年 10 月 25 日,日本发布《按照国民收入倍增计划,制定长期教育计划的报告》,报告的第七章"关于加强青少年的职业指导"提出学生指导工作的两点计划:(1)设立进行职业指导的特定机构或中心;(2)加强校内的职业指导工作。1960 年,唐纳德·萨帕的《职业心理学》一书被翻译为日文,并在日本出版,为日本学校的学生指导实践提供了理论框架。1960 年,《高中学习指导要领》中将职业指导更名为"出路指导",主要是由校长负责,并由学校的出路指导部具体负责,出路指导部设主任一名。学校主要通过提供出路指导信息、班级指导、出路商谈、升学和就业时的指导和毕业后的追踪指导等五种方式对学生进行出路指导工作。

第一节　国外学生指导制度健全的背景

《国防教育法》颁布后,美国拉开了 20 世纪 60 至 70 年代基础教育改革的序幕。在美国的引领下,为在竞争中取得优势,欧美几个强国及亚洲的日本也及时开始酝酿战后的教育改革,推进了各国学生指导制度的健全。另外,新科技及学生指导理论的发展对学生指导实践也产生了一定的影响。

一、苏联卫星升天的影响

第二次世界大战中,作为参战国,美国并没有遭到战争的劫难,却由于盟国对战争物资的大量需求刺激了经济的发展。战争结束时,美国成为世界上经济实力最强大的国家。1946 年 4 月,美国总统杜鲁门就公开声称:"美国今天是一个强大的国家,没有任何一个国家比它更强大了。……这意味着,我们拥有这样的力量,就得挑起领导的担子并承担责任。"[①]　但是美国并未如愿。1949 年 8 月苏联原子弹的成功试制,宣告了美国核垄断的结束。1957 年 11 月,苏联成功地发射了第一颗人造地球卫星,美国朝野为之震惊,并认为自己在科技竞争中已落后于苏联。美国官方于 1958 年派出了考察团访问苏联,考察结果表明造成美国科技落后的主要原因在教育,特别是中小学基础教育。因此,要想在科学技术方面超过苏联,保持美国在全世界头号强国的地位,需要有一大批训练有素的科学家和工程技术人员。因此,教育成了社会各界关注的焦点,教育的改革已经到了刻不容缓的地步。

1958 年 9 月,美国公布了战后第一个重要的教育法案《国防教育法》(The National Defense Education Act),此法案很快就获得德怀特·艾森豪威尔(Dwight D. Eisenhower)总统的批准,并颁布实施。《国防教育法》旨在促进美国教育的改革,使之适应"冷战"时期美国在国际竞争方面的需要,并授权美国联邦政府使用财政拨款的手段援助教育事业,以保证培养出质量上和数量上都能满足适应国防需要的人才。

《国防教育法》颁布后,美国拉开了 20 世纪 60 至 70 年代的基础教育改革的序幕。尤其需要指出的是,该法对美国学生指导制度的普及产生了重要影响。该法案第五编的标题为"指导、咨询和测验:发现和鼓励有才能的学生"。该章专门论述了学校中的指导工作,规定学校要推行学生指导及评估计划,识别天才及迟缓的学

---

① 周尚文、叶书宗、王斯德:《苏联兴亡史》,上海:上海人民出版社 1993 年版,第 450 页。

生并因材施教,并给指导工作提供专门的经费。该法案第 502 条规定,通过提供资金帮助各州成立并维持学校心理咨询、测试及其他与学生指导相关的服务。[1] 502 条款主要是资助 20 世纪 60 至 70 年代学生指导工作。该法的法案第 511 条还规定,通过拨款资助高校培养专业的学生指导教师。另外,1964 年《国防教育法修正案》(Amendments to the NDEA)开始将学生指导的资助范围扩大到小学及中学后教育阶段。应该说,通过《国防教育法》的拨款,美国高校纷纷开设学生指导的硕士和博士专业,极大地推动了学生指导工作的专业化发展。

20 世纪 60 年代和 70 年代,在美国的引领下,为在竞争中取得优势,欧美几个强国及亚洲的日本也及时开始酝酿战后的教育改革。

根据英国《1944 年教育法》规定,战后英国主要的中等教育机构类型是由文法学校、技术中学和现代中学三种形式构成,各种中学之间的质量、教学设备差别较大,而且各种中学都有自己特定的招生标准。这样就反映了教育的不平等性,引起了社会上广泛的争论。因此,英国在这一时期主要探索综合中学的改革。在学生指导方面陆续颁布了《工业训练法》(1964)、《就业和训练法》(1973)和《学校教育白皮书》(1977)等法律文件。

1947 年法国颁布了《教育改革方案》(又称为《郎之万—瓦隆教育改革方案》),该方案提出法国实施 6～18 岁学生的免费义务教育,明确提出要对学生进行方向指导的教育,以便让每一位中学生都能得到方向指导。1968 年,戴高乐政府又开始进行中等教育能力分组的改革实验。法国出现的能力分组实验主要有三种类型。第一类是将在法语、数学和现代外国语方面能力相近的学生分别分在一组。第二类是把对社会科学表现出有同样能力的学生分成一组。第三类是在科学、绘画、音乐、手工操作等课业上实行混合能力分组。[2] 经过五年能力分组实验之后,评估得出的结论是肯定的。在能力分组过程中,教师对每个学生个体的了解更加深入。针对不同学生的具体情况开展教育教学活动,使学生有了明显进步。1975 年 7 月,法国议会通过了《法国学校体制现代化建议》(又称《哈比改革》)。这一改革的重点是加强职业教育,为加强职业教育,《建议》对普通中小学校教育管理体制、教学内容、教学方法等都提出了一些改革措施,这些对学生指导工作也提出了更高的要求。

二、新科技发展的推进

发端于"二战"后期的新科技革命极大地改变了人类的生产、生活方式,第二次

---

[1] 瞿葆奎主编:《美国教育改革》,北京:人民教育出版社 1990 年版,第 130～131 页。
[2] 吴式颖主编,李明德、单中惠副主编:《外国教育史教程》,北京:人民教育出版社 1999 年版,第 651 页。

世界大战期间军事科学技术的发明,如核能、计算机、激光等在战后应用于民用工业,逐步改造了旧工业,产生了新的工业门类。20 世纪 50 年代中期到 70 年代是这场革命的高潮,此后向纵深发展,把人类社会的生产力推上了一个新台阶,科技从一般生产力过渡到第一生产力。

技术的发展必然导致产业结构以及就业结构的变化,使直接物质生产部门的第一产业和第二产业的产值与就业人数在整个国民经济中的比重下降,而第三产业的产值和就业人数则急剧上升。从 1956 年起,美国第三产业的就业人数超过总劳动力的半数,其他发达国家也在 20 世纪 60 年代出现类似情况。

产业结构的变化使就业结构也发生了相应变化,据联合国国际劳工组织统计,1960~1978 年,在美、日的劳动者构成中,脑力劳动者的比例分别从 40.1% 增至 47.8%,从 28.2% 增至 41.9%;而体力劳动者的比例则分别从 54.6% 降至 49.3%,从 71.8% 降至 58%。1956 年美国白领工人总数首次超过蓝领工人,1977 年白领工人比例达到 50.1%;从事农业的人口也大幅度减少,1920 年美国的农民占全国人口的 30%,1979 年下降至 3%。在法、意、日等国,战后初期,农民占全国人口的比例约为 25%~47%,而 1975 年降至 10%~14%。[1]

总之,20 世纪六七十年代正是国际政治与经济形势发生重大变革,为了应对新的科学技术革命,世界各国均不约而同地对本国教育政策作出调整。在学生指导方面,主要的任务是让中学生了解自己,了解社会,尤其要了解认识日益复杂的劳动世界,以便在高中毕业后能进入符合自己兴趣的专业,为今后的顺利择业打下良好的基础。

三、指导理论的促进

实践和理论从来都是不可分,国外学生指导理论与实践亦如此。20 世纪 60、70 年代,随着学生指导实践的全面深入开展,各家学说应运而生、流派纷繁。

如 20 世纪 50 年代末,唐纳德·萨帕(Donald E. Super)提出职业发展理(vocational development),把职业发展分为成长(growth)、探索(exploration)、建立(establishment)、维护(maintenance)、衰退(decline)五个阶段,不同的阶段与职业发展相结合,具有不同的职业发展任务。在 20 世纪 70 年代,他又提出了"生涯彩虹图"(Life-career rainbow),并提出了指导策略。20 世纪 60 年代,约翰·霍兰德(John Holland)提出了具有广泛社会影响的职业兴趣理论,将劳动者划分为 6 种基

---

① 齐世荣主编:《人类文明的演进》,北京:中国青年出版社 2001 年版,第 189 页。

本类型,并提出人格类型与职业类型的学说和测验,从而可以发现和确定学生的职业兴趣和能力专长,为今后的择业提供科学的决策。

20世纪70年代,还有一些学者提出,要从社会学的观点来解释职业选择并进行相应指导,这类的理论主要有:米勒(Miller,D. C.)、福姆(Form,W. H.)等的"机遇理论"(Opportunity Theory);邓肯(Duncan,O. D.)、西维尔(Sewell,W. H.)等的社会学理论;克伦葆茨(Krumboltz,J. D.)的社会学习理论(Social-learning Theory)或"行为论"(Behavior Theory)。如克伦葆茨等人将班杜拉的社会学习原理运用于指导领域,认为职业发展过程错综复杂,主要受到的影响因素有四个方面:

(1) 遗传素质和特殊能力;

(2) 环境条件与特殊事件,即个人所接受的教育与训练、家庭背景、社会政策等非个人能力所能控制的因素;

(3) 学习经验;

(4) 工作定向技能。

在这些因素的交互作用下,个体形成了一定的自我观念、世界观,掌握了一定的职业决策技能并采取相应的职业选择行为。如果面对职业选择情境个人无法抉择或因决策不当而产生问题时,职业指导则通过"认知重组"和"决策训练"帮助个人解决问题。

该理论还提出了"教会被指导者决策"的观点,并制订了训练和提高被指导者职业决策能力的方案与步骤:①

(1)澄清目标;(2)搜集资料;(3)解释经验;(4)预测未来;(5)鉴别机遇;(6)评价机遇。

这一时期,各种学生指导理论的研究也空前活跃,成果丰硕。这些理论对学生指导的实践产生了重要的影响。

第二节　国外学生指导制度健全的理论基础

20世纪60至70年代,随着学生指导实践的全面深入开展,各家学说应运而

① 王卓:《西方职业指导理论发展研究》,辽宁师范大学2001年硕士学位论文,第16～17页。

生,流派纷繁。其主要代表有唐纳德·萨帕(Donald E. Super)的职业生涯发展理论及约翰·霍兰德(John Henry Holland)的人格—职业类型匹配理论,这为国外学生指导制度的健全提供了坚实的理论基础。

一、唐纳德·萨帕的职业生涯发展理论

美国心理学家唐纳德·萨帕对学生指导工作作出的最大贡献便是他所提出的职业生涯发展理论,在该理论中,他把人的职业发展划分为成长、探索、建立、维护和衰退 5 个阶段。在 20 世纪 70 年代,他又勾画出"生涯彩虹图",指导学生成为自己生涯的设计师。

(一) 萨帕的主要著作

萨帕 1910 年出生于美国夏威夷群岛檀香山。他曾发表《业余爱好心理学》和《兴趣心理学》等著作。1936 年,他在牛津大学获得文学硕士学位,1940 年又在美国哥伦比亚大学获得博士学位。随后,他于 1945 年任哥伦比亚大学教育学和心理学教授,1965 年任教育心理学系主任,1970 年任心理学院院长。在他的众多的著作中有:《业余爱好的兴趣型式:业余爱好心理的研究》(《斯坦福大学学报》,1940)、《职业调整的动态》(New York,Harper and Brothers 出版,1942)、《职业心理学》(New York,Harper and Brothers 出版,1957)、《兴趣心理学》(Paris,P. U. F. 出版,1964)、《劳动价值清单》(Boston,Houghton-Miffling 出版,1970)、《职业成熟度的测量》(Washington,A. P. G. 出版,1974)。[①]

(二) 萨帕的职业发展的五个阶段

萨帕不仅仅考虑一个人的才能与品质,而是全面地考察他的性格、兴趣和职业要求等。1957 年,萨帕提出职业生涯发展理论。认为人的职业选择不是一次完成的,而是随着环境以及个人的成长而不断动态地发展变化的。他把人的职业发展划分为 5 个阶段:成长(growth)、探索(exploration)、建立(establishment)、维护(maintenance)和衰退(decline)5 个阶段。按照萨帕的设想,不同的阶段与职业发展相结合,具有不同的职业发展任务。现将这五个阶段的特点分述如下:

1. 成长阶段

从 0～14 岁。这一阶段是个人从好奇、幻想到兴趣,再到有意识培养职业

---

① [法]诺贝尔·西亚米著,曾宪源、肖蕴宁、刘大力、彭金泉编译:《世界著名心理学家辞典》,哈尔滨:黑龙江人民出版社 1988 年版,第 212 页。

能力的逐步成长过程。萨帕将这一阶段,具体分为三个成长期:(1)幻想期(10岁之前):儿童从外界感知到许多职业,对于自己觉得好玩和喜爱的职业充满幻想和进行模仿。(2)兴趣期(11~12岁):以兴趣为中心,理解、评价职业,开始做职业选择。(3)能力期(13~14岁):开始考虑自身条件与喜爱的职业是否相符,有意识地进行能力培养。

2. 探索阶段

由15~24岁。择业、初就业。也可分为三个时期:(1)试验期(15~17岁):综合认识和考虑自己的兴趣、能力与职业社会价值、就业机会,开始进行择业尝试。(2)过渡期(18~21岁):进入劳动力市场,或者进行专门的职业培训。(3)尝试期(22~24岁):选定工作领域,开始从事某种职业。

3. 建立阶段

从25~44岁为建立稳定职业阶段。经过两个时期:(1)尝试期(25~30岁):对初就业选定的职业不满意,再选择、变换职业工作。变换次数各人不等,也可能满意初选职业而无变换。(2)稳定期(31~44岁):最终职业确定,开始致力于稳定工作。

4. 维持阶段

在45~64岁这一长时间内,劳动者一般达到常言所说的"功成名就"情景,已不再考虑变换职业工作,只力求维持已取得的成就和社会地位。

5. 衰退阶段

人达到65岁以上,其健康状况和工作能力逐步衰退,即将退出工作,结束职业生涯。

(三) 萨帕的"生涯彩虹图"

1976年到1979年间,萨帕在英国进行了为期四年的跨文化研究,之后他拓宽和修改了他的终身职业生涯发展理论,提出了一个更为广阔的新观念——生活广度、生活空间的生涯发展观(Life-span, Life-space career development)。这个生涯发展观,除了原有的发展阶段理论之外,较为特殊的是萨帕加入了角色理论,并将生涯发展阶段与角色彼此间交互影响的状况,描绘成一个多重角色生涯发展的综合图形。这个生活广度、生活空间的生涯发展图形,萨帕将它命名为"生涯彩虹图"(Life-career rainbow),详见图6-1。

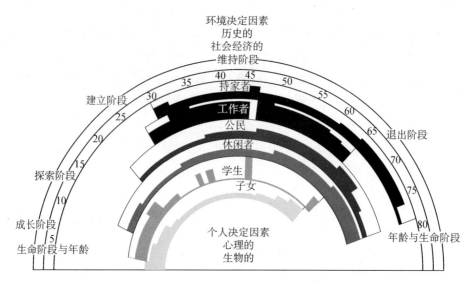

图6-1 萨帕的"生涯彩虹图"①

（1）横贯一生的彩虹——生活广度

在生涯的彩虹图中,横向层面代表的是横跨一生的生活广度。彩虹的外层显示人生主要的发展阶段和大致估算的年龄:成长期(约相当于儿童期)、探索期(约相当于青春期)、建立期(约相当于成人前期)、维持期(约相当于中年期)以及衰退期(约相当于老年期)。在这五个主要的人生发展阶段内,各个阶段还有小的阶段,萨帕特别强调各个时期的年龄划分有相当大的弹性,应依据个体的不同情况而定。

（2）纵贯上下的彩虹——生活空间

在生涯的彩虹图中,纵向层面代表的是纵贯上下的生活空间,由一组职位和角色所组成。萨帕认为人在一生当中必须扮演九种主要的角色,依次是:儿童、学生、休闲者、公民、工作者、夫妻、家长、父母和退休者。各种角色之间是相互作用的,一个角色的成功,特别是早期的角色如果发展得比较好,将会为其他角色提供良好的关系基础。但是,在一个角色上投入过多的精力,而没有平衡协调各角色的关系,则会导致其他角色的失败。每一个阶段对每一个角色投入程度可以用颜色来表示,颜色面积越多表示该角色投入的程度越多,空白越多表示该角色投入的程度越少。它的作用主要是对自身未来的各阶段进行调配,做出各种角色的计划和安排,使人成为自己的生涯设计师。

萨帕的"生涯彩虹图"为某位来访者为自己所勾画的生涯彩虹图。半圆形最中

① Duane Brown. Career Information, Career Counseling, and Career Development (8th Edition). Allyn & Bacon 2002, p39.

间一层,儿童的角色在 5 岁以前是涂满颜色的,之后渐渐减少,8 岁时大幅度减少,一直到 45 岁时开始迅速增加。此处的儿童角色,其实就是为人子女的角色。因而这个角色一直存在。早期个体享受被父母养育照顾的温暖,随着成长成熟,慢慢开始同父母平起平坐,而在父母年迈之际,则要开始多花费一些心力来陪伴、赡养父母。

第二层是学生角色。在这个案例中,学生角色从四五岁开始,10 岁以后进一步增强,20 岁以后大幅减少,25 岁以后便戛然而止。但在 30 岁以后,学生角色又出现,特别是 40 岁出头时,学生角色竟然涂满了颜色,但 2 年后又完全消失,直到 65 岁以后。这是由于处于现代科技发展日新月异、知识爆炸的社会,青年在离开学校、工作一段时间之后,常会感到自身学习已不能满足工作需要,需要重回学校以进修的方式来充实自我。也有一部分人甚至等到中年,儿女长大之后,暂离开原有的工作,接受更高深的教育,以开创生涯的"第二春"。学生角色在 35 岁、40 岁、45 岁左右凸现,正是这种现象的反映。

第三层是休闲者角色。这一角色在前期较平衡地发展,直到 60 岁以后迅速增加,也许有人会惊讶萨帕把休闲者角色列入生涯规划的考虑之中。其实,平衡工作和休闲是一项非常重要的任务,特别是在如此快节奏、高效率的社会中,正如图中的空白也构成画面一样,休闲是我们维持身心健康的一种重要手段。

第四层是公民。本案例角色从 20 岁开始,35 岁以后得到加强,65~70 岁达到顶峰,之后慢慢减退。公民的角色,就是承担社会责任、关心国家事务的一种责任和义务。

第五层是工作者的角色。该当事人的工作角色从 26 岁左右开始,颜色阴影几乎填满了整个层面,可见当事人对这一角色相当认同。但在 40 多岁时,工作者的角色完全消失,对比其他角色,不难发现,这一阶段,学生角色和家长角色都有不同程度的增强。两三年后,学生角色消失,家长角色的投入程度恢复到平均水平,而工作者的角色又被颜色涂满,直至 60 岁以后开始减少,65 岁终止工作者角色。

第六层是持家者角色。这一角色可以拆分为夫妻、父母、(外)祖父母等角色,然后分别作图。此处家长的角色从 30 岁开始,头几年精力投入较多,之后维持在一个适当水平,一直到退休以后才加强了这一角色。76~80 岁几乎没有了持家者的角色。

虽然个体在生涯过程中还可能承担其他角色,但对于大多数人来说,上述这些是最基本的角色。在使用"生涯彩虹图"时,个体可根据自身情况,在此图的基础上进行适当调整。

(四) 指导策略

根据萨帕的基本理论,学生指导教师首先需要了解学生个体的基本情况,然后通过生涯评估的方式,就个人的潜能与问题,进行综合而积极的分析。

1. 了解学生的个人情况

萨帕建议可以通过以下四个步骤对学生的个人情况进行全面的了解:

(1) 通过搜集整理学生的相关资料,初步接触学生,并进行初步的评估;

(2) 在前期了解学生的基础上,对学生生涯成熟、自我观念、能力与潜能的发展水准、兴趣范围与活动等进行深入评估;

(3) 通过共同讨论、修正评估结果,包括了解个体目前与下一阶段的自我观念,职业的重组,了解生涯角色的意义,为成熟而再探索,探索具体的范围,深入探索以求专精化,职业准备,训练或工作,寻求自我实现的途径等一系列过程与途径;

(4) 将计划、执行、追踪评介结合起来,深入讨论如何具体实施。

因此,必须深入地了解每个学生的基本情况,特别是对工作观念、生涯成熟程度以及自我观念等方面的内容,经过指导人员与个体共同讨论后,才能作为指导与咨询措施的依据。

2. 采取有针对性的指导措施

(1) 对于"选择不确定的人",应特别注意其情绪反应,了解难以确定的各种文化、社会、生理因素,协助个体统整自我的各个方面,并做出适当的抉择。

(2) 对于"生涯成熟度不够者",应从协助个体了解个人、社会及其他与教育及职业选择有关的因素做起,使他认识这些因素与个人生涯发展的关系,并且参照生涯发展任务,逐步地发展对职业与生涯的自我观念。

(3) 对于"生涯成熟的人",要协助个体汇集、评估有关自己及环境的资料,得出一些初步的结论,以便为未来发展或决策作参考。

3. 具体的指导方法

在指导过程中,指导人员可利用"生涯自传"、"抉择日记"、"画生涯彩虹图"等方法,使个体回顾自己发展历程中一些特殊的经验、生活中重要人物的影响、个人的态度与感受,以及各个阶段所扮演的角色和个人目标间的差异,并对每一次的决定加以分析,以增进个体对自己发展历程的认识,引导他积极参与到解决问题及自己设计未来发展计划的行动中。其中,"画生涯彩虹图"是一项很重要的活动。

萨帕认为人的行为方向受到三种时间因素的影响:一是对过去成长痕迹的"审

视";二是对目前发展状况的"审视";三是对未来可能发展方向的"展望"。这三种因素是相互影响的,过去是现在的成因,现在又是未来的基础。在进行生涯指导时,对未来的时间透视能力较为重要,一生生涯的彩虹图就提供了一个最佳的透视工具。实际应用彩虹图时,指导人员可以先准备一份空白的彩虹图,然后指导学生画出与其生涯发展有关的各种角色的起始与发展轨迹。萨帕特别强调,在画彩虹图时需要以下两点:

(1)一生的生涯发展,包括发展阶段、生活空间以及生活方式等多方面。通过彩虹图,可以帮助学生具体而清晰地了解不同的角色是如何构建其个人特有生涯类型的,不同的角色如何在不同的发展阶段出现,角色的组合如何合理安排才能达到最佳的自我实现。

(2)要注意指导对象显著的角色部分与时机,这些资料往往能提供很好的线索,作为进一步了解与咨询的依据。指导人员可协助指导对象预先设定下一步的生涯发展任务,设计如何研究具体的实施步骤,使得未来显著的角色能得到充分的发挥。

二、约翰·霍兰德:人格—职业类型匹配理论

约翰·亨利·霍兰德(John Henry Holland,1929~　)是美国约翰·霍普金斯大学心理学教授,美国著名的职业指导专家。他提出的人格—职业类型匹配理论对学生指导的实践产生了重要的影响。

(一)霍兰德的生平

1929年2月2日,霍兰德生于美国印第安纳州东北部城市韦恩堡(Fort Wayne),在俄亥俄州西部长大。1950年,他获得麻省理工学院理学学士学位。之后,他在密歇根大学攻读数学专业研究生,并于1954年获得硕士学位。1959年,他又获得密歇根大学计算机科学博士学位。

图6-2　约翰·霍兰德

他认为人的人格类型、兴趣与职业密切相关,兴趣是人们活动的巨大动力,凡是具有职业兴趣的职业,都可以提高人们的积极性,促使人们积极地、愉快地从事该职业,且职业兴趣与人格之间存在很高的相

关性。1959年,霍兰德提出了具有广泛社会影响的职业兴趣理论,将劳动者划分为六种基本类型。自20世纪70年代以来,他又提出了一系列的研究假设和成果,他强调人的整体性和工作环境的整体性,注重个人的人格类型同工作环境的一致性。并编制了职业适应性测验(The Self-Directed Search,简称SDS),在几十年间经过一百多次大规模的实验研究,形成了人格类型与职业类型的学说和测验。该测验能帮助被试者发现和确定自己的职业兴趣和能力专长,从而科学地求职择业。

(二)霍兰德理论的基本假设

霍兰德认为职业生涯选择是整体人格的表达。满意度因此取决于个体的工作状况与人格之间的相容性。1959年,霍兰德在长期职业指导实践基础上提出了著名的职业兴趣理论。该理论将个体分为六种不同的人格类型:现实型、研究型、艺术型、社交型、企业型和常规型。

20世纪70年代早期,考虑到个体行为的解释与预测应结合其所处环境的特点,霍兰德将职业环境分为六种模式。霍兰德认为,人们倾向于寻找和选择那种能发挥他们的能力,实现其自身价值的职业环境。当个人选择与自己职业兴趣相一致的职业环境时,更容易做出满意的职业决策和职业投入,进而使职业更稳定;反之,则会导致决策困难或不满意决策。具体来说,霍兰德的理论主要建立在以下四个方面的主要假设之上:①

1. 依据其兴趣、爱好和技能,个体可以分为六种不同的人格类型(personality types),即现实型(Realistic,简称R)、研究型(investigative,简称I)、艺术型(artistic,简称A)、社交型(social,简称S)、企业型(enterprising,简称E)和常规型(conventional,简称C)。

2. 环境也可以被分成同样的六种类型,一般由与其相容的人格所支配。

3. 人们找寻他们人格类型可以舒适地得以表达的环境,艺术型的人们寻找艺术型环境,然而社交型的人则寻找社交型的环境。他们希望能锻炼自己的技能和能力,表达自己的态度和价值观,并参与适合的问题,扮演令人愉悦的角色。

4. 个体的行为是由人格类型与环境特征之间的交互作用所决定的。如果人格类型和工作环境是已知的,那么职业选择、所获得的成就以及更换工作的结果就能被预测。

---

① Jeffrey A. Kottler, David Shepard. Introduction to Counseling: Voices from the Field (sixth Editon). Broadman & Holman Publishers 2008, p343.

(三) 霍兰德人格类型的特征

1969 年,霍兰德根据人格和环境的六种类型,提出六种职业兴趣的环形结构模型,如下图所示(图 6-3)。

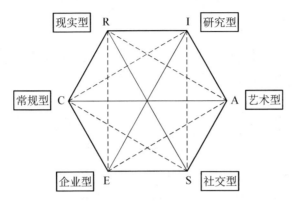

一致性高　RI、RC、IR、IA、AI、AS、SA、SE、ES、EC、CE
一致性中　RA、RE、IS、IC、AR、AE、SI、SC、EA、ER、CS、CI
一致性低　RS、IE、AC、SR、EI、CA

图 6-3　霍兰德职业兴趣六角形模型图①

根据霍兰德理论,个体可能同时具备多方面的兴趣特征,不过会有一种占优势,其他相对较弱。六种职业兴趣类型(R、I、A、S、E、C)按顺时针方向排成环形。两种兴趣类型间有相邻、相对、相隔三种关系。其中,相邻职业兴趣类型间关系最紧密,相对最远,相隔居中。因此,一致性高的,它们在六角模型上的位置是临近的,如 RI、RC、IR、IA、AI、AS、SA、SE、ES、EC、CE。一致型中等的,它们在六角模型上的位置是相隔的,如 RA、RE、IS、IC、AR、AE、SI、SC、EA、ER、CS、CI。一致型低的,它们在六角模型上的位置是相对的,如 RS、IE、AC、SR、EI、CA。

在霍兰理论中,还有区分性(differentiation)和适配性(congruence)两个重要的概念。区分性是指,某些人或某些职业环境的界定较为清晰,较为接近某一类型,而与其他类型相似甚少,这种情况表示区分性良好;若有些人与多种类型相近,则表示他们的区分性较低。适配性是指,不同类型的人需要不同的生活或工作环境,例如研究型的人需要有研究型的职业环境,因为这种职业环境才能给予他所需要的机会与奖励,这种情况即称为适配。

适配性是霍兰德理论中最为重要的一个假设。不同的人需要不同的工作环

① Richard S. Sharf. Applying Career Development Theory to Counseling(third Edition). Wadsworth 2001,p96.

境。人与职业配合得当,如 R 型的人在 R 型的职业环境中,其适配性就高;如果 R 型的人选择了 I、C 型的职业环境,则适配的程度次高;如果 R 型的人选择了 A、E 型的职业环境,则适配的程度适中;反之,如果 R 型的人选择了 S 型的职业环境,则适配的程度最低。

根据霍兰德假设,适配性的高低,可以预测个人的职业满意程度、职业稳定性以及职业成就。以下是对每一种人格类型的详细描述,从中可以了解具体的个体人格类型和职业环境的适配,详见表 6-1。

表 6-1　人格类型与职业环境的适配(霍兰德,1973,1979)①

类型	人格倾向	典型职业
现实型	现实型的人逻辑性强、客观、直言不讳;偏好身体方面的技能、攻击性和控制主宰。现实型的人喜欢可以操纵物体、工具、机器和其他有形事物的活动。这类人有可能在情绪上非常稳定,但不大喜欢社交活动,并倾向于选择技术、农业或贸易等职业。这类人非常实际,一般在言语和社交技能方面不太发达,但在动作技能方面高度发达。现实型的环境能让现实型的人完成偏爱的活动,并因其技术能力而得到回报。	工人、农民、木匠、工程师或机械操作工
研究型	依靠其智力和认知技能,属于研究型人格类型的人是问题解决者。研究型的人在社交态度方面比较沉默、超然、内向,他们偏好需要精通学术的智力型任务。研究型的人一般擅长分析,具有批判性、智力高超、有条不紊、严谨、理性、沉默寡言。他们展示出创造性、独立和自信等特质,但通常不太现实或不切实际。	科学家、学者、研究工作者和理论家
艺术型	艺术型的人敏感、冲动、富于创造力、情绪化、独立、不循规蹈矩,他们珍视文化活动和美学特质。这类人可以发展艺术、戏剧、音乐、写作和语言等方面的能力,避免结构化的状况。	演员、作家、音乐家和艺术家
社交型	社交型的人在处理与其他人的关系方面具有较高的技能。他们通常善于接纳他人、负责任、令人愉快、善待他人、关爱他人。如果你注意到社交型的人与你自己或你的同学之间有相似之处,那是因为这一类型经常用于描述那些选择助人行业的人。然而,要特别注意,这类人经常会逃避智力方面的或身体方面的任务,喜欢在人际关系方面利用自己的优势来操纵他人。	教师、牧师、学生指导教师

---

① Jeffrey A. Kottler, David Shepard. Introduction to Counseling: Voices from the Field (sixth Editon). Broadman & Holman Publishers 2008, pp343~344.

类型	人格倾向	典型职业
企业型	企业型的人具有担任领导者和从事销售行业,如市场营销、商业和政治等方面的才能,所需的是高度讲究的言语技能。他们热情、精力充沛、喜欢控制主宰,具有说服力,外向,具有攻击性。他们把关注点集中在获得地位、权力和领导角色之上。	企业执行官、销售人员、政治家和推销员
常规型	常规型的人偏好常规、结构化和实际的活动。他们能够做到自控、有序、抑制和高效。	银行家、会计员、办公室职员和办事员

(四) 霍兰德职业倾向测验量表

个人符合这六种人格类型中的哪一种,可以通过一种叫做自我职业指导问卷 (Self-Directed Search,简称 SDS)的工具进行测量。SDS 问卷的内容包括,你认为你喜欢的工作(即使你并没有从事该项工作的能力),你喜欢或者讨厌的活动,对特定活动和一般领域胜任能力的自我估计,以及你的职业幻想。

当测试得出分值以后,它会显示你得分最高的三种人格类型,分别用其首字母来表示。当你完成了 SDS 职业倾向测评,你在六个职业兴趣类型中得分最高的三个类型的首字母就组成了属于你的霍兰德职业代码。通过这三个职业代码可以传递很多相关职业与教育发展的信息。如何使用该量表,详见本书附录二"霍兰德职业倾向测验量表"。

第三节　主要国家学生指导制度的健全

20 世纪 60 至 70 年代,各国都纷纷颁布了一些法律法规来促进学生指导制度的发展,如美国的《国防教育法修正案》和《生计教育法案》,要求每年拨款 1,000 万美元的联邦教育资金用于支持生涯教育。除此之外,还有英国的《学校教育白皮书》和《纽森姆报告》,联邦德国的《教育结构计划》和日本的《高中学习指导要领》等。同时美国和英国开始制定指导教师的培训标准,法国通过招考培训专业的方向指导顾问,这都促进了国外学生指导制度的健全。

一、美国

20 世纪 60 和 70 年代,因受联邦政策的进一步支持,美国学校学生指导的专业化发展迅速,中小学专职辅导员数量猛增,专业化的培养和资格认证受到重视。与此同时,学校辅导员也遭遇专业身份认同和角色定位的困惑,在经历一番激烈争论后其专业地位逐渐明朗。

（一）联邦政府的支持及影响

联邦政府对学生指导工作的推进主要通过联邦立法加以宏观控制,这期间主要的立法只要有以下几个:

1. 1963 年《社区心理健康中心法案》

1963 年,美国总统肯尼迪签署《社区心理健康中心法案》(Community Mental Health Centers Act),在这个法案中,心理健康被看作一个公共健康问题,而且其目的在于为每 5 万个美国人创造一个社区心理健康中心,从而使所有人更易接受到心理治疗,而不仅仅是富人。患者可以享受到社区心理健康中心的各种心理健康服务。社区心理健康中心在地理上覆盖范围内的每个人,患者可以在中心内以可以承受的费用得到需要的心理服务,而不用离开社区。

为了遵循这个法案,让所有人都更易接受到服务的这个主旨,法案规定,各个社区有权力建立自己的社区心理健康中心。法案还规定,政府在三年内筹集经费1.5 亿美元,预定于 1970 年在全国建立 500 所心理卫生中心,由临床心理学家、精神科医生、护士和社会工作者联合进行工作,为所在地区的居民提供心理咨询和心理治疗服务。[①]

在该法案的推动下,20 世纪 70 年代,美国的社区心理健康中心、康复治疗中心、就业帮助等部门开始聘用心理咨询工作者,心理咨询开始向社会渗透,职业化特征更加明显。

2. 1964 年《国防教育法修正案》

1964 年,美国国会又通过了《国防教育法修正案》(Amendments to the NDEA)开始将学生指导的资助范围扩大到小学及中学后教育阶段。该修正案第五编(b)规定,政府拨款资助高校开设短期培训班或设立机构为小学、中学或高校(包括初级学院和技术学院)提供学生指导专业人才培训服务。

在该法的推动下,1965 年夏季,该项培训计划正式实施,标志着资助高校培训专业指导教师的范围从中学扩大到小学及高等教育阶段。[②]

3. 1974 年《生计教育法案》

1971 年,美国联邦教育总署署长西德尼·珀西·马兰(Sidney Percy Marland)提出了关于生计教育(career education)的设想,被称为"生计教育计划"或"马兰计

---

① 樊富珉主编:《心理咨询学》,北京:中国医药科技出版社 2006 年版,第 21 页。
② Norman C Gysbers. A history of school counseling. Alexandria, American School Counselor Association 2010, p108.

划"。他认为，一个人要找到或再次找到不同的职业，他一生中就要学会许多新的技能，这就要求改革美国的教育制度，以使人们能够接受到新的工作态度和工作技能，为此他提出了这项计划。

该计划要求以职业为中心，把普通教育和职业教育结合起来，并把这种教育形式贯彻到小学、中学甚至高等学校的所有年级中去。为使中学毕业生，甚至中途退学者，都掌握某种职业技能，能够维持生计，马兰建议把普通学校中实施的这种教育分为三个阶段：[①]

第一阶段：职业了解阶段（一到六年级），主要是实施职业认识的计划，目标是使小学生树立起关于各种职业的总的观念。

第二阶段：职业探索阶段（七到十年级），学生通过职业探索，熟悉职业的分类并开始作尝试性的选择。在七、八年级要学习个人最感兴趣的那一类职业。在九、十年级要求他们对选定的职业作深入的研究，包括参观访问劳动现场，见习这方面的技能，并在实际劳动操作中获取经验与教训。

第三阶段：职业选择阶段（十一到十二年级），集中钻研他们所选定的职业，专攻下列三种课程中的一种：(1)掌握中学毕业后能直接就业的各种技能；(2)为升入中等教育以后的教育机构做好准备，把学术性课程和职业课程结合起来学习；(3)为四年制以上学院的专业学位做准备，把更精深的学术性课程同职业技术课程结合起来学习。

由上可见，所谓生计教育，实际上并不是特殊的职业教育和职业指导，而是在普通学校中对学生进行广泛的职业技术教育，做到普通教育与职业技术教育相结合，使普通学校中的学生学习职业上的知识技能，了解职业生活。他的这一设想一经提出就得到社会各方面的大力支持而迅速推广。

生计教育计划提出后，1974 年美国国会通过了《生计教育法案》(Career Education Act)，设立了隶属于教育部的"生计教育署"。法案要求，每年有多达1,000 万美元的联邦教育资金用于支持生涯教育。许多州也相继颁布了法令，采取实际步骤推行生计教育。到同年秋天为止，全国已有 42 个州采取了推行生计教育的具体措施，还有 9 个州通过了必须进行生计教育的专门法律。到 20 世纪70 年代末，全国有 9,300 个学区实行了生计教育，占全国 16,740 个学区的一半

---

① 吴文侃、杨汉清主编：《比较教育学》，北京：人民教育出版社 1989 年版，第 540 页。

以上。①

在联邦政府和各州的大力支持下,各地产生了许多大型的生计教育计划,这也推动了美国中小学的生涯教育工作。在实施生计教育的学校,指导起着关键性的作用。美国有学者认为,生计教育实际上是"扩展了的指导概念"。②

4. 其他相关法案

除了上述的法案,联邦政府还颁布了其他法案,如 1965 年的《中小学教育法》和 1968 年的《职业教育法修正案》(Amendments to the VEA)等。

1965 年的《中小学教育法》也明确提出为中小学指导教师的培训和学校学生指导项目的实施提供资助。

1963 年的《职业教育法》(the Vocational Education Act)及其 1968 年《职业教育法修正案》(Amendments to the VEA)都论述了职业指导问题。其中《职业教育法修正案》开始拨款资助针对弱势学生和残障人士的生涯指导项目,并把对生涯指导服务的资助延伸到小学。

在 1976 年的《教育修正案》(the Education Amendments)中,学生指导则有了自己的显著条目和明确的拨款资助。

实际上,自从 20 世纪 60 年代以来的每一联邦教育立法对于学生指导工作都有相关的规定及资助条款。上述联邦教育政策有力地促进了指导人员的专业化,壮大了指导队伍的规模。1939 年仅有 1,297 所高级中学聘请了 2,286 名专职指导人员。到 1960 年已有 79,000 名专职人员和专家在各州的大多数公立学校中进行辅导与服务。③ 而到了 1967 年,专职学生指导教师的人数是 1958 年的 3.3 倍,即从 1958 年的 13,000 人增长到 1967 年的 435,000 人,中学生与指导教师的比例也从 960∶1 下降到 450∶1。④

除了中学指导教师增加外,20 世纪 60 年代末和 70 年代初小学指导教师的数量也得到了很大的增长。在 1965 年,全美国公立小学的指导教师只有 2,500 人左右,且大多数是兼职的。⑤ 而到 1971 年,公立小学的指导教师人数已达 7,982 名,

① 孟旭、杜智萍:《美国的生计教育运动》,《中国职业技术教育》2004 年第 3 期,第 29 页。

② Anthony P. Picchioni, Edward C. Bonk. A comprehensive history of guidance in the United States. Austin: Texas Personnel and Guidance Association 1983, p91.

③ 常永才:《美国学生指导发展动因探析》,《外国教育研究》1997 年第 3 期,第 9 页。

④ Jone F. Jennings. A federal perspective on guidance and counseling. E. L. Herr & N. M. Pierson (Ed.). Foundations for Policy in Guidance and Counseling. Washington, DC: The American Personnel and Guidance Association 1982, p122.

⑤ Lee C. Deighton. The Encyclopedia of Education. The Macmillan Company & The Free Press 1971, p216.

其中78%都是专职指导教师。①

(二) 行业协会与学生指导教师的培养

这个阶段由于《国防教育法修正案》等联邦法案的颁布，推动了专业指导教师的培养。另外，与学生指导有关的各种专业协会和州教育管理部门也颁布了专业指导教师的培养批准，推动了专业指导教师培养工作的健康、快速发展。

1952年的美国人事与指导协会(the American Personnel and Guidance Association, APGA)成立，目的是把那些对职业指导、心理咨询和人事管理感兴趣的研究者组织起来，并积极地开展活动。该协会下设美国大学人事协会(American College Personnel Association, ACPA)、国家指导督导与咨询培训者协会(National Association of Guidance Supervisors and Counselor Trainers, NAGSCT)、国家职业指导协会(the National Vocational Guidance Association, NVGA)、教师教育学生人事协会(Student Personnel Association for Teacher Education, SPATE)等四个分支协会。② 1953年，美国学校咨询师协会(American School Counselor Association, ASCA)也加入了APGA，并成为它的第五个分支协会。另外，1952年，美国心理学会(American Psychological Association, APA)第17分会"咨询心理学分会"(Division of Counseling Psychology, DCP)也正式成立。③ 该分会放弃使用"指导"这一概念，原因是他们对为"正常人"提供服务更感兴趣，而不是临床心理学家所关心的服务对象，这样17分会的专业特征就更加明确了。

这些行业协会颁布了专业指导教师的培养批准，推动了专业指导教师培养工作的健康、快速发展。1961年，美国人事与指导协会(APGA)公布了心理咨询者的道德规范条例，这是在政府之外的行业自我约束，对从业者的行为提出明确要求，从而以利于保证指导对象及从业者的合法权益。

1964年，美国学校咨询师协会(American School Counselor Association, ASCA)与国家指导督导与咨询培训者协会(National Association of Guidance Supervisors and Counselor Trainers, NAGSCT)联合发布了第一个中学指导教师的培训标准，1968年又出台了有关小学指导教师的培训标准。④

---

① Norman C Gysbers. Remembering the past, shaping the future: a history of school counseling. Alexandria, American School Counselor Association 2010, p106.

② Vernon Lee Sheeley. American Counseling Association: The 50th Year Celebration of Excellence. Journal of Counseling & Development, Volume 80, Issue 4 Fall 2002, p388.

③ 2003年，咨询心理学分会(DCP)更名为"咨询心理学会"(Society of Counseling Psychology, 21SCP)。——著者注

④ Joseph C. Rotter. Elementary school counselor preparation: past, present, and future. Elementary school guidance & counseling, Vol. 24 No. 2 1990, p182.

1964 年,咨询心理学分会(DCP)在格雷斯顿(Greyston)大会上对学校指导教师作出了更加明确的界定,并从 1969 年开始,发行该学会的专业刊物:《咨询心理学家》(The Counseling Psychologist),大大促进了关于心理咨询的学术研究。

1973 年,APGA 下属的"咨询教育者和导师学会"(ACES)制定出心理咨询硕士学位的专业教育标准,提出"在决定应该允许谁来从事心理咨询工作之前,我们需要设立培训与教育的最低标准"。① 在这报告出台不久,即 1976 年,弗吉尼亚州成为美国第一个通过立法,实行心理咨询执照制度的州,随之其他各州也纷纷通过了资格认证的法律。

1976 年,"咨询教育者和导师学会"(ACES)通过一份文件主张,无论其工作场所如何,对于指导人员参与职业指导活动都需在以下 15 个领域中具备充分的认知与能力:②

> 能将职业生涯与人的发展理论与研究知识转用在发展性的职业指导与教育方案之中;协助教师、行政人员、社区机构人员、准专业人员与同事,将职业生涯信息整合于教学咨询过程中;帮助个体在决策过程中,使用生涯评估策略;在个别与团体咨询中,协助个人做职业生涯规划;在教育与社区机构中执行生涯决策的过程,促进求助者职业生涯决定方案的形成;协助求助者寻找、取得并保留工作;协助特殊求助团体(妇女、少数族群、残障人士与老人)独有的需求及发展;消除性别与种族歧视的差别待遇,帮助更多的人获得职业生涯的机会等等。

1977 年,"咨询教育者和导师学会"(ACES)又制定出心理咨询博士学位的专业教育标准,这使得心理咨询专业人才的培养更加科学化、标准化。③ 在这 10 年里,该组织的成员发展到近 4 万人。④

应该说,在行业协会,特别是"咨询教育者和导师学会"的指导下,很多州教育管理部门也制定了本州的学校指导教师培训要求。尽管各州的培训标准差异较大,但均认定指导教师教育项目应达到硕士研究生的水平。主要课程设置一般包

---

① Jeffrey A. Kottler, David Shepard. Introduction to Counseling: Voices from the Field (sixth Editon). Broadman & Holman Publishers 2008, p44.

② 杨宏飞著:《心理咨询原理》,杭州:浙江大学出版社 2006 年版,第 14 页。

③ Robert O. Stripling. Standards and accreditation in counselor education: a proposal. Personnel and Guidance Journal, Vol. 56 No. 6 1978, p609.

④ 樊富珉主编:《心理咨询学》,北京:中国医药科技出版社 2006 年版,第 21 页。

括:指导基本原理和方法;职业信息;指导实务与实习;测试和测量;个人评估技术;指导服务的组织和管理等。在 20 世纪 70 年代,美国已有 95％以上的指导教师教育项目都是由大学或教育管理部门掌控的。

1911 年,哈佛大学设置了正式的学生指导课程,到 1918 年开设此课的高校已有 30 多所。1959 年已有 234 所高校开设了学生指导的硕士专业,79 所高校开设了博士专业。[①] 到了 20 世纪 70 年代,美国有 400 多所高校设有咨询与指导专业。[②] 由于众多高校参与专业的指导教师的培养,这类人才的培养数量得到了极大的提高。20 世纪 70 年代中期,在美国各大专院校每年暑假毕业的心理辅导学硕士 96,030 人,博士 907 人。[③]

(三) 指导工作的理论成果显著

随着学生指导实践的深入开展,美国指导的理论研究随着指导实践的全面深入而开展,美国的指导理论也在逐步地深化。由于指导理论研究空前活跃,各家学说应运而生,流派纷繁。据资料,仅 1979 年一年,美国在职业指导方面有关职业行为和职业发展的研究就达 210 项之多,其范围涉及职业观点、职业动机、职业目标、职业模式、职业选择、职业与社会结构、职业调查与咨询等。[④] 在这期间推动美国职业指导理论研究向前发展、作出重要贡献的有许许多多的学者,如约翰·霍兰德(John Holland)、金斯伯格(E. Ginsberg)、唐纳德·萨帕(Donald E. Super)、帕特森(D. G. Paterson)、威廉姆森(E. G. Williamson)、伯丁(E. S. Bordin)、吉尔伯特·雷恩(C. Gilbert Wrenn)等。重要的职业指导理论有品质因素论、决定论、社会学论、需求动力论和发展论等。

这些理论对学生指导的实践产生了重要的影响。如吉尔伯特·雷恩 1962 年出版的《变革世界中的学生指导教师》(*The Counselor in a Changing World*)一书,该书在 1962 年至 1966 年间就发行了六万多本,可见其受欢迎的程度。[⑤] 他在书中批评高中的指导教师把自己服务的对象仅局限于对少数学生的缺陷补救的需求上。同时,他还建议新发展的小学的指导工作要避免高中学生指导工作以干预为导向的错误决策,而代之以面向全体学生的发展需要开展工作。在雷恩的影响和推动下,从 20 世纪 60 年代起,美国中学的指导工作已从注重解决学生的现存问题转移

---

① 常永才:《美国学生指导发展动因探析》,《外国教育研究》1997 年第 3 期,第 9 页。

② 大美百科全书编辑部:《大美百科全书》(28),台北:光复书局企业股份公司 1955 年译版,第 218 页。

③ 边保旗:《美国学校心理辅导的发展历程及启示》,《教育实践与研究》2001 年第 12 期,第 6 页。

④ 黄鸿鸿:《美国中学职业指导的历史考察》,《比较教育研究》1992 年第 2 期,第 32 页。

⑤ [美]Stanley B. Baker、Edwin R. Gerler 著,王工斌、焦青、伍芳辉等译:《21 世纪的学校咨询》,北京:中国轻工业出版社 2008 年版,第 12 页。

到注重促进学生的成长与发展。

二、英国

20世纪60至70年代间,英国发布了《工业训练法》、《就业和训练法》、《学校教育白皮书》和《纽森姆报告》等,同时英国学生咨询协会和英国咨询协会也先后成立,高校也开始介入培养专业的学生指导教师。

(一) 学生指导政策的演变

1. 1964年《工业训练法》

1964年,英国政府颁布《工业训练法》(Industrial Training Act),确立以下原则:

第一,国家干预工业训练,规定工业部门必须承担起培训的法律义务;

第二,强调所有的就业者都需要接受训练,而不只限于高技术行业的雇员;

第三,承认为工作做准备是一种教育活动,因此,教育工作者必须承担一大部分组织和管理工作;

第四,确保因工人受了培训而受益的所有企业分担培训费用。该法授权劳动部长设立由雇主、工会成员以及教育和科学部派出的人员组成的工业训练委员会(Industrial Training Boards),以保证产业界与教育界之间的沟通、合作。

到1970年,英国已有27个法定的工业训练委员会,分布在工程、纺织、钢铁、造船、陶瓷、旅馆饭店、印刷出版、水陆运输等部门。[①]

该法最大的特点是把工业训练的部分职责从雇主转移给政府,并规定教育部门和产业部门共同承担起职业指导的培训任务,有力地推动了英国学校的职业指导工作。

2. 1973年《就业和训练法》

1973年,英国通过了《就业和训练法》(Employment and Training Act),规定地方教育机构应对在校学生和毕业生提供职业指导并安置就业。根据该法,英国建立了由雇主、工会、地方教育当局和教育专家各方代表按一定比例组成的人力服务委员会(MSC),下设就业服务部、训练服务部和特别训练计划部。1978年,该委员

---

① 翟海魂编著:《发达国家职业技术教育历史演进》,上海:上海教育出版社2008年版,第179页。

会推出青少年就业机会计划,其主要对象是 16～19 岁的青少年。这个计划有以下几个要求:①

    (1) 使青少年较系统地了解一般的职业生涯,熟悉一个特定职业;

    (2) 使他们有机会尝试不同的工作,从而认识到自己适合的工作范围,并去获得基本的职业技能;

    (3) 使他们有机会接受继续教育;

    (4) 向他们提供职业咨询与指导。

人力服务委员会在各地设立了数十个地区委员会,以推进该项计划及开展日常的职业指导工作。

在该法的推动之下,中学开设专门的职业指导课程,帮助学生了解社会的各种职业,了解自己的能力倾向,从而对自己未来的职业进行选择,而不是被动依赖来自专家的建议来选择职业。在 1973 年末,英国有近三分之二的学校提供职业指导课程。②

3. 1977 年《学校教育白皮书》

1977 年,英国政府教育与科学部发表《学校教育白皮书》,提出必须发挥社会各方的优势,引导社会多方积极参与到职业指导工作中来。

白皮书强调,在职业指导工作中应加强学校与产业界合作;指出青少年学生能否成功地选择好职业,主要取决于学校采取的职业指导方式;学校必须在学生年满13 岁时开始向他们提供适宜的职业指导。③

(二) 心理指导协会的成立

英国有计划、有组织的心理咨询活动可以追溯到 20 世纪 40 年代后期,为缓和二战带来的各种社会危机,心理咨询应运而生。20 世纪 70 年代,英国的心理咨询得到了突飞猛进的发展,其主要标志是英国学生咨询协会(Association for Student Counseling, ASC)以及英国咨询协会(the British Association for Counselling, BAC)两个专业心理指导协会的成立。

英国学生咨询协会成立于 1970 年,英国咨询协会成立于 1976 年。BAC 成立的时候,ASC 也考虑过是否加入 BAC 或成为其一个分支。1976 年 10 月,ASC 首任

---

① 朱启臻:《职业指导理论与方法》,北京:首都师范大学出版社 1996 年版,第 35 页。

② A. G. Watts & Jennifer M. Kidd. Guidance in the United Kingdom: past, present and future. British Journal of Guidance & Counselling, Vol. 28 No. 4 2000, p486.

③ 黄日强、许祥云:《世界职业教育管理研究》,北京:新华出版社 2005 年版,第 211 页。

主席布莱恩·索恩(Brian Thorne)曾主持了一整天的讨论,以决定是否放弃自治而成为当时羽翼未丰却拥有闪耀光环的 BAC 的一个分支,讨论的结果是放弃独立和自治而成为 BAC 的一个分支。①

英国咨询协会成立之初就开始了英国心理咨询专业化的探索,如为那些志愿从事心理咨询工作的人员提供适于其工作的最低限量的培训。当时,仍很少注意对该项工作进行专门的培训,而是由社会工作和护理工作一类的培训来取而代之。

在 2000 年 9 月,英国咨询协会更名为英国咨询与治疗协会(British Association for Counselling and Psychotherapy, BACP)成为对今日英国心理咨询专业化影响最大的机构。BACP 建立了包括在培训、督导、资格认定或注册、伦理和诉讼等方面的制度,使得心理咨询逐渐向职业化和专业化发展。

(三) 专业指导教师的培养

1963 年,英国中央教育咨询委员会公布了《纽森姆报告》(Newsom Report),报告建议学校应该设立专业的学生指导教师(school counselors)。同年,英国国家心理健康协会(the National Association for Mental Health)对这一问题也进行了讨论。② 随之,关于专业的学生指导教师的培养问题提到议事日程上来了。1965 年,英国的基尔大学(University of Keele)和雷丁大学(University of Reading)开始招收具有五年以上教学经验的人,培养他们成为专业的学生指导教师。③

基尔大学成立于 1949 年,是二战后英国第一所新大学。它于 1962 年成立了英国第一个咨询服务中心,提供从职业指导到个性治疗的全方位咨询服务,并将其作为学校教育服务体系的必要组成部分。④ 伴随着许多新大学的出现和新生代大学生数量的增加,学校咨询作为提供给学生的一种福利,其价值日益被认可。20 世纪 60 年代中期,基尔大学和雷丁大学开始为那些有志于将来做学生指导工作的人提供全日制的培训课程。⑤ 随之,英国高校纷纷开设培养专业的学生指导教师的学位课程,一般情况下,业余学习通常需要 2～3 年的时间;脱产全日制的一年时间即可完成。培训课时一般为 450 个,其中 250 课时为咨询理论培训,200 课时为咨询技

---

① Windy Dryden, Dave Mearns, Brian Thorne. Counselling in the United Kingdom Past, Present and Future. British Journal of Guidance & Counselling, Vol. 28 No. 4 2000, p468.

② William Baginsky. School counselling in England, Wales and Northern Ireland: a review. NSPCC Information Briefings January 2004, pp1～2.

③ 同上书,p2.

④ Windy Dryden, Dave Mearns, Brian Thorne. Counselling in the United kingdom Past, present and future. British Journal of Guidance & Counselling, Vol. 28 No. 4 2000, p469.

⑤ 同上书,p470.

能培训。①

除了高校承担指导教师的培养外,英国咨询与治疗协会还提供咨询师资格鉴定服务,主要是为那些欲获得英国注册咨询师资格,进而独立从业的人员提供直接的注册途径。按照 BACP 的要求,符合下述条件之一者,可以获得 BACP 注册咨询师的资格,可以到中小学做专业的指导老师或在社会上从事心理咨询工作。②

(1) 完成 BACP 鉴定的咨询师培训课程,并有 3 年以上(不超过 5 年),至少拥有 450 个小时的、接受正式督导下的咨询实践。

(2) 接受并成功完成总计达 450 个小时的咨询培训。其中,理论培训 250 个小时,操作课程 200 个小时。同时有 3 年以上(不超过 5 年),至少拥有 450 个小时的、接受正式督导下的咨询实践。

(3) 能够提供证据说明,确实接连不断地接受了一些正规的咨询培训,并且拥有 3 年以上的咨询实践(在正式督导之下,每年最少 150 小时),总计不少于 450 个小时,累计总单元不少于 10 个者可以获得鉴定。其中每完成 75 个小时的咨询师培训,即获得 1 个单元;每 1 年的在督导之下的咨询实践为 1 单元。例如,申请者曾接受 450 小时的咨询培训,就获得 6 个单元,假如申请者在督导下的咨询实践为 4 年,那么,就可以获得资格鉴定。

除了上述硬性的量化指标外,BACP 还对申请者提出以下要求:③

(1) 同意接受由 BACP 认可的每月至少 1.5 个小时的咨询督导,并承诺在资格鉴定期间将继续接受这种督导;

(2) 承诺并有证据表明,积极参与当前专业和个人发展方面例行的培训、研究和个人治疗等活动;

(3) 是 BACP 的现行会员,直到资格鉴定期间为止,仍然保留该会员资格;

(4) 掌握一门咨询哲学,该哲学能够善于将培训、经验、继续发展和实践结合起来。至少要有证据表明,掌握一门主要的咨询理论模式并能够予以论证;

(5) 证明自己的执业实践是在"关于咨询和治疗的良好道德和执业框架"的指导下进行的,并承诺继续在该框架内从事工作;

---

① 石国兴:《英国心理咨询的专业化发展及其问题》,《心理科学进展》2004 年第 2 期,第 305 页。
② 傅宏主编:《咨询心理学高级教程》,合肥:安徽人民出版社 2008 年版,第 24 页。
③ 石国兴:《英国心理咨询的专业化发展及其问题》,《心理科学进展》2004 年第 2 期,第 307 页。

（6）能证明自己从事了和某种主要理论模式相关的至少40个小时的个人咨询实践或类似的活动；

（7）能庄严承诺并证明在咨询实践中善于处理种族、性别等差异、平等一类的问题。

（四）计算机在学生指导中的作用

20世纪60至70年代，计算机的发展进入了小型计算机阶段，由于成本较低，计算机也逐渐进入了英国的校园，随着互联网和通信技术的发展，计算机也逐渐介入了学生指导事务，并极大地推进了学校的学生指导工作。

在没有计算机的年代，学生指导工作只能依靠教师和少量指导教师运用谈话法、课堂教学、人工心理测量等方法进行。但随着计算机和互联网的出现，指导方的信息来源更加快捷、广泛、全面、客观，这大大节约了资料搜集和整理的时间，这为学校的指导工作面向更多的学生，实施更科学、更全面、更长期性的指导创造了条件。

另外，结合学生指导力量，英国还开发了八个计算机辅助学生指导的软件包，软件主要分为两类：一类是帮助学生根据自己的个性与爱好匹配适合自己的院校及专业；另外一类是帮助学生根据自己的兴趣、能力和学术成绩匹配与其相应的职业。如苏格兰地区使用的是由爱丁堡大学职业研究中心编制的软件，其内容可分为四个部分：[①]

第一部分，要求学生选择自己计划取得的教育水平和职业训练，例如大学本科。其目的是匹配个人的教育和训练的水平与雇主对所用人才的资格要求；

第二部分，要求学生完成非标准化的职业兴趣测量；

第三部分，要求学生选择自己喜欢或不喜欢的工作环境，像工作地点、工作时间、室内室外、工作服、职业的危险性等；

第四部分，由计算机在储存的600种职业中，匹配出20种与个人的个性、兴趣和喜欢的职业环境最一致的职业。

三、法国

20世纪70年代，第五个"五年计划"把调整学校布局，发展教育列为重要内容，

---

① 李晓涛：《英国普通中学职业指导研究》，西南大学2009年硕士学位论文，第26页。

教育、劳动、职业、社会等部门需要上下沟通,双向传递有关信息,对方向指导系统提出了新的、更高的要求。与此同时,战后地方、企业、团体、国家各自建立的方向指导机构协调很差,常常重复劳动,有时工作又可能出现空白。这一形势促使法国在进入 70 年代的时候对方向指导进行了改革,如建立国家教育与信息办公室以及信息与方向指导中心,提高指导人员的素质和待遇等。

(一) 法国中学的结构改革

1. 1959 年改革:观察期形同虚设

戴高乐执政时期法国议会于 1959 年 1 月 6 日颁布《教育改革法令》,法案对教育结构进行改革,该法令规定:[①]

> 实施 10 年义务教育,把原来 6~14 岁的义务教育年限延长到 16 岁。义务教育分三个阶段完成:第一阶段基础教育,即小学教育阶段(6~11 岁),要求所有儿童学习相同的基础知识与基本技能;第二阶段为观察阶段(observation phase),即中学的前两年(11~13 岁),实施共同的基础教育,要求对每个儿童的能力和倾向进行观察,并给予升学与就业的方向指导;第三阶段为义务教育的"完结期",即中学的后 3 年(13~16 岁)。学生经观察指导后,分别进入普通中等教育学校和各种技术教育学校。学生在这一阶段要接受一定的职业教育:毕业后部分学生参加学士学位考试,通过者可直接升入大学和高等技术学校学习;部分学生则完成义务教育,走上职业岗位。

由于该法案允许前 2 年的观察期可以在不同类型的中学里进行,因此原有的中等教育结构难以有实质性的改变。传统的国立中学、市立中学和市立普通教育中学都有自己的生源,双轨继续并行。一般来讲,市立普通教育中学的学生在 2 年观察期后能够转入国立中学或传统市立中学的机会极少,其比例仅为 1%,因此,观察期形同虚设。[②]

另外,观察期设在学生已被分流的不同学校里,无法起到真正的方向指导作用。人们普遍指责,"学生观察期(observation phase)是将学生的观察(observation)与定向(orientation)融为一体,但主要的缺陷是时间太短,作为中等教育的第一阶段不能达到预期目标。[③]

---

① 贺晓兴、陈丹、吴小枚编辑:《教育管理辞典》(第二版),海口:海南出版社 1997 年版,第 496 页。

② Armand Colin, Prost A. Histoire de l'enseignement en France 1800~1967. Paris 1968,p423.

③ J. Capelle. The Observationa and Guidance Phase in French Secondary Education. Comparative Education, Vol. 1 No. 3 Jun. 1965,p172.

因此,1959 年的教育改革由于不够灵活,难以操作,所以在实践中并未完全实施。教育界呼吁建立四年制普通初级中学,以实现战后初期郎之万—瓦隆委员会提出的四年方向指导性教育。

1962 年,一种新型中等学校面世,这种学校被称为市立初级中学。该类中学初中共四年,其中初中第一、第二学年为观察期,第三和第四为方向指导期。观察期的教育实行统一的课程,采用统一的教学大纲,学生不分组,初二学习结束后在教师指导下,根据自己的学业成绩和志愿进入初三、初四的方向指导期学习。据统计,到 1967 年,这类中学达到了 1,500 多所。到 70 年代中期,四年制初级中学已经在学制结构中被确定下来。

2. 1963 年改革:低类班很难转向高类班

1963 年 8 月 3 日法令决定建立一种新型的综合性中学——市立中等教育学校(Collège d'enseignement seclmdaire, CES),以便将实施第一阶段中等教育的各种机构逐渐统一起来。市立中等教育学校力图将小学补充班、市立普通教育中学乃至国立中学(或市立中学)的前四个年级按地理布局和学校规模进行调整和改组,统一实施第一阶段中等教育。在它的内部,则包含长期、短期和过渡三类教学班,它们的课程设置和教学大纲不同,学生的出路各异,长期班又有古典、现代之分,均导向高中毕业会考(baccalauréat, Bac);短期班以实施职业教育为主;过渡班则接受学习困难的学生,多数导向学徒或直接就业。

这里提到的古典班和现代班相当于以前的国立中学,主要为学生接受高等教育做准备的;短期班相当于市立普通教育中学,接受中等水平的平民子女;而过渡班则代替了以前的小学补充班,接纳水平差、无法接受前两类教学的学生。由于这三类班的课程设置和教学大纲各不相同,因此学生实际上仍然很难从低类班转向高类班。另外,由于校改组的各类学校历史传统不同、师资条件各异,因此改组工作遇到了很大的阻力。

3. 1975 年的教育改革:建立 4 年制综合初中

1975 年 7 月 11 日,法国颁布了 75—620 号法,开始进行以初中教育为主的普通教育改革。人们以当时的教育部长勒内·阿比(René Haby)的名字命名的,又称之为"阿比教育改革"。

该法规定,在中等教育阶段,阿比改革决定取消过去第一阶段中等教育的三类教学班,建立一种完全统一的并向所有适龄学生开放的综合性教育机构——初中(Collège)。初中分 4 个年级,两个阶段。前 2 年为观察阶段,实施完全相同的基础教育,观察阶段之后只允许个别年满 14 岁的学生转入职业培训;后 2 年为方向指导阶段,在实施统一教育的同时,设置一定的选修课。高中(lycée)肩负同时实施普通教育和职业技术教育，为此而分为普通高中、技术高中和职业教育高中三类。①

本次改革通过建立初中阶段非选择性的 4 年制综合学校，促进了法国普通教育结构的民主化。可以说，阿比改革真正开始较为彻底改变了法国中等教育的性质，确立了单轨制的统一初中体制，从而保证了法国青少年文化水平的普遍提高。改革后的初中为四年，其中初中第一、第二学年为观察期，第三和第四为方向指导期。观察期的教育实行统一的课程，采用统一的教学大纲，学生不分组，初二学习结束后在教师指导下，根据自己的学业成绩和志愿进入初三、初四的方向指导期学习。这种指导模式一直延续至今。

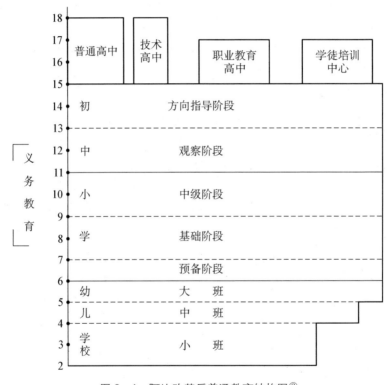

图 6-4　阿比改革后普通教育结构图②

(二) 建立国家教育与职业信息局

20 世纪 70 年代，法国在方向指导方面第一个重要的变化就是建立了国家教育与职业信息局（L' Office National d'Information Sur les Enseignements et les Professions，ONISEP），它是一个行政管理性质的公立机构，是根据 1970 年 3 月 19

---

① 顾明远编著：《世界教育大事典》，南京：江苏教育出版社 2000 年版，第 1119 页。
② 邢克超主编：《战后法国教育研究》，南昌：江西教育出版社 1993 年版，第 128 页。

日的第 70—238 号与第 70—239 号政令设立的,它的前身是由 1954 年 4 月 8 日法令建立起来的学校与职业统计信息办公室(BUS)。

1. 主要任务

ONISEP 同大学、行政管理机构、行业和有关组织紧密联系,1970 年 3 月 19 日颁布的第 70—239 号政令第一条对该办公室的职责进行了明确的规定:①

　　(1) 通过深入了解教育手段和职业活动,为公众建立一个信息资料库,使他们得到更多的信息和指导;

　　(2) 进行相关方法和方式上的研究,以扩充该资料库,方便信息和指导服务;

　　(3) 进行调查、促进研究,提高大众对职业活动及其发展的理解;

　　(4) 协助制定针对教学和职业信息指导人员的培训政策并参与培训。

在这个框架下,该办公室可以与相关机构尤其是国家就业总署和大学签订合作协议。同时,它负责与其职责范围内的行政机构和相关单位合作,特别是与 1966 年 12 月 3 日法令第 3 条设置的部门间委员会及常设小组合作来制定有关职业培训的政策。

2. 组织架构

(1) 主任

国家教育与职业信息局在由相关法令、政令所指定主任的领导下工作,它有一个行政管理委员会,教育部的各司局及与其活动有关的社会职业组织都在委员会中占有重要地位。

1953 年 12 月 10 日和 1962 年 12 月 29 日政令涉及国家公立行政机构如何执行行政委员会的决议和进行财政结算事务。其中有关条款规定由办公室主任领导 ONISEP 的日常事务。办公室主任是该机构的法人代表。根据以上两个政令,办公室主任负责该机构的财政收入与开支。

(2) 行政管理委员会

行政管理委员会包括 53 名成员,其中 17 名是全权成员,隶属于不同的行政管理机构。②

---

① [法]雅基・西蒙、热拉尔・勒萨热著,安延译:《法国国民教育的组织与管理》(第八版),北京:教育科学出版社 2007 年版,第 70 页。
② 同上书,第 70~71 页。

——3 名国民教育部的代表。

——计划总专员(经济、金融和工业部)。

——行政管理和公职事务主任(公职、国家改革和分权部)。

——国家统计和经济研究所主任(经济、金融和工业部)。

——就业代表(劳动与社会事务部)。

——教育与科研主任(农业与渔业部)。

——预算主任(经济、金融和工业部)。

——竞争、消费与反欺诈事务主任(经济、金融和工业部)。

——青年与社团事务主任(青年体育部)。

——国家就业总署主任(就业与团结部)。

——手工业事务主任(负责中小企业、商业和手工业事务的国务秘书)。

——企业培训与资格认证事务主任(经济、金融和工业部)。

——负责国土整治与地区行为事务的代表(国土整治与环境部)。

——负责职业培训的代表(就业与团结部)。

——妇女权益部(负责妇女权益与职业培训的国务秘书)。

——4 名来自最有代表性的雇主职业组织的代表。

——1 名工商会代表。

——1 名职业协会代表。

——6 名雇员工会组织的代表。

——1 名农业工会代表和 1 名农业经营者代表。

——1 名国家家庭协会联盟的代表。

——5 名学生家长协会代表,其中的 1 名来自与国家签订合同的私立教育界。

——两名大学生代表,在国家高等教育和研究委员会的提议下指定。

——7 名教师代表,在国家高等教育和研究委员会的提议下指定,其中 1 名来自与国家签订合同的私立教育界,1 名来自艺术、科学性质的公立学校。

——1 名观察、信息与指导服务人员培训研究所的主任。

——信息和指导中心主任。

——3 名办公室人员的代表。

——3 名从与办公室职责有关领域资深人员中挑选出来的代表。

根据上述 1953 年 12 月 10 日和 1962 年 12 月 29 日政令的规定,行政管理委员会就其职责范围内的有关问题进行讨论。

行政管理委员会在内部常设代表团,协助办公室主任处理其职责范围内的有关问题。行政管理委员会的主席在委员会成员中选举产生,任期3年。

3. 中央机构

1996年7月22日的政令规定了ONISEP的组成,包括中央机构和30个地方代表团。ONISEP的中央机构包括1个总秘书处和5个部门,分别负责资料与资料管理、出版、研究与发展、交流、发行宣传、商业运作与市场调查。①

(1)总秘书处。主要负责:办公室各个部门之间的行政协调;人力资源管理,特别是办公室人员的录用培训方面的行政管理;办公室的财务管理、预算执行以及跟踪检查;内部服务。

(2)资料与资料管理部。主要负责搜寻、收集并处理与办公室业务有关的一切信息。

(3)发行部。负责ONISEP书面、声像、多媒体出版物,提供给初中生、高中生、大学生、学生家长及作为"信息中介"负责心理指导的顾问和有关教师。办公室还编辑出版介绍旅馆、餐饮、旅游、时装、印刷及书画艺术业的小册子。

(4)研究与发展部。通过中央部门与地方代表团对未来多媒体教学产品(如《战略》、《路线》)进行开发。

(5)交流部。制定办公室内部与外部的交流政策。

(6)发行宣传、商业运作与市场调查部。负责销售、订阅、免费宣传、产品发送、客户关系等,保证市场调研的管理与跟踪。

另外,ONISEP还编辑出版自己的刊物,分为两类:一是两个定期的刊物:(1)《职业学校文献资料公报》(*Bulletin d'Information et Documentation Scolaires et Professionnelles*),每月出版一期;(2)《展望》(*Avenirs*),一年出版十次。二为专题论文《资讯:高等教育》(*Informations:Enseignement Supérieur*)和《大学目录》(*Le Répertoire des Universités*)。② 所有的出版物均有目录索引。

4. 主要工作

ONISEP生产并发行大量的信息资料,提供有关不同层次职业培训、获得文凭的条件、就业前景以及职业本身的情况。这些资料主要是文件、小册子、刊物等,由

---

① [法]雅基·西蒙、热拉尔·勒萨热著,安延译:《法国国民教育的组织与管理》(第八版),北京:教育科学出版社2007年版,第72页。

② 贾馥茗总编纂,国立编译馆主编:《教育大辞书》(6),台北:台湾文景书局2000年版,第631页。

教学机构的信息指导中心免费提供给大中小学生和学生家长。办公室为学校负责人、教师、心理指导顾问提供信息公报、信息概览,制作多媒体产品(如提供职业信息的 CD—ROM,录像带、光盘、数据库等)。

为了更好地完成传播信息的任务,ONISEP 收集并处理所有培训与职业活动领域的数据资料。它与各类职前培训、继续培训机构,行业部门及地方政府有着密切的合作关系。此外,ONISEP 主要通过它的 30 个地区代表团参与对职业活动以及地区层次培训需求的调查和研究活动。

(三) 建立信息与方向指导中心

1938 年《职业方向指导法》规定在每一个省或人口最集中的城市设立一个职业方向指导中心。为了加强对中学生的方向指导,法国政府于 1971 年 7 月 7 日颁布法令,将职业方向指导中心一律改称为"信息与方向指导中心"(Le Centre d'Information et d'Orientation, CIO)。信息与方向指导中心分为国家、学区、省、联片四级,从国家教育与职业信息局(ONISEP)获取资料。改名之后的信息与方向指导中心主要职能是负责传递信息工作,具体职能包括:散发国家教育与职业信息处编制的各种微型指南,无偿提供各种资料,接待来访者与提供咨询服务,对本区的中学生进行方向指导。[1]

这些机构还可参与对大学生的方向指导,帮助大学开展工作。每个联片原则上建立一个信息与方向指导中心(CIO),学生人数多的联片可建立若干个。它们面向学校和非学校的群体,为他们提供资料与信息,接受咨询,与青年安置部门合作。各中心主任由教育部长任命,受各省、学区督学领导。

1980 年 2 月 25 日,法国教育部发出通知,把这些中心的组织规则进一步具体化,使之更为有效,在减少辍学、保证青年能获得就业所必需的普通和职业教育的整体行动中发挥重要作用。通知指出,中心的活动应满足当地全体居民的需要,既要面向学生或其家庭,也要面向公立学校,还要面向与国家签订合同的私立学校,答复他们随时提出的要求;中心应帮助青年根据自己的情况和客观环境作出选择,制定计划,使他们能顺利进入社会,得以就业;工作的重点是面临分流的学生、可能辍学的学生和寻求转行或需要帮助的青年;中心必须熟悉当地情况,及时掌握大量信息。通知要求中心每年应制定年度计划,在执行各级教育行政部门确定的原则的同时,充分考虑当地情况,面向每所学校的各种问题;应以接待咨询和提供信息为主要任务,加强调查研究,互通信息和经验,使之成为当地各界交流的场所。[2] 截

① 赵云芳:《大学生就业与创业指导》,北京:中国农业大学出版社 2004 年版,第 55 页。
② 顾明远编著:《世界教育大事典》,南京:江苏教育出版社 2000 年版,第 1112~1113 页。

至 1981 年,法国共有信息与方向指导中心 560 个,职业生涯辅导人员达 3,500 人,与初中学生的比例为 1∶800。① 应该说,信息与方向指导中心的方向指导工作遍及法国的每一所中学。

(四) 提高方向指导人员的地位和素质

在方向指导改革方面,法国在 20 世纪 70 年代提高了方向指导人员的地位,作为国家公职人员。另外,还通过招考选拔优秀的人员来担任方向指导人员。

1. 指导顾问的招考

1972 年,法国政府又发布法令,决定取消过去的学业与职业顾问、大学统计室资料员等职称,有关工作人员统称方向指导顾问,作为国家公职人员,通过国家组织的公开竞试招聘,其能力证书与中等教育教学能力证书属同一层次和级别。

国家以公开竞争的方式招聘信息与方向指导顾问,考试分为以非国家公职人员为对象的"外部考试"和以国家公职人员为对象的"内部考试"。"外部考试"是指面向 35 岁以下非国家公职人员,至少受过 2 年高等教育,两种考试内容;"内部考试"主要面向 40 岁以下的国家公务员(法国凡持有教师能力证书者均为国家公务员),至少受过完整的高等教育。两种考试内容相同,包括笔试和口试。笔试科目是心理学、教育制度的结构与职能、经济和社会问题、教育学 4 门课程。通过招聘考试者,被录取为方向指导顾问学员,具有国家公职人员地位,领取工资。

2. 指导顾问的培训

除了将方向指导人员作为国家公职人员外,法国政府还加强对顾问的培训工作。他们在工作之前还要接受两年全面系统的培训过程,这主要由法国全国劳动与职业方向研究所负责。目前,它每年办约 20 个在职进修班。方向指导顾问的培训非常重视心理学,特别是差别心理学的学习,在培训中一直占主导地位。与此同时,经济学,尤其是社会学方面的内容也不断加强。除了理论学习外,还要派这些顾问学员到各地的信息与方向指导中心实习,把所学理论和法国的实际紧密结合起来。具体的课程分为六大部分:

> 第一部分:个人知识。包括发展生物学、心理社会学、普通心理学、方法论和心理学、差异心理学、诊断心理学、儿童和青少年心理学等 10 个方面的课程。
>
> 第二部分:教育环境知识。课程有教育系统分析、法国教育、方向指导顾问的职能与作用、信息与方向指导的系统与结构、法国方向指导与信息的组织

---

① 北京高校学生心理素质教育工作研究中心组织编写:《大学生职业生涯辅导》,北京:经济管理出版社 2008 年版,第 45 页。

和其法律地位、教育信息、教育学与实践研究入门等。

第三部分：经济和社会环境知识。课程有人口论、经济科学、社会学和社会心理学、社会学和职业技术学、制度研究和法律等。

第四部分：职能、公众、内容、方法、技术。课程为：收集制作资料的方法与技术、分析需求与信息的方法与技术、信息现代化技术入门等。

第五部分：方向指导的方法论。课程是观察、评估和教育心理，在特定环境内方向指导和信息问题的研究等。

第六部分：统计。

第二年学员还要撰写出理论联系实际的论文，并进行正规的结业考试。考试分理论和实践两部分。理论部分包括笔试和口试。笔试内容包括对人的认识，数学和统计方法在方向指导中的应用，对教育及方向指导系统的了解，对劳动、培训、就业有关方面的了解四项。口试是学员对论文的答辩和回答有关信息以及方向指导系统与机构方面的问题，实践考试通常为实习。考试合格可获得方向指导顾问证书，由国家分配工作。

通过公开招考，职前和在职培训，方向指导顾问的素质得到了极大的提高，同时经过 70 年代的改革，法国方向指导顾问发挥的作用越来越大了。

四、联邦德国

1969 年，联邦德国在实验学校设立学生指导机构，并通过开设"劳动学"课程对中学生进行职业预备教育，同时也颁布了一些法令来推进学校的指导工作。

（一）学生指导工作的政策演变

1. 1970 年的《教育结构计划》

1970 年，由联邦政府和各州政府共同委任的"德国教育审议会"提出《教育结构计划》，把联邦德国的普通义务教育目标定为 10 岁，规定儿童入学年龄从原来的 6 岁改为 5 岁。计划提出了改革基础学校的设想，首先为 5～6 岁的儿童设立"入门阶段"，之后设"基础阶段"，并把这两个阶段称为"初等教育领域"。这一领域包含 4 个学年，但如果把"定向阶段"包括在内的话，"初等教育领域"就变成了包含 6 个学年的一个教育阶段了。[①]

《教育结构计划》把第五、第六学级定为"定向阶段"，这个阶段可以归入初等教

---

① 李其龙：《德国教育》，长春：吉林教育出版社 2000 年版，第 212 页。

育领域,或者也可以归入中等教育领域。"初等教育领域"的基础阶段中不再有筛选问题,所有儿童将升入"定向阶段",而不进行三轨分流。

计划指出,"定向阶段"首先是为了使学生对以后的分流选择做好准备,通过不同程度的课程设置与布置不同难度的作业使学生自己的能力得到检验,并结合自己的兴趣爱好了解自己今后或能产生的学习结果,确定自己的努力方向。计划强调,在"定向阶段"的全过程中,必须创造一种很少有外部压力的学习气氛;学校对学生作出的成绩评估必须说明理由,让学生知道自己哪些地方不足。"定向阶段"的第一学年的课程应当在大体上与初等教育领域相同,从第二学年起应把生物、物理、化学等从自然科学这门综合课程中分出来作为一门独立学科,进行分科教学,并在第一学年起就开设外语课。在外语课设置方面,可设难度较高的特长课,让学生选修。

《教育结构计划》除了对"定向阶段"进行明确的规定外,还特别强调中学阶段的职业教育与职业指导问题。

在中等教育方面,《教育结构计划》提出设"中等教育领域",包括"中等教育第一阶段"和"中等教育第二阶段"。第一阶段包括第五至第十学级,学生修毕第十学级,可取得中等教育第一阶段资格证书,即毕业证书。第二阶段包括第十一至第十三学级,学生修毕第十三学级,可取得中等教育第二阶段毕业证书。计划把中等教育第一阶段分为第五和第六学级、第七和第八学级以及第九和第十学级这三组,并指出由于科学技术的迅速发展,使当时存在的以大众化的、接近实践的教育为目标的主要学校和以较高的实践和职业教育为目标的实科学校以及以学术教育为方向的完全中学之间的差异已难以完全维持了,认为这种传统的差别与开放的民主社会相悖,因此主张向所有学生提供共同的基础教育,并为学生进入中等教育第二阶段接受普通教育和职业教育或进入职业生活指明方向。但计划也指出,为了照顾学生的特长以及能力差异,应当在开设必修课同时,也开设选修课,并进行能力分组教学。作为短期目标,计划指出,在现存的主要学校、实科学校和完全中学分设的情况下应提高所有学校教学的学术性,三种学校师资的相互转换的界限应取消。计划主张建立三类学校的联合制度,促进它们之间的合作;作为中期目标,计划主张使师资、设备都要高于当时完全中学的实际水平,为所有学生设立共同的核心课程,使原各类学校联合起来,在联合体内加强教师交流,合理利用学科专门教师,并建议进行实验来探讨横向教育结构模式。

2. 建议在实验学校设立学生指导机构

1969 年,德国教育审议会通过《建立综合中学的实验学校》,建立一体化的和分化的综合中学作为实验学校,文化教育部长会议在 1969 年 11 月 27 日的一份协议中采纳了这一设想。

在学生指导工作方面,《建立综合中学的实验学校》建议在学校里设立学生指导机构,并由专业的指导教师对学生的学业、职业和心理等方面给予指导。建议还指出,在过渡时期内,指导工作可以由那些受过附加心理学训练的教师担任。

在分化的综合中学中,学生要在以往学校体制所没有的程度上对学程作出决定和加以修订。因此,由咨询专家对学生作出教育指导是必要的。他们在应用客观判断方法方面受过训练。学程的咨询,必须同对学生作出职业概貌与机会的指导结合起来。为了使学生能够独立地作出决定,咨询工作必须限于其个人发生冲突与问题的情况下,才给予他帮助。咨询专家必须在这方面得到培训,他们首先应当具有出色的心理诊断能力和知识,了解职业与职业机会方面的情报,通晓学校结构与教育安排。因此,咨询专家应当专门行使这种咨询职能。①

(二)"劳动学"课程的设置

联邦德国的中学教育特别重视对学生进行职业指导,这方面的工作除了进行职业定向指导外,还通过开设课程——"劳动学"(Arbeitslehre)对学生进行职业预备教育,这门课程是综合劳动、职业、技术、经济、社会、政治等各个领域的入门教育。通过这门课程让学生在对未来的职业作出抉择之前,首先必须熟悉这个世界,了解社会经济的要求、劳动市场的供求状况和发展趋势及职业结构、职业门类的变化情况。由此看来,"劳动学"课程的整个内容是带有职业指导的性质,从而使学生初步认识劳动世界和经济世界。

1. "劳动学"课程的由来

1959 年,德国教育委员会通过《关于普通教育的改革和统一的总纲计划》,提出建立"主要学校"(Hauptschule)来代替以前的国民学校高级阶段。② 1964 年《汉堡协定》进一步规定统一使用这一名称。"劳动学"课程是随着 20 世纪 60 年代联邦德国的国民学校改组为主要学校而开始设置的,学校对他们进行现代劳动世界和经济世界的入门教育,其基本职能是为学生进入职业训练体系做准备。

战后,由于以原子能技术、航空航天技术、电子计算机技术发展为标志的新科技革命的兴起,世界经济进入了高度现代化的发展阶段。因此,科技进步有力地推动了生产和生活领域的变革。为了使青年人能够适应他们面临的以生产技术化、工业化和合理化为标志的生活现实,熟悉他们将要踏进的、因科技进步而变得复杂化和难以捉摸的劳动世界,必须让他们初步了解现代职业世界和劳动世界、经济现

---

① 瞿葆奎主编,李其龙、孙祖复选编:《联邦德国教育改革》,北京:人民教育出版社 1991 年版,第 463 页。
② 同上书,第 294 页。

实、社会结构和政治现实之间的复杂关系。

因此,在 20 世纪 60 年代,德国教育委员会(存在到 1965 年)和文化教育部长会议以及教育界、经济界人士先后提出了关于主要学校设"劳动学"课的许多建议与方案,并在中学教育中加以实施。需要指出的是,这种课程并不是职业训练,而是通过学校教学工厂和企业中充满活力的劳动,让学生了解现代生产和服务行业中的劳动程序,从而为选择职业做好准备。

2. "劳动学"课程的内容

"劳动学"课程主要以 7~9 年级学生为对象,它是手工操作的教育及智育和品格教育的统一,是普通教育不可缺少的重要组成部分。"劳动学"课程的组织形式、名称及具体安排,各州并不一致,有的就称为"经济世界和劳动世界入门",由技术、经济理论和家政三门学科组成;有的将"劳动学"课列为必修课,每周 3 课时,学生以个别的或按小组访问生产场所、商号、服务性企业和社会机关,并到这些单位实践 3~4 周,从而可以熟悉本国的劳动世界。劳动部门及其下属机构和学校共同承担学生的职业定向教育,包括向学生提供关于训练职业的知识、职业指导,介绍训练和工作岗位。有的学校还开设"职业领域定向"、"职业尝试"等课程。

在德国教育委员会建议的基础上,文化教育部长会议于 1969 年关于"劳动学"课的建议中进一步明确提出"劳动学"课的内容应包括如下方面:[1]

(1) 关于经济和劳动世界的一般定向,即从技术、经济和社会角度所指的能力要求等;

(2) 劳动行为的教育,指专心、准确性、转换工作和合作的能力、经济思想及按计划行动等;

(3) 职业选择的入门教育,包括从职业领域、职业组织直到具体的职业定向。

3. "劳动学"课程的安排

"劳动学"课采取的组织形式、名称和具体安排各州不一,这里以北莱茵——威斯特法伦州为例加以介绍。

1975~1976 学年,该州开始在第七至第九年级教学计划里把"劳动学"列为必修课。该州"劳动学"课称为"经济世界和劳动世界入门",由技术、经济理论和家政

---

[1] 董伐柯:《德国职业教育的阶段性》,《世界职业技术教育》1995 年第 4~5 期,第 30 页。

三门学科组成,并以经济世界和劳动世界考察以及学生实践两门课为补充。此外,还有自然理论、自然常识、算术和几何、历史、政治教育、地理、德语等课与之配合。另外,从时间安排看,该门课程每周3课时,其中经济理论1课时,技术和家政采用分段教学。

技术课的教学主要目的是发展学生的技术思维和技术设计、技术操作的技能和技巧;培养学生美学方面的认识能力;同时培养学生从社会文化角度和历史角度对技术与社会之间关系的看法。具体的教学内容有:

(1) 制作和处理技术(普通工艺学方面);

(2) 技术力学(建筑工程方面),包括固体力学、强固理论;

(3) 机械学(机械制造方面)。

教学内容除这三个方面外,还涉及其他许多方面,如材料学与材料检验、电工学、热力学、测量—操纵—调节技术、技术制图等,教师可以在适当的限度内把这些内容同上述三方面内容联系起来教授。

经济理论课的教学主要目的是使学生获得参加经济领域工作的能力,使他们了解经济、社会和政治事件之间以矛盾冲突为基本标志的相互依存关系。经济理论课的教学内容在主要学校各年级里作如下安排:[1]

第五年级:(1)需要(需求、需要;商品、服务);(2)经济。

第六年级:由家政课承担经济理论课的任务。

第七年级:市场、价格、货币。

第八年级:经济周转及人在经济周转过程中的地位;商品和货币流通;生产因素;积累和投资;收入;分配;作为经济关系调节器的合同。

第九年级:经济体系和经济制度。

家政课原来仅为女孩开设,后来,家政课的含义和职能有所发展,人们把家政同整个国民经济联系起来,并把家政课作为男女学生共同的基础学科,目的在于使他们获得关于家政管理、家政的劳动组织及协调共风生活等方面的知识、技能和技巧。按照州统一的教学计划,各年级家政课的学习课题规定如下:[2]

① 孙震瀚主编:《国外职业指导》,杭州:浙江教育出版社1991年版,第214页。

② 同上书,第215页。

第六年级：家政课的初步经济理论入门，包括：(1)家政管理的初步知识（以自然物家政设备的获得为例）：家政管理上对食物的需要，食物供应，购买，食物的来源和加工，广告。(2)学会初步的食物加工技术：在食物加工中劳动设备的有效使用，煤气灶或电灶。

第七年级：家政课的教学内容由经济理论课承担。

第八年级：初步的家政管理理论入门：配制食物的工作过程，配制食物的技术，工作位置与工作安排，钱的使用。

第九年级：第一学季（作为女生的必修课）：作为生活领域和经济单位的家庭家政：(1)家政的经济理论：作为经济单位的家庭家政。(2)家政职业常识：主妇与职业。第二学季：家政工作范围内的人的营养：合乎生物学标准的饮食，不同劳动要求下的营养，不同年龄的营养，生活资料规律。

在经济世界和劳动世界考察中，学生可以个别或按小组访问生产场所、商家、企业以及社会机关。实践课的组织形式与此相仿，在第八年级下学期或第九年级开头用3～4周的时间开展活动，实践的场所可以是在生产企业、商店、事务部门、国家机关等，有时也可以在农、林或园艺等企业进行。

(三)职业定向指导的实施

职业定向教育工作是由联邦劳动局及其下属机构与普通教育学校和职业教育学校共同承担。在进行职业定向教育时，学校将向学生和家长提供关于职业的信息，进行职业指导，促使学生在选择一门训练职业或一个职业领域的过程中作出正确的决定。

1. 联邦机构提供职业信息

在政府层面，主要由联邦统计局编制职业分类，联邦劳动局和职业教育研究所提供关于职业的介绍。

首先，联邦统计局对社会不同的职业进行分类。该局从不同角度对社会上450多门训练职业按工业、农业、手工业、服务业、家政、保健、航海等不同训练领域加以分类；把各活动领域的训练职业按同族关系归类为原材料加工、组合与装配、造型、机器与设备的操作和检修、检验与测量、经营、管理等等。把训练职业按金工技术、电工学、建筑技术、木工技术、经济与管理、纺织技术与服装加工等13个职业领域分类。分类后，该局会编制小册子，供学校在开展职业定向教育时使用。

其次，联邦劳动局和职业教育研究所对各种职业进行介绍。这里的联邦职业教育研究所是根据1969年联邦《职业教育法》的规定，由联邦政府的代表、各州政府的代表、雇主集团的代表和雇员的代表参加的高层次的研究、协调、咨询以及通过试验参与决策的机构,成立于1970年,直属联邦教育与科学部。1956年以来,联邦劳动局经常出版关于职业常识的报纸,对大约600门职业逐一加以介绍,包括受训者需要具备的条件、训练期限、训练内容、考试、训练机构、费用、发展前途等等。另外,在联邦职业教育研究所支持下,联邦企业职业训练中心(存在到1970年)为每门得到国家承认的训练职业制定职业"蓝图"、职业教育计划、相应的考试章程和考试要求等。

2. 联邦劳动局提供职业咨询

联邦劳动局是一个隶属于联邦政府的自治性法人团体。依据《联邦劳动促进法》第3条,联邦劳动局必须在联邦政府的社会和经济政策的范围内履行下列职责:[①]

(1) 职业咨询;(2)工作介绍;(3)职业培训促进;(4)实施残疾人工作能力的恢复和职业培训工作;(5)设置并维持职业培训岗位的经费;(6)提供失业补助。应该说,联邦劳动局的职责有六个方面,但其主要任务之一就是给学生提供职业方面的咨询。

联邦劳动局主要通过职业启蒙教育、个别咨询、训练位置或工作位置的介绍三方面进行职业咨询工作。职业启蒙教育,是由联邦劳动局协同学校、家长和经济部门各方一起进行,主要采用报告、电影和多种多样的书面材料等方式。个别咨询,采取谈话的方式,教师、医生和联邦劳动局心理服务处的鉴定性意见可作为谈话的依据,它被看作对学生选择职业所提供的各种帮助中的最重要的一种。另外,心理检查和各种测验在职业咨询中也被广泛应用。

3. 学校教育中的职业定向

首先必须明确,职业定向指导是学校教育的主要任务之一。在20世纪60年代,联邦德国中学的指导工作主要任务有三项:

(1) 个性发展教育(自我定向),使学生能够自由、自发、不依附于他人、不受各种预先规定的限制,并出于对现实的兴趣进行自我肯定;

(2) 促进社会参与性的教育(社会定向),促使学生逐渐形成自身的社会同一性(身份),提高学生融入各种社会共同体的能力,并能够参与设计民主;

(3) 为职业生涯做准备(职业定向),职业定向贯穿于整个普通学校教育之

---

① 黄日强:《英德两国职业教育比较》,北京:原子能出版社2008年版,第164页。

中,并且尽可能早的开始对学生进行职业知识的教育。学校在学生各个不同的年龄阶段以及在不同的学校类型中实施不同的职业定向的措施,并同时将地域差异也考虑进去。

上述三者是学校教育的三大任务,三者相互交叉,相互渗透。其中,职业定向指导,是根据普通中学的任务,使学生在正确地认识和了解自己的基础上,明智地作出职业决策,择定升学和就业方向,三者关系见图6-5"普通学校的教育任务"。

从广义的职业定向来讲,是指贯穿于日常教学中的社会的、经济的、科技的基础教育,包括各种综合课程、公共课程和专业课程;对于狭义的职业定向而言,是指针对学生独立的、基于个性发展基础上的职业选择的教育,包括专家咨询,专门开设的职业指导课程,以及与校外参与者,如企业、职业信息中心等共同举办的课程。因此,为了将职业定向措施运用到课程当中,学校可以采取多种教学形式。

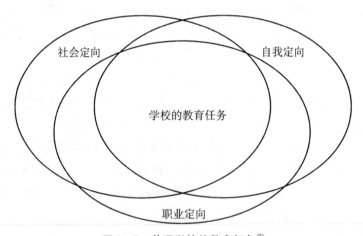

社会定向　　自我定向

学校的教育任务

职业定向

图6-5　普通学校的教育任务①

下面以联邦德国高级文理中学的职业定向为例加以介绍,详见图6-6"联邦德国高级文理中学的职业定向的具体措施"。从图中可以看出,联邦德国高级文理中学职业定向主要包括以下几方面:

（1）职业定向课由专职职业指导教师和各学科教师合作开设职业定向课;

（2）与企业合作,开展企业参观及咨询、企业实习。企业咨询能够帮助学生为其将来的某项职业活动或是为即将进入的双元制培训岗位做准备,向其

---

① 王琼:《德国高级文理中学的职业定向分析以及对我国的启示》,天津大学2007年硕士学位论文,第7页。

传授某种职业或职业群的相关知识,发展其天赋及才能;企业实习一般是持续10～15天的模块实习。学校还要帮助学生实施实习前期准备与后期的总结,并针对合作的目的、内容与组织形式与企业及时进行沟通。

(3)与高等院校合作。学校可以组织学生到高等学校旁听课程,高等院校可以实施开放日,或者让其教师到高级文理中学协助其职业定向的开展。

(4)与职业咨询机构合作。学校可以向学生初步介绍职业咨询的信息体系,并且向学生提供参观职业信息中心(BIZ)的机会,另外在校内职业定向的课堂上可以使用国家劳动部发行的相关多媒体资料进行教学。

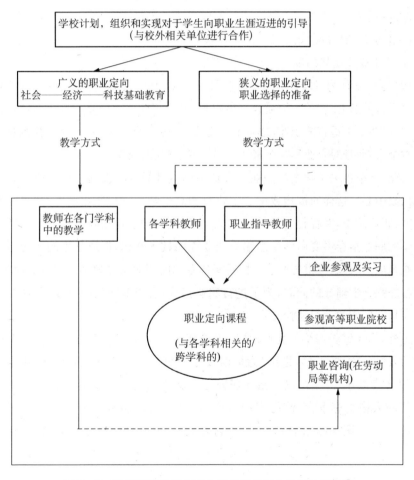

图6-6 联邦德国高级文理中学的职业定向的具体措施①

---

① 王琼:《德国高级文理中学的职业定向分析以及对我国的启示》,天津大学2007年硕士学位论文,第22页。

应该说,通过专业教师在各门专业课中传授知识,可以培养学生的各种能力,同时可以帮助青少年在面对较大的学习压力之下,在有限的时间之内,并在不影响其他学科教学的前提下为将来的升学及就业做出合乎实际的选择,为职业生涯规划奠定坚实的基础。

五、日本

20世纪60年代以来,唐纳德·萨帕的著作译介到日本,其职业生涯发展理论为日本60至70年代的学生指导实践提供了理论框架。在实践方面,日本将职业指导更名为"出路指导",主要是由校长负责,并由学校的出路指导部具体负责,出路指导部设主任一名,学校通过各种方式对学生进行出路指导工作。

(一)学生指导的政策演变

1. 关于职业指导的规定

1960年10月25日,日本发布《按照国民收入倍增计划,制定长期教育计划的报告》,报告的第七章"关于加强青少年的职业指导"提出了指导的重要性:"在人生的初期,选择了不适宜的职业,这对个人来说,将是沉重的负担,专业往往困难。这不仅对个人,而且对企业和社会来说,也是一种很大的损失。"[1]

为此,该报告关于学生的职业指导提出两点计划:(1)设立进行职业指导的特定机构或中心。这样的机构或中心主要对初高中学生进行职业指导,同时开展职业研究、职业调查,并提供有关情报。(2)加强校内的职业指导工作。由于当时日本中学的职业指导主要向学生灌输有关职业的技术知识,但对学生的职业指导机会没有开展。所以,该报告要求学校要配备专职的职业指导教师,加强职业指导工作,"在加强升学辅导的同时,为了进行职业指导,有必要配备职业教师,这些专职教师应具有广博的学识经验"。[2]

另外,为了维护经济的高速发展,1963年经济审议会发表《在经济发展中人的能力开发的课题和对策》,指出"为贯彻教育中的能力主义,首先必须加强能力的观察和出路指导"。全国出路指导研究会也就应运而生,"本会以保障日本每个青少年的人格受尊重、个性得到和谐全面的发展,谋求出路指导运动正确发展为目的"。[3] 全国出路指导研究会的创立对促进中学的出路指导作出很大的贡献。

---

① 刘北鲁主编:《日本教育现状》,长沙:湖南教育出版社1986年版,第255页。
② 瞿葆奎主编,钟启泉选编:《日本教育改革》,北京:人民教育出版社1991年版,第202页。
③ 陈永明:《日本中学的出路指导》,《外国教育资料》1983年第4期,第45页。

2.《学习指导要领》的修改

1969 年和 1970 年、1977 年和 1978 年日本对初、高中的《学习指导要领》又分别进行了两次全面修订,出路指导的地位保持不变。1969 年和 1970 年的《学习指导要领》修订中强调培养学生实现自我价值的能力。

20 世纪 70 年代以来,文部省对中学的出路指导提出新的要求,强调它是班级活动的一部分,由班主任负责;改变过去单纯向学生灌输出路情报的做法,应当培养中学生具有选择出路、适应将来生活和自我实现的能力。文部省好几次重版有关学校出路指导手册,希望端正学校出路指导的方向。

1970 年新修订的中学教学大纲指出要适当进行出路指导,让学生斟酌和选择出路,适应将来的职业生活等。

1971 年 12 月文部省把职业指导主任改称为出路指导主任,需要承担和其他学科主任同样的职责,规定负责全校学生的职业选择及其他出路选择。此时期的出路指导强调对学生生存方式的指导和注重培养学生生存能力的教育。

1975 年高中出路指导逐渐充实起来,但初中出路指导逐渐衰弱,这是由于初中学校过于重视学生的升学考试,忽视了对学生职业能力的培养。

1977 年和 1978 年的《学习指导要领》修订中,强调学校要通过全部教育活动对学生进行出路指导。进入 20 世纪 70 年代的出路指导覆盖了全部教育课程,它是通过全部教育活动进行的指导,为了补充、深化出路指导,各学校积极开展了以班级指导为中心的各项课外活动。

(二) 唐纳德·萨帕对日本的影响

在日本学生指导发展史上,有两个美国心理学家对日本中小学的学生指导工作产生了重要的影响,一个是卡尔·罗杰斯(Carl Ransom Rogers),一个是唐纳德·萨帕(Donald Super,1910~　)。罗杰斯强调"以人为中心"的指导模式,使得日本指导内容和方法都产生了很大的改变,这在第五章已经进行阐述。而萨帕的主要贡献是,对日本中学的职业指导提供了理论框架。①

1. 萨帕的著作在日本出版

唐纳德·萨帕对日本学生指导的影响的一大标志就是他的著作在日本的出版。1960 年,日本职业指导协会会员藤本(Fujimoto)教授将萨帕的《职业心理学》(The Psychology of Careers)翻译为日文,并在日本出版。在 20 世纪 60 至 70 年代,

---

① Agnes M. Watanabe-Muraoka, Thomas-Aquinas Takeshi Senzaki and Edwin L. Herr. Donald Super's Contribution to Career Guidance and Counselling in Japan. International Journal for Educational and Vocational Guidance. Vol. 1, No. 1~2 2001, p100.

除了《职业心理学》外,日本学界还翻译了萨帕的其他著作和文章,主要有:①

（1）著作:《萨帕讲座报告:职业指导理论研究(一)》(*Super's Seminar Report: The Study of Vocational Guidance Theory 1*),日本职业指导协会译,1962年出版。

（2）著作:《萨帕讲座报告:职业指导理论研究(二)》(*Super's Seminar Report: The Study of Vocational Guidance Theory 2*),日本职业指导协会译,1969年出版。

（3）论文:《计算机在指导中的使用》(*Computer-use of Guidance Activities*),Senzaki译,1969年出版。

（4）著作:《基于计算机的职业发展与咨询》(*Computers in Support of Vocational Development and Counseling*),Senzaki译,1978年出版。

2. 为学校的职业指导提供了理论框架

萨帕关于职业指导著作和文章翻译并在日本出版,让日本学生指导的研究人员和实践者对萨帕的职业指导理论有了全面系统的了解与认识,他的理论也为学校的职业指导提供了理论框架。

我们知道,日本的职业指导理论最早于1915年从美国传入,即帕森斯的人职匹配理论。因此,到20世纪60年代前,日本中学的职业指导的主要模式是匹配模式(matching model),主要为学生寻找"最适合"的职业。如1947年《学习指导要领》把职业指导界定为"帮助学生选择职业的过程,并为此做好准备,寻找到适合自己的职位"。而在1961年的修订中,要求"中学实施系统、纵向的职业指导的课程,以帮助每个学生都能形成自我理解、自我决策、生活规划、采取行动的能力,并能够对自己所从事的职业进行调整"。②

需要指出的是,萨帕在日本的影响仅仅局限于职业指导理论框架,在实践领域并没有多大的影响,"尽管萨帕的理论被日本学界所接受,并作为日本中学职业指导的理论框架,但该理论并没有付诸实践"。③ 其主要原因在于,当时的日本学界仅

---

① Agnes M. Watanabe-Muraoka, Thomas-Aquinas Takeshi Senzaki and Edwin L. Herr. Donald Super's Contribution to Career Guidance and Counselling in Japan. International Journal for Educational and Vocational Guidance. Vol. 1, No. 1~2 2001, p105.

② 同上书, p101.

③ Agnes Watanabe & Edwin L. Herr. Career development: issues among Japanese work groups. Journal of Career Development, Vol. 20 Issue 1, 1993, pp 61~72.

把萨帕看成是一名伟大的职业心理学家,而并不是伟大的咨询心理学家(counselling psychologist),结果,萨帕在日本的影响仅限于理论层面,而不是在行动上了。"因此,在学校里没有可操作的课程提供给教师,大部分的指导教师很难把指导工作从人职匹配模式转到职业发展上。"[1]

(三) 日本中学出路指导情况

1958 年修改后的《初中学习指导要领》把职业指导更名为"出路指导",1960 年的《高中学习指导要领》中也将职业指导更名为"出路指导"。[2] 所谓出路指导,其实是指职业指导。它为学生在职业定向、升学考试及自我能力、兴趣的了解与测试上提供信息咨询与服务,旨在帮助学生在择业与升学过程中增强对自我的了解,减少其中的盲目性与片面性,以求最大限度的人职匹配与自我完善。

1. 出路指导的校内组织

在 20 世纪 60 至 70 年代,出路指导是日本中学学生指导的一项主要任务。中学的出路指导组织因学校规模的不同而异,但主要是由校长负责,并由学校的出路指导部具体负责,出路指导部设主任一名。

据文部省 1979 年《关于高中出路指导的综合性实态调查》,全日制高中有99.2%、定时制高中有 92.7%设立学校出路指导部。出路指导部的主要职责有以下几个方面:[3]

(1) 明确出路指导的目标、方针和重点实施的政策;

(2) 制定学校出路指导的各种计划草案;

(3) 对学生的出路意识和出路希望等进行调查;

(4) 实施职业适应性检查等;

(5) 收集、整理和有效利用出路情报资料;

(6) 帮助班主任进行具体的出路指导;

(7) 同学生进行出路商谈;

(8) 同学生的家庭和有关单位联系;

(9) 关于就业和升学手续等的指导;

(10) 调查毕业生所在工作单位的适应情况,并进行追加辅导。还要进行

---

① Agnes M. Watanabe-Muraoka, Thomas-Aquinas Takeshi Senzaki and Edwin L. Herr. Donald Super's Contribution to Career Guidance and Counselling in Japan. International Journal for Educational and Vocational Guidance. Vol. 1, No. 1~2 2001, p102.

② 杨兵:《日本高中出路指导研究》,东北师范大学硕士学位论文 2009 年,第 6 页。

③ 陈永明:《日本中学的出路指导》,《外国教育资料》1983 年第 4 期,第 45~46 页。

各项调查研究工作。

例如,加强全体教师对出路指导目标与意义的理解,多采用有效的指导技术;研究班级出路教学的方法;解决出路指导面临的各种问题;探讨学生出路意识的发展、职业观和劳动观的形成;促进家长们对学校出路指导的理解与合作。出路指导主任是出路指导的核心人物,辅助校长开展出路指导工作,其职责主要有:[①]

(1) 协助校长建立健全全校出路指导的协作体制;
(2) 联络和调整全校教师间有关出路指导的事宜;
(3) 制定、修改和评价学校出路指导计划方案;
(4) 加强全校教职员在出路指导方面的进修;
(5) 对班主任和课外学习室主任的出路指导提出建议;
(6) 负责收集整理有关出路指导的情报资料;
(7) 管理有关出路指导的设施设备;
(8) 加强与校外机构的合作等。

班主任和课外学习室主任对出路指导负有直接责任。他们的主要职责是:密切加强指导主任和学生、学生和学生之间的联系,以建立互相信赖、团结一致的集体;把出路指导列入班级和课外学习室的管理、目标和内容中,以促进学生关心出路问题;总结和利用作为个人资料进行调查研究的结果;解除学生在出路上的不安和苦恼,并提出指导和建议。

总之,日本学校的出路指导有专门的组织,分工明确,同时还注意发挥全体教职员的作用,以促进出路指导的顺利发展。另外,规模较大的中学,除了由出路指导主任协助校长统管全校的出路指导外,学校还分派专人负责学校的情报资料、调查与检查、出路教学等,注意产业部门的新动向。也有相当多的学校设置出路指导委员会以加强出路指导工作,有的学校甚至设立对外联络办公室,以加强同有关单位的联系与合作。

2. 出路指导的内容与方法

第一,提供出路指导信息

在指导时,日本各中学十分重视向学生及时提供有关职业指导的相关信息,并指导学生通过对这些信息的学习,设计并选择适合自己情况的出路。学校出路指

---

① 刘孟州、姜焕柱:《日本中学是怎样开展出路指导的》,《外国中小学教育》1989 年第 3 期,第 26 页。

导的内容与方法详见表 6 - 2"出路指导的领域、内容及方法"。出路指导信息是根据报纸杂志、广播电视媒及有关单位的招工和招生通知等编辑而成,具体来说主要有以下几个方面:

(1) 编写出路指导读物;

(2) 各任课教师结合自己科目学科的特点向学生介绍有关的职业情况;

(3) 学校图书馆开辟专架,陈列介绍各种职业、专业的书籍和报纸杂志,供学生阅读;

(4) 利用现代化的广播、电视、录像等电教工具,提供情报资料;

(5) 师生共同参观、访问和调查有关单位,并接受来自职业介绍所的情报资料;

(6) 专题报告,邀请有关人士来校向学生介绍社会上的职业与高校的专业情况;

(7) 学校设立职业指导日或职业指导周,开展相关活动;

(8) 组织学生进行职业见习。

上述的出路指导信息主要由校出路指导部负责,并得到全校教职员的关心与协助。同时,教师还指导学生自己去收集新的、准确的情报资料,并做好精选、分类工作。

第二,班级指导

学校出路指导主要通过在班级开设专门的出路指导课程加以实施。教育部门要求出路指导课程初中和高中不能少于 40 个课时,各个年级的具体课时规定如下:一般来说,初一有 10 课时,初二有 20 课时,初三有 15 课时,共计 45 课时;高一的出路指导有 13 课时,高二有 17 课时,高三有 11 课时,共计 41 课时。[①]

班级指导主要由班主任完成,班主任在校出路指导主任的领导与帮助下,制定符合班级具体情况的出路指导计划;努力收集、整理和利用在指导时必需的资料,负责对班内学生的出路商谈,并争取得到学生和家长对出路指导的理解与协作等。

第三,出路商谈

出路商谈是指学校向学生和家长提供职业指导咨询服务,该项工作由出路指导主人、班主任、任课教师、课外学习室主任等人负责。商谈既可以定时进行,也可以随时接受学生的商谈。从对象上看,出路商谈又可分为个别商谈和集体商谈。

① 陈永明:《日本中学的出路指导》,《外国教育资料》1983 年第 4 期,第 48 页。

各年级出路商谈的内容都不一样,但必须保持连贯性和循序性,如高一帮助学生提高对将来出路的关心,制订实现自己理想的学习计划;高二帮助学生有效地利用情报资料,增长有关职业、专业的知识,制订出路计划;高三帮助学生认识自己的特点,自主地选择和决定职业或专业的方向。出路商谈的内容主要包括:

    (1) 学生出路适应的诊断;

    (2) 职业兴趣的诊断;

    (3) 职业成功可能性的诊断;

    (4) 某种不安心理的消除;

    (5) 引发学生内在发展潜力的自我表现等。

    下面以枥木县佐野市立赤见中学实施出路商谈计划加以说明。该校根据学生的不同发展阶段,每学年均有明确的主题:第一学年,商谈的内容主要围绕如何促进学生对出路的关心,帮助学生提高认识的能力和适应性,加深自我理解;第二学年主要是进一步深化学生的自我理解,使学生能够展望自己的将来,制订出自己的出路计划;第三学年主要是帮助学生正确地选择出路及指导学生毕业后如何适应新的环境,实现自己的愿望。另外,学校还对商谈的时间作了明确的规定,具体计划如下:

佐野市立赤见中学定期出路商谈计划①

    (1) 全体学生每周安排一个商谈日,每学期安排一个商谈旬,三年级学生与父母、教师三者商谈一次,积极推进与一、二年级学生父母的个别商谈,对每个学生都要进行彻底的出路指导。

    (2) 商谈日每学期不少于2次;各商谈旬至少商谈一次,一年间至少与学生家长商谈一次,商谈工作主要由班主任教师担任,必要时,学校出路指导主任和其他教师给予协助。

    (3) 由于是定期商谈,所以主要采取教师点名商谈的形式,但要创造一种学生自主商谈的气氛。

    (4) 商谈计划要充分考虑学生的发展阶段,明确商谈重点事项、预想的商谈内容等。

    (5) 在实施定期商谈的同时,积极开展各种形式的随时商谈。

---

① 孙震瀚主编:《国外职业指导》,杭州:浙江教育出版社1991年版,第89页。

第四，升学和就业时的指导

升学和就业时的指导是在上述出路情报、启发性经验、出路商谈等方面进行指导的基础上进行的。在进行升学指导时，要让学生考虑将来所希望的职业或职业生活是什么样的，未来职业是否符合个人的兴趣、个性和能力，进而考虑自己升入哪类学校、学哪种学科、专业最合适。在进行就业指导时，要让学生考虑为什么要就业，分析就业后的工作的性质、地位、待遇、劳动条件和人事关系等。同时还要考虑就业后能否适应这种职业生活。指导得越彻底选择出路的准确性越高，从而减少盲目入学或就业的现象。

第五，毕业后的追踪指导

追踪指导是指通过访问毕业生所在单位、邀请毕业生回校谈体会与经验、举办面向毕业生的指导报告会、定期向毕业生征询意见、调查电话或书面调查等方式了解那些已经升学或就业学生的出路情况，并根据情况及时地给予指导。

表 6-2　出路指导的领域、内容及方法①

区分		领域、内容	主要的机会、手段、方法、技术
学校内	承担者	出路指导主任、出路指导部（科）	个别、集体面谈，商谈法，讲课法，宣讲法
		班主任、年级任课教师	个别、集体面谈，商谈法，宣讲法，讨论法，调查法
	场合	各门课程、道德	讲课法，宣讲法，讨论法，调查法
		班级指导	宣讲法，集体讨论法，电化教学法，操作法，调查，检测法
		俱乐部活动、学校例行活动	宣讲法，体验法，调查法，操作法
	对象	个人	面对面商谈法，观察法，调查、检测法，考试考查法
		集体（学校全体、年级、班级）	集体面谈，商谈法，集体调查、检测法，集体宣讲法，戏剧法，游戏法，电教法，竞技法
	专门活动	自己理解	调查、检查法，观察法，商谈法，评定法，交友测定法，作品法
			自己分析、自己评定、自己评价法

---

① 孙震瀚主编：《国外职业指导》，杭州：浙江教育出版社 1991 年版，第 118 页。

区分		领域、内容	主要的机会、手段、方法、技术
学校内	专门活动	出路情报	(收集)参观访问法,调查法、实习法;(整理)档案化,卡片化,计算机化,录像化;(提供)铅印材料,软件,录像带
		出路商谈	(技术)特性因素法,来谈者中心法,循环法,行动法,折衷法,精神分析法
			(机会)点名商谈,定期商谈,随时商谈
		启发性的体验	(机会)各门课程、道德,特别活动,校外的各种活动
			学习、交友、劳动、服务、生产、实验、实习等体验的、探索性的各种活动
		帮助学生选择、决定出路	个别、集体商谈,指导法,二者、三者面谈法
		跟踪指导	召集法,访问法,文书调查法
		评价	(机会)学校评价,教师评价,学生评价,家长等的评价
			(方法)征询意见法,投票法,标准评定法,文章记述法,作品法
学校外	与家庭社区的协作联系	学校——家庭	全校家长会,年级家长会,社区家长会,家庭访问,学校与家庭的联络会,演讲会,研修会
		学校——关系机关	文书,交换记录,联络协议会,恳谈会,说明会,演讲会,见习会,碰头会

这是出路指导的最后阶段,也是检查校内进行出路指导效果的活动。据文部省 1979 年《关于高中出路指导的综合性实态调查》,有 45% 的全日制高中和 20.9% 的定时制高中已制订"对毕业生追加辅导计划"。[①]

以上几个方面是出路指导的基本内容和方法。表 6-2 综合概括了学校职业指导的基本内容、方法和技术。

文部省规定,普通中学的职业指导工作,必须根据学校的实际情况,制订明确的、切实可行的计划,既有学校的指导计划,也有班级的指导计划,而且对于职业指导的各个环节、各个方面和各个阶段都要周密考虑和作出计划。据文部省 1979 年

① 陈永明:《日本中学的出路指导》,《外国教育资料》1983 年第 4 期,第 49 页。

《关于高中出路指导的综合性调查》统计,有 89.6%的全日制高中和 62.2%的定时制高中已制订出全校性的职业指导计划。①

另外,文部省还专门出版了《初中、高中出路指导手册—指导计划编》,广泛收集了日本普通中学种类繁多的职业指导计划,以供各所中学交流学习。

进一步思考

1. 评述美国心理学家唐纳德·萨帕的职业生涯发展理论。

2. 根据唐纳德·萨帕的职业生涯发展理论,请绘制一幅你个人生涯发展的"生涯彩虹图"。

3. 评述约翰·霍兰德的人格—职业类型匹配理论。

4. 根据自己实际,参加附录二"霍兰德职业倾向测验量表"的测试,根据测试结果,对你的人格类型与职业环境的适配情况加以分析。

5. 美国行业协会在学生指导制度建设方面做了哪些工作?

6. 20 世纪 60 至 70 年代间,英国在学生指导方面颁布了哪些法令?

7. 二战后,英国在指导教师培养方面做了哪些工作?

8. 简述法国国家教育与职业信息局的主要职责。

9. 法国是如何培养方向指导人员的?

10. 谈谈联邦德国劳动学课程的设置情况及作用。

11. 简述联邦德国二战后职业定向指导的实施情况。

12. 唐纳德·萨帕对日本学生指导工作有何影响?

13. 阐述日本中学出路指导的内容与方法。

延伸阅读

[法]雅基·西蒙、热拉尔·勒萨热著,安延译:《法国国民教育的组织与管理》(第八版),北京:教育科学出版社 2007 年版。

[美]Stanley B. Baker、Edwin R. Gerler 著,王工斌、焦青、伍芳辉等译:《21 世纪的学校咨询》,北京:中国轻工业出版社 2008 年版。

樊富珉主编:《心理咨询学》,北京:中国医药科技出版社 2006 年版。

傅宏主编:《咨询心理学高级教程》,合肥:安徽人民出版社 2008 年版。

---

① 孙震瀚主编:《国外职业指导》,杭州:浙江教育出版社 1991 年版,第 98～99 页。

黄日强、许祥云:《世界职业教育管理研究》,北京:新华出版社 2005 年版。

李其龙:《德国教育》,长春:吉林教育出版社 2000 年版。

瞿葆奎主编,钟启泉选编:《日本教育改革》,北京:人民教育出版社 1991 年版。

瞿葆奎主编:《美国教育改革》,北京:人民教育出版社 1990 年版。

吴文侃、杨汉清主编:《比较教育学》,北京:人民教育出版社 1989 版。

孙震瀚主编:《国外职业指导》,杭州:浙江教育出版社 1991 年版。

邢克超主编:《战后法国教育研究》,南昌:江西教育出版社 1993 年版。

杨宏飞:《心理咨询原理》,杭州:浙江大学出版社 2006 年版。

瞿海魂编著:《发达国家职业技术教育历史演进》,上海:上海教育出版社 2008 年版。

朱启臻:《职业指导理论与方法》,北京:首都师范大学出版社 1996 年版。

边保旗:《美国学校心理辅导的发展历程及启示》,《教育实践与研究》2001 年第 12 期。

常永才:《美国学生指导发展动因探析》,《外国教育研究》1997 年第 3 期。

陈永明:《日本中学的出路指导》,《外国教育资料》1983 年第 4 期。

董伐柯:《德国职业教育的阶段性》,《世界职业技术教育》1995 年第 4～5 期。

黄鸿鸿:《美国中学职业指导的历史考察》,《比较教育研究》1992 年第 2 期。

李晓涛:《英国普通中学职业指导研究》,西南大学 2009 年硕士学位论文。

刘孟州、姜焕柱:《日本中学是怎样开展出路指导的》,《外国中小学教育》1989 年第 3 期。

孟旭、杜智萍:《美国的生计教育运动》,《中国职业技术教育》2004 年第 3 期。

石国兴:《英国心理咨询的专业化发展及其问题》,《心理科学进展》2004 年第 2 期。

王卓:《西方职业指导理论发展研究》,辽宁师范大学 2001 年硕士学位论文。

杨兵:《日本高中出路指导研究》,东北师范大学硕士学位论文 2009 年。

Anthony P. Picchioni, Edward C. Bonk. A comprehensive history of guidance in the United States. Austin: Texas Personnel and Guidance Association 1983.

Armand Colin. Prost A.: Histoire de l' enseignement en France 1800～1967. Paris 1968.

Jeffrey A. Kottler, David Shepard. Introduction to Counseling: Voices from the Field (sixth Editon). Broadman & Holman Publishers 2008.

Jone F. Jennings. A federal perspective on guidance and counseling. E. L. Herr & N. M. Pierson(Ed.). Foundations for Policy in Guidance and Counseling.

Washington, DC: The American Personnel and Guidance Association 1982.

Norman C, Gysbers. A history of school counseling. Alexandria, American School Counselor Association 2010.

William Baginsky. School counselling in England, Wales and Northern Ireland: a review. NSPCC Information Briefings January 2004.

A. G. Watts, Jennifer M. Kidd. Guidance in the United Kingdom: Past, Present and Future. British Journal of Guidance & Counselling, Vol. 28 No. 4 2000.

Agnes M. Watanabe-Muraoka, Thomas-Aquinas Takeshi Senzaki and Edwin L. Herr. Donald Super's Contribution to Career Guidance and Counselling in Japan. International Journal for Educational and Vocational Guidance. Vol. 1, No. 1 ~ 2 2001.

J. Capelle. The Observation and Guidance Phase in French Secondary Education. Comparative Education, Vol. 1 No. 3 Jun. 1965.

Joseph C. Rotter. Elementary school counselor preparation: past, present, and future. Elementary school guidance & counseling, Vol. 24 No. 2 1990.

Richard S. Sharf. Applying Career Development Theory to Counseling (third Edition). Wadsworth 2001. Robert O. Stripling. Standards and accreditation in counselor education: a proposal. Personnel and Guidance Journal, Vol. 56 No. 6 1978.

Vernon Lee Sheeley. American Counseling Association: The 50th Year Celebration of Excellence. Journal of Counseling & Development, Volume 80, Issue 4 Fall 2002.

Windy Dryden, Dave Mearns, Brian Thorne. Counselling in the United Kingdom Past, Present and Future. British Journal of Guidance & Counselling, Vol. 28 No. 4 2000.

第六章 国外学生指导制度的健全

第七章
国外学生指导制度的改革

第三次学科技术革命浪潮、各国基础教育改革，以及出现的环境污染、通货膨胀、毒品泛滥、性观念开放等各种社会问题，这些都极大地推动了 20 世纪 80 年代以来国外学生指导制度的改革。

1972 年 2 月，美国密苏里大学诺曼·吉斯伯斯教授提出全方位学校指导项目，并带领团队开发出一本手册，用以指导各州学校学生指导工作。全方位学校指导项目成为 80 年代以来美国学校主流的学生指导模式，至 20 世纪末，美国已超过一半的中小学开始采用此模式来开展学校的指导工作。

1972 年，美国《教育修正法案》规定，指导教师不得因种族、肤色、国籍或其他原因（例如性别、年龄或残疾状态）歧视学生。1978 年，国家教育学会（NIE）和健康与人类服务部（HHS）根据《教育修正法案》中关于禁止歧视学生的规定，提出了在给学生进行指导工作时禁止性别歧视的 15 条方针。

1961 年，美国心理咨询协会制定了指导工作的第一套道德准则——《美国心理咨询协会道德准则与从业标准》。此后，1974 年、1981 年、1988 年、1995 年、2005 年多次进行修订。

1984 年，美国学校指导教师协会发布《学校指导教师的道德标准》，此后，1992 年、1998 年、2004 年、2010 年多次进行修订。

1997 年，美国学校指导教师协会颁布了《学校指导项目的国家标准》，该标准浓缩了欧美国家尤其是美国学校指导的一些最基本思想、原则和态度，已经成为美国及其他一些国家和地区学校指导工作的实践指南。

成立于 1952 年的美国人事与指导协会 1983 年更名为"美国学生指导与发展协会"，1992 年，又改名美国心理咨询协会。

1981 年，英国发布《16～19 岁青少年的教育》白皮书，建议加强 16～19 岁青少年的生计建议与指导。

英国 1988 年《教育改革法》，确定在 5～16 岁的义务教育阶段开设核心课程、基础课程和附加课程。其中，在附加课程中，开设生计指导课程，加强对学生的生涯指导。

1991 年，英国发布《面向 21 世纪的教育和培训》白皮书，建议为 16～19 岁的青少年提供最好的职业信息、职业指导以及建议等服务。

1997 年，英国的《教育法》规定为所有 9～11 岁的学生提供一个职业教育计划。

20 世纪 80 年代起，英国推行"职业教育试点计划"，在普通教育中增设职业技术课程,为学生进一步学习科学技术理论、掌握必要的社会生产、生活技能打下基础。

20世纪80年代,法国取消原来的班主任,实行教师监护制,对在法语、数学和外语学习上遇到困难的学生进行补课,以缩小学生之间的两极分化,同时对学生开展个别化的方向指导服务。

1989年,法国颁布《教育方向指导法》,要求加强对中学学生的方向指导和个别教学。随后,教育部发布了《教育方向指导法附加报告》,对方向指导工作进行了进一步的明确与细化。

20世纪80年代以来,联邦德国的学生指导主要是围绕纠正不良行为、前途预测、升学与就业等几个方面的指导工作。统一之后的德国,在主体中学增设"劳动学"课程,为未来的职业教育作准备,同时在综合中学开展分组教学与指导。

从1981年起,日本在高中开设《职业基础》课程,通过课程开展指导工作,20世纪80年代中期至90年代,职业指导课在日本高中得到了全面的推广。

1995年,日本出路指导学会提出了日本中学职业指导的教育目标,为学校职业指导工作明确了方向。

第一节　国外学生指导制度改革的背景

以微电子技术为核心的第三次学科技术革命、各国基础教育改革浪潮以及出现的各类社会问题，这些都极大地推动了 20 世纪 80 年代以来国外学生指导制度的改革。

一、科学技术发展对教育提出的新要求

20 世纪 70 年代末 80 年代初，在第三次科技革命的基础上，全世界范围内以微电子技术、生物工程、新型材料、宇航工程、海洋工程、核能技术等尖端技术的应用为主要标志的新技术革命再掀高潮。

新科学技术的发展对当时的社会、经济和生活产生了巨大的影响。首先，产业结构发生了变化，即以电子工业、生物技术工业、宇航工业、海洋工业、新材料与新能源工业成为社会的经济支柱。据 1981 年统计，美国电子工业产值为 1,138 亿美元，预计到 1991 年产值将增至 6,000 亿美元，成为美国最大的产业之一。[①] 其次，劳动方式与内容的变化。随着以微电子技术为核心的学科技术革命，使西方各国由工业化社会向信息化社会发展，生产方式也由劳动密集型的"夕阳工业"向知识密集型的"朝阳工业"转型。人们的劳动不是以增加能源、延长劳动时间、强化体力劳动等来提高劳动生产率，而是靠人的智力，利用新技术使生产自动化、现代化，随着电子计算机的应用减轻人的脑力劳动来提高劳动生产率等。另外，新科学技术对劳动者的科学文化水平也提出了新的、更高的要求。20 世纪 80 年代和 90 年代，新增的大多数岗位都要求劳动者具有较高的文化科学知识水平。

为应对新科学技术的挑战，各国都把教育放在突出重要的位置，增加智力投资。因此，提高劳动者的技能和素质已成为产业界乃至整个社会的迫切任务，而这任务必须由教育来完成。各国纷纷提高教育标准，开设或加强数学、自然科学、电子计算机、社会科学、外文等课程，同时增加上课天数及节数等。

[①] 王广忠、朱佩华：《谈新技术及其对未来社会的影响》，《辽宁高等教育研究》1986 年，增刊第 1 期，第 49 页。

二、各国基础教育改革推动

在新科学技术的推动之下,20 世纪 80 至 90 年代各国都把人才培养放在一个非常重要的地位,通过颁布法令来加强基础教育改革,不断提高教育质量。

美国于 1983 年发表了《国家在危险中:教育改革势在必行》的报告,指出美国在工业、商业、科学、技术方面失去了昔日的世界领先地位,而更危险的是美国的教育质量急剧下降。为此,报告建议提高基础教育标准加强中学数学、英语、自然科学、社会科学、计算机等五门"新基础课"的教课程。这个报告成了美国 80 年代中期开始的教育改革的纲领性文件。1988 年 7 月,英国颁布《教育改革法》,推行国家统一课程,规定中学必须开设英语、数学和科学(包括物理、化学和生物)3 门核心课程。法国从 1985 年开始,中小学实施新的教学大纲。1992 年,法国国家课程委员会公布了《课程宪章》这一纲领性文件,加强基础教育课程改革。进入 80 年代以后,联邦德国采取多种措施,加强初等教育、中等教育等方面的改革。80 年代,日本成立的"临时教育审议会"(1984)和"教育改革推进本部"(1987),推动 80 年代后期日本的教育改革。

作为基础教育中的重要的一项工作,各国对学生指导工作给予了极大的关注。如英国 1988 年的《教育改革法》规定在义务教育阶段,除了开设核心课程和基础课程外,还开设附加课程。在附加课程中明确规定要开设生计指导类课程,"附加课程包括古典文学、家政、经营学、保健知识、信息技术应用、生物、第二外语、生计指导等,约占中学总学时 10％左右"。[1] 联邦德国在中等教育改革方面,要求学校要加强个别化教学,并加强职业指导工作:[2]

(1) 普通中等教育和职业技术教育课程互相渗透,在普通中学开设职业技术教育课程,在职业学校增加普通教育课程,使中学毕业生能适应升学和就业两种选择。

(2) 进一步加强个别化教学,遵循因材施教的原则合理组织教学内容和教学形式。

(3) 加强尖子学生培养,为多出人才、快出人才服务。

日本在课程改革方面也增加了学生指导类课程,在高中一、二年级专设《职业

---

[1] 吴式颖主编,李明德、单中惠副主编:《外国教育史教程》,北京:人民教育出版社 1999 版,第 643～644 页。

[2] 同上书,第 662 页。

基础》,每周 1 学时,通过课程对学生进行职业指导。

三、社会其他方面因素的影响

20 世纪 80 年代以来,西方社会也出现了很多社会问题,国外解决社会问题的方式很多,也希望借助教育加以解决。

经济方面的突出表现就是通货膨胀。西方发达国家在 70 年代发生了严重的通胀,多数国家的通胀率达到双位数。在 70 年代后期和 80 年代初,这些国家的政府都把通胀作为经济上的"头号公敌",把反胀作为宏观经济政策首要的政策目标,采取了紧缩性政策。反映在教育上,就是各国均把消费教育纳入指导体系,通过指导告诉学生如何理财,购买商品如何作出理智的选择等。如美国的消费教育一般作为社会研究课程的一部分,有的学校把消费教育包含在经济学或生计教育课程中。

由于工业化的高度发展和人口的高度聚集,污染物的排放量激增,造成了大气污染、水资源短缺、土地资源短缺、噪音不绝和光磁污染等各种难以解决的环境问题,人们的生活全受到了极大的威胁。环境污染日益严重的情况下,各国也纷纷采取措施加以补救,环境与健康教育也纳入了学校的课程当中,其目的就是希望学生理解人类面临的环境问题,理解人类与周围自然界的关系。环境教育在学校实践中有不同做法,有的与地理、科学、生物、自然等课程结合起来进行,有的则与多元文化、道德等教育结合起来,还有的重新创立一种新的课程,称全球教育或环境教育课程,通过课程或活动指导学生加深对环境与健康问题的了解。

另外,毒品和两性关系的泛滥也反映在各国中小学的课程改革中,这可从各国增设的反毒品教育、性教育等一些课程得到印证,这些工作也成为了国外学校学生指导的一项重要的内容。

第二节　美国学生指导制度的改革

受 20 世纪 80 年代以来基础教育改革的影响,美国在学生指导领域也进行了改革,其主要的标志是全方位学校指导项目实施、学校指导工作的相关法律颁布、学生指导道德规范的建立以及《学校指导项目的国家标准》的推出等。

一、美国全方位学校指导项目的实施

20 世纪 70 年代,美国密苏里大学诺曼·吉斯伯斯(Norman C. Gysbers)教授提

出全方位学校指导项目(Comprehensive School Guidance Programs)。该项目的核心思想是突出指导教师在学校教育中的地位和作用,并明确规定指导教师的工作职责和内容。吉斯伯斯认为,学校应该把指导的地位提升到与教学工作同等重要的地位上。为此,他提出了两种教育传输系统的观点:学校教育存在教学和指导两个并重的、相互联系的教育系统。这两个系统有其各自独立和相互重叠的部分。教学系统通过课程教学对学生进行知识与能力的教育,其内容包括基本学科和职业准备,而指导工作则着重培养学生良好的个性品质和适应社会的能力,其内容包括自我知识和人际关系、生活角色、环境和事件以及生涯规划。教学传输系统和指导传输系统既有分工,又有协作,二者相辅相成,不可偏废。后经多次修改和完善,由于其不可替代的优越性而逐渐取代传统的"以职位为中心"(the position model)和"以服务为中心"(the service model)两种指导模式。

(一) 全方位学校指导项目的由来

全方位学校指导项目是综合"以职位为中心"和"以服务为中心"两种指导模式的基础上,不断完善而发展起来的。

1. 全方位学校指导项目的起源

全方位学校指导项目的起源可以追溯到"以职位为中心"和"以服务为中心"的两种指导模式。[①]

1908 年 1 月 23 日,弗兰克·帕森斯(Frank Parsons)创立了波士顿职业局,帮助青少年根据自己的能力与兴趣寻找适合自己的工作。1909 年 5 月,帕森斯的遗著《选择一份职业》(*Choosing a Vocation*)提出了特质因素理论(trait-and-factor theory),该理论的核心是人与职业的匹配(matching men-and-jobs),强调以职位为中心,主要以帮助学生找到适合的工作为己任。另外,学校通常指定教师担职业顾问这个职位,职业顾问除了开展职业指导外,还要从事教学工作,并且不会得到任何额外的补贴。[②] 这就是"以职位为中心"的指导模式。

后来,美国明尼苏达大学学生指导专家艾德蒙·威廉姆森(Edmund G. Williamson,1900~1979)不断加以完善。该理论成为欧美各国 20 世纪 30 至 40 年代学生指导主流的指导理论。[③] 职位为中心的指导由于目的明确、简单实用、便于

① Norman C. Gysbers, Patricia Henderson. Comprehensive Guidance and Counseling Programs: A Rich History and a Bright Future. Professional School Counseling, Vol. 4 Issue 4 Apr 2001, pp246~247.
② Susan J. Ginn. (1924). Vocational guidance in Boston Public Schools. The Vocational Guidance Magazine. Vol. 3 Issue 1 October 1924, pp3~7.
③ [美]Stanley B. Baker, Edwin R. Gerler 著,王工斌、焦青、伍芳辉等:《21 世纪的学校咨询》(第四版),北京:轻工业出版社 2008 年版,第 11 页。

量化、易于操作，极大地推进了当时学校指导工作的科学化水平。但由于指导教师属于兼职且得不到额外的报酬，因此学校指导工作很容易流于形式。

二战后，美国颁布了《乔治—巴登法案》和《国防教育法》，拨款资助专业指导教师的培养。自这两部法律颁布后，越来越多的高校开设了"指导与咨询"专业，培养专业的指导教师。总之，到了 20 世纪 60 年代，美国学校指导工作出现了一些新的变化：

（1）指导工作开始由全职的指导教师担任。《乔治—巴登法案》颁布后，美国大约有 80 所高校从事专业指导教师，其中 40 所是本科水平的，另 40 所是研究生水平的。[①] 在《国防教育法》的影响之下，美国高校的学生指导教育专业从 1958 年的大约 80 个增至 1962 年的 400 多个，而所有这些增加的培养计划都是研究生程度的教育。[②] 这些毕业生极大地充实了美国中小学学生指导队伍。

（2）指导工作转向"学生人事服务"（pupil personnel work）。倡导"服务学生"（student services）的理念，并力图达到培养"完整学生"的目标。"学生人事服务"强调服务的非教学性，该模式被称为"以服务为中心"的指导模式。

20 世纪三四十年代，美国明尼苏达大学艾德蒙·威廉姆森（Edmund G. Williamson）教授对此概念进行了解释，他强调指出，指导工作"不仅仅为了帮助来访者成其所想，更重要的是帮助他们为成其所想做应做之事"。[③] 对指导教师来说，其工作的职能主要为学生提供全面的指导"服务"（services），具体可分为六个方面的工作：[④]

（1）个性鉴定（identified）；（2）职业定向（orientation）；（3）评估（assessment）；（4）信息提供（information）；（5）咨询（counseling）；（6）就业安置

---

① Edwin L. Herr. Career Development and Its Practice：A Historical Perspective. The Career Development Quarterly. Vol. 49 No. 3 2001，pp198～203.

② Kenneth B. Hoyt. A Reaction to Mark Pope's "A Brief History of Career Development Counseling in the United States". The Career Development Quarterly，Vol. 49 No. 6 2001，pp374～378.

③ ［美］塞缪尔·T·格拉丁著，陶新华等译：《心理咨询：一个综合的职业》（第五版），南京：江苏教育出版社 2007 年版，第 344 页。

④ Norman C. Gysbers，Patricia Henderson. Comprehensive Guidance and Counseling Programs：A Rich History and a Bright Future. Professional School Counseling, Vol. 4 Issue 4 Apr 2001, p248.

（placement）；（7）追踪（follow-up）。

2. 全方位学校指导模式的诞生

在指导实践中，传统的"以职位为中心"的指导模式过分地强调职位，指导教师在很多情况下要从事额外的行政和文秘工作，如日程安排和档案记录等，学生指导工作只是学校中的一种辅助性服务工作。除此之外，该模式有其自身的局限。因为每个人的特性错综复杂，性向、需要、价值观之间存在着交互作用，很难精确地加以测量；另外，职业种类繁多，很难为每一种职业确定所需的个人特性。而"以服务为中心"的指导模式过分地强调一对一的指导服务，服务的对象也仅限定在少数特殊学生，即仅对在校学生出现的各种危机与问题加以重点关注与指导。亨利·博罗（Henry Borow）曾指出："我们对传统的一对一指导太过于重视，并且也许高估了其价值。指导教师把自己束缚在房间里进行指导的做法必须加以改变。"[1]

因此，传统的"以职位为中心"和"以服务为中心"的指导模式已经不能满足学校指导工作的需要。为此，美国密苏里大学教授诺曼·吉斯伯斯（Norman C. Gysbers）博士开展了一项关于学生指导工作的研究项目，1969 年 10 月，召开一次了全国性的会议，主题就是关于学生职业指导、心理咨询与就业安置等。

1971 年 7 月 1 日，美国教育部门拨专款授权诺曼·吉斯伯斯领导其团队帮助全美 50 个州及首都哥伦比亚特区与波多黎各（Puerto Rico）自治邦的当地学校创立一种新的模式来实施学校职业指导、心理咨询与就业安置等工作。[2]

1972 年 1 月，项目组召开了全国性会议。1972 年 2 月，吉斯伯斯团队开发出一本手册，用以指导各州学校学生指导工作。手册第一次详尽地描述了全方位学校指导项目，宣告了全方位学校指导模式（Comprehensive School Guidance Programs）的正式诞生。后经多次实验和修改，全方位学校指导模式逐渐完善并显现出巨大的应用价值。[3]

（二）全方位学校指导模式的主要内容

吉斯伯斯指出，在全美国大多数州学区实施的全方位学校指导模式主要由四个要素组成（具体详见图 7 - 1）：

---

① Borow，H. Research in vocational development：Implications for the vocational aspects of counselor education，In McDaniels，C.（Ed.）Vocational Aspects of Counselor Education. Washington，DC：The George Washington University 1966，p88.

② Norman C. Gysbers. A History of School Counseling. Alexandria：American School Counselor Association 2010，p115.

③ 同上注。

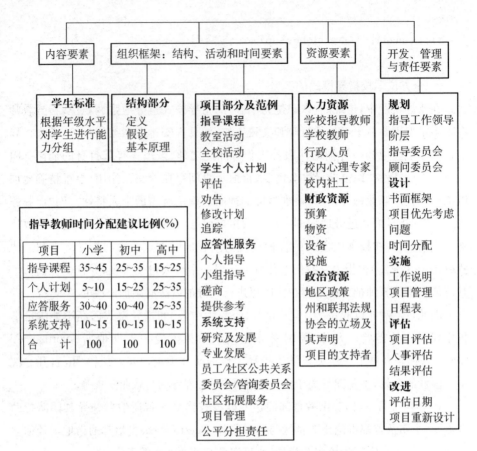

| 内容要素 | 组织框架：结构、活动和时间要素 | 资源要素 | 开发、管理与责任要素 |

学生标准
根据年级水平对学生进行能力分组

结构部分
定义
假设
基本原理

项目部分及范例
指导课程
教室活动
全校活动
学生个人计划
评估
劝告
修改计划
追踪
应答性服务
个人指导
小组指导
磋商
提供参考
系统支持
研究及发展
专业发展
员工/社区公共关系
委员会/咨询委员会
社区拓展服务
项目管理
公平分担责任

人力资源
学校指导教师
学校教师
行政人员
校内心理专家
校内社工
财政资源
预算
物资
设备
设施
政治资源
地区政策
州和联邦法规
协会的立场及其声明
项目的支持者

规划
指导工作领导阶层
指导委员会
顾问委员会
设计
书面框架
项目优先考虑问题
时间分配
实施
工作说明
项目管理
日程表
评估
项目评估
人事评估
结果评估
改进
评估日期
项目重新设计

指导教师时间分配建议比例(%)			
项目	小学	初中	高中
指导课程	35~45	25~35	15~25
个人计划	5~10	15~25	25~35
应答服务	30~40	30~40	25~35
系统支持	10~15	10~15	10~15
合　计	100	100	100

图 7-1　全方位学校指导的组织要素①

（1）内容要素（Content Element）；

（2）组织框架：结构、活动和时间要素（Organisational Framework：Structure，Activities and Time Element）；

（3）资源要素（Resources Element）及开发、管理与责任要素（Development，Management and Accountability Element）。

结合图 7-1"全方位学校指导的组织要素"图，下面重点对全方位学校指导项目中的内容要素、组织框架和资源要素加以分析。

1. 内容要素

根据生活生涯发展理论（Life Career Development，LCD），内容要素明确指出学

① Norman C. Gysbers，Patrica Henderson. Developing and managing your school guidance program (4th.). Alexandria，VA：American Counseling Association 2006，p59.

生通过参与全方位学校指导项目将会掌握三个领域内的能力,每一类包含5个子目标。这三个领域的能力为:①

第一,自我认知与人际交往能力的目标(Self-knowledge and interpersonal skills goals)。学生形成的能力有:(1)认识自己及他人独特的个性特点与能力;(2)掌握保持个人身心健康的技能;(3)掌握对自己负责和管理环境的能力;(4)掌握与同伴和成人保持有效关系的技能;(5)掌握人际交往活动中的倾听和表达的技能。

第二,生活角色、环境和事件的目标(Life roles, settings and events goals)。学生形成的能力有:(1)掌握有效学习的技能;(2)了解法律和经济方面的知识,成为有责任感的社会成员;(3)了解社会生活方式及个人生活的角色,认识并了解环境与事件间的相互影响;(4)了解陈规(stereotypes)及其对职业认同(career identity)的影响;(5)学会关注社会与个人未来的发展,并努力掌握适应未来发展的能力。

第三,生活生涯规划目标(Life career planning goals)。学生形成的能力有:(1)了解社会生产者所具有的权利与责任;(2)了解个体的生活态度与价值对其决定、行动和生活方式的影响;(3)了解决策过程的特点以及所作决策对自己和他人的影响;(4)形成可供选择的决策,收集必要的信息、评价各种选择的风险及结果等方面的能力;(5)培养澄清价值、拓展兴趣与能力、评估达到目标进程等方面的能力。

2. 组织框架要素

全方位学校指导项目中组织框架要素由两部分构成:(1)结构部分(Structural components);(2)项目部分及范例(Program components and sample activities)。结构部分是指学校对指导工作进行有计划的行政管理,包括确定指导工作的中心地位,明确指导的对象、总目标与意义,界定指导以及指导与其他教育课程之间的关系,提供指导工作所需的物质条件并对有关人员的活动进行组织与协调等。项目部分是指学校制定的指导工作计划,具体包括四个部分:

(1) 指导课程(Guidance Curriculum)。指导教师以课堂活动和团体活动

① Norman C. Gysbers, Patrica Henderson. Developing and managing your school guidance program (4th.). Alexandria, VA: American Counseling Association 2006, pp60~61.

的形式向学生系统传授心理健康、个性成长的知识以及社会生活技能的教育活动。指导教师不仅负责设计、组织和开设指导课程,而且还要与其他教师合作或者指导其他教师完成指导课程。

(2) 学生个人计划(Individual Student Planning)。指导教师向学生提供设计、调控和管理个人社会性发展的知识与技能,帮助学生确立与社会发展目标相一致的生活生涯计划的教育过程和活动。指导教师与学生家长密切配合,通过测量、咨询和教育安置的形式共同探索、分析与评估学生的教育、职业和个人目标及计划。

(3) 应答性服务(Responsive Service)。应答服务是指导教师通过个别指导、小组指导、间接咨询、转介等形式帮助学生解决心理困扰以及满足学生、家长、其他教师的即时需要的教育活动,这是针对个别学生提供的有针对性的指导活动。

(4) 系统支持(System Support)。指导教师为保证指导计划的顺利实施所从事的组织与管理活动以及为争取学校所在社区对指导工作的支持和帮助而开展的公关与对外联络活动。这些活动的最终目的是争取学校和社区各方面因素对学校指导工作的支持。在时间允许的情况下,指导教师还要积极参与学校的其他活动,协助教师和管理者的工作,共创积极的学习环境。

3. 资源要素

全方位学校指导项目中的资源要素包括人力资源(Personnel)、财政资源(Financial)和政治资源(Political)三个部分。指导教师是否能够有效地运用与管理人力资源、财政资源与政治资源是综合模式成功的关键因素,各部分具体内容如下:

(1) 人力资源,包括学校指导教师、学校教师、行政人员、校内心理专家、校内社工等。他们为获得学校和社区各方面人员的支持,可以充分利用学校和社区资源。指导教师可以将管理者、其他教师、家长、学生及社区成员组织起来,成立一个由社区代表担任主席的学校—社区顾问委员会,为学校的指导工作提供支持与帮助。

(2) 财政资源,学校需要为全方位学校指导项目提供所必需的经费、设备和空间。为了完成指导计划,指导教师应该将原来的学生指导室扩展为学生指导中心,进而将之建设成为个别咨询、小组咨询、资料阅览和信息交流中心,向所有学生、教师、家长和社区成员开放。

（3）政治资源，学生指导工作在行政管理方面获取认可与支持，例如获得学校董事会的同意，将指导活动列入学区的工作日程和发展战略中。因为只有学校管理层或校董会充分重视全方位学校指导项目的地位和作用，全方位学校指导才能得到百分之百的采用和有效的实施，才能使其作用最大限度地得到发挥。

另外，吉斯伯斯认为指导教师在这三个部分所投入的时间在不同学校所占的比例是不同的。小学阶段指导课程占的时间最多，而高中阶段个人计划所占的时间较多。教师可以根据需要调整时间安排，具体详见"全方位学校指导的组织要素"表中的"指导教师时间分配建议比例"。

（三）全方位学校指导项目的组织实施

全方位学校指导项目的实施人员包括学校指导教师、各科教师、管理者、校内心理专家、家长、校内社工和小区成员等。指导教师负责提供服务并协调这个计划的运作，要使计划成功实施，他们必须发动教师与管理者的参与、合作和支持。为获得各方面支持和参与，可以成立一个由各方面人员组成的学校—社区顾问委员会，专门为指导教师和有关人员提供建议和支持。指导教师和各科教师共同设计工作计划和指导课程，将指导工作与各科教学结合起来，并渗透到具体的学科内容中，使教师在教学活动中进行指导工作，同时及时得到指导教师的指导。一个完整的全方位指导计划通常包括制订计划、培训人员、宣传计划、评估计划、评估教育需求、设计指导课程、总结评估等七个步骤。①②

步骤一，引介全方位学校指导项目。帮助教师和管理者理解指导计划的要求和实施计划的意义，消除可能存在的抵制态度和行为。

步骤二，开展在职培训。使教师和管理人员了解全方位学校指导项目的目的与实施要求。

步骤三，采取讲座、家长会等方式。利用各种宣传媒体向学生、家长和社区宣传指导计划，争取社会各方面对实施计划的支持。

步骤四，对现有的指导计划进行全面的评估。了解教育资源的使用情况，评估指导教师的时间安排和工作负担。

---

① 佟月华：《心理辅导综合模式及其实践意义》，《山东师范大学学报》（人文社会科学版）2004 年第 3 期，第 16 页。

② M. Hargens, N. C. Gysbers. How to remodel a guidance program while living in it: A case study. School Counselor, Vol. 32 No. 2 1984, pp119~125.

步骤五,评价学校指导工作。通过对学生、家长和教师的调查,了解指导工作的重点。将通过评价获得的信息作为制定和调整指导计划的依据。

步骤六,设计指导课程。指导课程的设计包括确定教学内容、教学手段、教学时间和教学要求。指导课程的安排应与各科教学有机结合,统筹兼顾,避免与其他课程教学活动发生冲突。学校应合理安排教师的工作时间,保证教师在指导课程上投入必要的时间与精力。

步骤七,指导计划的总结性评估。以学年为周期对学生身心发展、适应能力的提高、指导教师的工作表现以及学校指导计划的实施成效进行客观评价。

(四) 全方位学校指导项目的影响

吉斯伯斯认为全方位学校指导项目有如下几方面的特征:①

(1) 全方位学校指导项目与教育中的其他项目类似,如关注学生应达到的成就,设计活动帮助学生获得成就,由经过认证的专业人员执行项目,采用有助于提高课程质量的资源,进行学生评估;

(2) 基于发展性原则;

(3) 体现了指导服务的全部范围,如评估、转介、安置、咨询等;

(4) 学校所有教职工都参与其中。

从中可以看出,全方位学校指导项目把学校的指导地位提升到与教学工作同等重要的地位,改变了学生指导工作只是学校中的一种辅助性服务工作的局面,使其成为与教学、管理同等重要的地位,并成为和教学、管理并重的现代学校三大职能之一,成为学校教学任务中不可或缺的一部分,这极大地提升了指导工作在学校中的地位。另外,全方位学校指导项目又能够确保每个学生都有均等的机会接受系统性、综合性的指导,掌握明确的相关知识和技能。

至20世纪末,美国已超过一半的中小学开始采用此模式来开展学校的指导工作,现已成为全美中小学学生指导工作的主要模式。另外,全方位学校指导项目对我国香港地区的学生指导工作也产生了重要的影响。"进入21世纪后,香港参考了美国'全方位学校指导项目',结合香港本土的指导实践经验,在全港推行'全方位

---

① [美]Stanley B. Baker, Edwin R. Gerler 著,王工斌、焦青、伍芳辉等:《21世纪的学校咨询》(第四版),北京:轻工业出版社 2008 年版,第 100 页。

学校辅导服务',以使学生指导工作达到更好的效果。"①2000 年 9 月,教育统筹委员会向政府提交了《香港教育制度改革建议》,其中在学生指导工作方面,建议新的学生指导服务方向是要建立一个全方位的指导体系,将指导服务体系与学校其他系统结合,由学生指导人员协同全体教职员为学生及家长提供全面的指导服务。② 自此,香港中小学正式推行全方位学校指导项目。

当然全方位学校指导项目也面临着诸多挑战,如全方位学校指导项目的理论基础是否得到中小学校的完全认可、学校是否能够彻底实施该模式以及模式在实施的过程中是否会被一些学校行政性的事务所干扰而影响其有效性等。这些挑战的存在可能会使全方位学校指导项目的某些要素发生改变,但是模式的整体框架不会轻易发生改变,因为它以学生发展为本的理念符合教育学的基本规律,从而使学生能够更好地适应现代社会,更加从容地迎接未来的各项挑战。

二、美国学校指导工作的相关法律及其道德规范

除了联邦政府的相关法律外,一些职业团体和协会也制定了一系列的道德规范作为成员的行为标准,要求指导教师在从事指导工作时必须遵守相关的法规法规和职业道德准则。这些规范是在政府之外的行业自主约束,同时也可以起到保护的作用,一方面可以保护指导教师和学生的合法权益,另一方面也可以在从业者被起诉玩忽职守时作为对自己行为进行批判的依据。在所有道德规范中,美国心理咨询协会 1995 年修订的《美国心理咨询协会道德准则与从业标准》以及美国学校指导协会 2010 年修订的《学校指导教师的道德标准》(详见书后附录一)是专门为学校指导教师量身定做的,是学校指导教师实践时重要的参考。

(一) 指导教师道德准则规定的历史演变

其实早在 20 世纪 70 年代,美国就发布了《民权法案》(1964)、《教育修正法案》(1972)以及《家庭教育权和个人隐私法案》(1974),这些法案对性别歧视、学生隐私等方面做出了规定,要求指导教师在工作必须严格遵守。

1. 1972 年《教育修正法案》:禁止歧视学生

其实,关于禁止歧视学生的规定,除了 1972 年《教育修正法案》第九条(Education Amendment Act of Title IX)外,还有 1964 年的《民权法案》(Civil Right

---

① 霍益萍、朱益明主编:《普通高中学生发展指导研究》,上海:华东师范大学出版社 2013 年版,第 213 页。
② 李栋:《台港沪三地普通高中"学生发展指导制度"比较研究》,华东师范大学 2011 年硕士学位论文,第 78 页。

Act)。20世纪60年代,美国民权运动澎湃汹涌,其具体成果之一,就是于1964年通过了禁止种族歧视的《民权法案》,该法案第7章(Title Ⅶ of the Civil Rights Act of 1964)规定:

> 禁止基于种族、肤色、宗教、性别或国籍的歧视。根据法案非歧视的要求,指导教师不得因种族、肤色、国籍或其他原因(例如性别、年龄或残疾状态)歧视学生。

20世纪60年代末和70年代初,美国民权和女权运动势如破竹。1972年,为了改变女性在教育方面受到不平等待遇的局面,美国国会通过《教育修正法案》第九条,经尼克松总统签署成为法律,于1972年6月23日实施。这可说是世界各国中最早制定的性别平等教育相关法案,该法案规定:任何人都不应该因为性别的原因被排除在由联邦资助的教育和活动计划之外,不能被剥夺这个计划和活动提供的待遇,也不能因性别原因受到这个计划和活动的歧视。[1]

在这条法律通过之前,美国的教育体制偏袒男性,有的时候甚至公开歧视女性。那时,学校可以限制女性的招生人数,很多高中课堂甚至男女分班。在学校指导活动中也存在歧视现象,例如,过去的兴趣量表往往使年轻女性对就业的考虑只局限于那些传统上由女性占据的职业,范围相当狭窄。1978年,国家教育学会(NIE)和健康与人类服务部(HHS)根据《教育修正法案》中关于禁止歧视学生的规定,提出了在给学生进行指导工作时禁止性别歧视的指导方针,具体有以下15条方针:[2]

> 指导方针一:应使用性别中性词汇或两性职业名称。一些名词,如policeman或mailman,就应该避免使用。同样,当测验中指代外科医生时,应该避免只用he或者him。如果没有考虑到这一点,就会把女性排除在这些职业之外。例如,在"斯特朗—坎贝尔职业兴趣测验"(Strong—Campbell Interest Inventory, SCII)中,职业就没有涉及性别。
>
> 指导方针二:测验项目应该包括男女都熟知的活动。如果这一点很难做到,那么至少男女各自偏好的项目数量应该相等。例如,在SCII中,倾向于男

---

① Title IX of the Education Amendments of 1972. http://www. justice. gov/crt/about/cor/coord/titleix. php.

② [美]吉尔伯特·萨克斯、詹姆斯·W·牛顿著,王昌海译:《教育和心理的测量与评价原理》(第四版),南京:江苏教育出版社2002年版,第526~528页。

性的职业要比女性多,但许多量表都只有男女性共同的常模。此方针的目的是为了确保组成分测验或"题库"的题目能在性别上达到平衡。但遗憾的是,SCII的出版者没有说明题库是由哪些题目组成的(也许是为了不让某些机构对他们的测验进行评价)。没有了这部分信息,SCII在此方针上就没有达到上述要求。

指导方针三:男性和女性应该做同样的量表,除非能证明使用不同的复本可以减少性别偏差。斯特朗职业兴趣量表(Strong Vocational Interest Blank,SVIB)早期的版本包括两个复本——女性做粉色复本,男性做蓝色复本。这种形式显然违背了此项方针。因此,在新版本的 SCII 中提供了同一份试题。

指导方针四:应该说明男女使用不同量表的理论根据。例如,SCII 是一个很重要的实证性量表,其选择的题目可以区分出同一性别中的成功人士和普通之辈。如果大多数男性(而非女性)喜爱某项活动,那么这个题目对男性来讲就不具有区分度。然而,在同一量表上,喜爱此活动的女性要明显不同于普通女性。除非与同性别的参照组做比较,否则宣称喜爱某活动的男性和女性之间的差别会很小。

指导方针五:兴趣量表应该使男女两性在所有职业上都能获得分数,常模组的性别组成情况应该予以明确说明。如果某一性别的人不能在所有的兴趣量表上得分,那么此性别的人就会受到歧视,并且他们会认为从事那些职业是不可能的或是不理想的。例如,虽然没有许多男性牙医助手或女性护林员,但量表不能打击少数男性或女性谋求此类职业的积极性。相反,应该向男女两性说明每种职业的特殊要求。

指导方针六:职业选择应该联系男女两性分数的一般分布情况。对于任何职业,在男女得分分布上都会出现重叠现象。应该有证据证明这种重叠的程度。

指导方针七:测验手册应该描述测验出版商消除性别偏见的方法。兴趣量表的出版商应该定期地修改常模和技术性数据,以此来反映传统性别角色的变化。

指导方针八:用于不同民族和种族成员的兴趣量表的效度应该在兴趣量表手册中报告出来,这对于了解不同民族和种族成员的兴趣量表得分,以及他们如何对各职业量表做出反应是很有必要的。如果某一特定的少数民族在某个涉及体力劳动的职业量表上得分很高,而在专业化职业中得分很低,就说明测验有偏见。

指导方针九:手册和其他测验材料应该为解释不同性别的常模提出建议。

此方针的目的是鼓励测验出版者对单一常模和混合常模做出解释。手册还应该举例说明应该如何解释量表分数才能减少或消除性别偏差。

指导方针十：解释性的材料还应该考虑到这样一个事实，即有些人正在重新谋职，尚未找到有利的机会。解释兴趣量表时应该考虑到被试的背景。教师、指导教师或心理学家的责任就是选择一个提供了最合适常模的量表。如果没有合适的常模，可以用每个量表上的原始分数除以题目数量，以此对职业进行排序。

指导方针十一：解释性的材料应避免使用与性别有联系的例子。如同方针一，此方针要确保测验手册（连同量表本身）没有使用与刻板性别角色有关的名称或图画。

指导方针十二：解释性的材料应强调定位方案的作用，它有助于解释性别刻板印象以及这些刻板印象被强化的方式。职业的选择是受多种因素影响的，那种认为男性应该从事某些职业，而女性理所应当就该选择另一些职业的观念是其中很重要的一个因素。解释性的材料应该对此做出解释，并提醒教师和指导人员定位方案的作用，否则测验就不可能被有效地利用。

指导方针十三：除了考虑性别刻板印象之外，解释性的材料还应强调考虑所有相关选择的重要性。当某个性别的人在某一量表（如健康）上得分很高时，他们就可以考虑所有相关的职业，而毋需顾及在那些职业中现有的性别比例如何。

指导方针十四：量表手册应提醒指导者、教师和心理学家不要传播和强化性别偏见。各种职业都应该包括男女两性成员，以及来自不同民族和种族的人。如果不这样做，就会不恰当地限制被试的职业选择。

指导方针十五：手册和其他解释性的材料应该明确指出量表分数必须与其他相关数据结合使用。除了兴趣量表分数本身，还应该考虑到被试在其他测验上的得分、先前成就记录及休闲活动等，简而言之，就是任何可能会影响学生择业决策的数据。

2. 1974 年《家庭教育权和个人隐私法案》

1974 年，美国联邦政府颁布《家庭教育权和隐私权法案》(Family Educational Rights and Privacy Act of 1974，FERPA)，这个法案简称为 FERPA 或《巴克利修正案》(Buckley Amendment)，在纽约州参议员 James Buckley 去世后以他的名字命名的法案)。用以保护学生的个人验证信息(PII)的安全，该法案适用于所有接受联邦基金的教育机构。这个法案是为了重新赋予家长权利和保护隐私。FERPA 共有

四个主要部分,其中前三部分规定如下:①

第一部分规定,18 岁以上的学生或 18 岁以下学生的家长都有权查看学校的教育档案,如果学校拒绝查看或没有相关档案就将无法得到联邦资金。当学生或家长提出要求时,学校应该允许他们查看自己的全部教育档案,学校可以有 45 天的答复期限。

FERPA 的第二部分描述的是下列情况必须事先获得家长或学生的同意,如果学生年龄低于 18 岁需要家长的同意,如果学生已年满 18 岁,则需要学生本人的同意。这些情况包括:让学生接受医疗、心理或精神方面的检查、测验或治疗,或者参加学校组织的旨在影响或改变学生个人行为或价值观的任何活动。

法案的第三部分禁止学校允许其他任何个人(除了直接参与学生教育的相关人员)在未经学生或学生家长书面同意的情况下查看学生档案或其他信息(18 岁以上学生由本人、18 岁以下由家长给予书面同意)。

(二)《美国心理咨询协会道德准则与从业标准》

美国心理咨询协会(American Counseling Association,ACA)根据美国心理学协会(APA)所制定的道德标准制定了指导工作的第一套道德准则——《美国心理咨询协会道德准则与从业标准》(ACA Code of Ethics & Standards of Practice)。ACA 道德准则由唐纳德·萨帕(Donald Super)发起,并于 1961 年通过,此后 1974 年、1981 年、1988 年、1995 年、2005 年多次进行修订。② 经过修订的《美国心理咨询协会道德准则与从业标准》由序言、道德准则、从业标准三个部分组成。它的制定目的是为学校指导教师提供日常专业行为的指南。它要求美国心理咨询协会的所有会员都必须遵守该道德准则与从业标准。"道德准则"和"从业标准"分别由以下八个方面的内容组成:③

(1) 咨询关系(The Counseling Relationship);

---

① [美]Stanley B. Baker, Edwin R. Gerler 著,王工斌、焦青、伍芳辉等:《21 世纪的学校咨询》(第四版),北京:轻工业出版社 2008 年版,第 55 页。

② 2014 年,美国心理咨询协会(ACA)发布《美国心理咨询协会道德准则·2014》代替之前的《美国心理咨询协会道德准则与从业标准》。新颁布第一次提到通过远程开展指导以及使用社会媒介的道德准则等问题。具体详见如下网址:http://www.counseling.org/knowledge-center/ethics。

③ ACA Code of Ethics and Standards of Practice (1995). http://ethics.iit.edu/ecodes/node/4191。

（2）保密性（Confidentiality）；

（3）专业责任（Professional Responsibility）；

（4）与其他专业人员的关系（Relationships with Other Professionals）；

（5）评价、评估和解释（Evaluation，Assessment，and Interpretation）；

（6）教学、培训和督导（Teaching，Training，and Supervision）；

（7）研究与发表（Research and Publication）；

（8）解决道德问题（Resolving Ethical Issues）。

    "道德准则"部分的"保密性"条款要求指导教师必须尊重当事人的隐私权，避免非法和未加授权地泄露保密信息。"专业责任"条款要求指导教师在自身的能力范畴内进行实践活动，其能力是建立在所受的教育、培训、督导、国家和州的专业认证以及适当的专业经验的基础上。咨询师应努力去获取知识、个人意识、敏感性以及能为不同当事人工作的相关技能。在资格要求方面，要求指导教师应具备专业资格，有责任纠正他人对他们资格的任何误传。专业资格包括咨询或其他接近的、相关的心理健康专业的研究生学位、被认可合格的研究项目、非官方的国家级证书、政府颁发的证明或执照、ACA 专业成员或其他能代表个体具有咨询方面专业知识或技能的证书。"解决道德问题"部分要求指导教师了解其所在的专业机构或证书与执照管理机构所制定的道德准则和从业标准，以及其他适用的道德准则。缺乏知识或错误地理解道德责任不能成为逃避非道德行为指责的借口。

    1996 年，ACA 还制定了《执业者伦理决策指南》（A Practitioner's Guide to Ethical Decision Making）[1]以及《道德标准案例汇编》（Ethical Standard Casebook，Barbara Herlihy Herlihy & Gerald Corey，1996）。

（三）1998 年的《学校指导教师的道德标准》

    1984 年，美国学校指导教师协会（American School Counselor Association，ASCA）发布《学校指导教师的道德标准》（Ethical Standards for School Counselors），此后，1992 年、1998 年、2004 年、2010 年多次进行修订。[2] 经过修订的《学校指导教师的道德标准》由以下几个部分组成：

---

① Holly Forester — Miller & Thomas Davis. A Practitioner's Guide to Ethical Decision Making (1996). http://ethics. iit. edu/ecodes/node/4193.

② ASCA. Ethical Standards for School Counselors. http://www. schoolcounselor. org/search. aspx? + Standards+of+Practice&searchtext=Ethical+Standards+for+School+Counselors&searchmode= exactphrase.

（1）序言（Preamble）；

（2）对学生的责任（Responsibilities to Students）；

（3）对家长的责任（Responsibilities to Parents/Guardians）；

（4）对同事和专业合作者的责任（Responsibilities to Colleagues and Professional Associates）；

（5）对学校、社区和家庭的责任（Responsibilities to School，Community and Families）；

（6）对自我的责任（Responsibilities to Self）；

（7）对专业的责任（Responsibilities to Profession）；

（8）对标准的维护（Maintenance of Standards）。

美国学校指导教师协会（ASCA）的《学校指导教师的道德标准》在很多方面反映了美国心理咨询协会（ACA）《美国心理咨询协会道德准则与从业标准》的规范与标准，同时也根据学校指导教师特有的训练与工作环境而提出问题。《学校指导教师的道德标准》第一部分为对学生的责任，重点在知情同意、及时跟进、适当转介（将当事人转介到外部专业人员那里）、避免双重责任、保密、警醒责任以及测验的恰当使用等。第二部分为对家长的责任，包括向家长详述知情同意，讨论保密以及对家庭问题保持敏感等。第三部分为对同事和专业合作者的责任，内容包括处理与学校教职员工、行政人员以及合适的转介接收方的合作关系。第四部分为对学校、社区和家庭的责任，涉及贯彻学校的宗旨，保护学校的人员、财产，以及支持学校开发教育计划与服务等。其余的三部分为对自身的责任、对专业的责任、对标准的维护等。

三、《学校指导项目的国家标准》

1997年，美国学校指导教师协会（American School Counselor Association，ASCA）颁布了《学校指导项目的国家标准》（The National Standards for School Counseling Programs）。这份标准浓缩了欧美国家尤其是美国学校指导的一些最基本思想、原则和态度，已经成为美国及其他一些国家和地区学校指导工作的实践指南。

（一）颁布背景

1983年4月，美国高质量教育委员会发表《国家处于危机之中：教育改革势在必行》的报告，美国教育被越来越严重的成绩平庸所困扰，表现为功能性文盲大量增生，教育质量持续下降，学校纪律混乱，学生犯罪率上升，由此掀起了战后美国第三次教育改革运动。随着美国教育改革的深入，研究者们发现，学校指导作为一种提高学生成绩、帮助他们为未来做好准备的一种手段被忽略了。① 因此，美国学校指导教师协会（ASCA）和美国心理咨询协会（ACA）强烈呼吁对当前的指导工作进行改革，为国家教育改革的顺利实施做出努力。

1993 年，美国心理咨询协会聚集了一批主要由咨询领域的权威构成的"智囊团"，提议通过一定的方式、活动确立学校指导教师在整个学校教育体系中的地位，之后，美国学校指导教师协会重新定义了指导教师的角色，修改了学校指导的理念，设立专题，形成意见书，并确立了这个专业的目标。例如，ASCA 鼓励学校指导教师在促进教育改革中起催化剂（catalysts）作用，在教育改革中起领导作用。② 在经历了多年从理论到实践的多次反复检验之后，ASCA 最终于 1997 年正式颁布了《学校指导国家标准》。

（二）主要内容

《学校指导项目的国家标准》主要由导言和四个部分正文组成的，四部分正文具体内容包括：

第一部分"行动呼吁"（Call to Action）。对"学校指导国家标准"进行了界定，并说明了 ASCA 制定学校指导国家标准的必要性。同时简单介绍了 ASCA 开发学校指导国家标准的过程。

第二部分"美国学校学生指导"（School Counseling in the United States）。对美国学校学生指导的历史与现状进行了阐述，并对学校指导项目作出界定。随后对学校指导项目的目标、主要组成部分以及支持力量进行了说明。

第三部分"学校指导项目的国家标准"（The National Standards for School Counseling Programs）。列举学业、职业、个人/社会性发展领域的标准。在标准之下列有学生的能力要求，界定了作为参与学校指导项目的结果学生应该掌握或表现出的具体的知识、技能和态度。

第四部分"启动"（Getting Started）。介绍了基于标准的学校指导项目实施的讨论、计划、设计、实施、评估等五个流程，并介绍了小学、初中和高中阶段如何依照标准开展指导工作的实例。

制定学校指导项目国家标准的目标是"促进学生在学业发展、职业发展和个

① Chari A. Campbell, Carol A. Dahir. National standards for school counseling programs. American School Counselor Association, Alexandria, VA 1997, p3.

② 柯晓扬：《美国学校咨询标准及其启示》，《江苏教育研究》2009 年第 12A 期，第 56 页。

人/社会性发展三大相关领域的学习。学生发展的每一领域都包括一组对学生学习的能力要求，即包括具体的知识、态度和技能，这些构成了发展学校指导项目的基础。学校指导项目要反映贯穿于学龄前到高中学生发展的连续性。学校指导教师应运用各种策略、活动、多样化的方法和资源促进所期望的学生发展。学校教师的责任包括项目的设计、组织、实施和协调等"。① 根据标准的目标，学校环境中的学生指导工作目标在于使教育活动得到促进和提高。归结起来，学校指导项目是为了促进学生在三大领域内的发展：学业发展（Academic Development）、职业发展（Career Development）和个人/社会性发展（Personal/Social Development）。该标准第三部分"学校指导项目的国家标准"列出了三大领域学生应达到的能力要求：②

Ⅰ．学业发展

标准 A　学生将获得有效的学校学习与终身学习所需的态度、知识和技能。

学生能力要求：(1)增进学业方面的自我概念；(2)获得提高学习成效的技能；(3)获得学校学业的成功。

标准 B　学生将为能够进行广泛的中学毕业后选择（包括大学）做好基本的学业准备。

学生能力要求：(1)不断改进学习；(2)为达成目标而做好计划。

标准 C　学生将理解学业同工作世界、家庭及社会之间的关联。

学生能力要求：建立学校与生活经验之间的联系。

Ⅱ．职业发展

标准 A　学生将获得结合自我认知，了解工作世界，并作出明智职业决定的技能。

学生能力要求：(1)发展职业意识；(2)为受雇做好准备。

标准 B　学生将能够运用策略达到未来的职业成功和满意。

学生能力要求：(1)获取职业信息；(2)明确职业目标。

标准 C　学生需理解个人素质、教育及训练与工作世界之间的关系。

学生能力要求：(1)获取达到职业目标所需的知识；(2)运用达到职业目标所需的技能。

---

① Chari A. Campbell, Carol A. Dahir. National standards for school counseling programs. American School Counselor Association, Alexandria, VA 1997, p11.

② 同上书,pp20～31.

Ⅲ. 个性/社会性发展

标准 A　学生将获得理解与尊重自己和他人所需的态度、知识与人际技能。

学生能力要求:(1)达到自我了解;(2)获得人际技能。

标准 B　学生将能做决策、确定目标并为实现目标采取必要的行动。

学生能力要求:自我认识的运用。

标准 C　学生将了解安全与生存技能。

学生能力要求:获得个人安全的技能。

(三) 主要特点

从《学校指导项目的国家标准》的内容可以发现有如下几个方面的特点:

第一,制定过程的科学性

标准的制定前后历经了 4 年多的时间,标准是专家深入的理论研究和实践反复检验的产物。在这期间,在 1995 年 4 月的全国年度代表会议上,ASCA 征询了来自全国 50 个州代表对制定学校指导国家标准的意见和建议,同时还调研 2,000 多所中小学,可以说"这个标准是在总结了半个世纪以来,美国学校学生指导研究成果和实践经验基础上形成的"。[①]

第二,指导对象的全体性与平等性

导言中,标准强调"要保证所有的孩子能够接受到合格的有资质的学校咨询师的服务"。[②]"有效的学校指导项目保证全体学生有平等的机会接受合格的教学,并在学业、职业和个性/社会性发展方面获得所需的支持,以符合这些挑战的要求。""确保全体学生有机会参与学校指导活动、充实自己的学习经验。"[③]从这些表述中可以看出,指导对象既不是仅仅针对那些有问题的儿童青少年,也不是为少数优秀学生设立的,而是面向所有的学生。另外,它还强调每一位学生都有机会接受学校所提供的指导服务,这也体现了指导的平等性。

第三,指导工作参与的全员性

标准明确指出:"学校指导项目并不只是学校指导教师的参与。学校指导教师和学校指导项目基于合作模式开展工作。指导教师不是独自工作,学校中所有的教育工作者都能为创设有利于学生达成既定目标的环境发挥自己的作用。"[④]因此,

① Chari A. Campbell, Carol A. Dahir. National standards for school counseling programs. American School Counselor Association, Alexandria, VA 1997, p9.

② 同上注。

③ 同上注。

④ 同上注。

指导工作是指导教师与教学人员、学校领导、学生家长、学生服务人员、社会机构、工商组织及其他社区成员共同合作的结果。另外,标准还明确确立学校指导工作在整个学校教育中的地位关系,把学校指导与学校、社区和家庭辅导紧密结合在一起,是标准的另一个重要特点。这一特点体现了专职人员与全体教师合作、社区和学校合作,对学生进行全面的指导的思想。

总之,《学校指导项目的国家标准》的制订与发布为指导教师的活动指明了方向,也为评价他们的工作提供了科学的依据,同时也明确了指导工作不仅仅是指导教师一人的事情,工作顺利地开展需要各方面的支持与配合。因而大力借鉴美国的相关研究成果,结合我国的文化传统和现实情况广泛开展我国学校指导标准的研究必将能促进我国学校学生指导工作的快速、有序发展,从而真正有利于学生的发展与成长。

四、美国心理咨询协会的建立

专业的学术团体是美国整个学校指导服务体系中非常重要的一部分,美国中学学生指导工作的开展离不开专业团体的推动,其中美国心理咨询协会(ACA)的成立是美国学生指导发展史上最重要的标志。

(一)美国学生指导工作团体的发展历史

早在 1913 年,美国就成立"全国职业指导协会"(the National Vocational Guidance Association,NVGA),为职业指导运动朝着科学化、正规化的方向发展作出了贡献。除了 NVGA 外,美国心理咨询协会(American Counseling Association,ACA)在美国学生指导发展史上有着举足轻重的作用。

该协会的前身为成立于 1952 年的美国人事与指导协会(the American Personnel and Guidance Association,APGA),该协会下设四个分支协会:(1)成立于 1924 年的美国大学人事协会(American College Personnel Association,ACPA);(2)成立于 1940 年的国家指导督导与咨询培训者协会(National Association of Guidance Supervisors and Counselor Trainers,NAGSCT);(3)成立于 1913 年的国家职业指导协会(the National Vocational Guidance Association,NVGA);(4)成立于 1931 年的教师教育学生人事协会(Student Personnel Association for Teacher Education,SPATE)。[①] 1953 年,美国学校指导教师协会(American School Counselor Association,ASCA)也加入了 APGA,并成为它的第五个分支协会。

---

① Vernon Lee Sheeley. Amcrican Counseling Association: The 50th Year Celebration of Excellence. Journal of Counseling & Development. Vol. 80 Issue 4 Fall 2002, p388.

（二）美国心理咨询协会的成立

后来，APGA多次更名。1983年，APGA更名为"美国学生指导与发展协会"（the American Association of Counseling and Development，AACD），1992年，AACD正式改为现名——美国心理咨询协会（American Counseling Association，ACA）。[①]

（三）美国心理咨询协会的职责

ACA对美国学生指导工作的第一大贡献是制定了相关标准，如学校指导教师培训标准的制定与推行。1981年，ACA正式建立课程认证机构"咨询及相关教育项目认证委员会"（Council for Accreditation of Counseling & Related Educational Programs，CACREP），CACREP为美国高校学生指导专业的硕士、博士课程进行认证。另外，ACA下属机构"全国认证指导老师委员会"（National Board for Certified Counselors，NBCC)向专业学生指导教师提供全国性的资格证书。

ACA也出版了专业的学生指导学术期刊。ACA出版的期刊有《今日咨询》以及《咨询与发展杂志》（*Journal of Counseling & Development*）。ACA分支协会ASCA于1953年创办了《学校咨询师》（*The School Counselor*）学术刊物。1967年，又创办了一份《小学学生指导与咨询》（*Elementary School Guidance and Counseling*）。1997年，ASCA将这两份期刊合并为《专业学校指导》（*Professional School Counseling*）。另外，ASCA还创办了《ASCA咨询师》期刊（*ASCA School Counselor*）。这些期刊既加大了同行的交流与学术研究，也为专业的学生指导人员的实践提供了理论上的指导。

第三节　英、法、德、日四国学生指导制度的改革

20世纪80年代以来，英国、法国、德国及日本四国颁布了一些法令推动学生指导工作，如英国的《教育改革法》、法国的《教育方向指导法》，日本的《学习指导要领（修订）》等，同时英国推行"职业教育试点计划"、日本高中开设《职业基础》课程等开展学生指导工作。

一、英国

80年代起，英国推行"职业教育试点计划"，在普通教育中增设职业技术课程。1988年，英国还颁布了《教育改革法》，通过开设相关课程推动学生指导工作。这一

---

① ACA History，http://www.counseling.org/AboutUs/OurHistory/TP/Home/CT2.aspx.

阶段,生涯教育在中学也得到了很好的实施。

(一) 学生指导制度的政策回顾

1. 1981年《16~19岁青少年的教育》白皮书

在英国的教育体制中,16~19岁年轻人的教育被视为极为重要的一个特殊教育阶段。它既是16岁结束义务教育后年轻人面临分流、选择的阶段,也是他们走向大学、走向社会的重要准备阶段。英国为16~19岁的年轻人设置第六学级(School Sixth forms)、第六级学院(Sixth form colleges)、第三级学院(Tertiary Colleges)、技术学院(technical colleges)或继续教育学院(Further Education)等专门的教育训练机构。尽管人们通常称这个年龄阶段为继续教育阶段,但实际上在对其实施机构进行分类时,一般还是把第六学级与第六级学院列为中等教育机构。

鉴于16~19岁是英国青少年走向生活和就业的关键期,因此它是英国中学阶段学生指导工作的重中之重。为了加强这一阶段青少年的职业教育与指导工作,1981年1月,科学和教育部发表的《16~19岁青少年的教育》白皮书(Education for 16~19 Years Olds),白皮书建议加强16~19岁青少年的生计建议与指导,指出:"生计教育和指导应对学生个人的长处和弱点作出评估,应传授有关职业和职业要求方面的知识,应为学生提供16岁以后的教育和培训机会以及培养学生在这方面的决策能力。"①

2. 1988年《教育改革法》

1988年7月29日,英国议会通过了《教育改革法》(Education Reform Act 1988),它描绘了20世纪90年代和21世纪英国教育新的蓝图与框架,是继《1944年教育法》后,20世纪英国最重要的教育法案。

该法最引人注目的措施就是推行国家统一课程(national curriculum)。该法规定在5~16岁的义务教育阶段开设三类课程:核心课程、基础课程和附加课程。核心学科3门,为英语、数学和科学(包括物理、化学和生物),这类课程在小学应占绝大多数课时,在中学应占总课时的30%~40%;基础学科7门,为历史、地理、技术、音乐、艺术、体育和现代外语(从中学阶段开始),这类课程在中学应占45%左右课时;附加课程包括古典文学、家政、经营学、保健知识、信息技术应用、生物、第二外语、生计指导等,约占中学总学时10%左右。②

此外,该法还规定为每门国家课程制定统一的成绩目标和教学大纲,并在7、

---

① 瞿葆奎主编,金含芬选编:《英国教育改革》,北京:人民教育出版社1993年版,第459页。
② 吴式颖主编,李明德、单中惠副主编:《外国教育史教程》,北京:人民教育出版社1999年版,第643~644页。

11、14 和 16 岁时分别对学生进行全国性评估,包括国家规定的考试。上面所提到的附加课程中的保健知识、生计指导等学科放在第四阶段(14～16 岁),在这阶段允许设置较大范围的学术与职业选修课程,这一阶段是实施职业教育与职业指导的主要阶段。

3. 1991 年《面向 21 世纪的教育和培训》白皮书

1991 年 5 月,英国教育部(DFE)发表了一份名为《面向 21 世纪的教育和培训》的白皮书,将职业教育与培训指导置于优先战略地位,以振兴英国经济。白皮书号召更多的年轻人接受继续培训和继续教育,鼓励他们树立更高的成就志向,白皮书建议:①

> 为 16～19 岁的青少年提供最好的职业信息、职业指导以及建议等服务;制定切实有效的实施职业指导的方针和计划;强调及时而充分地提供职业信息是所有职业指导服务的基石,每一所学校和学院都必须能够向学生提供丰富的职业信息以帮助学生选择未来职业,了解这种职业需要何种资格,以及如何进入他们所选择的职业。

4. 1997 年《教育法》

英国政府在 1990 年对国家课程做出进一步的调整,增加了国家课程的灵活性和多样性。布莱尔政府上台后通过 1997 年《教育法》(Education Reform Act 1997),以更加强势的态度,拉开了新一轮课程改革的帷幕,并从 2000 年 9 月开始实施新的国家课程。

该法的第 43～45 款对生涯教育与指导(Careers Education and Guidance,CEG)做了如下规定:在职业指导方面,提到了职业教育和指导,要求所有获得公共财政资助的中等学校都应该:②

> (1) 为所有 9～11 岁的学生提供一个职业教育计划;
> (2) 让学生能够接受职业服务,让他们代表国家教育与技能部履行签订的职责,包括提供设施;
> (3) 与职业服务中心合作,保证所有的学生都能够有机会享受到提供生涯指导和最新的生涯信息资料。

---

① 黄日强:《英国普通中学的职业指导》,《中小学教育》2003 年第 10 期,第 77～78 页。
② 臧日霞:《英国普通学校中的职业指导》,北京师范大学 2006 年硕士学位论文,第 8 页。

这里说的"生涯指导",是为年轻人作出决策并加以实施作准备的教育,帮助面临职业抉择的学生自我定位、确立生涯目标,寻找最佳途径以谋求职业生涯的发展。① 它不是国家课程中的一门科目,而是贯穿于整体学校教育的一种特殊活动,是价值教育的途径之一。

(二)普通中学职业教育试点计划

20 世纪 80 年代起,英国开始探索普通中学课程职业化的探索,加强普通中学的职业教育与指导工作,其中最引人注目的改革措施便是"职业教育试点计划"(The Technical and Vocational Education Initiative,TVEI)。该计划力图在普通教育中增设职业技术课程,为学生进一步学习科学技术理论、掌握必要的社会生产、生活技能打下基础。

1. 职业教育试点计划的背景

1970 年,撒切尔夫人进入爱德华·希思内阁担任教育及科学大臣。1975 年的出任保守党党魁,1979 年率领保守党重夺政权,展开保守党长达 18 年的执政。撒切尔夫人为首的保守党政府强调,学校教育必须与产业密切联系,学生在学校所受的教育,要能够具有实用价值,并能适应经济和社会发展的需要。课程是实现教育目标的核心和载体。

1979 年,撒切尔夫人率领保守党重夺政权,展开保守党长达 18 年的执政。上台后,撒切尔夫人上台后掀起了一股"新职业主义"(New Vocationalism)的思潮。其目的是构建与巩固一个针对所有青年的全新的职业教育体系。② 其核心观点是强调学校教育必须与产业密切联系,满足经济发展的要求,同时注重个人的发展。个人的发展即是为职业做准备,个人在职业准备过程中获得技能。为达到这一目标,英国政府在中等教育阶段进行了一系列改革,目的是使中等教育课程职业化,尝试普通教育与职业教育的衔接。

2. 中等教育课程职业化的建议

1981 年,英国教育和科学部发布《学校课程》(The School Curriculum)白皮书,提出"学校教育是为儿童今后的成人生活作准备的"。③ 并进一步提出:"帮助儿童和年轻人作好成人生活各个方面的准备是学校的一个主要职能。"④白皮书还指出,

---

① DfEE. Preparing Pupils for a Successful Future in Learning and Work. London:DfEE Pulication 2000,p6.

② Malcolm Skilbeck, Helen Connell, Nicholas Lowe, Kirsten Tait. The Vocational Quest:New Directions in Education and Training. London:Routledge 1994,p138.

③ 瞿葆奎主编,金含芬选编:《英国教育改革》,北京:人民教育出版社 1993 年版,第 437 页。

④ 同上书,第 458 页。

家长、雇主和公众都正当地期望学校课程能适当地重视学生今后的需要和社会将需要他们所做的工作。如果学校不能为学生今后面对成人世界的现实作好准备，这对儿童和国家都将是无益的。

如何为成人生活作准备？报告建议课程应与社会生活相联系，同时应加强学生指导工作，具体包括如下三点建议：①

（1）课程必须和学校外部的变化相联系。课程特别是自然科学和数学必须包括更多的应用和实际内容；必须使学生更好地认识我们社会的经济基础和财富创造过程对不列颠的重要性。

（2）学生需要有更完善、更系统的生计教育和指导。在中学的最初几年，所有的学生都必须参加一些精心规划的活动，从而及时地为他们将在第三年末作出的课程选择做好准备。除专职的生计指导教师外，其他学科的教师也应把他们所教的课与外部世界联系起来。另外，那些负责辅导工作的教师也应起一定的作用。随着学生进入中等教育的高年级，生计服务（careers service）将对学校给予的持续的生计教育和指导起补充作用。

（3）越来越多的地方教育当局和学校认识到在教育和工业部门之间建立联系的重要性，彼此都有很大的促进作用。最近几年，在这方面有很多不同的安排，其中许多是由地方组织的，另外一些是由活跃在这一领域内的全国性机构发起的。根据这一情况，教育和科学国务大臣已委托一位资深的实业家对这些活动的性质和范围、它们的效果以及一些可能会加强这些活动的方法开展研究。

3. 职业教育试点计划的实施

1983 年 9 月，职业教育试点计划开始在少数地方实验，1986 年，在中央政府的直接干预下，此项计划开始在全国范围内推行。在宣布实施该计划的当年，有 66 个地方教育当局申请参加试验，从中挑选了 14 个。1984 年又增加了 44 个教育当局参加试验。政府投入达 27,000 万英镑。②

该计划的实质就是在全日制中等教育中实施职业教育和职业预备教育，它的总目标是：面向 14～18 岁学生，在课程中增加职业教育的内容，以便更好地为学生

① 瞿葆奎主编，金含芬选编：《英国教育改革》，北京：人民教育出版社 1993 年版，第 458～459 页。
② 王承绪、徐辉主编：《战后英国教育研究》，南昌：江西教育出版社 1993 年版，第 245 页。

就业做准备。①

职业教育试点计划提出了每个阶段学生达到的职业方面的要求,其中对 14～15 岁学生的要求是:

　　——传授一系列普通的可传递的技能,即:解决问题、交往、计算、制图、键盘操作、技术、设计;

　　——增加对现代技术和工业的理解;

　　——发展个性品质,如强烈的动机、责任感,与他人合作的能力,没有性别歧视观念。

对 16～17 岁的青年来说,课程的重点将更多地限定于特定的"职业培训种类",即对各种能力水乎所要求的具体概念、原理、技能和知识。在这两年里,应增加适当的工作体验,并把它列入学习计划。②

职业教育试点计划包括 74 项试验计划(其中 20 多项于 1986 年开始)中,要求每项试验都必须达到以下八条标准:③

　　——为每个男女青年提供均等的机会;

　　——为具有不同能力的学生提供四年循序渐进的课程;

　　——具体参照每个人的品质,如创造性和解决问题的能力,制定明确的目标;

　　——平衡普通教育课程和职业/技术教育课程;

　　——技术和职业课程与潜在的就业机会相联系;

　　——从第二年开始有计划的工作体验;

　　——制定与随后的训练和教育机会相衔接的学程;

　　——进行定期的评估、指导和咨询。

4. 职业教育试点计划的影响

职业教育试点计划从最初的 14 所中学,到 1993 年有 98％的地方教育当局参加了"职业教育试点计划",涉及学生 130 万人,约占 14～18 岁学生的 78％。④ 总体

---

① 翟海魂:《英国中等职业教育发展研究》,河北大学 2004 年博士学位论文,第 104 页。
② 瞿葆奎主编,金含芬选编:《英国教育改革》,北京:人民教育出版社 1993 年版,第 586 页。
③ 同上书,第 585～586 页。
④ 翟海魂:《英国中等职业教育发展研究》,北京:高等教育出版社 2005 年版,第 164 页。

上来说,职业技术教育试点达到了预期的效果。

该计划探索了在中等教育中实施职业教育的途径,为传统的学术课程与职业课程架起了桥梁。试点计划对学校的影响有以下几个方面:

(1) 加强了职业教育与指导工作。许多地方教育当局不仅在学校设置了如手工艺、设计与技术、商业、计算机常识、职业指导之类的课程,而且把课程范围扩大到自动控制、媒体研究等新领域。

(2) 加强了学校与社会的联系,为学生更好地了解社会职业打开了一扇窗。试点不仅仅是改善或更新学校课程的某个方面,重要的是它改变和调整了广大学生的学校生活方向,使学校与外部世界尤其是工作世界建立更紧密的联系,也让学生对社会的各种职业有了认识和了解,为今后的职业选择打下了一定的基础。学生对这种职业教育方式和职业指导也非常满意。埃塞特大学教育学院的评估报告指出:"几乎毫无例外,学生对职业教育试点的反应十分积极和赞赏。"①

(3) 中学职业教育与指导正式写入教育法规。职业教育试点计划使中学的课程发生了变化,强调更好地劳动生活、技能与价值观。在职业教育试点计划成功经验的影响下,同时也为了响应 1981 年《学校课程》所提出的对学生进行生计教育和指导的建议,1988 年的《教育改革法》明确规定,5～16 岁的义务教育阶段开设三类课程:核心课程、基础课程和附加课程。其中附加课程就包括生计指导等方面的课程,这类课程约占中学总学时 10％左右。② 自此,职业教育与指导正式写入教育法规,为中学开展此项工作提供了法律保障。

(三) 生涯教育在中学的实施

英国的生涯教育(career education)也被称为生涯规划、生计教育、职业指导等。20 世纪 80、90 年代,随着欧洲经济一体化趋势的加强,职业流动也显现出国际化特征。因此,对于处于人生十字路口的中学生来说,面对着教育、职业、人生的重大抉择,具备一定的职业生涯知识尤为重要。

在职业教育试点计划的影响下,1988 年的《教育改革法》明确规定在中学开设生涯教育课程。通过设置有职业技术取向的专门课程,帮助 14 至 18 岁年龄段的中学生为未来职业生涯发展做好充分准备,并使他们运用自己所学到的职业技能与知识解决现实生活中的问题。1997 年,英国政府颁布《教育法》,为所有 9～11 岁(即初三至高一年级)的学生提供一个生涯教育计划,保证所有的学生都能够有机

① 翟海魂:《英国中等职业教育发展研究》,北京:高等教育出版社 2005 年版,第 164 页。
② 吴式颖主编,李明德、单中惠副主编:《外国教育史教程》,北京:人民教育出版社 1999 年版,第 644 页。

会享受到提供生涯指导和最新的生涯信息资料。①

2003年,英国教育与技能部又颁布了《全国生涯教育框架》,要求学校实施生涯教育不仅要有专门的课程设置,建立生涯教育服务机构,学校还应配备专门的生涯协调员,保证生涯教育的高质量开展。

1. 生涯教育的任务

学校生涯教育的任务主要有以下几个方面:

(1) 发展生涯涯教育管理技能。学校必须在课程框架内规划和协调生涯教育活动计划,帮助学生为未来学习和工作做出决策。学校的相关活动要帮助学生获得必要的知识、技能和态度,以便他们在一生中能对自我发展进行计划和管理。

(2) 提供必要的生涯信息。学校必须提供有关教育、培训和工作机会的信息,包括书面资料和网络信息。

(3) 为个人决策提供有效的生涯指导。学校应当帮助学生运用其所掌握的知识、技能和信息为自己未来的教育、培训和工作作出现实的抉择和适当的决定,帮助他们建立自己的长远目标,并有效地实施个人的生涯行动计划。同时,学校应当协同地方生涯服务机构保障每一名学生都能获得有效的生涯指导。

(4) 开展实践性学习。学校应当在课程框架下设计相关的教学活动,不仅要向学生传授有关工作实践的知识,还要引导学生在工作实践中进行学习。这类教学活动包括带领学生到工作岗位亲身实践和邀请在岗人员到课堂讲课。

(5) 实施生涯教育与指导的评估与质量保障。主要侧重对学生在生涯教育与指导活动中取得成绩的情况进行评估,从而使学生、家长了解学生的学习进展,使教师了解教学中的不足,思考教学策略的改进。质量保障则侧重于检查学生生涯教育与指导的计划、实践等成效。此外,学校还要不时地接受教育标准局督学的检查。②

2. 生涯教育的目标

2000年,英国教育与技能部颁布了生涯教育的指导性文件——《新课程中的生涯教育》,明确规定了学段三至学段四(相当于我国的初三至高二)生涯教育的具体目标,目标分为三大块:自我发展、生涯探索和生涯管理。③

(1) 自我发展

在学段三,应当教学生:思考与学段二的衔接,并为向学段四过渡做准备;识别

---

① 臧日霞:《英国普通学校中的职业指导》,北京师范大学2006年硕士学位论文,第8页。
② 袁潇:《英国的生涯教育及其启示》,《职业教育研究》2009年第11期,第152~153页。
③ 祝怀新:《英国基础教育》,广州:广东教育出版社2004年版,第224~228页。

并学习与工作相关的个人兴趣、素质、技能、价值观与态度；学会与他人相处，并在小组工作中发挥作用；理解机会均等和尊重差异是人们工作责任心的一部分等。

在学段四，应当教学生：思考与学段三的衔接，并为向下一阶段的学习过渡作准备；认识到个人在生涯规划中自尊与自决的重要性；评估并发展与学习和工作相关的个人兴趣、素质与技能、价值观、态度等；学会合作，以不同的角色为小组工作做出贡献。

（2）生涯探索

在学段三应当教学生：解释"生涯"概念及其与他们自己生活的相关性；描述国家资格框架及主要特征；描述四大经济领域并列举各领域中的职业；理解工作，包括雇佣的职业、自我经营、志愿工作和家庭事务；理解工作与闲暇是相互关联的；学会描述不同的工作类型和环境；了解不同时间和不同地方的职业领域的变化；描述职业生活中的主要素质和关键技能等。

在学段四应当教学生：运用国家资格框架来为自己计划可能的学习途径；了解16岁以后在教育、培训和工作方面所能获得的所有机会；认识主要的职业类型并作深入的调查；解释人一生中为什么会从事不同类型的工作及工作是如何影响人们的生活方式和生活质量；学会比较不同的工作类型与环境；认识职业世界的变化及其对人们生活的影响；认识雇主们青睐的主要素质和技能，包括关键技能；理解雇员与雇主的主要权利与责任等。

（3）生涯管理

在学段三，应当教学生：确定现实的个人目标，考察自己的学习进步情况，展示自己的成就；运用他们的知识和理解来作出选择；接受生涯咨询员、学校教师的指导；学会根据自己的研究作出现实的生涯决策等。

在学段四，应当教学生：承担起对自己的学习和生涯发展的责任；获得与自己的生涯计划相关的工作经验；接受生涯咨询员、学校教师等的指导，以促进自己的生涯研究；理解有效的生涯决策的原则和方法；在运用知识和参加面试时有良好的表现；在进行生涯计划时考虑自己的经济状况；学会处理不可预测和未计划在内的生涯事务等。

3. 生涯教育的内容

生涯教育的内容主要包括两个方面：生涯教学和职业指导。生涯教学是为学生提供终身学习和职业生涯发展所需的知识和技能。具体包括三个方面的内容：自我认识与生涯认知；职业基础知识；实践性学习。

（1）自我认识与生涯认知

自我认识与生涯认知是通过引导学生在不断体验自我潜能开发的过程中领悟

生涯发展的积极意义,认识到正向自我概念的影响,树立积极向上的生活观。认识到教育成就对生涯机会的利益及学习与工作间的关系,从而让学生树立终身学习和不断奋斗的目标。

(2)职业基础知识

有关职业、经济、技术等方面的知识与技能,如各种职业类型、各种职业的意义、各种职业所需的资格与能力、职业世界的变化与发展等。这些内容主要是在学校生涯课程中传授给学生。

(3)实践性学习

指组织学生实地参加与在校学习相关的生产劳动的一种教育实践活动。这是学生了解和认识职业生涯比较有效的途径,学生只有亲身获得了体验,才能真正理解职业、理解生涯。实践学习的方式主要是组织学生参加各种在校的实践性活动、参观企业、工厂的生产流程或是直接参与一些生产活动等。

4.中学生涯教育的机构

为保证生涯教育的顺利开展,英国建立了完备的职业指导组织体系,指导协助学校实施生涯教育工作。这些类机构主要有:

(1)国家信息咨询与指导委员会(NLAGB),隶属英国教育部,其职责是协调教育部和劳工与福利部,共同为成年人和青年人提供职业教育与指导服务。

(2)联合就业服务处,其职责是为学校就读的高年级学生提供就业指导服务。1993年英国政府立法规定"青年就业处"的职能在于:为所有超过13岁的全日制学生服务;为半工半读的学生提供服务;为21岁以下的离开全日制教育系统两年的学生服务。①

(3)职业指导协会(ICG),职业指导协会代表职业指导的从业者,起着游说议员、倡导政策的作用。同时它还代替职业指导证书机构颁发职业指导合格证,起着一定程度上的质量保证作用。

(4)指导理事会(The Guidance Council),它是一个慈善团体,1993年注册成立的,设有秘书处,主要活动是代表职业指导领域进行政策规划和宣传。促进指导质量,进行政策研究。

(5)指导鉴定委员会(GAB),于1999年成立,独立于指导理事会,为全国进行信息咨询和指导服务的质量保证机构合格负责。

(6)国家就业训练组织(Emp NTO),是一个全国性的组织,负责制定训练标准,协助指导、咨询的机构和仲裁行业。

---

① 谌启标:《英国职业指导的组织结构、框架体系和政策走向》,《职教通讯》2005年第11期,第58页。

除了上述机构还有一些民间组织，它们的职能主要是为中学的生涯教育提供各种服务，如为学生熟悉各种职业提供咨询指导；建立学校与企业、工厂广泛的联系，为学生提供参观学习机会，以及最新的职业信息等，在英国中学的生涯教育与指导中发挥极其重要的作用。

（四）职业指导教师的培养

为了做好职业指导工作，教育与就业部鼓励公立学校指定或招聘一名"生涯协调员"（careers coordinator），即职业指导教师，从事学校的职业指导工作。

在中学实施职业指导教育，不仅能充分尊重学生的个性发展，而且在帮助学生准确地选择专业或职业方面具有重要的现实意义。因此，英国对普通中学职业指导人员的资格和个人素质有十分严格的要求，除了具备广博的知识、较强的人际沟通能力外，还要求懂得教育学、心理学以及关于社会职业的等方面广泛的知识，具体来说有以下几个方面的要求：

第一，要获得相应的文凭和资格证书

必须具有下列一种资格证书或文凭：具有 5 份普通中等教育证书，成绩为 A～C 之间；具有两份高级普通教育证书，成绩为 1～3 个 S 分或 3 个 H 分；社会科学方面的有关证书或文凭；市政、公共事务管理、政策研究等方面的有关文凭及资格证书；教育、科学部门所认可的教师资格证书；高等学校文凭。[①]

第二，接受理论与实践方面的培训

通过申请者，还必须接受地方政府管理局下属的职业服务训练委员会接受两年的系统培训，整个培训分为两个阶段，时间各为一年。

第一阶段为理论知识的学习，也有少量的现场工作。理论学习开设的课程主要有：教育学、心理学、职业教育学、职业指导实践、信息技术、教育技术、信息交流技巧等，并到中学开展见习及少量的实习活动。

第二阶段为实习阶段。这一阶段的训练是安排在职业指导局或学校，对学生进行职业方面的指导，其目的是将第一阶段所学到的理论知识运用于实践。

经过两年培训，合格者可以获得由地方政府管理局颁发的职业指导证书，有了这份证书就可以应聘到中学开展职业指导工作了。生涯协调员工作包括生涯教学和职业指导，具体职责包括：

（1）承担职业指导课程的教学工作；

（2）制定职业指导有关计划；

---

① 黄日强，许祥云：《世界职业教育管理研究》，北京：新华出版社 2005 年版，第 214 页。

（3）搜集、整理、管理职业指导的有关资料和信息；

（4）参与各种职业指导读物的编写；

（5）及时向当地的生涯服务机构反映生涯教育的实施情况；

（6）与学校附近的企业和工厂保持联系，为学生提供实践机会；

（7）组织学生参加与职业指导有关的活动，协调职业指导有关的工作等。

二、法国

在本阶段，法国在方向指导方面的最大改革就是取消原来的班主任，实行教师监护制，开展个别化的方向指导服务。同时，法国还颁布了《教育方向指导法以及《教育方向指导法附加报告》，对方向指导工作进行了进一步的明确与细化。

（一）建立教师监护制度

第二次世界大战之后，法国的教育有了较大的发展，为经济和社会进步作出了重要贡献。但是法国中小学教育质量滑坡严重，学生辍学率居高不下。因此，要求改革教育的呼声日益高涨，教育改革势在必行。1981年，法国政府成立全国工作委员会，对初中教育进行改革探索。1982年12月，委员会向政府提交了一份名为《为民主的初中而斗争》的长篇研究报告。政府接受了这份报告，并以此为蓝本制定了初中改革的方案。与此同时，贝尔汤·舒瓦茨向政府提出了《关于学业困难青年如何进入社会和职业生活》的报告。接着1983年法国政府又接受了普洛斯特《关于高中教育改革》的报告。1984年通过了法佛雷关于小学教育的报告。[①] 这些报告掀起了法国20世纪80年代至90年代中小学教育改革的热潮。

在方向指导工作方面，教育改革也推出了一系列的举措，其中最重要的做法就是取消原来的班主任，实行教师监护制。[②] 其目的是强化个别化教育，对在法语、数学和外语学习上遇到困难的学生进行补课，以缩小学生们之间的两极分化，同时对学生开展个别化的方向指导服务。其具体做法是按年级建立一种新的教学体，它将不同水平的学生混合编在一起，称为异质编组。其内部的基础教学单位是教学组。把不同水平的学生混合编在一起，法语、数学、现代外语三门课程按学生学习水平和学习能力进行组织，每门课程由该学科水平相同的学生组成"学科同质教学组"。其余课程的教学和学生的学校生活全部按教学组进行。其最大特色就是要

---

① 滕大春主编，王桂，李明德卷主编：《外国教育通史》（第六卷），济南：山东教育出版社2005年版，第204～205页。

② 同上书，第206页。

求学校教师都变成为监护教师,每位教师监护 12～15 名学生。其职责是负责对学生的学习与生活进行全面观察、指导和帮助,并协调学校与学生家长、学生与任课教师之间的关系。

另外,承担教学体教学和监护工作的教师组成教师小组,由小组对学生的学习变化情况经常进行比较与评估,并将结果记录在案。评估制定是教师小组调整教学活动的主要依据,也是重新组织"学科同质教学组"的主要依据。实行这种新教学体制的主要目的是为了有效地实施个别化教育,使所有学生在三门主课上能找到适合自己学习水平的进度,从而提高初中的教育质量。

(二)《教育方向指导法》的颁布

20 世纪 80 年代以来,法国各个教育阶段的学业失败现象仍旧严重,也是困扰中小学教育的一个十分棘手的问题。学生失败主要表现在如下几个方面:

(1) 学习困难学生比例过高。国民教育部评估与展望司调查表明,初中的学习困难生比率为 1/4,其中六年级(法国的六年级为初中一年级)的学习特别困难生比率为 10.5%。这些学生进入初中时一般比正常情况(11 岁)要晚一至两年;中等困难学生比率为 14%,这些学生一般都要用 3 年时间才能达到观察期所规定的学习目标。①

(2) 留级率较高。1985 年小学预备阶段的留级率为 10.2%,中级阶段为 8.4%。初中 4 个年级的留级率分别为 11.89%、15.59%、8.81% 和 13.69%,各类高中 3 个年级的平均留级率分别为 17.56%、13.01% 和 21.12%。②

因此,为进一步提高教育质量和效率,使所有青少年获得学业成功,1989 年,法国教育部颁布《教育方向指导法》,强调大学、中学均需要加强对学生的方向指导和个别教学。该法第八条明文规定:③

(1) 学生有权利得到关于学业、职业的方向指导与信息,这是受教育权的一个组成部分。

(2) 学校和教育共同体特别是教师和方向指导人员应帮助学生确定其学业和职业方向的打算,并为学生完成学业和学业结束后的就业提供方便。

(3) 学业和职业的方向之决定,应有对学生的不断观察做准备。

(4) 对学业和职业的方向作出选择属于家庭或成年学生的职责范围。这

---

① 萧枫主编:《国外学校教学改革》,沈阳:辽海出版社 2011 年版,第 159～160 页。
② 李其龙、孙祖复:《战后德国教育研究》,南昌:江西教育出版社 1995 年版,第 137 页。
③ 瞿葆奎主编,张人杰选编:《法国教育改革》,北京:人民教育出版社 1994 年版,第 654 页。

一选择与班级委员会的建议不一致时,双方应在校长作出决定之前进行对话。如果校长的决定不符合学生或其家庭的要求,必须说明理由。

(5) 可以就学业和职业方向的决定提出上诉。

随后,法国教育部发布了《教育方向指导法附加报告》,对方向指导工作进行了进一步的明确与细化,其中一项重要的举措就是在高级中学建立学生代表委员会。1989 年《教育方向指导法》第十条提出:"高中应设立由校长领导的学生代表委员会(conseil des délégués des élèves),就有关学校生活和学习方面的问题提出意见和建议。"[①]

《教育方向指导法附加报告》对这一建议进行了细化,要求学生代表委员会在校长主持下召集,由各班级的代表组成,对学校生活问题(校内规则、办学方案、社会教育活动)和学校工作(作息时间表、辅导与补课方式、学业方向指导过程)提供咨询。委员会每学期由校长至少召开一次(也可以在 3/4 的代表要求下召开特别会议),在教育咨询人员的配合下确定关于代表的职责培训的需求与方法。代表委员会参与社会教育之家的管理。委员会还在学生升入高等教育机构所需的信息与准备上筹划一切有效措施。[②]

(三) 方向指导工作在学校的实践

1989 年《教育方向指导法》规定,学生有权利得到关于学业、职业的方向指导与信息,这是受教育权的一个组成部分。学校和教育共同体特别是教师和方向指导人员应帮助学生确定其学业和职业方向,并为学生完成学业和学业结束后的就业提供方便。

面对学生水平参差不齐和学业失败严重的现实,20 世纪 80 至 90 年代,法国中小学教育进行了改革,改革重点是重视学生的个体差异,根据每个学生的学习能力和学习水平有针对性地对他们进行指导和帮助。如在教学上采用个别辅导、小组活动、有指导的个人学习、同学科同水平小组教学等。同时,方向指导工作也得到了加强,其目的在于帮助学生面对教育制度的多样化结构,找到适合个人发展和社会需要的学业选择和职业出路。

随着 20 世纪 80 至 90 年代中小学教育改革的深入,法国初中和高中方向工作也都相应地加强了,不过两个阶段各有侧重点,初中阶段为方向指导,而高中阶段为职业定向,具体情况如下:

---

① 瞿葆奎主编,张人杰选编:《法国教育改革》,北京:人民教育出版社 1994 年版,第 655 页。
② 同上书,第 672~673 页。

1. 初中阶段的方向指导

法国初中阶段学制为四年,方向指导分为三阶段:第一年为"观察阶段"(cycle d' observation),第二、第三年为"加深阶段"(cycle d' approfondissement),第四年为"方向指导阶段"(cycle d' orientation)。这三个阶段的教学,力求符合学生的愿望和能力,帮助在常规情况下有可能被淘汰的困难学生完成学业。

初中第一年的观察阶段会做好与小学的衔接,使每个学生掌握继续学习所必需的基础知识和方法。对于学习有困难的学生,初中要与小学加强联系,通过分小班、单组班、调整大纲等一切可能的方式,给予"教学指导",同时主要加强学习方法的指导,让学生学会学习。按照学生学习节奏的差别,还可用两年时间完成一年的学习任务。第二年开设选修课,为学生提供不同的发展途径。从第三阶段开始,相关机构、学校开始提供职业信息并对学生加以指导。由于每个学生在初中毕业后都要面临不同学习方向的选择,如普通高中、技术高中、职业高中或艺徒培训中心等,因此对学生未来学习方向的具体指导是方向指导阶段的一项重要工作。初中生毕业前,学校会通过由班主任、任课教师、方向指导顾问和学生代表组成的班级委员会。方向指导工作由方向指导顾问和任课教师负责。他们在对学生的学习情况进行持续的观察和评定的基础上,对每个学生的学习方向提出建议,经与学生家长反复商讨,再经班级委员会讨论,提出最后意见。如家长提出异议,双方再作商讨,直到达成一致为止。这样,学生初中毕业后,即可各自进入适合于自己学习能力和兴趣的不同性质的高中或中心继续学习。

2. 高中阶段的方向指导

法国普通高中学制三年,第一年为基础学习阶段,第二、第三两年是分科学习阶段。高中阶段的第一年为基础学习阶段,开设共同课程,不分科,而方向指导工作重点是帮助学生定向;后两年实行分科教学。学生们可以根据定向指导,选择自己希望将来发展的专业。在普通高中的第二年和第三年,学生分五个学科组进行学习。这些学科组是:[①]

    A 组　哲学与文学
    B 组　经济与社会科学
    C 组　数学与物理
    D 组　数学与自然科学
    E 组　数学与技术

① 张保庆,高如峰:《今日法国教育》,武汉:武汉大学出版社 1986 年版,第 71 页。

在普通高中的第二年,各学科组设置基础课,但每门课程的具体授课时数则根据学科组的类型而有所差异,以便突出各学科组的主修课程。在普通高中的第三年,课程设置的差异进一步扩大,各学科组更加突出各自的主修课程。但哲学、数学、外语、体育仍是各学科组的共同基础课。除基础课外,还设限定选修课和自选课。学生在高中毕业时,要参加由学区按五个学科组组织的中学毕业会考。通过会考者,颁发给中学毕业会考证书。证书分 A、B、C、D、E 五类。这种证书是国家文凭,只有得到该证书的人,才有资格进入高等教育机构继续学习。

为此,在高中一年级起就为学生在高中二年级的不同学科分组之间作出选择。为了做好这项工作,法国在地区一级设地区信息与方向指导中心负责具体事宜,每个学生的方向指导由方向指导顾问、班主任、学生及其家长共同协商。学生们将根据学校的方向指导,并结合自己的实际情况报考不同的毕业会考,相应地持不同的毕业证书进入不同类型的大学或是大学校。

不管在初中阶段还是高中阶段,在进行方向指导时,要为每一位学生建立个人档案,收集有关的系统材料。此外,班主任还和任课教师一起定期对学生的学习态度、学习成绩及其能力进行分析研究,然后做出相应的能力与学业评估。学校的方向指导顾问会深入了解毕业生的能力、学业、爱好与兴趣,以便补充和纠正教师所做出的评估。但最终的方向决定权仍然以家长意见为主,其他意见都作为参考。例如,有"该"留级者不留级和"不该"留级者主动留级的情况,往往是家长决定留级以便学生更好地适合学校的教学阶段,前提是对学生的学业有利。根据家长和学校的协商,在经过家长同意后的方向指导方案经有关部门批准后便具有法定效力,最终确定学生的发展方向。

(四) 方向指导存在的问题

在 20 世纪 80 至 90 年代,法国对学校的方向指导工作一直非常重视,取得了一定的成效,但也存在一些问题。1988 年 6 月,国民教育总督导处发布了《对学生的方向指导》的调查报告,列举了方向指导工作的一些问题,具体表现在如下几个方面:

(1) 方向指导的条件没有随着任务的变化得到改善,经费不足,设备不够先进,还有少部分机构没有配备电子计算机,信息与方向指导中心布局不够合理;

(2) 无论是各学区之间,各信息与方向指导中心之间,中心与学校之间,初中和高中之间,还是参与方向指导的各类人员之间(学校的教师、省方向指导督学、中心的方向指导顾问、负责教学工作的有关督学等),都缺乏必要的协调,分散了力量,影响了效果;

(3) 方向指导顾问既要在中心接待,又要去学校和师生接触,工作面宽、量大,仅在校中学生,平均每人就负责 1,500 多名,但这一重要的工作在社会上和教育界内没有受到应有的重视,地位不高,甚至被有些人视为不伦不类;

(4) 方向指导过程中,不重视学生的个人意愿和能力,启发他们制订并实现个人计划不够,更多强调的是让学生和家长尊重方向指导顾问和班级委员会的意见;

(5) 班级委员会的工作制度与方法不适应当前形势,尤其是应起重要作用的班主任没有受过专门培训,他们的影响因人、因所教科目而异;

(6) 由于没有明确科学的标准,有关人员素质不整齐且配合较差,班级委员会对学生优缺点的评价和升留级的建议不够准确,因而不够公正。①

这种种不足使方向指导的结果受到影响,有时不够科学,有时家长不接受。因此,调查报告建议:要改变方向指导的原则,使它的性质由"判决"变成建议,以学生为主体,尊重家庭的意愿。报告还明确提出了四个方面的具体措施:

(1) 加强信息与方向指导中心的工作,适当加以合并,使每个中心配备有计算机和专职资料员,要求这些中心真正了解学校的情况,并帮助学校制订计划;

(2) 以对学生的评估和教学的个别化相结合取代对学生今后方向的"判决",以与家庭及学生的协商取代班级委员会的决定;

(3) 初中毕业前不进行带有决定意义的方向指导,学生升留级及学业的选择主要由家长作出,其他意见都作为参考,当一条路走不通时可以尝试其他途径,初中毕业时家长和学校通过协商确定学生方向,此时仍以家庭意见为主。高中阶段的做法与初中阶段基本相同。

应该说,报告反映的问题还是客观存在的,也对法国后来的方向指导工作产生了一定的影响。

三、德国

1990 年 3 月 18 日,原民主德国地区进行了自由选举,产生了以梅齐埃尔为首的基民党等 5 党大联合政府,并决定,废除原来专区的划分,重新组建勃兰登堡、梅克伦堡一前波莫瑞、萨克森、萨克森一安哈特和图林根等 5 个联邦州。1990 年 10

---

① 邢克超:《法国的学业与职业方向指导》,《外国教育动态》1989 年第 4 期,第 44～45 页。

月 13 日,这 5 个州决定加入联邦德国,同时东柏林与西柏林合并为一个州。这样便实现了德国在分裂 40 多年之后的重新统一。随着两德的统一,学生指导工作也发生了新的变化。

(一) 联邦德国学生指导的主要内容

20 世纪 80 年代以来,联邦德国的学生指导主要围绕纠正行为的指导、前途预测的指导、升学与就业指导几个方面进行;民主德国的区职业指导中心、各类企业、班主任和指导教师在学生指导工作都各自发挥着应有的作用。中学学生指导教师在开展指导工作时主要围绕以下几个方面:

第一,纠正行为的指导

主要是帮助学生克服各种心理障碍和不良习惯,纠正不正确的学习方法等。指导教师通过对学生不良行为的分析,针对性开展和实施某些程序和方法,来帮助人们改变他们的行为,如对正常儿童口吃、发脾气、厌学、说谎、言行不一等不良行为的治疗,或对成人酗酒等行为的矫正,以达到改进其生活的某些方面的目标。

第二,前途预测的指导

指导教师通过"智力测试"、"创造性测试"、"职业兴趣测试"、"能力测试"和各课程的"学习动机测试"等,对即将升入不同类型学校的学生进行指导。指导教师将测试结果再借助一些数学统计方法加以评价。然后,指导教师对学生将来合适的发展模式提供建议,并预测学生在各方面成功的可能性与可行性以及对学生在课程、专业或职业方面可做什么要求和期待等。

第三,升学与就业指导

所谓升学与就业指导就是根据社会的需要,从学生的个人实际条件出发,指导他们树立正确的职业观,帮助他们正确认识和明确职业或专业方向,并对他们有针对性地进行一定专业或职业训练,为升入高一级各类学校或从事某种职业打下良好的基础,在思想上、学习上和心理上做好准备。联邦德国有着一整套完善的升学就业指导体系。

联邦德国的升学就业指导体系大致分三个层次,上下形成一个完整的有机网络:

(1) 学校一级,由校长主持,设有专职或兼职的升学就业指导教师,负责学生及家长的具体指导工作。

(2) 州一级,由文化教育部主持,下设升学就业咨询机构,负责本州的具体指导事务。如在巴伐利亚州,这样的咨询机构就有 9 处之多,散布在全州各地。①

---

① 许胜光:《联邦德国的升学就业指导》,《外国中小学教育》1989 年第 1 期,第 11 页。

（3）国家一级，则由联邦劳工部职业咨询署主持，并由设在全国各州的升学就业咨询中心统筹协调该项工作。

另外，各级升学就业指导机构及科研院所均定期或不定期的编制各种类型的指导性刊物，免费发放给学生、家长等有关方面。

（二）民主德国的学生指导工作

1. 职业指导的相关机构

民主德国对职业指导工作一直非常重视，其指导工作由国家各部门、社会各方面力量共同完成。具体来说，负责职业指导的机构主要有以下一些部门：

（1）职业教育国务秘书处

在民主德国，职业教育是由国家以中央集中的方式来组织与监督的。主管部门是职业教育国务秘书处，负责制定计划，分配资金，拟订政策和法令等。在职业指导工作方面，职业教育国务秘书处的主要职责有：[1]

——根据党和国家的教育方针和政策，领导制定为技工职业进行职业指导所必要的国家法律性文件、原则和方针政策等。

——通过督导制度检查各专区工作并根据检查情况，对今后工作提出改进意见。

——派人定期参加各专区召开的咨询和经验交流会。

——从内容和组织上管理职业指导员的培养和进修。

——核准中央职教所提出的发展职业指导工作的研究计划等。

（2）国家一级机构

中央和国家所有各有关领导部门均应在自己的职权范围内，负责指导和关心青年一代的成长。在这个前提下，有些部门还承担了对职业指导的具体任务。比如，国民教育部负责制定在普通中学进行职业启蒙教育的原则规定，另一项任务是为职业指导工作培养教育工作者。高等和专科教育部及其他部门，为其所管辖范围的职业制定相应的职业指导原则，编写有关职业指导或升学指导材料。

（3）区职业指导中心

全国职业教育国务秘书处下辖区职业指导中心，"全国共有 220 个以上的区职

---

① 孙震瀚主编：《国外职业指导》，杭州：浙江教育出版社 1991 年版，第 231 页。

业指导中心,有 650 名教育专家和心理学家在其中工作"。[1] 区职业指导中心在业务上接受职业教育国务秘书处的领导和指导,并定期向其汇报工作。它的主要任务是在本专区协调各专业局、企业、机关和各社会组织,贯彻、落实中央制定的有关方针政策和规定,指导并检查专区各县的职业指导工作。

区职业指导中心在开展指导工作时,会同学校的教育工作者、学生本人、学生家长、企事业负责人,以及当地的政府部门都建立直接或间接,固定或非固定的联系,对学校的职业指导工作的开展发挥极其重要的作用。其开展的主要工作有:为学生和家长举办职业启蒙和咨询报告会、讨论会等活动;对个别学生在职业选择过程中给予指导;为学生和家长提供介绍职业世界的情报;培养职业指导方面的社会骨干;通过不同形式对全社会开展职业指导宣传工作。[2]

另外,职业指导中心会根据企业最近五年数据编制的规划,介绍本地区国营生产部门的工作情况和需要的专业人才数字;邀请工业、农业、服务性行业等部门的专业人员,向学生介绍将来可能从事的职业;职业指导中心也会组织学生到企业进行参观等。

(4) 各类企业

民主德国加强企业与学校的联系,联合开展职业指导工作。许多企业根据国家的有关规定,建立了企业职业咨询室,备有各种职业指导资料,组织不同形式的宣传活动,对学生和家长开放。如在"劳动学"课程课中,学校会组织学生参观企业,让学生全面了解企业当前所从事的各项工作及取得的成就,唤起学生对企业生产的兴趣。

2. 班主任和指导教师的作用

民主德国学校指导工作的开展主要由班主任和专业指导教师具体负责。班主任在开展指导工作时,与任课教师、少年先锋队组织、青年团以及班级家长委员会密切合作。如在职业指导方面,需要根据班级实际情况,制订本班 6 至 10 年级职业指导的具体计划,帮助每个学生进行职业选择。从 7 年级开始,班主任会指导学生根据学生的学习情况,身体条件、兴趣、爱好和特长等情节,在个人"志愿册"上填写一次自己的职业志向或愿望,并帮助学生逐步确定自己的职业志向,最后选定一种职业。10 年级第二学期开学后,学生持 9 年级的考试合格证书向有关企业提出进该企业职业学校的申请。毕业考试合格后,一般都能按本人的志愿进入职业学校,或升入其他学校。

除了班主任外,每所学校都要确定一名教师负责学生指导工作,其职责就是协助校长做好本校的学生指导工作。指导教师会根据学校的情况,制订本校的学生

① 高方义:《民主德国中学生就业指导制度介绍》,《外国中小学教育》1989 年第 3 期,第 24 页。
② 孙震瀚主编:《国外职业指导》,杭州:浙江教育出版社 1991 年版,第 235~236 页。

指导的工作计划,按照计划内容,每学期指导教师还会组织几次全校性的咨询活动,同时指导教师还会联系社会各部门、企业等,开展学生指导工作。

(三) 统一后的德国学生指导

经过改革,东西德合并后德国形成了各州基本相同的学制。目前大多数州法定普通义务教育为 9 年,职业义务教育为 3 年,少数州,如北威州、不来梅、柏林和勃兰登堡为 10 年,具体详见图 7-2"统一后的德国学制图"。

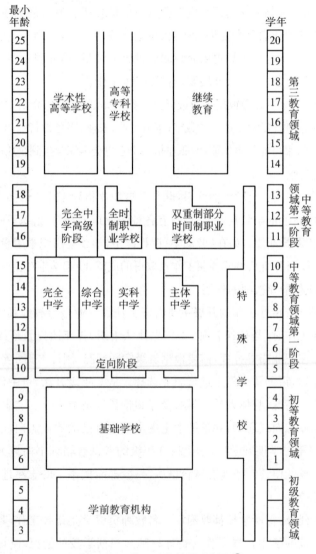

图 7-2　统一后的德国学制图①

① 李其龙:《德国教育》,长春:吉林教育出版社 2000 年版,第 262 页。

一般情况下,德国儿童3岁进幼儿园;6岁进四年制或六年制基础学校;学生在四年制基础学校毕业后进两年制的独立的或附设在主体中学、实科中学和完全中学,或附设在基础学校的定向阶段,或进综合中学,在不设定向阶段的州,直接进类中学:一般主体中学为九年制中学(有一些州为十年制),实科中学为十年制,完全中学为十三年制。一些新州主体中学和实科中学是全在一起的,完全中学是十二年制的。学生在主体中学和实科中学毕业后便进入职业教育系统,完全中学毕业便升入大学。

下面重点对定向阶段的指导工作、主体中学"劳动学"课程的开设情况以及综合中学的分组教学加以介绍。

1. 定向阶段的指导工作

1970年的《教育结构计划》《教育结构计划》把第五、第六学级定为"定向阶段",学生完成基础学校阶段的教育后便进入定向阶段学习。除了巴伐利亚州在1990年开始取消定向阶段制度外,定向阶段包括新州在内的所有各州都得到了实施。

一般定向阶段形式基本上分两种,一种隶属于种类中学,一种独立于种类中学之外。独立式的定向阶段不经选择,招收学习成绩不同的基础学校毕业生组成混合班进行教学。学生修毕这一阶段再按学习成绩被分流到种类中学去。柏林和勃兰登堡定向阶段包括在六年制基础学校中,它们的五、六年级行使定向阶段的指导职能。定向阶段的指导主要有以下两个步骤:

(1)家长和学校密切配合。四年级第一学期要召开家长、班主任、主要任课教师、校长,乃至主体中学、实科中学、文科中学校长共同参加的会议,说明情况和回答家长们的问题。

(2)学校根据成绩推荐某同学到某类学校读书,而家长有决定权,但各州在操作过程又有所不同。在有些州,家长的要求高过了学校的推荐,该学生必须参加学校安排的一次考试;若考试通不过,家长或服从学校的推荐,或让孩子重读四年级。在另一些州,如果家长的要求高过了学校的推荐,该学生可以到家长期待的学校去试读,但在半年乃至今后两年的定向期中学校都可以根据其成绩决定他的去留。

通过定向阶段的学习与指导,根据学生的志愿或成绩,所有定向阶段的毕业生分别分流到四类教育目标不同的中学:主体中学、实科中学、综合中学与完全中学。

2. 主体中学"劳动学"课程的增设

主体中学为期五年,毕业后大部分进入职业学校为就业做准备。主体中学开设的课程有:德语、数学、英语、自然科学(生物、化学、物理)、社会科学(历史、地理、政治)、劳动(技术、经济、家政)、音乐、艺术和纺织艺术加工、体育、宗教课。7 至 9 (或 10)年级的数学和英语两门主课要根据学生的成绩及爱好分为基础班和提高班,每年变化调整一次。初中阶段结束时一般没有毕业考试,毕业时,三门主科的成绩评定依据是每门课每学年的 6 至 8 次闭卷课堂书面作业成绩,其他课程的成绩是通过平时的课堂提问和小测验评定出来的。绝大多数学生都能够拿到毕业证书。无论有无毕业证书,学生均可以参加"双元制"职业教育,最终成为技术工人。

由于主体中学是为未来的职业教育做准备的。因此,主体学校除了完成义务教育的任务外,还兼实施职业预备教育。两德统一后,主体中学除了新设一门外语课外,还增加了"劳动学"这门新学科,并成为主体中学的一门特色课程。"劳动学"主要讲授劳动及劳动界的知识与情况,包括企业实践。"通过这门课程向学生介绍技术——经济领域和社会——政治领域的观点、知识和技巧,帮助学生做好职业选择的准备。"①

在"劳动学"课程中,学校还加强了信息技术的基础教育,并通过"企业侦察"、企业实习等活动突出了与实践联系的方向性。主体中学这样的课程设置,一方面为学生转入实科中学和完全中学创造了条件,另一方面也为他们进入职业生涯做出了更好的准备。关于"劳动学"课程的设置情况具体详见第五章相关内容,在此不再赘述。

3. 综合中学分组教学的指导

综合中学是把主体中学、实科中学和完全中学综合在一起,兼有各类中学的职能。综合中学是以"机会平等"为其创办基础,希望所有成绩较差的学生,并不会只因某些科目的成绩不理想而丧失更佳的学习机会,他们可以依据个人的偏好与兴趣考量来发展。由于在综合中学中各种学生学力参差不齐,因此普遍采取分组教学形式。其分组的目的是:"通过在一个规定共同必修内容的核心领域上不断提高程度的选修分组和能力分组,更好地顾及和促进个别学生的兴趣爱好和能力。"②分组教学的形式主要有"跨学科能力分组"、"学科能力分组"、"选修分组"和"弹性分组"等。

"跨学科能力分组"是一种打破传统的年龄编班,按学生能力和兴趣编组。具体来说,是把某一年级的学生按智力高、中、低或测验成绩的好、中、差分成若干组,教师在教学内容和教学方法上区别对待。每个学生按照他在各门学科上的一般能

① 李其龙、孙祖复:《战后德国教育研究》,南昌:江西教育出版社 1995 年版,第 79 页。
② 同上书,第 95 页。

力和平均成绩进行分组,确定一个学生学习能力时,该学生在各门具体学科上学习能力的差异被忽略不计,而他在所有各门学科上的学习能力都被看作处于同一水平上。

"学科能力分组"学科能力分组就是按某一年级学生在个别学科上的学习能力或成绩,在一定学科上分为不同水平的若干小组。这种分组的特点是顾及到学生在不同学科上不同的能力和发展水平。例如,可以根据学生在一门学科上的不同学习水平,把他们编入 ABC 等组中,A 组为最高水平,依次为 B 组、C 组乃至 D 组。按这种分组法,某学生在数学科目上可能被编入程度最高的能力组里,而在英语科目上可能被编入程度最低的能力组里。

"选修分组"主要是根据学生的兴趣爱好,让学生分别选修各种不同学科的一种分组方式。这是有效地促进学生学习兴趣的一种措施。而"弹性分组"是一种按照学生学习进步情况随时进行分组调整的灵活的分组形式。

因此,综合中学阶段对学生进行分组教学的指导是学生指导的一项主要内容,指导教师可通过谈话、测试量表、分析学生各科的测试成绩等方法对学生进行分组。

(四) 个别学生指导工作

上述所提到定向阶段以及综合中学分组教学的指导,除了采用智力测试、个性倾向、能力测试、小组指导等方式外,对学生进行个别指导也是德国学校学生指导工作常用的一种方式。每个需要咨询的人都可以免费地得到专业的指导教师面对面的指导。通过指导,帮助每个咨询者解决遇到的问题。在所有的个人指导中,职业指导是其中的一项重要工作,内容一般包括:[1]

(1) 认清自我的基本条件(包括理想、前途、兴趣、技能、障碍、家庭支持情况等);

(2) 分析确定哪些是适合自我优势的职业,与其相关的培训课程是什么,以及如何使它们与咨询者的个人条件和谐一致;

(3) 提供咨询者所需的信息或矫正错误信息;

(4) 评估劳动力市场所提供的培训及未来雇用方面的机会;

(5) 提醒对财政情况及其他的晋升可能性的注意;

(6) 以后再培训和发展的机会;

(7) 提出对于可供选择的职业发展方向及其现实的具体情况方面的建议。

---

[1] 张元、燕妮:《德国的个人职业指导》,《职业教育研究》1995 年第 4 期,第 30 页。

在日本近现代史上,曾进行过三次教育改革。第一次教育改革是在明治维新初期进行的。第二次教育改革是在战后美国占领期间进行的。第三次教育改革是1971年6月中央教育审议会在向文部大臣作的咨询报告——《关于今后学校教育综合扩充、整顿的基本对策》中提出来的。在20世纪80年代,随着日本第三次教育改革的深入发展,强化和改革人才出路指导已成为日本中小学学校学生指导的一项重要工作。

(一)日本学生指导的政策回顾

1981年,日本社会教育审议会在《关于青少年的品德和社会教育》中指出,为适应今后社会的变化,增强新生一代对未来社会的适应性,必须强化对青年学生的出路指导教育,着重培养青少年的自我确立、创新意识、社会责任心和民族意识、国际观念、追求生存价值的积极态度等。

1982年全面付诸实施的新修订的高中教学大纲,要求"通过学校全部教育活动,努力准确地把握每个学生的能力、适应性等,并谋求其发展,在指导学生选择各种适当的学科、科目和类型的同时,有计划、有组织地进行出路指导"。[1]

1983年,日本文部省发布的《初、高中学校出路指导手册——高中课外活动编》中指出"学校中的出路指导是从个人生涯教育的角度出发进行的"。[2] 此后,职业生涯教育渐渐融入了日本的出路指导中。

1983年,在日本中央教育审议会所发表的一系列报告中则指出:出路指导应担负起培养学生自我教育能力,掌握扎实的基础知识和基本功,发展学生的个性和创造性,尊重文化传统等方面的职业责任。[3]

1986年,日本临时教育审议会第二次报告特别指出:中学教育的重要任务在于培养学生对自己的出路、职业的思考和对自己未来出路的选择能力,以实现学生的自我人生目标。在学校的人才出路指导工作中,克服学历主义倾向,引导学生正确地认识升学与就业,改革传统的人与工作(或大学)相匹配的出路指导模式;在人才出路指导中导入终身教育观念,使人才出路指导贯穿于各层次学校教育的始终;在职业高中引入特定职业资格的认定和校定制度;努力开展有助于全体学生将学校学习与未来出路密切联系以提高其对未来生活适应能力的出路指导。[4]

① 陈永明:《日本中学的出路指导》,《外国教育资料》1983年第4期,第45页。
② 杨兵:《日本高中出路指导研究》,东北师范大学2009年硕士学位论文,第7页。
③ 庞玉梁等主编:《中等职业教育管理》,北京:高等教育出版社1994年版,第381页。
④ 黄日强、许祥云:《世界职业教育管理研究》,北京:新华出版社2005年版,第209页。

表 7 - 1   日本中学职业指导教育目标(1995)①

发展阶段		年级	指导目标
自我开 发期 ↓ 探索期 ↓ 试行期	力图自我成长的 时期; 多方面个性的发现; 职业的适合性开始 形成。	初一	1. 提高个性养成的自觉性与努力发展个性。 2. 关心将来的进路与职业生活。
		初二	1. 加深与职业相关的自我了解。 2. 通过劳动体验关心工作的意义。
	自我概念开始确立; 为自己开始思考将 来的生活出路与 职业。	初三	1. 关于自己的进路与职业,制订暂定性的计 划方案。 2. 思考职业所具有的作用。
		高一	1. 进路计划的再推敲。 2. 进一步加深自我了解。职业志向明确化。
	职业观形成; 暂定性职业的决定 与实践推敲。	高二	1. 通过社会实践体验等力图形成职业的自我 概念。 2. 自觉抓紧具体的进路计划的设定。
		高三	1. 能自主地选择决定进路。 2. 具有自己的职业观。

1989 年,《学习指导要领(修订)》提倡要以思考力、判断力、表现力、行动力为基础,唤起学生的内在学习意识,强调对学生进行"生存方式"的指导。即"通过全部教育活动,为使学生能够思考自身的生存方式,主动选择人生道路,进行有计划、有组织的出路指导活动,使学生深入认识到人的生存方式,培养他们的生存能力"。②

1995 年,日本进路指导学会提出了当时学校进路指导的三大课题:(1)强化、充实职业生活的实践体验;(2)结合实际使用进路指导教材与素质测试手段;(3)深化职业世界的知识。同时,进路指导学会还进一步提出了日本中学职业指导教育目标,为学校职业指导工作明确了方向,具体详见表 7 - 1"日本中学职业指导教育目标"。

(二) 日本学校学生指导工作的计划

日本文部省规定,中学的指导工作要有明确的计划。一般情况下,学校有全校的计划,一个班有班级的指导计划。指导的各个环节、各个方面和各个阶段都要有计划。因此,日本的中学除了开设职业指导课程外,学校还根据自身的实际情况制订详细的指导计划,表 7 - 2 是某一高中 1981 年度出路指导的全校计划。③

① 王一敏:《当代青年的职业选择与指导》,上海:上海教育出版社 1998 年版,第 85 页。
② 杨兵:《日本高中出路指导研究》,东北师范大学 2009 年硕士学位论文,第 6 页。
③ 陈永明:《日本中学的出路指导》,《外国教育资料》1983 年第 4 期,第 50 页。

表 7－2　某一高中 1981 年度出路指导的全校计划

学期	月份	学生的活动				出路指导部的业务			与家长及初中的联系事项	学校各项活动
		年级	主题	指导要点或资料	商谈活动的目标	检查及其他校内业务	参加校外各种会议	研修事项		
第一学期	4	一	成为高中生的智力检查	学校生活的目标 学生手册	为适应高中生活的必要事项	○ 制订年度计划及全体计划 ○ 出路指导委员会 ○ 智力检查（高一） ○ 出路希望调查（高三）	○ 听职业介绍所的报告 ○ 听县教育委员会关于各大学情况的报告			○ 入学仪式 ○ 定向指导 ○ 身体检查 ○ 大扫除 ○ 交通安全指导
		二	考虑升学或就业	考虑升学或就业的意义					○ 高一家长委员会 ○ 定期家长会	
		三	理想与现实	演讲						
	5	一	本高中的特色精神检查	理解学科的特色 关于检查的要点	帮助学生理解的内容	○ 出路说明会 ○ 制订职业介绍业务要项 ○ 精神检查（高一） ○ 测验（高二） ○ 确定出路调查（高三）	○ 听毕业生升学状况的报告 ○ 听毕业生就业动向的报告 ○ 参加有关出路指导的会议 ○ 注意职业介绍所提出的要项	○ 关于智力检查结果的讲习 ○ 关于意识调查结果的讲习	○ 与高三年级的父母面谈	○ 学生大会 ○ 避难防灾训练 ○ 期中考查 ○ 运动会 ○ 校园除草
		二	了解大学和职业的情况 职业测试	学校和职业一览表测验的要点	从检查结果认识自己的特性 确定自己的出路					
		三	出路说明会	说明会的要点和一览表						

学期	月份	年级	学生的活动			出路指导部的业务		研修事项	与家长及初中的联系事项	学校各项活动
			主题	指导要点或资料	商谈活动的目标	检查及其他校内业务	参加校外各种会议			
第一学期	6	一	考虑将来的出路	提高对将来出路的关心		○ 意识调查 ○ 职业适应新检查（高二）				○ 县高中体育比赛 ○ 艺术欣赏 ○ 远游
		二	关于职业资格 职业适应性检查	取得资格 一览表关于检查的要点		○ 二年级家长会讲话 ○ 职业讲话		○ 关于利用检查结果的讲习	○ 与高二父母面谈的 ○ 高三年级家长会	
		三	职业讲话	职业介绍所负责人		○ 出路指导委员会			○ 地区家长会	
	7	一	出路与学习计划	认识学业对现实出路的必要性	关于希望的出路、学校生活及学习计划	○ 提供雇用情报 ○ 年级家长会讲话			○ 地区家长会	○ 期中考试 ○ 女子情操讲座 ○ 大扫除 ○ 学期结业典礼 ○ 暑假
		二	关于职业观	职业观培养的事例		○ 公务员考试说明会			○ 高一年级家长会	
		三	最近的产业界	出路指导主任讲话	对问题学生特别商谈	○ 对填写履历表等的指导			○ 高二年级家长会	

255

第七章 国外学生指导制度改革的趋势

学期	月份	年级	学生的活动			出路指导部的业务		研修事项	与家长及初中的联系事项	学校各项活动
			主题	指导要点或资料	商谈活动的目标	检查及其他校内业务	参加校外各种会议			
第二学期	8	一	作文"我的梦想与希望"（暑假作业）	写作要点						
		二	作文"我的家庭"（暑假作业）	作为自我理解的一环		○ 关于就业指导	○ 参加县高中教育研究会；出路指导部的会议		○ 地区家长会	○ 开学典礼　○ 大扫除
		三	作文"选择题"和履历表的练习（暑假作业）	提示主题，写作要点						
	9	一	我的长处与短处	作为自我理解的一环		○ 对应考及旅行手续的指导　○ 发送就业志愿书　○ 向就业者介绍	○ 向职业介绍所报告希望就业的估计情况		○ 参观活动　○ 与高一年级的父母面谈　○ 组织家长参观企业单位	○ 县高中教育研究会　○ 学校庆祝活动　○ 辩论大会　○ 征集读后感文章　○ 大扫除
		二	利用检查结果的方法	作为自我理解的各种条件	关于事业所和上一年级学校的内容与特色					
		三	应考及旅行的手续	手续的注意事项	关于应试方法等					

学期	月份	年级	学生的活动			出路指导部的业务		研修事项	与家长及初中的联系事项	学校各项活动
			主题	指导要点或资料	商谈活动的目标	检查及其他校内业务	参加校外各种会议			
第二学期	10	一	关于自己的体力	作为自我理解的一环	关于实行希望出路的努力事项	○ 开始就业考试 ○ 提出应考报告书 ○ 进行升学考试手续的指导 ○ 进行升学情况的调查		○ 召开研修会议（1981年度的主题是关于促进教育商谈的方法）	○ 学校说明会	○ 期中考查 ○ 学校球类比赛 ○ 避难防突训练 ○ 演讲会
		二	适应性与出路	适应性与实现出路的关系	关于产业的种类和取得职业资格的方法					
		三	我选择的出路	以具体事例为主						

（三）高中职业指导课程的开设

从 1981 年起,日本教育部组织部分城市高中和郊区高中开设职业指导课,实验研究,取得了良好的成效。20 世纪 80 年代中期至 90 年代,职业指导课在日本高中得到了全面的推广。

日本高中的职业指导课程名称为《职业基础》,主要是在一、二年级开设,每周 1 学时,其中在高一年级开设《职业基础Ⅰ》,在高二年级开设《职业基础Ⅱ》。课程分为三个阶段,第一阶段是发展学生的自我认识和了解不同职业的过程;第二阶段是帮助学生形成符合社会需要的工作观和职业观;第三阶段是帮助学生达到职业的自我实现。日本高中的职业指导课程简单介绍如下:[①]

1.《职业基础Ⅰ》

该课程共分为三个单元,即高中新生、了解自己和熟悉职业。

第一单元"高中新生"的教学要达到的目的有:(1)让学生具备高中生应有的基本的和适当的生活态度;(2)让学生理解高中生活的意义和目标,认识职业教育对于自我实现的重要性;(3)让学生加深对职业选择的理解,以便他们能决定自己的人生道路。

第二单元"了解自己"的教学要达到的目的有:(1)使学生增强对未来职业的自我意识,认真考虑自己的生活目标和自我实现的可能性;(2)通过自我认识,激励学生发展自己的个性。

第三单元"熟悉职业"的教学要达到的目的有:(1)增进学生的职业知识,认识职业在人的社会生活中的作用;(2)让学生探索具体的职业信息,使他们认识到自己和职业的关系,从而确定自己的职业道路。

每个单元分为不同的模块,围绕模块主题,安排与主题相关的课程,详见表 7-3"日本高中《职业基础Ⅰ》课程内容"。

表 7-3　日本高中《职业基础Ⅰ》课程内容

单元	模块	模块主题	课时	课程内容
第一单元 高中新生	模块一	社会生活和生活方式	第一课	介绍职业基础(一)
			第二课	社会生活和生活方式(一)
			第三课	社会生活和生活方式(二)
			第四课	社会生活和生活方式(三)

---

① 张伟远:《日本普通高中的职业指导课简介》,《外国中小学教育》1990 年第 2 期,第 9～11 页。

单元	模块	模块主题	课时	课程内容
第一单元 高中新生	模块二	探索感兴趣和关心的职业	第五课	我的职业理想
			第六课	我感兴趣的职业
	模块三	高中生活和职业规划	第七课	高中生活和自信心
			第八课	怎样设计你的职业道路
			第九课	职业定向
第二单元 了解自己	模块一	发展自我认识	第十课	学会选择职业方向
			第十一课	了解自己的重要性
			第十二课	怎样了解自己
			第十三课	看看你的过去
			第十四课	你的个性和性情
	模块二	怎样度过你的青春年华	第十五课	青年人的生活
	模块三	个人个性发展和职业	第十六课	业余爱好和职业
			第十七课	根据个性来选择职业
			第十八课	自我发展和职业
第三单元 熟悉职业	模块一	研究产业界的现状	第十九课	产业界的结构
			第二十课	产业界的趋势
	模块二	研究职业的社会意义	第二十一课	职业的意义
			第二十二课	职业和人权（一）
	模块三	研究适合自己的职业	第二十三课	职业的性质和特点
			第二十四课	考察毕业生走过的职业道路
	模块四	研究升学或就业的计划	第二十五课	升学和就业的意义
			第二十六课	学业水平与高等学校

　　按照教学安排,高中二年级将开设《职业基础Ⅱ》,该课程也分为三个单元,各单元教学目次分别如下:

　　第一单元"最大限度地使用你的能力"的教学目的为:(1)使学生进一步发展自我认识,寻求能发挥自己能力的职业;(2)通过进一步考察自己感兴趣职业的特点和条件,认真考虑自己的职业计划。

　　第二单元"了解社会"的教学目的为:(1)让学生考虑在价值观多样化的现代社会中,怎样的生活方式和态度最能充分地使用自己的能力和潜力;(2)让学生从各方面来充分地了解职业的问题,明确认识职业和自己的关系。

第三单元"自我实现"的教学目的为:(1)让学生通过把自己的将来职业生活和社会联系起来,形成合乎社会需要的工作观和职业观;(2)让学生形成对将来生活的个人观,考虑在达到自我实现中可能遇到的问题。

每个单元分为不同的模块,围绕模块主题,安排与主题相关的课程,详见表7-4"日本高中《职业基础Ⅱ》课程内容"。

表7-4　日本高中《职业基础Ⅱ》课程内容

单元	模块	模块主题	课时	课程内容
第一单元最大限度地使用你的能力	模块一	尽量使用你的才能	第一课	介绍职业基础(二)
			第二课	能力与职业选择
			第三课	能力和努力
	模块二	职业生活和个人条件	第四课	职业和个人条件(一)
			第五课	职业和个人条件(二)
	模块三	职业计划的研究	第六课	社会需要的职业(讲授)
			第七课	社会需要的职业(讲授后的讨论)
			第八课	我的职业计划(一)
			第九课	我的职业计划(二)
第二单元了解社会	模块一	职业和现今社会	第十课	现代社会和职业
			第十一课	劳动力市场的现状
	模块二	职业生活的适应	第十二课	学校与工作场所的不同
			第十三课	工作场所和人际关系
			第十四课	职业社会和生活方式
	模块三	职业生活和法律	第十五课	工作和法律
			第十六课	工人的保护
			第十七课	职业和人权(二)
第三单元自我实现	模块一	成为良好的社会成员	第十八课	生活价值和职业
			第十九课	工作者应具备的思想态度
			第二十课	现代生活和闲暇
	模块二	充实的职业生活	第二十一课	工作和家庭生活
			第二十二课	工作和个人健康
			第二十三课	终身学习(一)
			第二十四课	终身学习(二)

(四) 中学生体验入学

日本的初中学生在毕业前,还会组织"体验入学"活动,这被称为"中学生体验入学"。就是在中学职业指导的基础上,根据学生的志愿,在毕业前,由教师或亲友陪向到志愿学校进行一日的入学体验,以加深学生对志愿学校的印象和了解,促进学生更好地选择和确定自己的志愿。从表7-5石川县立任松农业高中1984年体验入学实施计划中可以看出,学校对活动前的准备、体验的内容、过程等都进行了周密的安排。

表7-5 石川县立任松农业高中体验入学实施计划(1984年)①

实施时间	1984年7月30日(星期一)、31日(星期二)
参加对象的范围	金泽以南三市三郡,大约50所中学的志愿者
送给参加入学体验学生的资料	讲义、学校基本情况、历届毕业生出路统计资料
实验实习内容	农业畜产专业:鲜蛋的分辨方法 林果专业:西瓜质量调查 园艺专业:栽种黄杨树 农业土木专业:平板测量 食品加工专业:蛋糕的制作方法
带队教师及监护人座谈会	1. 介绍本校情况:(1)看录像;(2)介绍在校生现状及毕业生的出路情况 2. 为中学提供资料及与带队教师面谈
体验入学情况总结	本年度参加体验入学的情况

实施入学体验的学校对此都非常重视,一般都设有专门机构,并备有大量的宣传资料和表格等。例如石川县立任松农业学校(农业高中),为了搞好体验入学工作,该校成立了广告活动委员会,具体负责体验入学业务,每年都要向周围的中学(大约50所)寄送委托书,参加者申请书,体验入学实施计划,学校的宣传广告等。②

(五) 停止"业者测试"

20世纪90年代,日本学校职业指导的另一项改革就是,学校停止使用"业者测试"。"业者测试"是对初中生的学力测试,由民间考试公司测定学生的偏差之后,通知学生本人和学校,是高中录取新生时的参考资料。部分私立高中利用这种业者测试选拔新生,其他高中在报考咨询时,也以公司考试的成绩来决定考生志愿是否合理("中考"志愿只允许报一个,所以报考前一定要先咨询),因此,公司考试是

---

① 孙震瀚主编:《国外职业指导》,杭州:浙江教育出版社1991年版,第115页。
② 沈学初:《当代日本职业教育》,太原:山西教育出版社1996年版,第189页。

高中录取时的重要资料,也成为初中主要应试的对象。初中生可一年几次参加公司考试,有的初中生甚至初二时便开始参加公司考试,公司考试对初中教学干扰很大,也导致考试竞争激烈化等问题。

1992年10月,日本埼玉县教育委员会决定不向私立高中提交"业者测试"偏差值后,文部省也禁止公立初中向私立高中提交偏差值,也要求初中自身也不要用业者测试作出路指导资料。1993年,文部省进一步向全国都道府县教育委员会发出通知,禁止在初中进行业者测试。① 日本政府作出这一决定的本义是为了纠正目前日本学校追求以学习成绩衡量学生能力的偏向。

(六) 出路指导与大学的合作

1999年12月,发表《关于初等、中等教育与高等教育衔接的改善》的报告,在分析了"初等、中等教育的作用"(第2章)和"高等教育的作用"(第3章)之后,首先从整体上阐述了"改善初等、中等教育与高等教育衔接的协作方式"(第4章),然后专门探讨了"重视初等、中等教育与高等教育衔接的入学者选拔的改善"问题(第5章)和"学校教育与职业生活的衔接"问题(第6章)。在学生指导方面,报告指出,高中应培养具有多重能力和适应性的、对事物有一定兴趣和关心度的、具有丰富学习经历的学生,并要求积极进行高中与大学的合作,综合利用高中的出路指导、学习指导以及大学的教育内容和方法等手段,全力发展学生的个人能力。

根据不同的实施场所,日本高中与大学合作计划可分为三种形式:

(1) 大学举办的活动。大学通过开放校园、公开讲座、体验入学、旁听大学课程等方式吸引高中学生报考;

(2) 高中举办的活动。主要是通过聘请大学教师进行演讲、举行大学说明会等方式,内容主要包括如下几个方面:①宣讲会式。大学教师的讲解内容非常分散,既可以在宣讲会议上进行大学课程的讲授,同时也会对学生进行进路指导。②授课式。这种形式近似于模拟授课和体验教学等,教师以大学的课程体验为中心进行演讲,主要目的是让学生体会大学课程的教学形式和学习方法。③大学说明会式。教师以宣传所属大学为目的,演讲的主要内容集中于大学的教育内容、校园生活和入学考试等相关问题。②

(3) 地方教育委员举办的活动。面向辖区内所有高中学生开设公开讲座。

---

① 周建高:《日本的终身学习:从摇篮到坟墓》,天津:天津人民出版社2010年版,第73页。
② 姚舜:《日本高大连携计划的实施与评介》,《长白学刊》2012年第2期,第151页。

学生通过高中与大学合作计划,可亲身体验也能全面理解大学的精神、学习、研究和生活等,激发了高中学生的学习兴趣和热情,同时对规划学生的职业生涯也可以起到辅助作用。应该说,高中与大学合作计划这一实施途径无疑为升学指导提供了一条可供尝试的新道路,高中可以利用各大学开展的高大连携活动的机会带领学生参观、访问、体验大学的各项要素,以此达到对学生进行升学指导的目的,这不仅可以摆脱单纯面谈指导的乏味,也可以减少指导过程中歧义发生,对于高中和大学来讲,无疑是个双赢的结果。

进一步思考

1. 谈谈美国全方位学校指导项目的由来。

2. 阐述全方位学校指导模式的主要内容。

3. 《美国心理咨询协会道德准则与从业标准》对从业者提出了哪些具体要求?

4. 《学校指导教师的道德标准》对从业者提出了哪些具体要求?

5. 对美国的《学校指导项目的国家标准》加以评述。

6. 美国心理咨询协会在学生指导工作方面发挥了哪些作用?

7. 简述英国在 20 世纪 80 至 90 年代颁布的学生指导工作的法令及主要内容。

8. 英国的"职业教育试点计划"在学生指导领域做了哪些工作?

9. 英国的生涯教育在中学是如何实施的?

10. 谈谈法国的《教育方向指导法》对方向指导工作的影响。

11. 法国 80 至 90 年代的方向指导工作存在哪些问题?

12. 80 年代,联邦德国的学生指导工作主要内容是什么?

13. 谈谈 90 年代德国主体中学"劳动学"课程的开设情况。

14. 德国综合中学是如何进行分组教学指导的?

15. 1995 年,日本进路指导学会为中学的职业指导提出了哪些具体目标?

16. 阐述高中《职业基础》课程的主要内容。

延伸阅读

[美]Stanley B. Baker, Edwin R. Gerler 著,王工斌、焦青、伍芳辉等译:《21 世纪的学校咨询》(第四版),北京:轻工业出版社 2008 年版。

[美]塞缪尔·T·格拉丁著,陶新华等译:《心理咨询:一个综合的职业》(第五版),南京:江苏教育出版社 2007 年版。

霍益萍、朱益明主编:《普通高中学生发展指导研究》,上海:华东师范大学出版社 2013 年版。

李其龙、孙祖复:《战后德国教育研究》,南昌:江西教育出版社 1995 年版。

瞿葆奎主编,金含芬选编:《英国教育改革》,北京:人民教育出版社 1993 年版。

瞿葆奎主编,张人杰选编:《法国教育改革》,北京:人民教育出版社 1994 年版。

孙震瀚主编:《国外职业指导》,杭州:浙江教育出版社 1991 年版。

王承绪、徐辉主编:《战后英国教育研究》,南昌:江西教育出版社 1993 年版。

王一敏:《当代青年的职业选择与指导》,上海教育出版社 1998 年版。

祝怀新:《英国基础教育》,广州:广东教育出版社 2004 年版。

陈永明:《日本中学的出路指导》,《外国教育资料》1983 年第 4 期。

谌启标:《英国职业指导的组织结构、框架体系和政策走向》,《职教通讯》2005 年第 11 期。

柯晓扬:《美国学校咨询标准及其启示》,《江苏教育研究》2009 年第 12A 期,第 56 页。

佟月华:《心理辅导综合模式及其实践意义》,《山东师范大学学报》(人文社会科学版)2004 年第 3 期。

邢克超:《法国的学业与职业方向指导》,《外国教育动态》1989 年第 4 期。

许胜光:《联邦德国的升学就业指导》,《外国中小学教育》1989 年第 1 期。

杨兵:《日本高中出路指导研究》,东北师范大学 2009 年硕士学位论文。

袁潇:《英国的生涯教育及其启示》,《职业教育研究》2009 年第 11 期。

臧日霞:《英国普通学校中的职业指导》,北京师范大学 2006 年硕士学位论文。

瞿海魂著:《英国中等职业教育发展研究》,北京:高等教育出版社 2005 年版。

张伟远:《日本普通高中的职业指导课简介》,《外国中小学教育》1990 年第 2 期。

张元、燕妮:《德国的个人职业指导》,《职业教育研究》1995 年第 4 期。

Chari A. Campbell, Carol A. Dahir. National standards for school counseling programs. American School Counselor Association, Alexandria, VA 1997.

Malcolm Skilbeck, Helen Connell, Nicholas Lowe, Kirsten Tait. The Vocational Quest: New Directions in Education and Training. London: Routledge 1994.

Norman C. Gysbers. A History of School Counseling. Alexandria: American School Counselor Association 2010.

Edwin L. Herr. Career Development and Its Practice: A Historical

国外中学学生指导制度历史演进

Perspective. The Career Development Quarterly. Vol. 49 No. 3 2001.

M. Hargens, N. C. Gysbers. How to remodel a guidance program while living in it: A case study. School Counselor, Vol. 32 No. 2 1984.

Kenneth B. Hoyt. A Reaction to Mark Pope's "A Brief History of Career Development Counseling in the United States". The Career Development Quarterly, Vol. 49 No. 6 2001.

Norman C. Gysbers, Patricia Henderson. Comprehensive Guidance and Counseling Programs: A Rich History and a Bright Future. Professional School Counseling, Vol. 4 Issue 4 Apr 2001.

Susan J. Ginn. (1924). Vocational guidance in Boston Public Schools. The Vocational Guidance Magazine. Vol. 3 Issue 1 October 1924.

Vernon Lee Sheeley. American Counseling Association: The 50th Year Celebration of Excellence. Journal of Counseling & Development. Vol. 80 Issue 4 Fall 2002.

第八章
国外学生指导制度的现状

法国的初中分为"适应阶段"、"深入阶段"和"定向阶段"三阶段教学,即经过方向指导,初中毕业生分别进入普通高中、技术高中、职业高中或艺徒培训中心等。

法国的高中学制为三年,第一年为基础学习阶段,开设共同基础课程,不分科;第二、第三的两年是分科学习阶段。高中学业结束时,学生需参加毕业会考(BAC),学生根据自己的分科情况,分别参加普通类和技术类两大会考。

法国国家教育与职业信息局(Onisep)主要出版学生指导方面的资料,职员是国家公务员,全国现有工作人员约 600 人;法国信息与方向指导中心面向学校和非学校的群体,为他们提供资料与信息,接受咨询,与青年安置部门合作。

法国要求各学科任课教师必须参与学生的方向指导工作。除了各科教师外,还有方向指导顾问、驻校心理专家、社会服务助理等参与此项工作。

英国 PSHE 课程是"个人、社会、健康与经济教育"(Personal, Social, Health and Economic Education)英文首字母的缩写,通过专门的课程、学科渗透以及 PSHE 日等活动加以实施,PSHE 现已经成为英国学校学生指导的一条重要的途径。

PSHE 课程有三个核心主题:健康与幸福、人际关系以及生活在更广阔的世界里。每个核心主题下,分别列出第一至第四关键期学生在该主题下的学习目标以及通过课程教学应该获得的知识和达到的能力。

澳大利亚作为新兴的移民国家,教育上深受英美国家的影响。澳大利亚的学生指导工作开始于 20 世纪初,经过了缓慢发展与快速发展时期。

澳大利亚各州对学生指导教师的任职资格要求不同,教师主要是教育学、咨询或心理学专业人员,指导内容涵盖了学业、生活、生涯各方面。学生指导工作还受到了来自国家、大学、咨询协会和国际相关组织等系统的有力支持。

前面几章内容主要从历史的角度,对美国、英国、法国、德国、日本五个国家的普通中学学生指导制度的历史演进情况进行了全面的梳理。进入 21 世纪后,各国学生指导制度的发展又有了新的变化,本部分主要以法国、英国和澳大利亚三国的学生指导工作的开展情况作为个案研究,主要内容涉及法国的方向指导,英国的 PSHE 课程设置情况以及澳大利亚的学生指导,希望以一斑而窥全豹。

第一节　法国普通中学的方向指导[①]

学生指导工作在法国被称为"方向指导",主要涉及学业、就业、生活、心理辅导等工作,本部分将对此作一简单介绍。

一、方向指导在法国中等教育中的作用

法国是一个教育集权的国家,教育的管理权主要集中在中央。法国的小学为五年制,小学毕业后进入中等教育阶段学习,中等教育分为两个阶段,即小学之后 4 年的初中(collège)和初中之后 3 年的高中(lycée)。中等教育完成时,需要进行业士文凭考试。初中(collège)为四年制,高中(lycée)为三年制。

(一) 初中:三个阶段的教学与指导

初中(collège)是中等教育的第一阶段,学制四年,属于义务教育的范畴,招收 11~15 岁的学生。凡上完了小学、经小学教师评定成绩合格者,均可按规定的学片,到指定初中免费入学,无需入学考试。按法国颠倒称呼的习惯,这四年分别为六年级(Sixième),五年级(Cinquième)、四年级(Quatrième)、三年级(Troisième)。

法国的初中按全国统一的计划和大纲组织教学。1995 年前,初中被分为两个阶段:观察阶段和方向指导阶段。1995 年以后,教育部改革初中教育,在初中实行三阶段教学制,即"适应阶段"(cycle d'adaptation)、"深入阶段"(cycles centraux)和"定向阶段"(cycle d'orientation)。

六年级为"适应阶段"(相当于我国的初一),巩固并强化小学所学知识,并开始

---

① 2009 年 11 月 6 日至 17 日,笔者与华东师范大学教育学系的黄向阳博士一起,赴法国专门考察法国的方向指导工作,主要走访了法国教育部、法国国家教育与职业信息局、信息与方向指导中心及两所中学,获取了大量的一手资料。——著者注

尝试适合中学学习的新方法和新学科,使小学教育与中学教育较好地衔接。学习的科目主要有:法语、数学、现代外语、史地、地球与生命科学、技术、艺术教育和体育等。这个阶段的教学任务是巩固和完善学生在小学期间获得的知识,并为学习一些新的文化科学知识做好准备。

五年级和四年级为"深入阶段"(相当于我国的初二、初三)。这个阶段增设公民教育和物理、化学等课程,学生通过深入学习,进一步扩大知识面。同时在实施个别化教学的过程中,学生可以根据自身情况选修若干课程。如第一外语强化课、第二外语如拉丁语、希腊语。

三年级为"定向阶段",增设经济、生物与地质等课程。完成初中学业,开始向高中分流。

经过上述三个阶段的指导,在方向指导顾问、科任教师和家长的指导与帮助下,初中毕业生将根据自己的能力、兴趣、个性倾向等因素分别进入普通高中、技术高中、职业高中或艺徒培训中心等。在这过程中,对学生未来学习方向的具体指导是方向指导阶段的一项重要工作(后面将会阐述如何进行方向指导工作)。经过方向指导,学生初中学业后,就可各自进入适合于自己学习能力和兴趣的不同性质的高中或中心继续学习了。

(二) 高中:学科分组与指导

高中是中等教育的第二阶段,学制为三年,第一年为基础学习阶段,开设共同基础课程,不分科;第二、第三两年是分科学习阶段。

高中三个年级的课程均分为三大板块,其中高中一年级分为面向所有学生的基础课程、有助于高二专业分化的决定教育课程和自由选修课程三种。

这三类课程,在高二和高三也均占不同的比例,值得注意的是,从高一到高三逐步通过决定教育课程、必选教育和专业选修来细化和深入定位学生的专业导向,详见表8-1。

表 8-1　法国高中各个年级 2000～2001 年课程板块结构比较(%)①

年级	基础课程 (必修教育课程)	决定教育课程 (必修或专业必修)	自由选修课程
高一	76	15	9
高二	83	7	10
高三	80	8	12

① 汪凌:《法国普通高中的课程研究》,《全球教育展望》2002 年第 3 期,第 25 页。

1. 基础学习阶段

基础学习阶段的课程包括基础课程（必修）、决定教育课程（必修或专业必修）和自由选修课三种，详见表8-2。

表8-2 法国普通高中高一年级课程①

基础课程 （必修教育课程）		决定教育课程 （必修或专业必修）	自由选修课程	
课程名称	课时	分为两个方向：	课程	课时
法语 史地 外语 数学 自然科学 体育	5 4 3 4 3.5 2	A组：技术类，须从工业技术、实验室技术、数学与社会科学中选修一门（11课时）； B组：文化类，须学经济与社会入门（2课时），并从希腊语、拉丁语、第二外语、管理、技术、体育中再选一门（3～5课时不等）。	第三外语 艺术 社会和家庭 生活准备 打字	3 2 1 2

一般来说，不管是选择决定教育课程还是自由选修课，要求学生在确定所选课程时，要和自己今后的专业选择方向结合起来，方向指导顾问会对每个学生的具体情况加以指导，使学生将选课和自己今后的专业结合起来。另外，高中第一年还设有专门班，接受将来准备学习的艺术专业，如音乐和舞蹈的学生，也有接受以后准备考取技术员证书的某些专业的学生。

2. 分科学习阶段

法国高中的第二、第三两年是分科学习阶段。在普通高中的第二年和第三年，学生分五个学科组进行学习：

A组，哲学与文学（分为7个不同的方向，即 $A_1 \cdots\cdots A_7$）；

B组，经济与社会科学；

C组，数学与物理；

D组，数学与自然科学；

E组，数学与技术。

技术高中分三个学科组进行学习：

F组，工业技术（分为14种方向）；

G组，商业技术（分为3种方向）；

---

① 吴文侃、杨汉清：《比较教育学》，北京：人民教育出版社1989年版，第257页。

H组,计算机技术。

高中学业结束时,学生需参加毕业会考(Baccalauréat，BAC)。由于法国的高中是实行分科教学的,高中各科和各种方向的考试科目和内容是不同的,中学毕业会考分为普通类和技术类两大会考。普通类会考分为三组:文学组、经济社会学组和科学组。技术类会考分为八组:非生产类技术组、工业技术组、实验室技术组、社会医疗组、农产品及食品技术组、农艺及环境技术组、旅馆管理组、音乐及舞蹈技术组。[①] 会考内容则依据国家规定的高三课程纲要而定。会考成功者可获得高中毕业会考证书,即业士文凭。获得普通和技术高中会考业士文凭的学生,即获得进入大学的入场券,可直接到大学注册入学。

因此,在高中一年级起就为学生在高中二年级的不同学科分组之间作出选择,这牵涉到学生的兴趣、爱好和学习能力的方方面面,同时也和毕业会考所要报考的科目密切关联,这都决定了方向指导在初中、高中学习中的重要作用。

目前,学业失败是法国中等教育中存在的一个突出问题。每年法国有3.5万名年轻人离开普通高中或技术高中时没有高中毕业会考文凭,28％的高中生至少在高中阶段留级一次,校园暴力事件每年发生超过8万起,这些或多或少与中学学业失败有关。[②]

2009年底,法国国民教育部发布了名为《面向2010年的新高中》的改革方案,针对高中生的学业失败等问题,方案要求学校对每个高中生实施个别化指导,以保证他们学业成功。具体而言,从高中一年级至三年级,学校要对学生实施每周2小时的个别化指导,为在各学科及学习方法上遇到困难的学生提供帮助,为学生提供向高等教育过渡的方法,帮助学生深入学习知识,制订学业和生涯规划等。

二、法国方向指导的主要机构

法国中学方向指导的管理机构分为中央、学区、省和区四级,主要负责方向指导的行政与业务工作,其中,国家教育与职业信息局、信息与方向指导中心、学校班级委员等组织和管理机构在方向指导的实施过程中发挥了极大的作用。

(一)国家教育与职业信息局

国家教育与职业信息局(Onisep)是法国公立的出版机构,直属教育部,成立于20世纪70年代初,前身是由1954年建立起来的学校与职业统计信息办公室

---

① 杨光富:《当今美英法日四国高考制度》,《外国中小学教育》2002年第2期,第42页。
② 王晓辉:《法国高中启动新一轮教育改革》,《中国教育报》2010年2月23日,第3版。

(BUS)。Onisep 出版社遍布法国各地区,职员是国家公务员,全国现有工作人员约600人。① 其职责主要有:②

(1) 通过深入了解教育手段和职业活动,为公众建立一个信息资料库,使他们得到更多的信息和指导;

(2) 进行相关方法和方式上的研究,以扩充该资料库,方便信息和指导服务;

(3) 进行调查、促进研究,提高大众对职业活动及其发展的理解;

(4) 协助制定针对教学和职业信息指导人员的培训政策并参与对他们的培训。

据巴黎大区 Onisep 副主任皮埃尔·布罗谢(Pierre Brochet)先生介绍,出版学生指导资料是 Onisep 的主要职责,这主要由国家拨款,但因数量较少,还需寻求商家赞助。③

(二) 信息与方向指导中心

信息与方向指导中心是法国开展方向指导的重要机构。该机构是根据1938年颁布的《职业方向指导和职业义务教育法》而设立的,该法规定在每一个省或人口最集中的城市设立一个职业方向指导中心,1971年7月更名为"信息与方向指导中心"(Le Centre d'Information et d'Orientation, CIO),其主要职责是传递相关信息,并选派指导顾问到学校进行指导工作,并参与对大学生的方向指导,帮助大学开展工作。每个区原则上建立一个信息与方向指导中心,学生人数多的区可建立若干个。它们面向学校和非学校群体,为他们提供资料与信息,接受咨询,与青年安置部门合作。各中心主任由部长任命,受各省、学区督学领导。

CIO 的资料主要来自于 Onisep,上面有关于升学的各种信息,对毕业班的学生均是免费的。另外,CIO 也会购买其他私人出版商的书籍和测评工具等。CIO 指导的内容很多,如每年的 2、3 月份会给学生介绍职业教育的各种项目,并把资料提供给学生;对学生进行注册方面的培训(法国是计算机注册的),如注册什么专业,该专业需要什么资格等等。比起学校教师,CIO 的指导顾问对注册体系的了解更为全面;另外,CIO 也为学生提供心理方面的咨询服务,主要方式是通过顾问去学校与学

① http://www.onisep.fr/onisep-portail/portal/group/gp.
② [法]莫里斯·何世岚著,姜志辉译:《心理学史》,北京:商务印书馆1998年版,第70页。
③ 杨光富:《法国中学方向指导制度考察及思考》,《外国中小学教育》2010年第12期,第27页。

生进行一对一面谈。

(三) 鼓动小组

每一所中学都有这种小组。组长是校长,基本成员有:县学区的方向指导顾问、本校担任情报工作的教师、教育顾问、教师代表;职业高中或技术高中的技术课教师、职业界人士、工会人士。[①]

(四) 学校班级委员会

法国中学不通过考试,而是通过由班主任、任课教师、方向指导顾问和学生代表组成的班级委员会,根据学生的学业、能力评估及其学业情况提出对每个学生的指导建议。班级委员会的成员主要由主任教师、本班级授课教师、两名学生代表和两名家长代表、教育顾问和指导顾问组成。每年的12、3、6三个月份召开三次会议。在开会期间,主要负责教师会介绍学生的成绩,然后介绍教学班子在学生选择方向上给予的建议。会议研究每一个学生的具体情况,以便更准确地为学生提供指导。进行方向指导的班级委员会与信息方向指导中心合作,应学生和家长的要求组织数次集体传达会,向学生和家长提供有关信息。

一般情况下,每年的12月份给学生表格填写志愿,学生用书面形式提出个人志愿,班级委员会讨论,提出方向指导的设想,通知家长征求他们的意见。若学生的志愿并不符合其自身条件,需要主任教师劝说,并加以解释。为了尽量减少这种情况的发生,校方与家长之间通过信息交流会保持经常性的沟通,在交流会上,主任教师会把班上的学习情况和学生表现情况向家长加以汇报,如有疑问,学生家长也可以单独与相关教师进行面谈。

4月到5月底,班级委员会定出方向指导的初步方案。若学生仍不愿改变志愿,则提交到6月份的会议上,然后由校长出面给家长解释,若家长不同意,可提出申诉,每年大约有1%的学生会提出申诉。[②] 最后由学区领导领衔的仲裁委员会做决定。仲裁委员会主要由其他学校的校长、教师、CIO主任、其他家长、医生、社区义工等组成。在会上,首先由主任教师陈述其劝说理由,然后由家长和学生陈述其选择志愿的理由,这个仲裁很敏感,需要平衡家长和校长的需要,大约有一半的申诉会得到满意的答复。应该说,在决定每一个中学生的学习和职业定向过程中,班级委员会起着重要的作用。

(五) 年级委员会

年级委员会的成员由在该年级任教的全体教师(通常12～13人)、两名家长代

---

① 梁忠义、李守福分卷主编:《职业教育》,长春:吉林教育出版社2000年版,第197页。
② 杨光富:《法国中学方向指导制度考察及思考》,《外国中小学教育》2010年第12期,第28页。

表、两名学生代表、负责方向指导工作的顾问、驻校心理专家、社会服务助理等人员组成。

年级委员会的职责有：评价学生学习活动及其效果，研究涉及班级生活、课业组织、给予学习后进生以帮助、复议学生和家长的意愿。年级委员会通常每学季（三个月）召开一次会议，它在通过关于每一个中学生的教学和职业定向问题的决定中起着决定性的作用。

（六）方向指导省评议会

评议会由教师代表和学生家长协会代表共 20 余名成员组成，代表由大学区总长指定，任期 3 年，大学区督学是它的主席。

它每年至少集会两次：一次在每一学年初，制订省级的方向指导和分配的行动方案，并制订情报和方向指导活动的方案；另一次在学年终，研究学校布局中的分配问题。

（七）其他组织

除了上述组织外，还有一些组织参与学生的方向指导工作。如我们所考察的上赛纳省楠泰尔市（Nanterre）的市政厅就有专门的部门负责从小学到大学的教育，工作人员约有 20 人，其中对中学生的方向指导是他们工作的重要部分。据该部门负责人介绍，他们每年要帮助 300 多名学生去企业实习，并帮助落榜生寻找读书学校和就业去向。如 2008 年楠泰尔市有 110 名初中生因为成绩及受所报考学生名额的限制没有升学，经过他们的帮助，其中 80 人找到了去向。[①]

由此，法国的方向指导机构构成一个层次分明、组织严密的方向指导网络，从中央到地方，保证了政策的执行，信息的流通和每个学生得到指导。

三、法国方向指导的参与人员

法国要求各学科任课教师必须参与学生的方向指导工作。除了各科教师外，还有方向指导顾问、驻校心理专家、社会服务助理等参与此项工作。他们可以更紧密地与学校里的每个学生联系，从学业、职业和心理等不同方面教育指导学生，将指导工作落实到每个学生。

（一）方向指导顾问

在法国专门负责方向指导的人被称为指导顾问，是通过"外部考试"和"内部考试"两种公开竞争的方式招聘而来的。被录取的方向指导顾问学员在正式工作前，

① 杨光富：《法国中学方向指导制度考察及思考》，《外国中小学教育》2010 年第 12 期，第 28 页。

还必须要接受两年全面系统的培训过程,这主要由法国的全国劳动与职业方向研究所负责。考试合格可获得方向指导顾问证书,由国家分配工作。全法现在 CIO 的工作人员约有 5,500 人,其中约 4,500 名是指导顾问。[①] 一般情况下,法国的中学每千名学生配备一名方向指导顾问。通常每个指导顾问负责几所学校,每个学校也会有几个指导顾问来负责。指导顾问除了在 CIO 工作,大部分时间到中学给学生提供升学与就业方面的情报与建议。

法律文件规定了方向指导顾问履行下面的具体任务:研究学生的兴趣、了解他们的能力和倾向、他们在学校和家庭中的适应性;了解学生及其家长关于学校体系、职业、劳动安置条件、当代生产发展趋势;解答他们关于教学和职业选择的问题,以及如何以最好的方式适应学生的个别才能问题;参与学生选择和支配各种学习的目标;保障与实业界、生产部门的联系。[②]

方向指导顾问通常通过测验性实验、了解学生性格的问卷调查表、社会学调查等方式来了解学生,根据这些调查结果,他们为学生建立心理档案。这些材料与教学结论一起帮助行政人员确定未来的教学方向(小组教学或个别教学),给家庭提出相应的建议,帮助学生本人进行现实性的自我评价和作出正确的选择。

指导顾问主要通过去学校开讲座或和学生一对一面谈的形式来指导学生。每个指导顾问每年要给 150 个学生做面对面的咨询,对弱智和残障的学生会提供专门的指导。指导顾问除了对学生的指导,也会对这些主任教师进行有关的指导培训。

除了到学校外,指导顾问也会在 CIO 接受学生和家长关于职业、升学方面的咨询。来到这里咨询的人可分为两种:一种是知道自己要做什么,只需要 CIO 为其提供地址、联系方式等相关信息;一种不清楚自己要做什么,需要 CIO 对其进行问卷测评,使其职业倾向清晰化。

通过公开招聘、职前和在职培训,方向指导顾问的素质得到了极大的提高,他们分布在全国的信息与方向指导中心,为中学生和正在找工作的年轻人以及大学生提供帮助。他们既是中学在方向指导方面为学生提供个人建议的专家,同时又是教育队伍的技术顾问,在法国方向指导工作中发挥着越来越大的作用。

(二) 主任教师

法国初高中的方向指导是由 CIO 派来的专职指导顾问负责对学生的指导工作。另外,学校层面还要为每一个班级选择一位主任教师(professeur principal),由这位老师来担任班级的日常指导工作。初中在初四时才会有主任教师,一般是由

---

① 杨光富:《法国中学方向指导制度考察及思考》,《外国中小学教育》2010 年第 12 期,第 28 页。

② 顾春主编:《学校管理专题》,北京:华夏出版社 2002 年版,第 90 页。

校长选择。主任教师会一直跟 CIO 合作交流,并接受其培训,获得指导顾问的建议以及心理学和职业信息等方面的知识。

主任教师会有一些津贴,但优秀的主任教师一般很难找,因为主任教师需要善于倾听,善于与家长交流,能够说服学生和家长的教师来担任,但具备这样素质的老师往往并不多。

(三) 驻校心理专家

获得驻校心理专家这一职位要求是:在中小学任教,年龄超过 40 周岁,热爱学生,关心学生,并在高校或授权设立学校心理学家专修班的学校学习两年,获得考取资格文凭后,再经过一年的实习,才有资格担任驻校心理专家。

驻校心理专家的主要职责是协助指导顾问和主任教师工作,为每一位学生建立心理档案,在教学活动的基础上观察、测量学生的禀赋和兴趣,通过集体和个别接触了解学生的心理问题。对学生所提出的关于生活和学习中的任何问题,他都有提供指导和建议的义务。

(四) 社会服务助理

社会服务助理,简称社会助理,是任何一所学校都必须设置的职位。担任这一职务的条件是:必须在授权设有卫生和社会事务系的高校学习三年,获得文凭。它得从业士中招生,具有国家护士文凭、法科能力证明或高级技术员证书者也可入学。[1]

社会助理来自社会保障机构,通常每周来学校一次,学校行政机构的各个代表都愿意到他那里请求帮助:校长想弄清学生家庭的生活条件和收入水平以便给予物质帮助;校医获得关于家庭生活条件的医疗特征的必要信息;教育工作顾问也和他保持紧密的联系。

驻校心理学家从心理学的角度参与学校生活,社会助理则从社会学角度参与学校生活,其职责是发现在社会关系中学生的生活处境不利的状况并帮助他们解决相应的问题。主要通过直接的个别会面或通信了解学生的生活条件,依此与学生家庭建立富有成效的对话。一个社会工作者通常服务于 2～3 所学校。在集体和个别活动中接触学生及其家长,帮助他们解决学业和升学就业等问题中的疑难。

四、方向指导的常用方法

法国学校的方向指导融入整个教育教学中,其方法多种多样,发挥不可替代的作用。

---

[1] 梁忠义、李守福分卷主编:《职业教育》,长春:吉林教育出版社 2000 年版,第 199 页。

（一）顾问和主任教师的日常指导

在方向指导中，首先主任教师和方向指导顾问都向学生提供丰富的升学、就业资料和信息，使他们了解各行各业，同时发现学生各方面的能力、兴趣和爱好，以此为依据，加上对学生平时学习成绩的了解，在家长的配合下，帮助学生制定一份未来的个人计划，并帮助学生学习如何实现计划的方法。

（二）全国教育与职业信息局指导资料的发放

全国教育与职业信息局和全国教育资料中心制作发行视听教材，每部教材大约用 90 分钟时间介绍一个或数个企业的工作场所以及其他各方面概况，使学生了解职业的性质和工作条件。另外，在 Onisep 的网站（网地：http://www.onisep.fr/）也有大量的各种职业的视频，学生也可通过网站了解各种职业的工作环境，为其择业做好准备。

（三）组织学生到企业参观实习

这也是方向指导的重要方式。组织学生到企业去参观实习，让学生把亲眼看到的现实与自己的想象对比，制订和修改个人计划。参观实习后交一份报告，班级委员会对报告和个人计划进行研讨。参观实习与平时的教学相结合，在史地、法语等课上全面地介绍地方经济、职业发展情况。初中学生还可以到技术高中、职业高中参观。

（四）给学生进行职业倾向测试

方向指导初期，非常重视测验的方法，测验的内容有以下几种类型：（1）推理测验：即智力测验，包括文字语言能力（词汇、理解）、数学能力、空间判断能力。（2）知识测验：检查学生是否掌握在某一阶段所学的知识。（3）兴趣测验：采用问卷形式，内容包括文学、艺术、体育等各个方面。个人兴趣与职业选择有密切联系，这是方向指导顾问特别感兴趣的一项测验。（4）个性测验：以问答的形式让学生在所列性格特征表上找出符合自己性格特点的项目，往往一份表上列出几十种性格特征。无论学生接受哪种测验，都应把结果通知家长。

总之，法国学校的方向指导制度是复杂的，组织也是严密的。它注重由专业人员的承担指导工作，同时也吸纳家长和社会阶层人员的参与，在指导时充分考虑学生的个性差异，在指导实践中也取得了较好的效果，值得我们进一步研究与借鉴。

第二节　英国 PSHE 课程分析

PSHE 课程是"个人、社会、健康与经济教育"（Personal，Social，Health and Economic Education）英文首字母的缩写。[①] 通过课程的开设，使学生在心理、生理、

---

① 关于此类课程名称不一，SPHE 既可以是 Social，Personal and Health Education 首字母的缩写，同时也是 Personal，Social，Health and Economic（SPHE）Education 首字母的缩写，本文采用的是第二种缩写。

文化等多层面得到均衡的发展,帮助学生形成良好的生活方式,与人建立良好的人际关系,培养学生的责任心、自信心、社会适应性,懂得做人的基本道理,懂得如何融入社会,成为社会的一分子,从而为将来生活所面临的各种机会与可能性做好准备。该门课程现已经成为英国学校学生指导的一条重要的途径。

一、PSHE 课程的由来与发展

PSHE 课程最早于 20 世纪 80 年代在英国兴起。《1988 年教育改革法》(Education Reform Act 1988)第 1 条款要求学校的课程应是一种平衡和基础广泛的课程,并且能促进在校学生和社会在精神、道德、文化、心理和身体方面的发展;同时为学生在成人生活的机会、责任感和经验方面做准备。① 该法把国家课程分为核心课程、基础课程和附加课程,并把 PSHE 课程正式列入附加课程中,开展家政、经营学、保健知识、生计指导等课程。

1999 年,英国资格与课程局(the Qualification and Curriculum Authority,QCA)宣布,从 2000 年起,在小学阶段(第一关键期和第二关键期)的 PSHE 课程中进行公民教育,从 2002 年起,在中学阶段(第三关键期和第四关键期)开设公民课,PSHE 课程配合进行公民教育。

2009 年 11 月,英国儿童、学校与家庭部(Department for Children, Schools and Families)大臣艾德·鲍尔斯(Ed Balls)宣布,从 2011 年 9 月开始,PSHE 课程将成为所有英国中小学的必修课。②

2013 年 9 月,英国教育部发布最新《国家课程标准》,该课程标准于 2014 年 9 月正式实施。课程标准要求"所有的学校应该借鉴好的做法,为 PSHE 课程的开设做好准备",③随后,英国教育部还出版了《PSHE 教育的指导文献》(guidance document on PSHE education),并指出个人、社会、健康和经济(PSHE)教育应该是学生教育中"重要"和"必要"的部分。④

---

① 瞿葆奎主编,金含芬选编:《英国教育改革》,北京:人民教育出版社 1993 年版,第 729～730 页。

② 李茂:《英国加强中小学性教育》,《中国教师报》2009 年 11 月 11 日,第 A04 版面。

③ DfE. National curriculum in England: framework for key stages 1 to 4. https://www. gov. uk/government/publications/national-curriculum-in-england-framework-for-key-stages-1-to-4/the-national-curriculum-in-england-framework-for-key-stages-1-to-4.

④ DfE. Guidance: Personal, Social, Health and Economic (PSHE) education. https://www. gov. uk/government/publications/personal-social-health-and-economic-education-pshe/personal-social-health-and-economic-pshe-education.

二、PSHE 课程的主题

英国课程质量委员会把 PSHE 分为四个关键期：第一个关键期为5~7岁；第二个关键期为 7~11 岁；第三个关键期为 11~14 岁；第四个关键期为 14~16 岁。2013 年，英国教育标准局(Office for Standards in Education，Ofsted)和英国 PSHE 协会共同发布《PSHE 课程学习大纲（第一至第四关键期）》(PSHE education Programme of Study：key Stages 1 - 4)，大纲把第一至第四关键期的 PSHE 的课程分为三个核心主题：[1]

核心主题一：健康与幸福(Health and wellbeing)；
核心主题二：人际关系(Relationships)；
核心主题三：生活在更广阔的世界里(Living in the wider world)。

每个核心主题下，分别均列出第一至第四关键期学生在该主题下的学习目标以及通过课程教学应该获得的知识和达到的能力。受篇幅所限，本文重点对第三和第四关键期的学生在这三个课程主题下所应达到的知识与能力作出介绍。

(一) 核心主题一：健康与幸福

本主题课程教学达到如下目的：[2]

1. 如何应对青春过渡期。

2. 如何保持身体、精神和情感的健康与幸福，同时包括性健康。

3. 关于生儿育女方面的知识及青少年怀孕的后果。

4. 如何评价、管理健康方面的风险，如何保持健康，让他人保持安全。

5. 如何获得他人的帮助、忠告与支持。

6. 如何对影响健康与幸福的药品、酒精和烟草等做出明智的选择；保持膳食平衡；参加体育活动；保持情感健康与幸福；性健康。

7. 如何对紧急情况做出反应，包括实施急救。

8. 媒体对生活方式的作用与影响。

---

[1] PSHE Association. PSHE education Programme of Study (key Stages 1~4)，p1. https://www. pshe-association. org. uk/uploads/media/27/7851. pdf.

[2] PSHE Association. PSHE education Programme of Study (key Stages 1~4)，pp14~15. https:// www. pshe-association. org. uk/uploads/media/27/7851. pdf.

第三关键期(11～14 岁)和第四关键期(14～16 岁)的学生在这三个课程主题下所应达到的知识与能力,详见表 8-3、表 8-4 和表 8-5。

表 8-3　核心主题一"健康与幸福"学生获得的知识与能力①

第三关键期(11～14 岁)
(1) 认识到他们的个人优势及其对自信与自尊的影响。 (2) 认识到他人对自己的品质、态度、技能和成绩的评价对自信与自尊的影响。 (3) 能够接受有益的反馈,拒绝无益的批评。 (4) 了解自尊会随着家庭、友谊、成绩和就业等个人情况变化而改变。 (5) 了解精神与情感健康方面的特性及管理策略;学会管理成长中出现的各种变化(包括巩固和强化第二关键期学到的关于青春期、人类的繁殖、怀孕、青春期身体和情感变化等方面的知识)。 (6) 不断增加关于个人卫生方面的责任,并知道其重要性。 (7) 知道免疫力和接种疫苗的目的及重要性。 (8) 知道某些感染可以通过性行为传播,应该采用安全措施如避孕套来防止性疾病传播。 (9) 学会使用避孕套或服用避孕药进行避孕(见核心主题二:Relationships)。 (10) 了解体育活动和锻炼的益处,知晓睡眠的重要性。 (11) 识别和管理自己所选择的锻炼方式及其影响。 (12) 知道工作、休闲和锻炼三者平衡的重要性。 (13) 知道均衡膳食的构成及益处(包括过渡肥胖和减肥的风险)。 (14) 知道决定平衡膳食的影响因素。 (15) 了解媒体对年轻人、体型和健康问题是如何描述的。 (16) 了解关于饮食失调的知识。 (17) 知道如何识别并降低风险、减少伤害,并知道在紧急和危险的情况下寻求帮助。 (18) 具备基本急救知识和救生技能。 (19) 要了解人身安全方面的风险,尤其在事故预防和道路安全方面。 (20) 要了解毒品积极的和消极的作用(包括酒精)。 (21) 要知道合法与非法物品的真实信息,包括酒精、挥发性物质、烟草和大麻等有关供应、使用和滥用的相关法律。 (22) 识别并管理影响物品使用决定的不同因素(包括阐明和挑战他们自己的感知价值与信念)。 (23) 关于物品使用的不同决定对个人和社会造成的风险与后果,包括不喝酒的好处(或推迟喝酒的年龄)、不抽烟的好处(包括二手烟对他人的伤害)。 (24) 按照规定与说明安全使用药品。 (25) 知道使用"试验"和"临时"物品带来的风险与后果,并了解"依赖"和"上瘾"这两个术语。 (26) 知道如何联系当地健康服务部门。

① PSHE Association. PSHE education Programme of Study (key Stages 1～4), pp15～16. https://www. pshe-association. org. uk/uploads/media/27/7851. pdf.

第四关键期(14～16岁)
(1) 评价自信与自尊受他人评判的影响程度。 (2) 有效利用建设性反馈,区分有用的反馈和无益的批评。 (3) 了解情感和心理健康的特点,以及引起失调(包括压力、焦虑和抑郁)的原因、症状和治疗方法。 (4) 知道保持精神健康的策略,包括压力、焦虑、抑郁、自我伤害和自杀。 (5) 获得健康信息、建议和服务的地点和方式(包括性健康服务)。 (6) 承担起监控自己健康的责任(包括自我检查睾丸和乳房)。 (7) 知道不同的生活方式对胎儿的影响。 (8) 了解艾滋病毒和艾滋病等性传播疾病,知道如何保护自己和他人避免感染。 (9) 管理好自己的情感及体型,了解媒体关于理想的与人工体型的描述对自己的影响。 (10) 关于健康风险方面的问题,如蒸汽美容器的使用。 (11) 如何遵守健康与安全程序。 (12) 在紧急的情况下如何获得援助,并根据情况进行基本的急救。 (13) 了解个人安全与保护方面的知识。在不同的情况下,降低风险、减少伤害,如社交场合、街道、马路和旅行期间等。 (14) 了解使用或滥用某种物品对个人、家庭和社会群体的精神与情感幸福产生的短期和长期的后果,包括二手烟产生的健康风险。 (15) 了解"习惯"、"依赖"和"上瘾"三个术语,并关心与之有关的人。 (16) 了解合法和非法物品的使用对个人安全、职业、人际关系和未来的生活方式产生的风险及其不良后果。

(二) 核心主题二:人际关系

本主题课程教学达到如下目的:[①]

1. 如何在广泛的社会/文化背景下发展保持各种各样的健康的关系,获得育儿的技能。

2. 在广泛的人际关系中如何控制自己的情感。

3. 如何处理风险或消极的人际关系,如所有形式的欺凌(包括网络上明显的挑衅)、虐待、性暴力及其网上遇到的其他形式的暴力。

4. 关于不同背景中同意的概念(包括两性关系)。

5. 处理丧亲之痛、分居和离婚等相关事宜。

6. 尊重平等,成为多元社区中建设性一员。

7. 如何获得适当的建议与支持。

---

① PSHE Association. PSHE education Programme of Study (key Stages 1～4), p17. https://www.pshe-association. org. uk/uploads/media/27/7851. pdf.

表 8-4 核心主题二"人际关系"学生获得的知识与能力①

第三关键期(11～14 岁)

(1) 获得应对青春过渡期和中等教育方面的知识与技能。
(2) 认可、澄清,如有必要挑战自己的核心价值观,个人的价值观如何影响选择。
(3) 在各种各样积极的人际关系中(包括团队、班级、友谊等),他们应该期待展现出来的品质和行为。
(4) 进一步培养团队技能,包括目标设置、对结果的预期、合作、谈判、管理挫折和妥协。
(5) 提升自信心,进一步培养各方面的能力,如沟通、积极的倾听、谈判、提供和接受建设性反馈等。
(6) 探索人际交往中,他人身上的优良品质。
(7) 人际关系能引起强烈的感情和情绪(包括性吸引力)。
(8) 积极稳定人际关系的特点(包括信任、彼此尊重和诚实)和不健康人际关系的特点。
(9) 媒体对人际关系的描述可能不影响真正的生活。
(10) 人际关系的不同类型,包括家庭内的人际关系,友谊、浪漫和亲密的人际关系,及其影响这些关系的因素(包括年龄、性别、权力和兴趣)。
(11) 婚姻的本质和重要性,民事伴侣关系及其他家庭生活和抚养子女方面的稳定长期的关系。
(12) 家庭中父母、护理人员和儿童的角色与职责。
(13) 如何处理人际关系的破裂,处理分居、离婚和丧亲之痛带来的影响。
(14) 了解友谊的重要性,开始考虑这种背景下的爱情和性的关系。
(15) 考虑不同亲密关系的层次及带来的后果。
(16) 直到准备好才承认拥有亲密关系的权利。
(17) 明白自己所期望的可能是想有一个女/男朋友。
(18) 知道性别、性别认同和性取向之间的不同之处。
(19) 承认在性吸引力和性发展方面存在差异性。
(20) 了解性别、性别认同和性取向相关术语。
(21) 同意是自由给出的,但由于受到压力、劝说或受到强制而同意某事并不是"同意"。
(22) 知道哪些法律是保护他们保留同意的权利(包括同意性行为的合法年龄)。
(23) 辨别他人何时采用不适当的说服和强制手段,如何做出反应。
(24) 对性行为的准备及推迟性行为的好处(或者任何形式的个人感觉舒适亲密行为)。
(25) 知道关于避孕方面的知识,包括避孕套和避孕药丸(详见"健康"部分);知道在避孕套使用时对话与协商的重要性。
(26) 知道人际关系的情感方面。
(27) 不安全性行为的选择与风险,探讨在意外怀孕的情况下,如何获得准确公正的建议。
(28) 识别媒体(可能包括音乐视频、广告、"性短信")关于性的描写及其影响。
(29) 反对关于性别歧视、厌恶同性恋、歧视残疾人的语言和行为,需要对该行为进行反对,该如何去做。
(30) 应该安全、负责任地使用信息传播技术(包括自己和他人的个人信息和影像)。
(31) 知道可能来自同伴的需要产生的情绪和压力,如购买和使用烟草酒精(包括便宜/非法的酒精和香烟)、毒品和其他的危险行为。
(32) 对来自同伴的压力,应该有策略地加以应对。

283

第八章 国外学生指导制度的现状

---

① PSHE Association. PSHE education Programme of Study (key Stages 1～4), pp17～19. https://www.pshe-association.org.uk/uploads/media/27/7851.pdf.

国外中学学生指导制度历史演进

(33) 了解药物滥用中的"习惯"、"依赖"和"上瘾"等术语,如果有人在这方面有问题,应该 与之交谈。 (34) 攻击性武器携带的相关法律(包括鼓动某人携带所产生的一系列后果)。 (35) 友好群体和帮派的区别(包括加入帮派给个人、家庭和社区带来的风险)。 (36) 了解欺凌和虐待的各种形式(包括学校和网络中由于偏见而产生的欺凌、剥削、贩卖、 女性生殖器切割和强迫婚姻),并有能力和策略加以应对,包括帮助其他受害者。 (37) 自己或他人受到虐待时,如何寻求服务机构的帮助。
第四关键期(14～16岁)
(1) 管理强烈情绪和感受的策略。 (2) 良好的、坚固的、相互支持和平等的人际关系带来的好处及其特点。 (3) 了解育儿技能和个人素质在家庭生活中的重要作用(包括对年轻的父母的启示)。 (4) 知道什么情况下人际关系是不健康或受到虐待(包括不能接受情感和身体受到虐待或 暴力,如受到强奸),应学会应对此类事件的策略或寻求他人帮助。 (5) 学会处理个人关系中的变化,如结束与他人的关系。 (6) 培养人际关系中避免受到剥削、欺凌和骚扰的意识(包括在网络上受到欺凌以及身体、 情感和性等方面受到虐待等不可接受的行为等)。 (7) 关于同意的概念,同意的合法年龄参见第三关键期相关内容。 (8) 关于家庭暴力的影响(包括如何寻求帮助和支持资源)。 (9) 关于分居、离婚和丧亲之痛对家庭的影响,如何适应这一变化。 (10) 在经历关系破裂、分局、离婚或丧亲之痛等困难或危机时,如何获得法定和志愿机构 的援助。 (11) 如何获得相关机构的帮助,或其他建议或帮助的信息。 (12) 关于性吸引的多样性和性发育方面的知识,包括如何获得相关信息与帮助。 (13) 在不同程度的性行为中,怎样同意或拒绝。 (14) 在不同的性行为中,如何察觉和尊重别人的同意或拒绝的权利。 (16) 了解毒品和酒精对性行为选择的影响。 (17) 处理各种情况中一些不必要关注(包括骚扰和跟踪)。 (18) 在人际关系和性行为中,如何理解并尊重他人的信仰和文化期望。 (19) 对性行为的准备进行评价。 (20) 获得正确使用避孕的方法、避孕套使用的沟通技巧,学习、巩固第三关键期的相关 内容。 (21) 了解意外怀孕和青少年生育的不良后果(学习育儿的技巧及对家庭生活的重视)。 (22) 父母选择收养或把孩子送给别人收养的原因。 (23) 关于收养问题,包括当前的法律规定。 (24) 万一意外怀孕,身体和情绪有何反应,其他人会如何反应。知道如何处理,应该对谁 倾诉能获得准确公正的建议与帮助。 (25) 知道生育能力是随着年龄增长而降低。 (26) 了解媒体中性的角色及其对性行为的影响(包括色情文学和性伦理,如同意、协商、尊 重、性别规范、性"规范"、信任、沟通、快乐、性高潮、权利、授权、性别歧视、女权主义 等)。 (27) 同伴角色在支持彼此时会起作用(包括帮助志愿者朋友获得可靠、准确、恰当的支 持)。

(三) 核心主题三:生活在更广阔的世界里

本主题课程教学达到如下目的:①

1. 关于多元社区中成员的权利与责任,如成为当地社区和国民经济中的积极分子和参与者。

2. 如何做出明智的选择成为一名有进取心和雄心勃勃的人。

3. 培养就业能力、团队合作和领导能力及其灵活性和弹性。

4. 关于经济和商业环境。

5. 个人财政选择如何影响自己和其他人,关于消费者的权利和责任。

表 8-5 核心主题三"生活在更广阔的世界里"学生获得的知识与能力②

第三关键期(11~14 岁)
(1) 设定现实的、具有挑战性个人目标所需的知识与技能(包括第三关键期的青春过渡期)。
(2) 不同人之间的相似之处、差异和多样性,如不同的种族、文化、正常人、残疾人、性别、性别认同、年龄和性取向、刻板印象的影响,对社区的偏见、欺凌与歧视等。
(3) 关于歧视问题,如被人歧视该如何反对以及对受歧视的人该承担什么职责。
(4) 承认他们有同样的权利和机会像其他人一样学习和工作,识别并对刻板印象进行挑战。
(5) 关于他们作为学习者的身份,用他们喜欢的方式进行学习,培养学习、研究、个人表现和组织的能力。
(6) 把自己的优势、兴趣、技能和素质作为个人评估和规划过程中的一部分,包括他们未来就业的能力。
(7) 不同类型的工作,包括就业、自主创业和志愿工作;每个人都有一个"职业";他们教育和工作的路径。
(8) 关于年轻人允许工作时间的法律和章程、职业类型,如何减少健康和安全风险等。
(9) 关于不同类型工作的任务以及获得各种职业的途径,包括澄清自己早年的理想。
(10) 关于劳动力市场(包括地方和国家就业机会的多样性),关于学习的选择、技能的培养、职业发展路线和自主创业的知识等。
(11) 关于第三关键期结束时的可供选择、信息来源、建议与帮助以及处理决策程序的能力。
(12) 在生活的所有方面,成为有进取心和有抱负的人带来的好处。
(13) 投身企业所需的技能和素质,包括看到机会、管理风险、市场营销和工作效率、对质量的理解、现金流和利润等。
(14) 关于企业的不同类型,它们是如何组织以及如何筹措资金等。

---

① PSHE Association. PSHE education Programme of Study (key Stages 1~4), p20. https://www.pshe-association. org. uk/uploads/media/27/7851. pdf.

② PSHE Association. PSHE education Programme of Study (key Stages 1~4), pp20~21. https://www. pshe-association. org. uk/uploads/media/27/7851. pdf.

(15) 对年轻人可能做出的财政决策如何继续评估与风险管理。 (16) 关于赌博及其后果(包括网上赌博),为什么人会选择赌博,博彩业是鼓动人参与赌博的。 (17) 探究金钱使用的社会与道德困境(包括学生作为消费者做出的选择如何影响其他人的经济与环境)。
第四关键期(14~16岁)
(1) 评估自己的长处和未来发展领域,并设立自己的目标。 (2) 关于不可接受的各种形式的歧视,在更大范围的社区中(包括工作场所)反对各种歧视。 (3) 认识到共同的责任,保护社区避免受到暴力极端主义,并对任何引起焦虑或担忧作出反应。 (4) 关于骚扰,如何处理骚扰(包括工作场所遇到的骚扰)。 (5) 关于优点、兴趣、技能和品质是怎样变化的,这和未来的就业有何关联。 (6) 如何获得信息、建议和指导。 (7) 进一步培养学习与就业技能(包括时间管理、自我组织、展现自我、项目规划、团队合作、网络以及管理网络在线等)。 (8) 关于职业发展中机会获得的范围,包括教育、培训与就业。 (9) 关于改变就业模式(当地、全国、欧洲和全球)。 (10) 充分利用任何可得到的工作经验的机会。 (11) 关于工作的权利与职责(包括作为工人的作用、雇主和工会的作用与职责)。 (12) 关于对工作和企业的态度和价值观(包括"顾客服务"和"保护企业或品牌形象"的术语)。 (13) 关于工作场所的保密问题。 (14) 发展他们的职业身份,包括当他们申请教育和就业时如何最大限度地实现成功的机会。 (15) 识别并管理财政决策的影响因素(包括管理风险、计划支出、理解债务以及各种形式的赌博)。 (16) 成为对商品及服务具有批判意识的消费者(包括金融服务),认识到对选择购买有着更广泛的影响。 (17) 消费者权益以及如何寻求赔偿。

　　从上述的阐述可以看出,PSHE课程的内容涵盖面非常广,主要包括个人教育、社会教育、健康教育和经济教育四大领域的教育内容,内容主要是针对现实社会中的一些问题。PSHE协会把PSHE课程的内容具体分为以下几个方面:①

　　(1)欺凌;(2)生涯规划;(3)吸毒、酗酒、抽烟的健康教育;(4)经济福祉与财务能力;(5)情感幸福与精神健康;(6)企业和与工作相关的学习;(7)健康生

① PSHE Association Resources. https://www.pshe-association.org.uk/resources_search.aspx?Key-word=&SubjectID=8&LevelID=2&ResourceTypeID=3&SuggestedUseID=0.

活方式;(8)父母与管理者;(9)安全教育(包括身体安全和网上安全教育);
(10)性教育等方面的内容。

三、PSHE 课程的实施方式

担任 PSHE 课程的教师主要人员有以下几类:学校指导教师;科任教师;受过
训练的 PSHE 人员组成的专家组;校外人士,如护士、医生、警察等;具备 PSHE 某
一方面专业知识的科任教师。多数学校的 PSHE 课程通过不同的途径加以实施。

(一) 通过专门的课程加以实施

这是英国学校开设 PSHE 课程的主要方式。目前英国已经开发出针对第一至
第四关键期 7～16 岁所有年级的 PSHE 的课程教材,其中常见的教材有:[①]

(1)《自杀是不能解决问题的》(Suicide is Never The Answer);

(2)《欺凌——一个完整的解决方案》(Bullying-A Complete Approach);

(3)《了解金融Ⅰ》(Making Sense of Finance-Part 1);

(4)《青少年摆脱心情沮丧的方法》(Teenage Depression-A Way Out);

(5)《个人网络空间安全》(Personal Safety in Cyberspace);

(6)《酗酒、吸毒和抽烟:决定权在你手中》(Alcohol, Drugs & Tobacco-
The Decision is Yours);

(7)《有效求职的方法》(Effective Job Hunting);

(8)《家庭与人际关系》(Families & Relationships);

(9)《你将做什么工作?》(What Would You Do?)。

每个学校可以根据自己学校的实际情况,选取教材,也可以自编教材,和学生
一起探讨上述内容。通过单独安排课程,由专门的教师对学生实施 PSHE 课程,可
以避免 PSHE 课程在实际上流于形式,确保其在学校教育中的地位。

(二) 渗透在各科教学中进行

由于通过专门的课程教学易与其他学科的有关内容割裂,同时也会导致学生
的学习负担,因此在实践中,有的学校将 PSHE 课程渗透于各科教学中,有关温室
效应等环境问题的地理课;有关由不同文化、宗教信仰引发的包容问题的宗教教育
课;有关成长、青年的健康、欺凌现象、堕胎、自杀等主题的文学作品的英语课。将

---

① PSHE Resources. http://www.allresources.co.uk/schools/resources/.

PSHE 课程内容与学科知识结合在一起,容易联系实际,把学生的品德教育与学科知识教学相结合起来,不易引起学生的逆反心理。

(三) 通过 PSHE 日等活动加以实施

PSHE 日(PSHE Day)主要用于学生的就业指导、健康教育或了解社会和经济等各种情况等。每学期学校都会安排几次 PSHE 日。活动日时,学校邀请社区警察、消防人员、健康机构、慈善机构、社会工作作者、就业指导人员以及当地工商业从业人员参加各种 PSHE 活动,学校所有的学生都可从活动中受益。

英国贝利斯·柯特学校(Baylis Court School)于 2013 年 11 月 21 日星期四开展了 PSHE 日活动,每个年级均有主题:①

> 7 年级的学生要在指导教师帮助下,完成"环境问题"研究项目,同时和信息通信技术部门开展社交网络安全使用计划;
> 8 年级的学生观看由 SSU 制作的"龙穴"(Dragon's Den)真人秀系统活动,并进行系列的讨论;
> 9 年级的学生表演话剧《信任我》(*Trust Me*),通过情景表演获得相关知识与技能;
> 10 年级开展"反对欺凌"(Anti Bullying)和"持刀行凶犯罪"(Knife Crime)为主题的教育活动;11 年级的主题为"家庭暴力"、"强迫婚姻"以及"吸毒、酗酒"等;
> 12 和 13 年级开展"安全驾驶"教育活动。

另外,有的学校还通过主题会、展览、参观等各种活动对学生实施 PSHE 课程,这些活动喜闻乐见,适合学生的身心发展特点,学生大多愿意参与,从活动中也受到了生动、鲜活的教育,活动效果比较理想。

四、PSHE 课程内容的特点

英国学校的 PSHE 课程内容主要有以下几个方面的特点:

(一) 各关键期内容的连贯性

为了使 PSHE 课程取得理想的效果,英国将 PSHE 课程根据学生身心发展的特点分为四个阶段(学段),每个阶段都有明确的目标与内容。四个阶段围绕形成

---

① http://www. bayliscourt. slough. sch. uk/pshe-day-programme.

良好的生活方式,建立良好的人际关系,培养自信心、责任心,为成为一个积极的好公民做好准备等,每一个方面在不同的阶段有不同的要求。

(二) 重视身心健康

PSHE课程内容重视引导学生健康地生活,以克服学生不健康的生活方式,让学生选择健康良好的生活方式。

首先,向学生传输健康的生活方式,包括营养、身体锻炼、卫生、健康和安全等方面的知识。鼓励学生从小就要对自己的行为负责,并明白这些行为对健康的影响,让他们从小就具备相关的知识,如道路安全、危险品的处置、预防欺凌的策略、过度暴晒的危险及预防、了解基本的急救程序和获得帮助的地方等。

其次,强调性健康教育。帮助学生了解青春期发育的身体的变化,过早性行为的危害、性病的传播途径及其预防、有关怀孕和堕胎的知识等。最后,关注精神健康。教会学生认识自信与自尊、如何应对学习压力、如何面对冲突和愤怒情绪、如何应对父母离婚或丧亲等。

(三) 注重生涯规划

PSHE课程核心主题三的内容就是"生活在更广阔的世界里",经济意识、职业指导和与工作有关的问题都是PSHE课程的重要方面。课程注重鼓励学生从小开始就思考与未来的工作有关的问题。

学校经常组织学生参观当地的企业、商场,了解社会的职业,体验工作的环境。学校也会邀请校外人士到校为学生做有关于职业方面的报告,并鼓励家长带着孩子去体验工作。随着年级的上升,学生通过学校和外界提供的职业指导和详尽的职业方面的信息,逐步定向自己未来的专业及职业。

(四) 渗透道德教育

PSHE课程要求学校给学生灌输道德价值,如尊重、诚实和正直之类的价值观。如PSHE课程中有关"社会与道德责任"的内容,一开始,学生们就在学习相信自己,学习建立社会责任感和道德感,并以此指导自己在校内和生活中的行为,无论是对比自己地位高的人,还是与同龄人之间,都要恰当处理人际关系。同时,鼓励学生参与社会各项事务,学生们在社会活动和社会服务中学习如何参与人生与社会,做有意义的事情。

第三节　澳大利亚普通中学学生指导概况

澳大利亚作为南半球经济最发达的国家,教育水平也处在世界前列。一般而言,澳大利亚年满5周岁的儿童会接受一年的学前教育,然后在公立或私立小学就读 6～7 年,升入综合中学或不分年级制的中学,再经过 3～4 年,完成 10 年义务教育,大多数学生会继续接受高中教育,高中毕业后,可以通过高中会考,进入大学或高等教育学院,也可以进入职业教育与培训机构。[①] 学生指导工作贯穿整个教育体系,在学生的学习、生活和就业等方面发挥了重要作用。

一、学生指导发展简史

指导、咨询或辅导,在澳大利亚称为"Counselling"或"Guidance",20 世纪初,职业指导在欧美各国兴起,澳大利亚也随之开展起来,究其原因,一方面,澳大利亚曾长期作为英国的殖民地,教育体制深受英国传统的影响;另一方面,独立以来,澳大利亚作为一个开放的移民国家,积极吸取他国的教育经验。因此,20 世纪 20 年代,澳大利亚开始开展职业指导,早期的实践活动主要集中在维多利亚,南澳,昆士兰,新南威尔士等地。[②]

20 世纪 70 年代以前,学生指导工作主要仿照英美国家的模式,但发展速度缓慢。70 年代各类指导机构逐渐建立起来,其中,第一个州级的指导机构是 1972 年成立的新南威尔士指导协会。随着社会对指导服务开始重视,到了 90 年代后期,全国共成立了约 50 个指导与心理方面的专业协会。[③]

20 世纪末 21 世纪初,是澳大利亚学生指导迅速发展的时期,这一时期向美国学习的更多,学生指导机构的数量不断增加,它们致力于发展更统一的标准,其中具有代表性的包括澳大利亚心理治疗与指导联合会(ACFA)、澳大利亚指导协会(ACA)、澳大利亚学校心理学家和顾问协会(APACS)等。

目前,虽然没有一个组织可以代表全澳大利亚的学生指导行业,但它们在专业资格和培训方面已经逐渐达成了一定共识。联邦政府和州政府通过建立法律法规,开展学生指导项目,为学生指导工作指明了方向,提供了科学的实践模式。

二、学生指导教师的任职条件

2006 年的人口普查显示,全澳学生指导教师约有 3,000 名。各州指导教师和学生的比例各不相同,州立学校中的师生比从首都直辖区的 1∶850 到南澳的 1∶

---

① 顾明远主编:《中国教育大百科全书》,上海:上海教育出版社 2012 年版,第 8～11 页。

② Allyson P. Holbrook. Models for vocational guidance in Australia 1920s～1930s:American influence in conflict with British tradition. Journal of Vocational Education & Training. Vol 41 No. 109 Aug 1989,pp43～52.

③ Margot J. Schofield. Australian counsellors and psychotherapists:A profile of the profession. Counselling and Psychotherapy Research. August 2008, pp 4～11.

3,779 不等,平均比例为 1∶1,500,与美国相似。[1]

2011 年的调查表明,指导教师中 43％的人有硕士学位,6％的有博士学位,平均从业年限是 14 年。[2] 在学校中,指导教师一般由顾问(counsellor)、普通教师、心理学专业人员、社会工作者等组成。各州的教育和培训部对学生指导教师的任职条件有不同的规定。以新南威尔士州为例,2001 年该州的教育和培训部规定:[3]

> 每所学校的指导教师、教师、年级主任、就业辅导主任、校长、高级教师都可以为学生和他们的家人提供协助,有些学校的原住民教育助理或社区联络主任也可以提供指导服务。

另外,分区指导主任也提供学校指导的服务,但他更重要的任务是负责组织整个学校的指导教师的工作。他们共同合作,通过不同的方法协助家长和学生,建立安全和充满关怀的学校环境,杜绝暴力和歧视。

昆士兰州则把指导教师分为社区指导教师和原住民指导教师,他们都要符合本州制定的对指导教师的临时决定,其中原住民指导教师本人也必须是原住民。

三、学生指导工作的主要内容

澳大利亚学生指导工作的内容与世界大多数国家类似,主要包括学业指导、生活指导和生涯指导。以新南威尔士州为例,教育和培训部规定学生指导教师的工作包括:[4]

(1) 辅导学生;

(2) 协助家长规划子女的生涯;

(3) 审查学生的学业和行为表现;

(4) 鉴别学生的学习障碍并给出对策;

(5) 为了学生利益与其他机构保持联系。

---

① Margot J. Schofield. Counseling in Australia: Past, Present, and Future. Journal of Counseling & Development. Vol 91, Issue 2, April 2013, pp234~238

② David E. Orlinsky, Margot J. Schofield, Thomas Schroder & Nikolao Kazantzis. Utilization of personal therapy by psychotherapists in six Englishspeaking countries. Journal of Clinical Psychology. Vol. 67 Issue 8 August 2011, pp828~842.

③ NSW Department of Education and Training. The School Counselling Service-Information for Parents and Carers. http://www. schools. nsw. edu. au/languagesupport/documents.

④ 同上注。

根据新南威尔士州的要求,学校指导教师无论是面向学生、家长还是老师,都应仔细听取对方想法,为他们分析不同的选择,鼓励他们深思熟虑后再作决定。指导教师如需对学生进行任何心理测验,必须事先得到家长的同意。指导教师在得到家长的同意后,可以向教师提供帮助学生所需要的资料。学生可以自行约见指导教师,或在教师、家长、朋友的建议下约见指导教师。如果有问题的学生不能主动约见指导教师,家长就应介入干预。

纳拉峡谷(Narara Valley)高中是新南威尔士州的一所州立中学,在当地有很高的声誉。学校参照新南威尔士州教育和培训部的规定,认为防患于未然是解决学生问题的重要办法。在学生健康方面,学校特别关注过敏、传染病、中耳炎、头虱、太阳紫外线伤害等常见病的防治,学校除了在食堂提供营养健康的饭菜外,还教家长搭配学生的午餐便当。在学生安全方面,包括预防犯罪,维护互联网安全,实施反欺凌计划,进行反种族主义教育、禁毒教育、交通安全教育等。[①] 该高中还针对学生的心理问题,参与了澳大利亚学校心理学家和顾问协会组织的"心理问题附加计划",取得了良好的成效,具体内容将在后面的部分提到。

学校指导教师不是每天都在一所学校中,因此家长或照顾者需要打电话给学校预约咨询时间。学生会得到有关如何约见学校指导教师的通知。学校指导教师的时间安排,经校长与学校指导教师商议后由校长决定。学校指导是一项需要保密的服务,学校指导教师只有跟学生、家长或照顾者确认后,才会把资料(例如学习困难的测验的成绩)转交给他人。除非法律(例如儿童保护法例)要求公开,否则资料会维持保密状态。

由此可见,中学内部的学生指导把学校、家庭和学生联系了起来,不仅对学生提供咨询,而且面向家长,为中学生的健康发展提供了保障。学生指导还是一项人性化的工作,它的保密措施能有效维护未成年人的权益,减少学生咨询的顾虑。

由于历史上殖民统治给澳大利亚原住民造成了伤害,为弥补损失,澳大利亚的学生指导工作中,开设了针对原住民的指导。在推进教育国际化战略的同时,澳大利亚在国外安排了专门的指导教师,为准备留学澳大利亚的学生提供咨询。

四、学生指导工作的支持系统

学生指导工作不仅关系到青少年当前的学业和生活,还关系到未来的职业规划。所以,学生指导工作需要国家、社会、家庭和学校的共同努力,澳大利亚的学生

---

① http://www. nararavaly-h. schools. nsw. edu. au/caring-for-students.

指导工作能取得良好成效,正是得到了来自各方面的支持。

（一）来自国家的重视

19世纪,澳大利亚的中学普遍轻视职业教育,大批毕业生缺乏就业技能。[①] 对此,1989年4月,澳大利亚各州、联邦教育部长召开了第60届澳大利亚教育委员会会议,确立了国家教育的共同目标——"全国十大教育目标",其中包括"适应当前经济和社会发展的需要,向学生们传授技能,使他们适应未来工作和生活",这是首次公布的全国统一的教育目标,它对澳大利亚20世纪末21世纪初的基础教育产生了重要影响。

1999年4月,澳大利亚政府在南澳召开了第十次就业、教育和培训部长级会议,提出了"21世纪澳大利亚中小学教育目标",即著名的"阿德雷德宣言"。会议认为,应把职业教育和培训作为学生初中高年级学习的一部分。目标认为学生应具备八方面的素质,其中包括"拥有与就业相关的技能,以积极进取的态度了解工作环境、职业选择和就业渠道"。[②] 会后,各州都根据联邦教育大纲确定了教育目标。

21世纪以来,澳大利亚的学生指导工作取得了很多成果,在2008年细化了澳大利亚职业发展蓝图。职业发展蓝图规定了11种职业管理的能力,每种能力在生命中都有四个发展时期,每个时期都有表现指标,根据这个框架可以帮助设计、实施和评价青少年或成人的职业发展情况。[③] 2012年职业发展蓝图回顾报告中显示,蓝图在学校中的职业指导、课程设计中得到了广泛的应用。[④]

国家层面的教育目标和规划,为学生指导指明了方向,学生指导正是在协助学校完成教育目标的过程中不断发展起来的。

（二）中学与大学合作的指导系统

中学与大学的关系问题,一直是教育界所关心的问题。在就业还是升学的选择上,学生和家长都希望得到中学和大学的指导与帮助,澳大利亚的学校为此设计了一门课程。普瑞迪克斯和巴顿为我们介绍了一种"职业选择循环课程"(Career Choice Cycle Course,CCCC):[⑤]

---

① 牛道生:《澳大利亚基础教育》,广州:广东教育出版社2004年版,第190～191页。

② 同上书,第200～201页。

③ MCEECDYA. Australian Blueprint for Career Development. http://www.blueprint.edu.au/About-theBlueprint.aspx.

④ Atelier Learning Solutions Pty Ltd. Report of The Review of The Australian Blueprint for Career Development. http://www.blueprint.edu.au/.

⑤ Lee-Ann Prideaux, Wendy Patton, Peter Creed. Development of a Theoretically Derived School Career Program：An Australian Endeavour. International Journal for Educational and Vocational Guidance，Vol. 2 Issue 2, pp115～130.

它是由一所州立高中和大学联合开展的,专为 10 年级的毕业生设计。共六节课,主题包括:什么影响你的职业发展? 你学过什么? 你是谁? 你想干什么? 你怎样决定和怎样做? 你怎样成长?

通过这类课程,学生获得了职业规划能力,对自己的职业生涯有了更清晰的认识。中学与大学合作,有利于把中学的实践经验和大学的理论基础结合起来,使职业指导更加科学,促进了整个行业的专业化进程。

(三) 中学与咨询协会合作的指导系统

澳大利亚的专业咨询协会在 20 世纪 90 年代快速兴起,其中澳大利亚学校心理学家和顾问协会(APACS,原名 AGCA)与学校的关系最密切。

APACS 成立于 1991 年,目前成员有 1,000 多名,会员大多数是有教师资格的注册心理学家和在学生指导方面有研究生学历的、有经验的教师。2002 年,APACS 和其他机构合作,在全澳 17 所中学开展了"心理问题附加计划",承接之前实施的"心理问题项目",目的是进一步促进学生的心理健康。[①] 下面以新南威尔士州的纳拉峡谷中学为例,介绍该校实施的"心理问题附加计划"中的项目。该中学共参与了 5 个项目,着重解决学生不同的心理问题,实施者是受过专门训练的心理学家、学校指导教师、教师或社区工作者。

第一个项目是基于教育心理和认知行为的咨询项目,面向有抑郁倾向的青少年,培养学生的适应能力;

第二个项目是交互式的研讨会,目的帮助指导教师和家长识别有自杀倾向的青少年。

第三个项目是同伴帮助技巧项目,使学生在帮助同学的同时提高了解决自己问题的能力;

第四个是网络资源,网站(www. reachout. com. au)面向全国所有学生,提供信息和支持,帮助年轻人度过艰难时期,预防自杀;

第五个项目是情绪管理,分为两部分,面向青少年的部分是帮助青少年正确地面对压力和困难,减少抑郁症的发生;面向家长的部分是帮助家长控制自己和孩子的负面情绪,创造一个和谐的家庭环境。

---

① Pauline Robinson. The Australian Guidance and Counselling Association: Meeting the needs of our members and Australian students. International Journal of Psychology, Vol. 41, Issue 3 June 2006, pp170~173.

这些旨在维护青少年心理健康的项目,内容覆盖全面,体系完整,程序规范,有效地针对了本国青少年面临的实际问题,在借鉴别国经验的基础上加入了本国特色。在实施该计划的学校中,工作人员和学生都希望项目能继续开展下去。

(四) 中学与国际组织合作的指导系统

进入 21 世纪,澳大利亚在学生指导方面与世界的联系更加紧密。知识经济的到来给世界劳动力市场带来新的变化和挑战,为适应不同的工作,劳动者不仅需要不断学习来提高职业技能,还要有职业规划、管理的能力。

为此,澳大利亚在国际组织的帮助下开展了国际上广泛应用的"真实游戏"项目。

> 它是一个在轻松、真实的情境下开展的具有参与性、发展性的职业规划项目。它包括 5 个阶段,实施对象是从 3 年级到 12 年级的学生。其中的第 3~5 阶段,是为中学生设计的,内容包括:真实游戏(The Real Game),成为真实游戏(The Be Real Game),进入真实游戏(The Get Real Game)。[①]

"真实游戏"项目让学生在真实的时间,体验真实的生活,弥补了学校与社会的分离的缺陷,帮助学生认识自己,认识社会,从而积极地规划职业生涯。

五、澳大利亚中学学生指导的特征与启示

(一) 符合各州实际的学生指导制度

澳大利亚各州对教育有较大的自主权,各州的学校指导工作由教育与培训部统一规范,保证了学校指导工作在州范围内的一致性,能灵活地满足各州的实际情况。

在我国,直到 2011 年《国家中长期教育改革和发展规划纲要(2010~2020)》发布,才要求普通高中建立学生发展指导制度,我国各地教育发展状况不平衡,要建立统一的学生发展指导制度,应考虑到各地的实际情况,因地制宜,因校制宜。

(二) 联接学校和家庭的学生指导工作

教育要达到最佳效果,需要家庭和学校对学生的影响一致,学生指导工作是联系家庭和学校的一种有效途径。正如纳拉中学,指导教师要在开学前向家长了解

---

① Jarvis Phillip S, Keeley Ethel S. From vocational decision making to career building: blueprint, real games, and school counseling. http://www.biomedsearch.com/article/From-vocational-decision-making-to-103380604.html.

学生的特殊需求,为移民学生的家长提供语言帮助,在学生指导项目中为家长提供心理指导,家校合作,共同致力于学生的健康成长。

在我国的普通中学里,班主任是学校和家庭联系的主要纽带,班主任集教学计划和班级管理任务于一身,工作繁重;专门负责学生工作的"政教处"对学生的指导更近似"管理",学生避之唯恐不及;学校的心理咨询处鲜有人问津。所以,建立学生指导制度,设立专职的学生指导教师,有利于弥补当前学校工作的不足,为家校联系提供一条新途径。

(三) 校内与校外合作的学生指导系统

中等学校自身的力量是有限的,大学、咨询机构、国际组织等一切有利资源均可以纳入到中学学生指导工作的系统中来。在知识经济的时代和经济全球化的背景下,校内与校外的合作,可以加强学校同社会、世界的联系,有助于学生适应社会和世界的要求。在我国,选择就业的中学毕业生缺乏职业技能,选择读大学的学生往往对所选专业并不了解,由此引发了许多问题。在学生指导制度的框架下,应对这类因隔阂而产生的问题,使学校和社会,中学和大学之间有效合作起来,不失为一种有效的手段。

(四) 内容丰富的学生指导项目

澳大利亚的学生指导工作内容全面,包括学业问题、心理问题、健康问题、人际关系和职业规划等,考虑到学生的不同需要,通过开展各类指导项目,解决了课堂上解决不了的问题。

相比之下,我国学生有着巨大的升学压力,学校和家长普遍过度注重学业成绩,而心理健康教育、劳动技术教育等"素质教育"课程徒有形式。建立学生指导制度,有助于满足学生的多元发展需求,在学习与生活、学业与职业之间架起一座沟通的桥梁。

进一步思考

1. 从初中三个阶段的教学与高中学科分组角度,谈谈法国方向指导在中学教育中的作用。

2. 法国参与方向指导工作有哪些主要机构?

3. 谈谈法国学校班级委员会方向指导的流程。

4. 法国有哪些人员参与方向指导工作? 各自的职责是什么?

5. 法国方向指导常采用哪些方法?

6. 谈谈英国 PSHE 课程的主题及主要内容。

7. 阐述 PSHE 课程的实施方式。

8. 澳大利亚的学生指导工作涉及哪些内容?

9. 澳大利亚的学生指导工作获得了哪些支持?

延伸阅读

梁忠义、李守福分卷主编:《职业教育》,长春:吉林教育出版社 2000 年。

牛道生:《澳大利亚基础教育》,广州:广东教育出版社 2004 年版。

范树成:《英国的 PSHE 课程探析》,《外国教育研究》2012 年第 7 期。

汪凌:《法国普通高中的课程研究》,《全球教育展望》2002 年第 3 期。

杨光富:《法国中学方向指导制度考察及思考》,《外国中小学教育》2010 年第 12 期。

原芳:《英国 PSHE 课程探析》,东北师范大学 2010 年硕士学位论文。

赵文杰:《英国 PSHE 的心理学解析》,南京师范大学 2006 年硕士学位论文。

Allyson P. Holbrook. Models for vocational guidance in Australia 1920s～1930s: American influence in conflict with British tradition. Journal of Vocational Education & Training. Vol 41 No. 109 Aug 1989.

DfE. Guidance: Personal, social, health and economic (PSHE) education. https://www. gov. uk/government/publications/personal-social-health-and-economic-education-pshe/personal-social-health-and-economic-pshe-education.

Margot J. Schofield. Australian counsellors and psychotherapists: A profile of the profession. Counselling and Psychotherapy Research. August 2008.

Margot J. Schofield. Counseling in Australia: Past, Present, and Future. Journal of Counseling & Development. Vol 91, Issue 2, April 2013.

NSW Department of Education and Training. The School Counselling Service-Information for Parents and Carers. http://www. schools. nsw. edu. au/languagesupport/documents. Pauline Robinson. The Australian Guidance and Counselling Association: Meeting the needs of our members and Australian students. International Journal of Psychology, Vol. 41, Issue 3 June 2006.

PSHE Association. https://www. pshe-association. org. uk/

PSHE Association. PSHE education Programme of Study (key Stages 1～4), p1. https://www. pshe-association. org. uk/uploads/media/27/7851. pdf.

第九章

结语

现代意义上的学生指导源于19世纪末20世纪初的美国，经过100多年的发展，它已成为和教学、管理并重的现代学校三大职能之一。

自从有了人类，就有了指导，而现代意义上的学生指导制度却诞生在美国，其标志是1909年5月帕森斯出版的专著——《选择一份职业》，距今已经有一百多年的历史。

各国都非常注重通过立法来保障本国学生指导制度的发展，国外关于学生指导立法，其主题可以分为如下几类：(1)拨款资助学生指导工作的开展；(2)设立学生指导相关机构；(3)确立指导教师的身份；(4)设立学生指导课程等。

美国在学生指导工作中，联邦政府通过立法、拨款等方式对学生指导工作进行宏观调控；州政府则重在技术性管理，如制定专业任职资格，规定学生与指导人员的人数最低比例，组织指导人员在职培训，协助各学校的学生指导工作，等等；各类学术团体和各种民间组织则通过制定行业标准等工作参与其中。

法国的国家教育与职业信息局和信息与方向指导中心在学生指导的实施过程中发挥了极大的作用。

日本的中小学校大多设有学生指导部或生活指导部，设有专职的生活指导员和教育咨询员，也重视全体教职员尤其是班主任的参与。

美国的学生指导主要分为学习指导、就业指导及跟踪性服务、信息服务、辅助学生治疗心理疾病和矫正不良行为习惯、磋商性服务五大类，针对学生个人生活和发展的要求。

法国方向指导主要涉及学业、就业、生活、心理辅导等工作，其指导的重点主要是升学指导。

日本学生指导工作包含六个方面：学业指导；进路指导；个人的适应指导；社会性指导；余暇指导；健康安全指导。

20世纪70年代初，美国要求学校指导人员至少要获得"指导与咨询"的硕士学位。目前，学校指导办公室主任和业务顾问要求必须具有博士学位。

法国方向指导顾问选拔标准非常严格，被录取后还须接受法国全国劳动与职业方向研究所两年全面系统的培训。

我国用于指导和规范学生指导工作的专项政策法规尚不健全。我国应根据实际情况颁布学生指导的相关法规，通过制度化要求来保障学生指导工作科学、规范、有效地开展。

我国教育行政部门应广泛征求意见,并会同相关专家和一线教师制定《普通高中学生指导大纲》,内容可涉及:(1)学生指导的职能;(2)学生指导的内容;(3)学生指导的实施途径;(4)学生指导的保障机制等几个方面。

教育行政部门应设立专门的学生指导管理部门,校外应建立社会指导机构,各普通高中应成立学生指导中心或学生指导处/室等。同时,要建立一支以校内骨干教师为核心,整合高校、家长、社会资源于一身的工作队伍。

依托师范院校或著名的咨询服务公司建立专门的学生指导教师培训中心,有计划、有组织地培养专业的指导教师。

通过建立师资库,实现全国和区域师资共享机制,实行联网,各地可以根据师资特长和教育培训的需求,加以聘请。

我国师范院校心理学、社会学、教育学等相关院系尽快开设"学生指导"这一新的专业,培养学生指导方向的硕士研究生、博士研究生。

我国应尽快制定"学生指导人员的从业标准",设立学生指导职业准入门槛,提高我国学生指导人员的素质。

应整合多方资源,建立学生指导信息中心,搜集整理与学生指导有关的资料,建立全国性的学生指导信息资源库,提供指导工作,开展培训服务等。

第一节 国外学生指导工作的主要特色

通过前面几章内容的论述我们可以知道,现代意义上的学生指导源于 19 世纪末 20 世纪初的美国,经过 100 多年的发展,它已成为和教学、管理并重的现代学校三大职能之一。对学生的升留级、心理健康教育和就业问题的抉择等方面起了非常大的作用。国外学生指导制度经过多年的发展,已经形成了如下几点特点,现加以简单总结,以期望对我国开展此项工作有一定的借鉴意义。

一、最早源于美国,已有百年历史

自从有了人类,就有了指导,而现代意义上的学生指导制度诞生于美国,其标志是 1909 年 5 月帕森斯出版的专著——《选择一份职业》。教育史学界也普遍认为,现代意义上的学生指导制度最先源于 19 世纪末 20 世纪初的美国职业指导,西方学者托尔斯顿 • 胡森(Torsten Husén)就明确指出,学生指导是"在美国兴起和发展的产物"。[①]

首先,指导工作在学校的早期实践是在美国的学校中发生的。2009 年是帕森斯专著出版 100 周年,也是现代学生指导制度诞生 100 周年的纪念日。美国心理咨询协会(American Counseling Association,ACA)分支协会——国家职业发展协会(The National Career Development Association,NCDA)所属的《职业发展季刊》(*The Career Development Quarterly*)在其 2009 年第 3 期上特地刊发专刊,纪念学生指导诞生一百周年,共 9 篇文章,其中有 6 篇文章介绍了早期学生指导先驱的实践及对建立现代学生指导制度的贡献,这 6 篇文章为:

> 1.《职业指导先驱:一百年纪念》。这篇文章简单阐述了美国的莱桑德 • 理查兹(Lysander Salmon Richards)、伊利 • 魏瓦(Eli W. Weaver)、乔治 • 美林(George Merill)、弗兰克 • 帕森斯、耶西 • 戴维斯(Jesse Buttrick Davis),英国的玛丽亚 • 戈登(Maria Ogilvie Gordon)以及德国的沃尔夫博士(Wolff)等先驱学生指导早期的实践及贡献。[②]
>
> 2.《关于弗兰克的调查结果:弗兰克 • 帕森斯及其牧师家庭情况介绍》。

---

① Torsten Husén. The International Encyclopedia of Education(Vo7). Oxford: Pergamon Press 1985, p1075.

② Mark L Savickas. Pioneers of the vocational guidance movement: a centennial celebration. Career Development Quarterly, Vol. 57 Issue 3 Mar 2009, pp194~198.

主要介绍了帕森斯家庭及受教育情况。①

3.《波士顿职业局的首批工作人员》，介绍了波士顿职业局第一批学生指导工作人员——拉尔夫·艾伯森（Ralph Albertson）、露辛达·怀曼·普林斯（Lucinda Wyman Prince）和菲利普·戴维斯（Philip Davis）三位指导教师在职业局所开展的工作。②

4.《雨果·芒斯特伯格和职业指导的起源》，介绍了德国心理学家对学生指导起源所作出的贡献。③

5.《耶西·巴特里克·戴维斯（1871～1955）：学校职业指导先驱》，该文通过大量的资料阐述戴维斯在美国密歇根底特律中央中学、大急流城中央中学所开展的学生指导实践工作，以及其他国家职业指导协会所领导的职业指导工作。④

6.《梅耶·布洛姆菲尔德：职业指导运动的组织者（1907～1917）》，主要介绍 1907 年至 1917 年，特别是帕森斯逝世后，布洛姆菲尔德接任职业局局长后所领导的职业指导运动的情况。⑤

上面的几篇文章既是对现代学生指导制度诞生一百周年的纪念文章，同时也为研究国外学生指导工作早期实践及其创立提供了极好的一手资料。除了上述几篇文章外，还有一些著作和文章也对这个问题进行了论述，如约翰·布鲁尔（John M. Brewer）的《职业指导历史：起源于早期发展》⑥、诺曼·吉斯伯斯（Norman C. Gysbers）的《学校咨询的历史》⑦、美国国家英语教师协会的《大急流城中央高中的学校指导工作》⑧、唐纳德（Donald G Zytowski）的《帕森斯和进步教育运动》⑨等。通

① William C. Briddick. Frank Findings: Frank Parsons and the Parson Family. Career Development Quarterly, Vol. 57 Issue 3 Mar 2009, pp207~214.

② Hande Sensoy Briddick. The Boston Vocation Bureau's First Counseling Staff. Career Development Quarterly, Vol. 57 March 2009, pp215~224.

③ Erik J. Porfeli. Hugo Münsterberg and the Origins of Guidance. The Career Development Quarterly, Vol. 57 Issue 3 March 2009, pp225~236.

④ Mark Pope. Jesse Buttrick Davis（1871～1955）：Pioneer of Vocational Guidance in the Schools. Career Development Quarterly, Vol. 57 Issue 3 Mar 2009, p248.

⑤ Mark L. Savickas. Meyer Bloomfield: Organizer of the Vocational Guidance Movement（1907～1917）. Career Development Quarterly, Vol. 57 March 2009, pp259~273.

⑥ John M. Brewer. History of vocational guidance: Origins and early development. New York, NY: Harper & Brothers 1942.

⑦ Norman C. Gysbers. A History of School Counseling. American School Counselor Association 2010.

⑧ National Council of Teachers of English. Vocational Guidance Work in the Grand Rapids Central High School. The English Journal, Vol. 3 No. 9 Nov. 1914, pp575~579.

⑨ Donald G. Zytowski. Frank. Parsons and the Progressive Movement. The Career Development Quarterly, Vol. 50 September 2001, pp57~65.

过研读这些一手历史资料,可以得出以下几点结论:

(一) 国外学生指导先驱主要来自美国

上述资料中主要涉及的人物,其中美国的学生指导的早期先驱有 6 位,即莱桑德·理查兹、乔治·美林、耶西·戴维斯、伊利·魏瓦、弗兰克·帕森斯以及梅耶·布洛姆菲尔德。另外还有德国的雨果·芒斯特伯格、英国的玛丽亚·戈登以及德国的沃尔夫博士。雨果·芒斯特伯格虽为德国人,其在学生指导工作上的贡献是职业能力测试题的开发,这项工作却是他在哈佛的学习工作期间完成。1910 年,芒斯特伯格《职业与学习:一本受欢迎的阅读教材》(*Vocation and Learning:A Popular Reading Course*)发表,该书第一次运用职业理论来评估一个人与职业的匹配,被认为是历史上第一本职业理论方面的心理学著作。①

(二) 学生指导工作的构想与早期实践发生在美国

1881 年,美国人莱桑德·理查兹出版了一本名为《Vocophy:一个新的职业》(*Vocophy:The New Profession*)的专著。② 在这本书中,他对未来学生指导工作进行了构想,其中最有名的就是他提出学校要有专人负责指导工作,并把这一职位称为"Vocophy"。这是历史上第一次提出建立学生指导这一职业。根据史料记载,学生指导工作的实践也发生在美国。1888 年,乔治·美林在旧金山考格斯威尔高中(Cogswell High School)首开职业指导工作的先河。③ 后来,美国的戴维斯、魏瓦等人纷纷开展此项工作,此后英国的玛丽亚·戈登和德国的沃尔夫博士也开始在本国开展此项工作。详见下表国外学生指导先驱早期所从事的标志性工作。

表 9-1 国外学生指导先驱的早期标志性的工作

人物	国籍	主要标志	时间
莱桑德·理查兹	美国	《Vocophy:一个新的职业》的专著,第一个提出建立学生指导职位的教育家	1881 年
乔治·美林	美国	在旧金山考格斯威尔高中首开学生指导实践证的先河	1888 年
耶西·戴维斯	美国	在密歇根底特律中央中学实施教育咨询和职业咨询工作,被誉为学生指导教师第一人	1895 年

---

① Erik J. Porfeli. Hugo Münsterberg and the Origins of Guidance. The Career Development Quarterly, Vol. 57 Issue 3 March 2009, p225.

② Lysander Salmon Richards. Vocophy: The New Profession. A System Enabling a Person to Name the Calling Or Vocation One is Best Suited to Follow. Pratt Brothers,1881.

③ Mark L. Savickas. Pioneers of the vocational guidance movement: a centennial celebration. Career Development Quarterly, Vol. 57 Issue 3 Mar 2009, p194.

人物	国籍	主要标志	时间
伊利·魏瓦	美国	在纽约州布鲁克林男子高中组织了一个同伴咨询项目,被誉为公立学校职业指导制度之父	1904 年
沃尔夫	德国	创立了一个职业咨询与指导机构,为学生提供职业指导工作	1908 年
玛丽亚·戈登	英国	分别在英格兰和苏格兰创办了教育信息与职业局,为学生提供职业方面的信息,并开展指导工作	1908 年
弗兰克·帕森斯	美国	出版《选择一份职业》一书,标志着现代学生指导制度诞生	1909 年
梅耶·布洛姆菲尔德	美国	担任职业局局长,美国 20 世纪前 20 年代的学生指导运动的领导人	1909 年
雨果·芒斯特伯格	德国	出版《职业与学习:一本受欢迎的阅读教材》一书,被认为是历史上第一本职业指导理论方面的心理学著作	1910 年

(三) 现代学生指导制度诞生在美国

其实,对学生指导工作作出最大贡献的一个人物便是弗兰克·帕森斯,他不仅于 1908 年 1 月 23 日创立美国第一个专门的学生指导机构——波士顿职业局,还于 1909 年 5 月正式出版了《选择一份职业》一书,第一次系统阐述了特质因素理论(trait-and-factor theory)在学生指导实践中的运用问题,标志着现代学生指导理论的正式创立。

因此,结合上面的资料,可以得出的结论是,学生指导早期实践是在美国的学校发生的,同时也在英国、德国、法国等国开展。由于当时工业革命导致城市工商业迅速发展,各地移民大量涌入,造成了失业人口的大幅度增加,连当时的“天之骄子”的大学毕业生也未能幸免,在这种背景下,现代学生指导制度应运而生,其标准就是帕森斯出版的那本标志性的著作,距今已经有 100 多年的历史,这在本书的第二章已经进行了详细的阐述。因此,现代学生指导制度的起源及发展历史完全可以用“源于美国,已有百年”八个字加以概括。

二、注重立法保障,政府大力支持

纵观国外学生指导制度一百多年的发展历史,其中一个重要的特点就是各国都非常注重通过立法来保障本国学生指导制度的发展,同时政府通过拨款大力支持此项工作。纵观国外关于学生指导立法,其主题可以分为如下几类:

(一) 拨款资助学生指导工作的开展

美国 1946 年的《乔治—巴登法案》和 1958 年的《国防教育法》,两部法律都动用联邦拨款来支持学生指导工作。《乔治—巴登法案》规定联邦政府每年提供 300 万美元的款项用于学生指导工作的开展。[①] 而《国防教育法》的第 502 条规定，通过提供资金帮助各州成立并维持学校心理咨询、测试及其他与学生指导相关的服务。[②]

（二）设立学生指导相关机构

1909 年的《职业交换法》是世界上第一部关于就业指导的法令，该法规定英国国家劳工部必须在全国各地设立青年职业介绍所和青年职业顾问委员会，作为对青年实施职业指导的机构。

1948 年，英国政府又颁布《就业与培训法》，在中央设立全国青年就业指导委员会和全国青年就业委员会，为青年提供职业指导服务。

1938 年，法国颁布了《职业方向指导和职业义务教育法》，要求在每一个省或人口最集中的城市设立一个职业方向指导中心。[③]

20 世纪 70 年代，法国根据 1970 年 3 月 19 日的第 70—238 号与第 70—239 号政令建立了国家教育与职业信息办公室（ONISEP），它现已成为法国方向指导的主要机构。

（三）确立指导教师的身份

日本文部省于 1949 年 5 月 31 日颁布了《教员许可法》，把初高中的职业指导列为许可科目之一，从事职业指导的教师和教授其他科目的教师在职称晋升等方面具有同等的地位，从法律上保证了每个教师都具有职业指导方面的知识和能力。[④]

1972 年，法国政府发布法令，从事学生指导工作的有关工作人员统称方向指导顾问，并作为国家公职人员，要求通过国家组织的公开竞试招聘培训专业的指导教师。

（四）开设学生指导课程

各国也通过法律强化通过课程对学生进行指导，如日本 1947 年颁布的《学习指导要领》，规定把职业课程作为中学的必修课和选修课，同时明确在社会科教育中，要安排一定的单元时间进行职业指导教育。[⑤]

英国 1988 年的《教育改革法》也明确规定为 14～16 岁的义务教育阶段的学生提供健康知识、生计指导课程，并允许设置较大范围的学术与职业选修课程。

1969 年，联邦德国在实验学校设立学生指导机构，并通过开设"劳动学"课程对中学生进行职业预备教育，同时也颁布了一些法令来推进学校的指导工作。

[①] Ella Stephens Barrett. Vocational Guidance and the George-Barden Act. The High School Journal, Vol. 31 No. 1 Jan. ～Feb. 1948，p1.

[②] 瞿葆奎主编：《美国教育改革》，北京：人民教育出版社 1990 年版，第 130～131 页。

[③] 法国政府于 1971 年 7 月 7 日颁布法令，将职业方向指导中心一律改称为"信息与方向指导中心"（Le Centre d'Information et d'Orientation，CIO）。——著者注

[④] 邱生主编：《当代日本教育改革与教育立法》，沈阳：辽宁教育出版社 1989 年版，第 333 页。

[⑤] 孙震瀚主编：《国外职业指导》，杭州：浙江教育出版社 1991 年版，第 81 页。

当然除了上述所提到的,各国还颁布了诸多的法令,涉及学生指导工作的方方面面,为国外学生指导制度的健康发展,提供了法律保障。

三、组织结构完善,职责分工明确

国外学生指导之所以能成功地实施,其中一个主要的原因在于组织管理机构较为健全,各自发挥不可替代的作用。美国和法国分别属于地方分权和中央集权的国家,在学生指导机构设置与管理方面具有一定的典型性。下面以美国、法国和日本为例,谈谈各国学生指导校内外组织机构在学生指导工作中所发挥的作用。

(一)中央政府、地方政府和学术团体发挥各自的职责

在学生指导工作中,中央政府、地方政府和民间团体共同协力,发挥各自的优势,把学生指导工作共同开展好,这主要以美国为代表。

美国宪法修正案第十条规定:"凡本宪法未授予合众国或未禁止各州行政的权力,皆由各州或人民保留。"根据该保留条款,教育权力保留给各州,联邦政府无权直接领导教育,因此美国教育行政是典型的地方分权制。在这一教育体制下,联邦学生指导机构重在宏观调控,而州一级管理重在技术性管理。

联邦政府对学生指导主要通过立法、拨款等方式加以管理,重在宏观方面的调控。如资助有关学生指导的出版物;通过立法形式拨款给各州,以支付有关管理人员和指导人员一半工资,资助人员培训和有关的研讨、评估及机构活动等。有关这方面的法令主要有:

> (1) 1917 年,美国颁布《史密斯—休斯法案》(Smith-Hughes Act)对职业指导进行资助。

> (2) 1938 年联邦的教育办公室开始提供职业指导方面的信息服务,这标志着联邦一级学生指导机构的正式产生。

> (3) 1946 年,美国颁布《乔治—巴登法案》,规定联邦政府每年提供 300 万美元的款项用于资助,用于各州学生指导的管理和指导教师薪水等。[①]

> (4) 1952 年,美国还成立了"美国中小学指导人员协会"(American Personnel and Guidance Association,APGA)负责全国指导人员的管理工作。[②]

> (5) 1958 年《国防教育法》(NDEA)第五章规定大力资助各州学生指导和

---

① Ella Stephens Barrett. Vocational Guidance and the George-Barden Act. The High School Journal, Vol. 31 No. 1 Jan. ~Feb. 1948,p1.

② 该协会 1992 年更名为"美国心理咨询协会"(American Counseling Association)。——著者注

培养指导人员的高等院校;1976年的教育法的修订,促进了学生指导工作在全国的进一步开展。①

因此,美国联邦政府通过立法进行宏观调控,而州政府则负责技术性管理工作。在州一级设有专门管理机构,但非纯粹行政管理,而重在技术性管理。其主要职责是:制定专业任职资格;规定学生与指导人员的人数最低比例;主持确定本地区需优先考虑的指导项目及新开展的指导工作;检查评估指导工作,组织指导人员在职培训;协助各学校的学生指导工作,等等。

除了中央和地方政府外,美国的各类学术团体和各种民间组织也都积极地参与其中。美国学生指导一直受到社会各界的热心支持。一开始,慈善人士、宗教界、工商界和社会工作者都积极参与。后来,"全国教育协会"、"全国中学校长协会"、"美国公共就业办公室协会"等组织对学生指导的研讨和专业化给予了极大的帮助,其中起较大作用的是学生指导协会。

美国心理咨询协会(American Counseling Association, ACA)于1961年制定了指导工作的第一套道德准则——《美国心理咨询协会道德准则与从业标准》(ACA Code of Ethics & Standards of Practice),并于1974年、1981年、1988年、1995年、2005年多次进行修订。1984年,美国学校指导教师协会(American School Counselor Association, ASCA)发布《学校指导教师道德标准》(Ethical Standards for School Counselors),此后,1992年、1998年、2004年、2010年多次进行修订。② 这两套准则已经成为美国学生指导教师从事学生指导工作的主要标准。

1997年,美国学校指导教师协会(ASCA)又颁布了《学校指导项目的国家标准》(The National Standards for School Counseling Programs),该标准现已经成为美国及其他一些国家和地区学校指导工作的实践指南。应该说美国职业的指导协会在学生指导发展中所起的作用也功不可没。另外,作为投票人和纳税人的广大家长也给予了大力支持,这一切都促进了学生指导的稳固发展。

(二) 国家建立完备的学生指导机构

国外大多数国家学生指导机构从中央到地方系统都比较完备,这主要以法国为代表。

---

① The National Defense Education Act of 1958:Selected Outcomes. https://www. ida. org/stpi/pages/D3306-FINAL. pdf, 2010~04-28.

② ASCA. Ethical Standards for School Counselors. http://www. schoolcounselor. org/search. aspx? +Standards+of+Practice&searchtext=Ethical+Standards+for+School+Counselors&searchmode=exactphrase.

法国学生指导体系可概括为两个系统、四个层次的指导网络。

首先,四个层次是指中央、学区、省和区(district)四级,这属于法国方向指导工作的行政系统。另外,法国还有两个方向指导的业务系统,即国家教育与职业信息局(Onisep)和信息与方向指导中心(CIO)。

其次,两个系统指在中央一级,方向指导工作的行政系统机构是国民教育部,具体由中学司负责,如制定政策、组织实施、检查评估、宏观调节等。这一级的业务机构是国家教育与职业信息局。在学区一级,行政系统的代表是学区长和他所领导的信息与方向指导服务处,业务系统的代表是国家教育与职业信息局的地区代表处。在这一层上,行政和业务系统的界限不再那样分明,合作和联系更为密切。

在省一级,两个系统合并,负责人为信息与方向指导督学,这些督学实际上是各省的教育局长(在法国被称为学区督学)在信息与方向指导方面的顾问,其职责为上下沟通、传递信息、指导和协调本省信息与方向指导中心的工作。

为了使学校布局合理、便于管理,法国每个省又分为若干区,平均每个区有11~12所初中、2~3所高中、3所职业高中。每个区设一个信息与方向指导中心,为本区初、高中与职业高中的学生服务,也为该区其他机构和人员服务。法国方向指导两个系统、四个层次的指导网络详见图9-1。

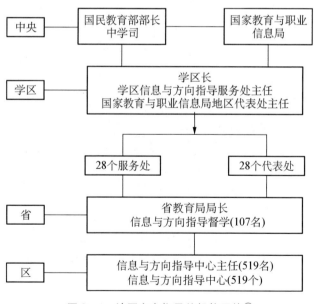

图9-1 法国方向指导的机构网络[①]

① 邢克超:《法国的学业与职业方向指导》,《比较教育研究》1989年第4期,第43页。

尤其需要指出的是,法国还设立了出版学生指导资料的出版社——国家教育与职业信息局(Onisep)。除此之外,还设立了专业的指导机构——信息与方向指导中心(CIO),法国的中学班级还设立班级委员会,它们在学生指导的实施过程中发挥了极大的作用。这在前面一章已经进行了阐述,在此不必赘述了。

(三) 学校全体员工共同参与指导工作

　　这主要以美国和日本为代表。美国中学由校长领导,结合本校实际,制定切实可行的学生指导的详细计划,包括各学年、各学期学生指导的重点和方向,各部门怎样统一协调,指导人员如何分工协作等。指导人员要同任课教师交换有关学生指导的信息,开展案例研究,同时加强与家长的联系,及时从家长那里获取反馈信息,密切学校、家庭、社会的关系,形成教育合力。

　　而日本的中小学校大多设有学生指导部或生活指导部,设有专职的生活指导员和教育咨询员,也重视全体教职员尤其是班主任的参与,甚至还有生活委员等学生干部。因各校的实际情况不同,其组织机构也不尽相同,其基本结构见图9-2。

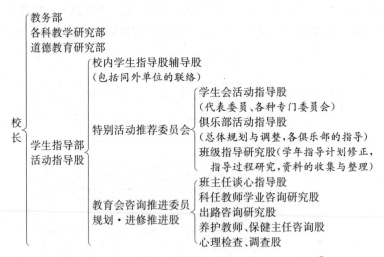

图9-2　日本学校学生指导组织的内部结构示意图①

　　从图中可以看出,这一组织既有负责学校指导的"校内学生指导股",又有与其他机构、社区联系的"辅导股";既有需要专业人员负责的"养护教师、保健主任咨询股"、"咨询室咨询员(股)"、"心理检查、调查股",又有全体教师参与的"班主任谈心指导推进股"、"科任教师学业咨询研究股"。

　　日本《学校教育法实施规则》第五十二条规定:"初级中学应设学生指导主任,

---

① 筑波大学教育学研究会编,钟启泉译:《现代教育学基础》,上海:上海教育出版社1985年版,第382页。

掌管有关学生指导事项;设出路指导主任,掌管指导学生选择职业和其他前途指导事项。"[1]日本除了出路指导主任具体负责指导工作外,学校里其他教职工也要求参与。上图就体现了社区和学校合作,专职人员与全体教师合作,对学生进行全面的生活指导思想。

另外,在学校内部,日本建立了一个完备的学生指导体制,所有教员以每一个学生为对象,通过一些工作,有效地开展生活指导。他们一般实行这样的指导制度:

(1) 根据政府的教育方针、学生实际和家长意愿制订详细的校规,作为指导的依据;

(2) 制订周全的计划,包括各学年、学月指导重点;各部门指导活动的统一规划;全体教师如何分工协作,怎样与校外组织配合等内容。制订计划时,力求吸收全体教师参与,并注意同上一年的连贯性;

(3) 建立严密的组织网络和专门的学生指导部;

(4) 注重校内外协作,班主任不但是重要的指导人员,也负责同学生、家长、学校领导之间联系,协调各项指导工作,与学生指导部及其他部门联络,与校外沟通等;

(5) 重视教师指导业务的培养和提高,学年开始时举办以全体教师和班主任为对象的生活指导进修会;平时则主要通过阅读有关书刊、观摩专家和同事、实习、用录像手段评估自己行为等途径提高。

另外,日本的学校非常重视发挥班主任在学生指导工作中的作用。对各个年级的具体指导工作,一般是由班主任完成的。班主任的职责是:接受学生指导部主任的领导与帮助,经常与学生指导部各科(组)负责人保持联系;制订切实可行的班级学生指导计划,并在实践中不断调整、充实和完善;积极收集、整理和利用必需的资料;进行家访取得家长对学生指导工作的支持等。

四、指导内容广泛,突出生涯指导

国外学生指导全面负责学生的学业、心理、升学、就业等各个方面的指导,内容非常广泛,其共同的特点就是突出生涯指导,下面举例说明各国开展此项工作的侧重点。

---

[1] 李永边、张友栋等译:《日本教育法规选编》,北京:教育科学出版社1987年版,第61~62页。

(一) 指导内容广泛,强调服务

学生指导工作强调服务,这主要以美国为代表。由于美国的学生指导有实用主义的特点,美国教育又具有重服务学生的传统,因此其学生指导内容广泛多样,强调服务。具体来讲指导的主要内容可分为五大类:[1]

1. 学习指导:如协助学生拟订课业表,帮助学生进入学习状态,建议、帮助学生适应学习环境等。

2. 就业指导及跟踪性服务:包括让学生了解有关职业的知识、性质、特点、发展前途、意义及工作环境(社交、地理及劳动环境)、就业难易程度等。同时,对学生进行职业兴趣测定与跟踪调查、个性心理品质与职业适应程度判定等。

3. 信息服务:指通过各种媒介和途径传递各方面的信息。20世纪70年代以后,美国主要是运用计算机辅助指导的形式,搜集大量的有关学生个人发展以及职业、教育等方面的信息和数据(如有关学生智力、兴趣、性向、人格特征、学业成绩、嗜好、健康状况、家庭历史背景、经济状况、打工经历等方面的情况),并加以处理和储存。当学生需要时,及时将这些信息提供给学生,以帮助学生进行自我分析,作出职业选择或教育选择。

4. 辅助学生治疗心理疾病和矫正不良行为习惯:美国社会存在的诸如家庭破裂、吸毒、少女怀孕等不良社会现象严重影响着部分学生的身心健康,致使一些学生产生压抑、空虚、恐惧、焦虑、性变态等各种心理障碍。学生指导人员需根据学生的具体情况及时辅助学生治疗心理疾病、矫正不良的行为习惯。

5. 磋商性服务:主要是指导人员与社会、家庭和学校联系与合作。

可以看出,美国学生指导针对学生个人生活和发展的要求,诸如协助学生拟订课业表,安排学生与企业代表见面,帮助学生解决因父母离异而产生的疑难,指导学生改正吸毒习惯,讲授结交朋友的技巧和约会的须知,甚至帮助学生巧妙地通过考试等等。

(二) 把升学指导作为其工作的重心

这主要以法国为代表。法国方向指导教育是法国学校特别是中学的一项特殊使命,主要涉及学业、就业、生活、心理辅导等工作,其指导的重点主要是升学指导,即关注学生的升留级以及未来职业的选择问题。

通常每个指导顾问负责几所学校,每个学校也会有几个指导顾问来负责。指

---

[1] 杨光富:《国外中学学生指导的实践与特色》,《全球教育展望》2011年第2期,第70页。

导顾问主要通过去学校开讲座或和学生一对一面谈的形式来指导学生。每个指导顾问每年要给 150 个学生做面对面的咨询,对弱智和残障的学生会提供专门的指导。除了到学校外,指导顾问也会在 CIO 接受学生和家长关于职业、升学方面的咨询。来到这里咨询的可分为两种:一种是知道自己要做什么,只需要 CIO 为其提供地址、联系方式等相关信息;一种不清楚自己要做什么,需要 CIO 对其进行问卷测评,使其职业倾向清晰化。

在方向指导中,首先主任教师和方向指导顾问向学生提供丰富的升学、就业资料和信息,使他们了解各行各业,同时发现学生各方面的能力、兴趣和爱好,以此为依据,加上对学生平时学习成绩的了解,在家长的配合下,帮助学生制订一份未来的个人计划,并帮助学生学习如何实现计划的方法。

方向指导教育的时间一般是在初一末、初二末、初三末。在学生快初中毕业时,学校会根据学校计划甚至根据长远的就业计划要求每个学生对自己上高中以后要走的道路做第一次选择。

(三) 重视学生的品德,满足学生各方面的需要

日本的学生指导强调学生的品德,同时也注重满足学生各方面的需要。日本一直把培养"和魂洋才"作为普通国民素质教育的主要目标之一,义务教育后多数学生即就业,故学生指导中重视职业指导和道德品行训育。战后,日本社会飞速发展,日趋复杂,社区和家庭对学生的教育和指导职能被大大削弱,传统教育方式的弊端愈来愈突出,学生不良行为和心理疾病增多,因此,其学生指导的内容大大拓宽,具体有六个方面:学业指导;进路指导;个人的适应指导;社会性指导;余暇指导;健康安全指导。[①]

1. 学业指导(Education guidance):又称为"教育指导"或者"修学指导",它是以指导学生有效完成学校教学计划中的课业或学业为目标的一种指导,其内容主要有:新生入学教育;指导学生选择学习内容、学分、课程以及俱乐部等;针对学习困难(也即"成绩不佳")的学生进行诊断和指导,同时唤起学生的学习动机,促进学生的学习兴趣,进而形成和改进学习方法并最终形成稳固的学习态度等。

2. 进路指导(Career guidance):以前叫做职业指导。为使学校的职业指导与社会上的职业指导有所区别,日本文部省在 1958 年修订《中学校学习指导要领》

① 教师养成研究会:《教育原理:教育の目的·方法·制度》,东京:学芸国书株式会社平成 15 年,第 3~89 页。

时将职业指导改为"进路指导"。进路指导的目的主要是培养学生能够自觉选择适应自己个性未来发展道路的能力,其内容主要是促进每个学生的能力及适应性的延伸和发展;指导学生学习和进路有关的知识,培养和进路有关的正确态度;指导学生如何选择进路;对学生进行求职指导以及对毕业生进行跟踪指导等。

3. 个人的适应指导(Personality guidance):也被称为"个人指导"。基于民主主义重视个人价值和尊严的视角,个人的适应指导把青少年学生作为"最具有发展潜在可能性"的个人来对待,并以促进青少年个人协调发展为目标。个人的适应指导的内容主要是帮助学生解决和性格有关的要求及烦恼,帮助学生早期发现和解决性格偏差及问题点,同时通过培养学生的自我指导能力来解决这些问题。

4. 社会性指导(Social guidance):也被作为"公民性指导"和"道德性指导"的同义使用。社会性指导主要是使青少年学生明确学校生活及社会生活中的应有表现,培养其作为集团和社会中的一员所应具备的社会性资质作为目标,其主要内容是指导学生进行择友、同他人合作以及协调各方面关系;培养学生的领导能力;形成正确的社会习惯及礼仪行为,培育社会德性(如宽大、主体性、正义、责任等),培养自治行为及规范的服务行为。换言之,社会性指导其实就是关于如何培养理想的人际关系的指导。

5. 余暇指导(Leisure-time guidance):也被称为"教养指导"或"修养指导"。余暇指导的目标是使青少年学生自觉认识到余暇活动的重要性,选择适合自己的余暇活动并且善用余暇,其主要内容是指导学生如何善用课后及回家后的空闲时间;指导学生如何善用星期日、节日以及长期假日(如寒假、暑假、春假)。此外,俱乐部的活动以及课外活动等也是余暇指导的重要内容。

6. 健康安全指导(Health-safety guidance):健康安全指导主要是指导学生如何获得必要的知识和技能,并将其运用到实际生活中,确保学生过上健康且安全的生活的一种指导活动。健康安全指导的主要内容是对学生进行定期的健康检查,指导其形成基本的生活习惯(就餐、睡眠、着装、姿态、运动等),使学生获得安全方面的知识和技能;指导学生学习关于急救处理的有关知识及技能,对学生进行纯洁的性教育等。

可见,日本学生指导内容越来越针对学生各方面的需要,但仍保持重视品格训导,道德教育的传统。

(四) 各国均把生涯规划作为指导的重点

各国在开展指导工作时都有一个共同特点,那就是非常注重学生的生涯规划与指导工作,并把它作为学生指导工作中的一项重要的工作。

美国有专门的职业指导机构和人员。联邦政府设有指导与人事服务司,州设有指导与人事服务处,学校设有职业指导教师,全国从上到下形成了职业指导机构网络。美国中学的生涯指导目的在于帮助学生建立良好的职业态度,为了搞好学生的生涯规划,提供了各种各样的途径,如课程的介入、教学渗透、职业咨询、职业参观或"职业日"活动、职业实习。另外,临毕业的学生会得到比其他年级更多的升学指导。每个毕业生都配备专职心理学专家对其进行生涯指导,生涯指导的心理测试为 10～15 次,每周一次,每次一小时左右。通常心理学专家让学生填写一系列测试表,用统计方法去确定他们在哪方面有较高的才能。接着通过谈话,写自传,圈划爱读的书单,卡片分类等方法了解他们的兴趣爱好。心理学专家还要向学生提供各种职业的介绍,如对职业工作特点、要求等进行详细说明。可以看出,美国为中学生的升学指导及职业规划教育能够取得成功创造了一定条件。

从上面的分析我们知道,法国非常注重学生的升学指导。除了 CIO 有专业的方向指导顾问提供指导外,班级还成立班级委员会。指导顾问除了到辖区学校外,他们还在 CIO 中心接待学生和家长的升学与就业方面的咨询。指导顾问们给来访者提供国家教育与职业信息局(Onisep)编撰的有关材料,或帮助他们通过中心的电脑和电讯设备查询信息,指导顾问还为预约的来访者进行个别指导和咨询,提供有关学校、职业、某种职业教育的出路情况等,帮助学生根据自己的水平和能力进行专业选择。法国普通教育从高中开始分专业,因此指导顾问们大量深入初中毕业班。目前已有 81% 的初中毕业班学生接受单独指导。普通高中和技术高中接受单独指导的学生为 27.5%。[①]

日本的职业指导被称为出路指导,主要为学生提供职业定向、升学考试及自我能力、兴趣的了解与测试等指导服务。该项工作由校长负责,并由学校的出路指导部具体负责,出路指导部设主任一名,学校通过各种方式对学生进行出路指导工作。

五、指导队伍专业,素质要求严格

经过一百余年的发展,国外各国基本上都建立起了一支专业化的学生指导队伍,指导人员的素质普遍较高,这也是国外学生指导工作的一大特色。

美国参与学生指导的人员有校长、教师、管理人员、专职指导人员、社会工作

---

① 苏文平:《法国的升学指导服务创办 50 周年》,《世界教育信息》1989 年第 3 期,第 25 页。

者、心理学者、测量与评估专家、保健人员等，但是相当多的指导工作是由专业指导人员承担。1960 年，有 38 个州规定，学校的职业指导人员必须由研究生院负责培养，担任此项工作的人员要有州政府有关部门颁发的资格证书。20 世纪 70 年代初，要求学校指导人员至少要获得"指导与咨询"的硕士学位。目前，学校指导办公室主任和业务顾问要求必须具有博士学位。这种专业化制度保证了指导工作的质量，有利于学生指导工作的自我完善。专业指导教师从事的是一种专业性职务，收入较高，须有州政府颁发的资格证书。美国现有 400 多所高校设有学生指导专业，主要培养中小学的指导人员。[1] 美国专业指导人员与学生比各州不一，根据 2007～2008 年各州专业指导教师与学生统计数据，全美的平均比为 1：460。[2] 但美国学校指导教师协会（The American School Counselor Association，ASCA）建议理想的比例应为 1：250，[3]由于政府资助加强，专业协会不断努力，学生指导已日益向专业化发展，这一比例在不久的将来一定会达到。

在法国，方向指导顾问是国家公职人员，其选拔标准非常严格。首先，你必须是接受过高等教育，符合其他报考条件后，还要参加心理学、教育制度的结构与职能、经济和社会问题、教育学 4 门课程的笔试，同时还要进行口试。通过招聘考试者，被录取为方向指导顾问学员后还必须接受法国全国劳动与职业方向研究所两年全面系统的培训，通过理论学习与实习后，获得担任方向指导顾问的证实，才能到 CIO 担任方向指导顾问。由于选拔标准非常严格，同时还要接受高质量的两年专业培训，因此他们在学校、学生和家长中有着非常高的威信。

加拿大学校学生指导和咨询部门的老师被称为咨询师或咨询人员，他们专门从事协调、联络、咨询、诊断处理、制订活动计划、安排学生教育培训、评价等活动。由于学校规模、条件等情况也不尽相同。一般来说，咨询人员和学生按 1：300 的比例配备，而且在性别上有特殊要求，如果一所学校配有两位咨询教师，必须一男一女。[4] 聘任咨询人员时要求其具有相应的硕士学位，且心理学成绩优秀，临床、发展、咨询和教育心理学成绩及格，并且接受过个别测试和评价方面的实践培训，要具有教师资格，能够熟练地运用英语。除此之外，还需要有较高的人际交流技能。近年来学生指导和咨询服务工作已引起人们的普遍关注，原则上咨询人员应该是

---

[1] Torsten Husen. The International Encyclopedia of Education(Vo7). Oxford：Pergamon Press 1985，p1075.

[2] Student-to-Counselor Ratio by State 2007 ～ 2008. http：//asca2. timberlakepublishing. com//files/Ratios2007-2008. pdf.

[3] Student-to-Counselor Ratios. http：//www. schoolcounselor. org/content. asp？ contentid＝460.

[4] 林森：《加拿大中学的学生指导和咨询服务》，《比较教育研究》1993 年第 4 期，第 52 页。

专职的。但在加拿大不同的省情况各异,如魁北克省约有半数的学校已达到了专职化,加拿大中部的莎省达到近30％。近年来学生指导和咨询服务工作已引起人们的普遍关注,咨询人员的专职化已形成发展趋势。

第二节　我国普通高中开展学生指导工作的建议

《国家中长期教育改革和发展规划纲要(2010～2020)》明确指出,在普通高中阶段建立学生发展指导制度,加强对学生的理想、心理、学业等多方面指导。[①] 随之,我国学者和基础教育工作者开始了普通高中学生发展指导的探索工作。2010年5月,教育部下文委托华东师范大学组建团队承担"普通高中学生发展指导"研究课题。[②] 参与课题组研究的还有全国16个省市37所普通高中,课题研究于2013年7月顺利结题。[③] 课题组除了开展学生发展指导的理论研究外,还对试点中学开展了生涯、学业、生活等主题的培训活动,各试点学校也开发出一批特色的指导项目,研究已经取得了较好的效果。我们应好好总结这次试点的成功经验,同时也要借鉴国外学生指导的成功做法,为在我国普通高中尽快建立健全的学生指导制度而继续努力。

一、颁布学生指导的法律法规,使指导工作有法可依

从世界范围来看,在建立学生指导工作之初,众多国家与地区都相应地建立了相关法规政策来规范学生指导工作。如法国在20世纪初开始开展学生指导的探索,并于1938年颁布了《职业方向指导和职业义务教育法》,才正式建立了方向指导的有关制度,从而使学生指导工作走向了一个快速发展的道路。日本在20世纪20年代初开展学生职业指导的教育实验,随后,文部省普通学务局和内务省社会局于1925年,联合发出"关于对青少年进行职业指导"的通知,要求学校和社会上的职业介绍所联合协作,共同对青少年进行适当的职业指导。1927年11月,文部省又正式发出了"关于尊重学生个性及进行职业指导"的训令,从而把学生指导作为学校

---

① 在我国大陆地区的学生指导被称为"学生发展指导",为避免和前面几个部分概念的混淆,本部分在阐述中国大陆的"学生发展指导"时仍用"学生指导"一词。——著者注

② 该课题由华东师范大学教育学系、校普通高中教育研究所霍益萍教授和朱益明教授共同主持。课题组成员有:华东师范大学教育学系的黄向阳副教授、杨光富副教授;华东师范大学教育管理学系刘竑波副教授、张敏老师;华东师范大学社会学系的赵鑫博士;华东师范大学科教合作研究中心的王春秋老师。

③ 课题合作学校名单详见:霍益萍、朱益明主编:《普通高中学生发展指导研究》,上海:华东师范大学出版社2013年版,第234～235页。

教育的重要一环正式地引入了学校。正是因为有了这些法律的保障,才使学生指导工作有了持续、健康的发展。

而我国用于指导和规范学生指导工作的专项政策法规尚不健全。因此,我国教育行政部门应根据我国实际情况,颁布学生指导的相关法规,通过制度化要求来保障学生指导工作科学、规范、有效地开展。我国相关立法可以围绕如下几个问题:

(1) 把学生指导工作纳入学校常规工作,并把它提升到与教学、管理并重的地位;

(2) 建立国家、地方和学校相关指导机构;

(3) 确定指导教师培养、聘任与晋升相关问题;

(4) 专职人员与学生人数配比。可根据发达国家与地区专职人员与学生人数配比的实践经验以及我国的现实国情,规定学生指导专职人员与学校学生人数配比的基本要求;

(5) 落实学生指导所需的经费,用于聘请教师、支持学校指导工作的开展、添置相关设备、教材编写、配备高中学生指导的相关测评工具、资料书籍、网络资源等;

(6) 把学生指导相关课程纳入学校选修课或必修课。

总之,通过颁布学生指导相关的法律法规,从而保障学生指导工作能科学、规范、有效地开展。

二、制定《普通高中学生指导大纲》,明确并细化指导内容

教育部门应制定学生指导相关制度,明确、细化指导的内容。为确保青少年的各方面发展,保证青少年发展的针对性和有效性,日本文部省制定《学生指导入门》《小学新学习指导要领》等教育文件,并多次加以修订,不断完善日本学生指导的任务、方法、要求等,这为日本学校教育科学地开展学生指导工作提供了保障。美国的学生指导针对学生个人生活和发展的要求,内容广泛,主要涉及学习指导、就业指导、信息服务、辅助学生治疗心理疾病和矫正不良行为习惯、磋商性服务等五大类,每一类有详细的指导细则,使教师在开展指导工作时,有的放矢。

我国对于学生的教育指导方法、种类较多,但大多是以传统方式为主,一些指导方法主要依赖教师的工作经验积累,侧重于说教、灌输,缺乏心理学、教育学、社会学等科学理论知识的支撑;此外,对于学生指导的管理及评价较为混乱,一些学

校没有制订关于学生指导的详细而科学的工作计划,学校部门之间的协调、教师间的协作等较为缺乏,家校联系的随意性很大等,这在很大程度上减缓了学生指导的效果,阻碍了青少年学生的健康发展。

因此,我国教育行政部门应广泛征求意见,并会同相关专家和一线教师制定《普通高中学生指导大纲》,明确并细化指导的内容,这对于我国学生指导工作的顺利开展很有必要。具体来说《大纲》应该包括如下几部分内容:

1. 学生指导的职能。应把学生指导作为普通高中的基本职能之一,与教学、管理处于同等重要的地位。

2. 学生指导的内容。在我国新制定的《国家中长期教育改革和发展规划纲要(2010~2020)》中明确指出,我国在普通高中阶段应建立"学生指导制度",对学生的理想、心理、学业等多方面的指导,可细化成学业、生涯、生活、心理等多个方面的指导。

(1) 学业指导。学业指导是指在指导教师和任课教师的帮助下,让学生了解自己的学习潜能,确立合适的学习目标,激励学习动机,改进学习方法,进而帮助他们成为自主的学习者。具体包括制订合理的学习计划、能按照自己的兴趣正确选课、改善学习方法、学业预警、针对自己学习中遇到的问题找到正确的解决方法等。

(2) 生涯指导。培养学生生涯规划的意识;促进学生了解大学专业信息与社会需求;了解自己个性特点、社会需求和职业特点,以此为基础确定发展方向;促进学生掌握步入下一阶段生活所必需的技能;明确奋斗目标,并为就业做好准备。

(3) 生活技能指导。指导学生正确对待生活,有意义地利用劳动和学习以外的余暇时间,合理地安排活动,让生活丰富多彩、充满希望。

(4) 心理指导。帮助学生能正确地认识自己,接纳自己,进而欣赏自己;促进学生情绪健康发展;促进学生人际关系和谐发展;培养学生的健全人格;培养学生的独立自主性;培养学生的健康行为;克服成长中的障碍,改变自己的不良意识和倾向,以便充分发挥个人的潜能,达到实现自我的目的。

3. 学生指导的实施途径。学生指导实施主要有:开设学生指导方面的必修课或选修课、专题讲座、校外参观、探究性学习等多种形式。尤其需要强调的是,要重视通过开设课程对学生进行指导,国外实践证明,这是一种有效的方式。如联邦德国通过开设"劳动学"课程对中学生进行职业预备教育,这门课程是综合劳动、职业、技术、经济、社会、政治等各个领域的入门教育。而日本从 1981 年起,在高中开设《职业基础》课程。英国通过 1988 年的《教育改革法》,把生计指导课正式列入教学计划,后来又扩展为 PSHE 课程（Personal, Social, Health and Economic Education）。这些国家通过开设上述课程都取得了较好的效果。《大纲》应明确这类课程的内容、各年级教学的侧重点、课时数、考核方式等。

4. 学生指导的保障机制。主要是政府、社会、和学校为顺利实施学生指导制度所能提供的保障措施。如指导所需的经费保障;校外学生指导管理机构;学生和指导教师的比例;指导教师资格标准和专业技术职务评聘办法;学校指导机构的场地、资料、设备与人员的配置等。

三、建立专门的学生指导机构,为学生的全面发展保驾护航

为了更好地开展学生指导工作,除了制定法律法规外,还应建立专门的组织推进该项工作。如法国中学方向指导的领导机构可分为中央、学区、省和区四级,主要负责方向指导的行政与业务工作,其中国家教育与职业信息局、信息与方向指导中心等组织机构在中学方向指导制度对学生的升留级和就业问题的抉择方面起了很大的作用。美国的学生指导机构有四大类:私立机构和服务机构;地方团体;联邦政府或州政府所设的机构;中小学校和大学的服务设施。为了开展好学生指导工作,我国应建立如下专门组织:

1. 政府:教育行政部门应设立专门的学生指导管理部门。该部门应同劳动、就业、企业等有关部门和组织,设立"学生指导咨询委员会",为学生指导的开展提供智力支持。

2. 校外:建立校外指导机构,如学生指导信息中心、心理协会、学生指导协会、医疗部门等。

3. 校内:成立学生指导中心或学生指导处/室等。为了搞好学生指导工作,学校应成立"学生指导工作委员会"及学生指导中心或学生指导处/室等,中心将全面负责学生的学业、心理、升学、就业等各个方面的指导。同时,要建立一支以校内骨干教师为核心,整合高校、家长、社会资源于一身的工作队伍。

学校成立的学生指导机构既可设立在德育处,即"学生指导室",扩大现有的德育处的职能,开展学生指导工作;也可以增设"学生指导处",成为和德育处、教学处平行的机构,并和其他机构一起开展学生指导工作。下图的"学生指导中心"是在学生指导工作委员会领导下,统筹整合学校教学处、德育处、年级处、校外资源各方面力量,形成职责明确的学校指导工作体系,详见图 9-3。

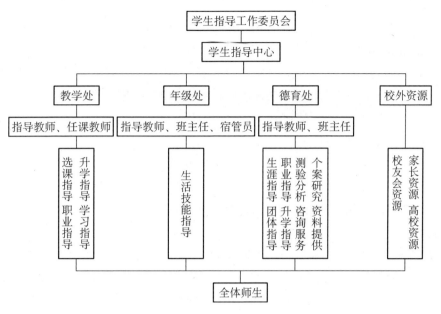

图9-3 校内学生指导组织框架图

四、加强学生指导人员的培养,提高其职业化和专业化水平

我国普通高中对学生的理想、心理、学业等多方面的指导长期以来主要由班主任教师负责,其他任课教师起辅助作用。虽然有少数中学已经配备了专业的指导教师,但师生比悬殊非常大。因此,当务之急必须解决我国普通高中专职、专业的学生指导教师严重缺乏的问题。这可通过在职培训、学位教育、建立职业准入制度三步走的方式加以解决。

(一)加大学生指导从业人员的培训力度

根据美国2007~2008年各州专业指导教师与学生统计数据,全美的平均比为1:460。[①] 如果我国按照1:500配备高中学生指导专职教师的话,全国将需要近500万人。由于我国开展学生指导工作目前正处于起步阶段,高校也没有设置相关专业培养专业的指导教师,因此,缺乏专业的指导教师是顺利开展此项工作的一大瓶颈。因此,必须加大学生指导从业人员的培训力度,以解燃眉之急。

如各省市可以依托师范院校或著名的咨询服务公司建立专门的学生指导教师培训中心,有计划、有组织地培养专业的指导教师。同时,还要加强班主任、任课教师的在职培训,以提高他们开展学生指导活动的理论及实践水平。

---

① 杨光富:《国外中学学生指导的实践与特色》,《全球教育展望》2011年第2期,第71页。

另外,也可以通过建立师资库,实现全国和区域师资共享机制。国家应设立专项资金,把既懂理论又会实务还擅长培训的专家吸纳到学生指导专业师资培训师资库里。也可以聘请国外、港台学生指导专家。可以组织这些专家编写培训材料,指导各省市开展培训工作等。为发挥师资更大的作用,应建立全国和各省、自治区、直辖市学生指导专业师资培训师资库,并实行联网,各地可以根据师资特长和教育培训的需求,加以聘请。

培训对象既要包括专职的指导教师,也包括非专职的指导教师。其中,非专职的指导教师包括班主任、科任教师、教育管理人员等。专职指导教师的培训应侧重对普通高中学生指导相关的目标、理论和知识的学习,以及测量评估、团体辅导、个体咨询等方面的实际操作技能训练等。而非专职指导教师的培训主要包括对普通高中学生指导相关的目标、内容、任务和理论的学习,掌握识别学生问题的基本方法以及初步的发展指导技能等。通过系统的周期培训,逐步建立起以专职学生指导教师和班主任、心理咨询教师(专职学生指导教师以后可替代心理咨询教师)为骨干,全体教师共同参与的专兼结合、共同参与、协调合作的学生指导教师队伍。

(二) 高校设立"学生指导"新专业

法国在 20 世纪 70 年代提高了方向指导人员的地位,通过招考的方式,选拔优秀的人才来担任方向指导人员,这类人员被称为"顾问"。被录取的方向指导顾问学员在正式工作前,还必须要接受两年全面系统的培训,这主要由法国全国劳动与职业方向研究所负责,毕业后获得硕士文凭。像美国、日本、加拿大等国对学生指导人员学历要求都很高,一般为硕士文凭,有的甚至还要获得相关的资格证书。国外学生指导人员一般均为硕士,甚至博士毕业,这也是由学生指导工作的性质决定的。为了提高我国学生指导从业人员的素质,建议我国高校尽快开设"学生指导"这一新的专业,培养学生指导方向的硕士研究生、博士研究生。根据法国等国的经验,学生指导硕士(包括学生指导教育硕士)、博士点可建在师范院校心理学、社会学、教育学等相关院系,或联合培养。招考对象倾斜有一定工作经验的教育工作者或社会其他人员,采取理论学习和社会实践相结合的方式。也通过"学生指导教育硕士"这一专业招收在职教师,采取"2+1"的方式,即 2 年在校理论学习,1 年回校进行实践的方式。

(三) 设立学生指导职业准入制度

我国对于青少年学生的教育也强调全员参与,提倡"全员育人、全过程育人、全方位育人"。但从我国学校实际情况看,一些从事学校教育工作的人员构成较为复杂,水平相差很大,一些学校教职工不具备教师资质,甚至有教师对于教育学、心理学的基本知识不够了解,这就造成了学生教育及指导工作的随意性和盲目性。

为避免这种情况,提高学生指导的科学性,必须要有专业的指导人员参与并承担学生指导工作。学校可以设置学生指导的专职人员,而且专职人员必须获得相应的资格证书,真正具有从事指导学生各方面的专业能力。为此,我国应尽快制定"学生指导人员的从业标准",一方面使指导教师知道学生指导所从事的内容及从业准则;另一方面,也可清晰地描述学生在接受发展指导以后应该表现出来的结果特征,便于评价和操作。

五、整合各方资源,建立学生指导信息中心

法国的信息与方向指导中心主要职责是传递学生指导相关信息,是法国开展方向指导的重要机构,在实践中取得了较好的效果。我国教育部门应该会同社会相关部门,整合多方资源,建立学生指导信息中心,信息中心的重要职能是搜集整理与学生指导有关的资料,并建立全国性的学生指导信息资源库,为学生、家长、教师等提供有关高校专业、职业分类与介绍、考试升学等各种最新的信息资源。

该中心还有其他的职责,如开展学生指导研究,出版学生指导研究成果;为来访者或到校学生提供指导工作;为指导教师或班主任提供专业的培训服务;定期或不定期向学校分发指导信息等。

学生指导就其广泛的意义而言指学生在校期间,教育者除了完成教学任务以外,还要对学生个人在学业、就业、生活等方面的疑难进行科学的、有效的指导,使其在德、智、体等方面得以全面发展。它在尊重学生个性的基础上,重视个别差异和自主性,它有着课堂教学和学生管理所取代不了的功能。另外,普通高中学生面临着升学、就业的巨大压力,使得高中阶段成为个体心理、学业、生涯困惑与问题的高发时期;同时,这一阶段又是个体心理、生理走向成熟,人生观、价值观形成的重要时期,是个体选择未来方向、走向社会的重要转折。实践证明,学生指导是为使学生在德、智、体等方面全面发展而进行的一种科学的、有效的指导。因此,学生指导工作既满足高中阶段学生多样化发展的需求,同时也满足促进学生全面发展的需要。

从世界基础教育发展的趋势来看,学生指导集心理指导、学业指导与职业规划指导三项服务为一体,为学生全面和谐发展提供综合性服务,已成为世界上许多国家、地区所公认的与教学和管理并重的现代普通学校的三大职能之一。国外学生指导的成功实践为我们提供了有益的参考,而当务之急是我国应加强对学生指导工作的重视,一方面继续做好学生指导的试点工作,为大面积推广做好准备;另一

方面,我国还应尽快组建一支既包括中国大陆地区和港澳台的学者,也包括来自国外的专家团队,加强学生指导工作的理论研究,吸收、借鉴国外学生指导的成功做法,并结合我国大陆的具体情况,编写学生指导教材、研制学生指导标准、开展师资培训、指导学校开展指导工作等,以便使我国大陆地区尽快建立一个完善的学生指导制度。

进一步思考

1. 为什么说现代学生指导制度起源于美国?
2. 简述早期学生指导先驱代表人物及其贡献。
3. 日本学校内学生指导体系有什么特点?
4. 美国的学生指导主要包括哪些内容?
5. 日本的学生指导主要包括哪些内容?
6. 国外学生指导工作有哪几个方面的特色?
7. 谈谈你对我国开展学生指导工作的建议。

延伸阅读

霍益萍、朱益明主编:《普通高中学生发展指导研究》,上海:华东师范大学出版社 2013 年版。

方晓义、袁晓娇、邓林园、胡伟:《构建适合我国的普通高中学生发展指导制度》,《北京师范大学学报》(社会科学版)2013 年第 1 期。

黄向阳:《学生发展指导制度建设刍议》,《教育发展研究》2010 年第 15～16 期。

霍益萍:《试论我国普通高中转型发展中的几个根本问题》,《教育理论与实践》2009 年第 7 期。

王玉国、袁桂林:《我国普通高中学生发展指导:实践、问题与政策建言》,《教育学报》2013 年第 5 期。

杨光富:《国外中学学生指导的实践与特色》,《全球教育展望》2011 年第 2 期。

朱益明:《"生涯规划与发展指导"课程实施构想》,《教育科学研究》2010 第 8 期。

朱益明:《论高中学生的生涯指导》,《思想理论教育》2011 第 10 期。

朱益明:《普通高中实施学生发展指导的行动策略》,《基础教育》2012 年第 2 期。

朱益明:《审视高中导师制:学生发展指导的视角》,《基础教育》2011 第 6 期。

John M. Brewer. History of vocational guidance: Origins and early development. New York, NY: Harper & Brothers 1942.

Lysander Salmon Richards. Vocophy: The New Profession. A System Enabling a Person to Name the Calling Or Vocation One is Best Suited to Follow. Pratt Brothers, 1881.

Norman C. Gysbers. A History of School Counseling. American School Counselor Association 2010.

Donald G. Zytowski. Frank. Parsons and the Progressive Movement. The Career Development Quarterly, Vol. 50 September 2001.

Ella Stephens Barrett. Vocational Guidance and the George-Barden Act. The High School Journal, Vol. 31 No. 1 Jan. ~Feb. 1948.

Erik J. Porfeli. Hugo Münsterberg and the Origins of Guidance. The Career Development Quarterly, Vol. 57 Issue 3 March 2009.

Hande Sensoy Briddick. The Boston Vocation Bureau's First Counseling Staff. Career Development Quarterly, Vol. 57 March 2009.

Mark L. Savickas. Pioneers of the vocational guidance movement: a centennial celebration. Career Development Quarterly, Vol. 57 Issue 3 Mar 2009

Mark Pope, Jesse Buttrick Davis (1871 ~ 1955): Pioneer of Vocational Guidance in the Schools. Career Development Quarterly, Vol. 57 Issue 3 Mar 2009.

National Council of Teachers of English. Vocational Guidance Work in the Grand Rapids Central High School. The English Journal, Vol. 3 No. 9 Nov. 1914.

William C. Briddick. Frank Findings: Frank Parsons and the Parson Family. Career Development Quarterly, Vol. 57 Issue 3 Mar 2009.

附 录

附录一　学校指导教师道德标准①

序　言

美国学校指导教师协会(American School Counselor Association，ASCA)是一个专业组织，其成员为学校指导教师(school counselors)。他们获得了学校指导工作的认证或授权，具有独特的资格与技能，从而很好地解决所有学生在学术、个人/社会以及职业发展等方面的需求。其成员也包括学校指导项目的主管/监督人(directors/supervisors)和指导教育专家(counselor educators)。以下的道德标准是学校指导教师在工作时必须遵守的伦理职责(ethical responsibility)。学校指导项目的主管/监督人应该熟知这些标准，为指导人员提供帮助，并维护这些标准。同样，指导教育专家也应熟知这些标准，并传授给学生，同时为指导人员提供帮助，并维护这些标准。

专业的学生指导教师是指导工作的倡导者、领导者、合作者和顾问，他们把指导工作与学校的使命结合起来，为学生提供公平的机会，并促成他们学业的成功。为此，他们将遵循如下专业职责的基本原则：

1. 每个学生都有权获得尊重与尊严，都有机会获得全方位学校指导项目(comprehensive school counseling program)的服务。该项目倡导并保证所有学生在接受指导时不因不同的人群而受到歧视，具体包括：民族/种族身份、年龄、经济状况、残疾、语言、移民身份、性取向、性别、家庭类型、宗教信仰等。

2. 每个学生都有权得到信息与帮助，并确保其在团体中的地位，以便让他们进行自我指导与自我发展。在指导时，还要给那些因各种原因没有得到足够教育的人群给予特殊的关注，如有色人种、来自低收入家庭的学生、残疾者以及母语是非

---

① 注：《学校指导教师道德标准》(Ethical Standards for School Counselors)是由美国学校指导教师协会(ASCA)于1984年发布的。此后的1992年、1998年、2004年、2010年多次进行修订，本附录译自2010年版本。英文版本详见：http://www.schoolcounselor.org/search.aspx？＋Standards＋of＋Practice&searchtext＝Ethical＋Standards＋for＋School＋Counselors&searchmode＝exactphrase。

英语的学生等。

3. 每个学生都有权了解其教育选择的意义，以及这些选择对未来所面临的各种机会的影响。

4. 每个学生都有权保护隐私，因此要求指导教师与学生的关系受到法律、政策以及道德准则中保密性原则的保护。

5. 每个学生都有权要求学校环境的安全，在接受指导教师指导时，避免受到虐待、欺凌、忽视、骚扰或其他形式的暴力。

为保证高质量的诚信水平、领导力以及专业性，在这份文本中，ASCA 详细地列出了其成员必须遵守的道德行为准则，并澄清了学校指导教师、学校指导项目主管/监督人以及指导教育专家所要承担的普遍道德标准。制定指导教师道德标准的目的如下：

1. 为所有专业的学校指导教师、学校指导项目的主管/监督人以及指导教育专家提供一个道德实践指南，无论其级别、领域或服务的人群有何不同，以及是否为本专业协会的成员。

2. 为自我评估和同伴评价提供一个标准，具体涉及学校指导教师对学生、父母/监护人、同事和专业合作者、学校、社区及指导专业的责任。

3. 向学生、父母或监护人、教师、行政管理人员、社区成员等利益相关者说明学校指导专业最好的道德实践、价值及所期待的行为等。

A. 对学生的责任

A.1. 对学生的责任

专业的学生指导教师应该：

1. 对学生负有首要的责任，尊重其独特性与尊严。

2. 对每个学生的教育、学术、生涯、个人与社会需求等方面加以关注，并鼓励每个学生得到最大限度的发展。

3. 尊重每个学生的价值观、信仰和文化背景，绝不能把指导教师的个人价值观强加给学生或其家人。

4. 通晓与学生有关的法律、法规与政策，并努力保护学生的权利。

5. 促进每个学生的福利，与之开展合作，开发一个促使其成功的行动计划。

6. 考虑让学生所重视的支撑性网络参与指导工作。

7. 在指导实践中，知道与学生之间的距离是否恰当，任何与性有关或恋爱均为非法，无论学生年龄多大都必须禁止，因为它严重违反道德。

8. 在指导之前,必须考虑会给学生或他们其中的家人带来的潜在伤害。

A. 2. 保密性

专业的学生指导教师应该:

1. 学生接受指导服务时,必须告诉他们指导的目的、目标、方法以及程序规则。以适当的方式告诉他们关于指导的保密性问题,提示学生同意有关事项前必须理解保密性限制的规定。专业人员要知道即使做出了让学生知情同意的尝试,但绝不能代替学生作出指导决定。

2. 以恰当的方式解释保密性限制,如通过课堂指导课程、学生手册、学校指导工作手册、学校网站、口头通知或学生、学校与社区沟通等方式。

3. 要认识到学校保密的复杂性。保守秘密,除非法律规定将保密的信息公开,否则将会对学生造成可预见性的严重伤害。这种伤害对学校里每个未成年人又是不同的,这取决于每个学生的发展情况及实际的年龄、特定的场合、父亲的权利及伤害的种类等。

4. 要认识到对学生情况进行保密是他们的首要职责,但同时要考虑父母/监护人固有的法律权利在他们孩子生活中的作用,特别是在具有价值取向的问题上。需要平衡学生的道德权利,让他们作出抉择,他们有能力给出赞同或同意,或让父母和家庭的法律权利与责任来保护这些学生,让他们自己作出决定。

5. 尽可能地促进学生的自治或独立性,使用最恰当,少侵入破坏的方法。

6. 国家立法没有明文规定禁止发布学生信息,但如果与学生有关系的第三方有很高的风险因此种关系感染上常见的传染性和致命性的疾病时,要向第三方通告有关信息。发布信息需要满足以下几个方面的条件:

(1) 是学生确定的合作伙伴或合作伙伴已经被确认;

(2) 学校指导教师建议学生告诉合作伙伴,避免进一步的高危行为;

(3) 学生拒绝;

(4) 学校指导教师告知学生意图,并通知合作伙伴;

(5) 学校指导教师写信给学区法人代表,咨询有关通知合作伙伴的合法性问题。

7. 当没有得到同意而发布保密信息,可能会给学生或指导关系带来潜在的危险时,应请求法庭不要公开信息。

8. 根据联邦和州的法律以及学校的政策规定,如《家庭教育权和隐私权法案》(Family Educational Rights and Privacy Act, FERPA),对指导中收集的学生信息进行保密,并按照上述规定进行发布。学生电子信息的储存与转移和传统学生档案的管理要求相同,但要认识到电子信息传输中保密性较差的弱点。紧急的信息如学生曾有自杀倾向，必须通过打电话等方式亲自传达给所接收的学校。

A. 3. 学术、生涯/大学/中学后的教育机会以及个人/社会指导计划

专业的学生指导教师应该：

1. 给学生提供全方位学校指导项目，该项目符合美国学校指导教师协会（American School Counselor Association，ASCA）颁布的《学校指导项目的国家标准》(The National Standards for School Counseling Programs)的要求，强调与所有的学生一起共同努力，培养学生个人/社会、学术及职业的目标。

2. 确保公平的学术、生涯、中学后教育的机会，以及所有学生都有机会使用资料以帮助他们缩小成绩差距。

3. 提供并促进学生的生涯意识和职业探索精神，提供高中后教育计划，以帮助离开学校的学生能对各种机会加以选择。

A. 4. 双重关系

专业的学生指导教师应该：

1. 避免双重关系(dual relationships)，因为它可能会损害指导教师自身的客观性，同时也会增加对学生的伤害风险（例如：对他们的家庭成员、孩子的亲密朋友、同事等进行指导）。如果双重关系无法避免，学校指导教师有责任采取行动消除或减轻对学生的潜在伤害。保护措施包括明确授权、接受咨询、安排督导以及文件记录等。

2. 始终和学生保持适当的专业的距离(professional distance)。

3. 通过诸如社交网站和学生进行交流，从而避免与学生的双重关系。

4. 避免与学校工作人员的双重关系，因为这可能破坏学校指导教师与学生之间的关系。

A. 5. 适当的转介

专业的学生指导教师应该：

1. 当外部资源对学生或家庭有必要和适合时，将学生进行转介(referrals)。适当的转介必须告知父母/监护人和学生可用的资源，制订合适的过渡计划，使指导服务受到的损害降低到最小限度。学生在任何时候都有权停止接受指导。

2. 在学校指导教师能力范围之内，对所有的学生进行帮助与教育，以防其出现个人与社会的问题。但当指导的需求超过学校指导教师从教育与培训中所获得的能力时，必须对学生进行必要的转介，为其寻找适当的临床治疗专业资源。因为学校很难有这样的资料来治疗诸如饮食障碍、性创伤、药物依赖和其他成瘾问题，因为这些都需要持续的临床治疗或援助。

3. 当试图培养学生与其他提供指导人员的关系时，其信息必须由学生或父母/监护人签字后才能提供。

4. 当学生不再需要指导服务，或转介会更好地满足学生需求时，指导教师可以终止指导工作。

A.6. 团体活动

专业的学生指导教师应该：

1. 筛选适当的团体成员，要了解参与者的需要以及团体的目标。学校指导教师要采取合理的预防措施保护成员避免其因团体成员之间的交流，而在生理和心理上受到伤害。

2. 了解最好的实践就是告诉学生父母/监护人让孩子参与小组活动。

3. 在小组活动中，设立一个明确的预期，并明确地告知学生无法保证小组指导中的保密性问题。考虑学校里未成年的身体年龄与心理年龄，同时也要认识到未成年人对保密工作不重视的情况，这会造成一些话题不适合在学校团体活动中出现。

4. 对小组成员进行必要随访，并进行适当的文字记录。

5. 培养专业能力，继续接受适当的教育、培训与监督。

6. 促进团体活动，其活动应该是简单的，针对问题的解决，并结合学术、生涯、大学与个人/社会中的各种各样的问题。

A.7. 对自己或其他人有危险

专业的学生指导教师应该：

1. 在一个学生的情况显示对本人或其他人有危险时，要通知学生的父母/监护人或适当的官方机构。这样做之前要经过认真的权衡，并和其他专业的指导人员进行磋商。

2. 当一个孩子需要处于危险之中时，要把风险评估汇报给学生父母。因为孩子有时为了避免进一步审查或要求将情况告知父母，他们有时会采取欺骗的手段，因此指导教师绝不能否认学生会受到伤害的风险。

3. 当一个学生对本人或其他人有危险时，指导教师知晓释放这样一个学生的法律与道德责任。

A.8. 学生的档案

专业的学生指导教师应该：

1. 依据法律、法规、制度流程以及保密方针，维护和保存好为学生进行的专业服务所必需的记录。

2. 按照国家的法律，保存学生专有档案（sole-possession records）或学生的个案记录，这要和学生受教育档案分开保存。

3. 认识到学生专有档案的限制，这些档案对其创建者来说只是记忆辅助工具，如果没有授权,公开这些档案可能被传唤。当档案内容被人分享或以口头或书面的形式传递给他人,或所包含的信息超过专业的观点或个人所观察到的,这些材料可能就变成了教育档案。

4. 制订一个清理学生专有档案和个案记录的时间表。建议指引包括:当一个学生转介到下一个阶段治疗,或转到另一所学校就读或毕业,必须用碎纸机销毁学生的专有档案。法庭可能需要关于虐待儿童、自杀、性骚扰或暴力方面的档案,因此在销毁前,必须要小心谨慎,在深思熟虑后再做出决定。

5. 了解并遵守《家庭教育权和隐私权法案》(FERPA,1974),该法案保护学生的档案,并允许父母对孩子教育档案的使用问题发表自己的观点。

A.9. 评估、评价与解释

专业的学生指导教师应该:

1. 坚持所有关于选择、管理以及解释评价方法的专业标准。学校指导教师在实践中也要利用这些评估措施。

2. 当利用评价或评估工具以及利用电子项目的时候,要考虑其保密性问题。

3. 在评估之前,需要考虑学生的发育年龄、语言技能以及参加评估的能力水平等因素。

4. 用学生能理解的语言,对评估/评价措施的性质、目的、结果以及潜在的影响进行解释。

5. 对评估结果与解释的使用进行监控,并采取合理的措施,以防止他人滥用信息。

6. 如果当事人所在人群与标准化评价工具的常模所涉范围不同,在使用该评价技术、实施评估以及解释当事人的表现时要提出警示。

7. 通过问责手段,特别是通过检查工作来缩小成就、机会与程度等方面的差距,并评估其项目在对学生的学术、生涯和个人/社会发展影响的有效性。

A.10. 技术

专业的学生指导教师应该:

1. 推进计算机应用所带来的好处,并明确其使用的局限性。专业的学校指导教师在促进计算机使用方面要做到:(1)计算机应用适合学生的个人需求;(2)学生要知道如何使用计算机;(3)提供后续的咨询帮助。

2. 倡导所有的学生都能平等地应用计算机技术,尤其是历史上一直匮乏服务的地区。

3. 在使用计算机、传真机、电话、语音信箱、电话应答机和其他电子或计算机技术储存、转移学生信息和教育档案时,要采取适当合理的措施来确保其保密性。

4. 了解《家庭教育权和隐私权法案》(FERPA)的意图及其对分享学生电子档案的影响。

5. 考虑到网络欺凌干扰学生教育过程和基本指导课程的程度，根据研究及最佳的实践经验，设计方案对这个潜在危险的普遍性问题加以干预。

A.11. 同伴帮助者项目

专业的学生指导教师应该：

1. 当与同行助手或学生援助项目一起工作时，同伴帮助项目有其独特的责任。学校指导教师有责任保护学生在自己的指导下，参与到同伴项目中去。

2. 最终负责适当的培训与监督，让学生成为学校指导项目中同伴帮助项目的支持者。

B. 对父母/监护人的责任

B.1. 父母的权利与责任

专业的学生指导教师应该：

1. 尊重父母/监护人对孩子的权利与责任，努力地与父母/监护人建立合作关系，以促进孩子最大限度的发展。

2. 家庭困难孩子的效能和福利(effectiveness and welfare)受到影响，而对其家长提供帮助时，要遵守法律、当地的政策和道德实践标准。

3. 对文化与社会差异性的敏感，认识到所有父母/监护和非监护人肩负着保护孩子利益的权利与责任，这是由他们的角色和法律所赋予的。

4. 告诉父母学校所提供的学生指导服务的性质。

5. 披露学生信息时必须遵守《家庭教育权和隐私权法案》(FERPA)。

6. 与父母/监护人合作，一起建立恰当的合作关系，以更好地为学生提供指导服务。

B.2. 父母/监护人与保密性

专业的学生指导教师应该：

1. 向父母/监护人说明学校指导教师的角色，强调指导教师与学生之间指导关系的保密性特征。

2. 要意识到为学校未成年人提供服务时，指导教师要尽可能地与学生父母/监护人一起通力合作。

3. 尊重父母/监护人的秘密，这是合理的，这可以使学生的最佳利益受到保护。

4. 采取适当的、符合对学生道德责任的方式，客观谨慎地向父母/监护人提供准确全面的相关信息。

5. 父母/监护人想了解学生的有关信息时，应尽力满足他们的意愿，除非法院命令明文禁止。在离婚或分居的情况下，学校指导教师应采取善意的努力，通报双方家长，让他们关注自己的孩子，同时避免在离婚诉讼中支持父母中的一方。

C. 对同事和专业合作者的责任

C. 1. 专业关系

专业的学生指导教师、学校指导项目的主管/监督人和指导教育专家应该：

1. 建立并保持与教职员工及行政管理人员的关系，以促进最佳指导项目的实施。

2. 对待同事要表现出专业上的尊重、礼貌与公正。

3. 认识到教师、员工及行政管理人员在学生个人与社会技能发展方面都起很大的作用，是促进学生成功的强大助手。为了有利于学生发展，学校指导教师应努力发展与所有教职员工的关系。

4. 了解可以向其转介学生的相关专业人员和组织机构的情况，并合理地利用这些资源。

C. 2. 与其他专业人员分享信息

专业的学生指导教师应该：

1. 促使大家了解和遵循适当的保密指南，区分公共与私密信息，向职员提供咨商服务。

2. 为专业人员提供精确、客观、简洁以及有意义的资料，以便为学生进行适当的评估、指导与帮助。

3. 当一个学生从其他指导教师或心理健康专业人员那里获得服务，为了避免学生与父母/监护人的混淆与冲突，那么经当事人同意后，指导教师要告知其他专业人员（自己和学生已有的指导关系），并制定明确的协议。

4. 知道"信息发布"的过程及父母在分享这些信息的权利，试图与其他专业人士建议一个对学生有利的合作与协作的关系。

5. 要认识到教职员工和行政管理人员在学生个人与社会技能发展方面起的作用，为了有利于学生，必须给他们"需要知道"的信息。与学校其他指导人员进行磋商，这对确定需要知晓的信息很有帮助。当分享学生的机密信息时，基本的关注点与职责永远是学生。

6. 保存关于学生的适当记录，制订一个把这些记录转介到另一个专业学校指导教师的计划。文档的转介必须保护其机密性,有益于被记入档案学生的需求。

C.3. 围绕学校指导教师的角色开展合作与教育工作

学生指导教师、学校指导项目的监督人/主管和指导教育专家应该:

1. 分享学校指导项目的作用,确保指导资料驱动每个学生在学术、生涯/高校学习和个人/社会成功的能力,并与所有利益相关者一起,得出具体的成果与指标。

2. 经纪人(broker)服务学校的内部和外部事务,帮助确保每个学生都能接受到学校指导项目,并获得专门的学术、生涯/高校学习和个人/社会成功的能力。

D. 对学校、社区和家庭的责任

D.1. 对学校的责任

专业的学生指导教师应该:

1. 支持并保护学生最佳利益,反对任何对他们教育计划的侵犯。

2. 在尊重学生和学校指导教师之间的保密性同时,把可能对学校的使命、人员以及财产造成潜在破坏和损害的情况通报给相关官员。

3. 知晓并支持学校的使命,把学生指导工作与学校的使命结合起来。

4. 在提供服务满足学生需要的同时,描述并提升学校指导教师的角色。学校指导教师要向学校有关官员通报,在通过指导服务时可能会限制或降低自己工作效率的情况。

5. 学校指导教师职位的雇用仅考虑有教育、培训、受督导经历,拥有州与国家专业证书以及适当专业经验的胜任者。

6. 帮助发展:(1)课程与环境条件要与学校和社区的特点相适应;(2)教育方式和项目要满足学生的发展需求;(3)针对学校全方位指导项目、服务以及人员的系统评估机制;(4)建议一个数据驱动的评估流程,用以指引全方位发展学校指导项目和服务的提供。

D.2. 对社区的责任

专业的学生指导教师应该:

1. 与社区机构、各类组织和个人进行合作,最大限度地增进学生的利益,不掺杂个人回报和酬劳方面的目的。

2. 通过与社区资源合作,扩大全方位学校指导项目对所有学生的影响与机会,以促进学生获得成功。

3. 促进所有学生在获得社区资源方面的平等。

4. 不能用学校指导教师的专业角色在校外进行任何形式的私人治疗或咨询,

并从中牟利。

E. 对自我的责任

E.1. 专业能力

专业的学生指导教师应该：

1. 在个人专业能力范围内发挥才能，对自己的行为后果负责。

2. 监控情感与身体健康情况，以确保指导的最佳效果。

3. 监控个人职责，了解关心学生的高标准要求。在这个重要的岗位上，必须维持对专业人员的信任，避免活动可能导致专业服务的不足，或降低他们与学校社区成员互动的有效性，专业与个人成长应贯穿于指导教师的整个生涯之中。

4. 通过个人努力，跟上目前的研究，并维持自己在倡导、小组活动、合作、咨询、学校指导项目的协调、知识与技术的使用、领导力、公平地使用资料进行评估等方面的胜任能力。

5. 确保参与各种各样的机会并促进自己、其他教育专家和学校指导教师的专业发展，这主要通过每年的继续教育，主要包括：参加专业的学校指导会议；阅读专业的学校指导期刊；参加专门为教育员工准备的学校指导教师问题研讨会等。

6. 通过定期参加有关道德决策问题的演讲，增进个人自我意识、专业效能和道德实践。当道德和专业问题在指导实践中出现时，有效率的学校指导教师将会寻求督导的帮助。

7. 保持目前专业协会成员资格，以确保得到道德方面的最佳实践案例。

E.2. 多元文化与社会正义倡导及领导力

专业的学生指导教师应该：

1. 监控并扩大个人多元文化和社会正义倡导意识、知识与技能。为了确保个人信仰与价值观，学校指导教师应争取获得模范文化能力，而不是把它强加给学生或利益相关者。

2. 发展各种能力，了解偏见和各种各样的压迫如何影响自己、学生及所有的利益相关者，如体能歧视、年龄歧视、阶级歧视、家庭主义、性别歧视、异性恋、移民主义、语言主义、种族主义、宗教多元主义和性别歧视等。

3. 在与不同人群的工作中，获得教育、咨询和培训经验，以提高自己的意识、知识，技能和工作效率，如民族/种族身份、年龄、经济状况、特殊需要、ESL 或 ELL、移民身份、性取向、性别、性别认同/表达、家庭类型，宗教/灵性身份和外观等。

4. 肯定每一个学生和所有利益相关者的多元文化和语言认同。提倡为每一个学生和所有利益相关者提供公平的学校指导项目政策及实践,包括提供翻译人员以及双语/多语种的学校指导项目教材,这些材料的语种应为社区内所有家庭使用的语言,并为残疾学生提供适合的住宿。

5. 在各种形式的交流中,使用具有包容性及符合文化习惯的负责任的语言。

6. 为学生家长提供定期的研讨会及书面或电子材料,增加学校与家庭之间的相互理解、双向合作交流及友好的氛围,以此提高学生的成绩。

7. 作为学校的倡导者和领导者,创建一个公平的学校指导项目,帮助缩小成绩、机会与成就之间的差异,因为这些差异会让所有学生丧失追求自己教育目标的机会。

F. 对专业的责任

F.1. 专业性

专业的学生指导教师应该:

1. 作为美国学校指导教师协会(The American School Counselor Association)的一名会员,应接受处理违反道德行为的相关政策和程序。

2. 指导自己的行为,以促进个人的道德实践与专业发展。

3. 参与相关研究,依据教育和心理研究实践,报告研究的结果。但需要使用数据或项目规划时,学校指导教师对学生的个人身份要进行保密。

4. 在实施任何研究之前,要寻求机构及家长/监护人的同意,并保证研究材料的安全。

5. 遵守职业道德标准和其他的官方政策声明,如美国学校指导教师协会(ASCA)、ASCA 的《学校指导项目的国家标准》(The National Standards for School Counseling Programs)以及由联邦、州和当地政府制定的相关法规。

6. 澄清个人的言论和行动与代表学校指导专业言论和行动之间的界限。

7. 不能利用自己的专业职位去为自己的私人实践招揽或争取客户,或寻求、接受不正当的个人收益、不公平的优势、不恰当的关系以及工作收入之外的物品或服务。

F.2. 对专业的贡献

专业的学生指导教师应该:

1. 积极参与专业协会的活动,对以数据驱动学校指导项目的每年实施情况进行评估,并分享其结果和最佳的实践。

2. 为新手专业人员提供支持、咨询与指导服务。

3. 有责任阅读并遵守《美国学校指导教师道德标准》(ASCA Ethical Standards),遵守适用法律及法规。

F.3. 对寻求实习的学校指导教师候选人的管理

专业的学生指导教师应该:

1. 为学校指导实习生提供学术、生涯、大学入学和个人/社会指导等方面的适当经验。

2. 确保学习指导教师候选人在开发、实施和评估以数据驱动的学校指导项目如 ASCA 的《学校指导项目的国家标准》等方面获得经验。

3. 确保学校指导工作的实习拥有具体可衡量的服务提供、管理与问责制度。

4. 学校指导教师候选人在实习期间,要确保其有合适的责任保险。

5. 学校指导教师应该实地考察每个实习生,最好是学生指导实习生和现场监督均在场的情况下。

F.4. 学校指导教师与学校指导项目和其他专业人士的合作与教育

学校指导教师和学校指导项目的主管/监督人与特殊教育专家、学校护士、学校社工、学校心理学家、大学指导教师/管理官员、理疗学家、职业治疗师和语言病理学家共同合作,为学生和所有的利益相关者提供最佳的服务。

G. 对标准的维护

人们期望专业的学校指导教师一直保持道德行为标准。

G.1. 当严重怀疑同事的道德行为存在问题时,以下的步骤可作为行动指南:

1. 学校指导教师应该在保密状态下与专业同事进行磋商,讨论自己所看到的问题在本质上是否违反了道德。

2. 只要可能,学校指导教师应直接告诉同事其行为存在的问题,一同寻找解决的办法。

3. 学校指导教师应该保存所采取措施的一切文档。

4. 如果以个人的能力没有找到现成的解决方法,学校指导教师要利用学校、学区、州学校指导协会以及美国学校指导教师协会(ASCA)道德委员会等渠道来解决。

5. 如果问题仍未得到解决,需转交到以下道德委员会,让它们来重新审查问题并采取适当的解决方法,顺序为:(1)州学校指导协会(The State School Counseling Association);(2)美国学校指导教师协会(ASCA)。

6. 美国学校指导教师协会道德委员会(The ASCA Ethics Committee)的职责为:

（1）ASCA 依据道德标准教育并指导协会成员；

（2）定期回顾并介绍道德准则的修订情况；

（3）接受和处理道德准则应用过程中出现的问题。这些问题必须以书面报告的形式提交给 ASCA 道德委员会主席。

（4）道德委员会应处理各种涉嫌违反道德标准的申诉。因此在全国指导协会的层面上，申诉应以书面报告的形式提交给 ASCA 道德委员会，同时抄送给 ASCA 道德委员会执行总监，地址为：1101 King St.，Suite 625，Alexandria，VA 22314。

G. 2. 当学校指导教师在被迫情况下工作，或遵守不影响职业道德的政策，学校指导教师应有责任通过正确的渠道来补救这一情况。

G. 3. 当面临任何道德困境时，学校指导教师、学校指导项目的主管/监督人和指导教育专家应使用伦理决策模型，如采用《学校道德问题解决》[①]（Solutions to Ethical Problems in Schools)方案中所指引的步骤（Stone，2001)：

（1）对问题进行界定；

（2）应用 ASCA 道德标准和法律；

（3）考虑学生发展的时间顺序和水平；

（4）考虑当时的环境以及父母与未成年人的权利；

（5）应用道德原则；

（6）确定你潜在的行动路线及其后果；

（7）对所选择的行动进行评估；

（8）磋商；

（9）实施行动方案。

附录二　霍兰德职业倾向测验量表[②]

本测验量表将帮助您发现和确定自己的职业兴趣和能力特长，从而更好地做出求职择业的决策。如果您已经考虑好或选择好了自己的职业，本测验将使您的这种考虑或选择具有理论基础，或向您展示其他合适的职业；如果您至今尚未确定职业方向，本测验将帮助您根据自己的情况选择一个恰当的职业目标。本测验共有七个部分，每部分测验都没有时间限制，但请您尽快按要求完成。

[①] 《学校道德问题解决》原文详见：http://www. ndsca. org/docs/conference/steps-solutions-to-ethical-problems-in-schools. pdf——著者注

[②] 黄艳编著，陈俊、魏晨光、陈竞等参编：《职场博弈素质培养》，武汉：华中科技大学出版社 2012 年版，第 5～13 页。

1. 您心目中的理想职业（专业）

对于未来的职业（或升学或进修的专业），您得早有考虑，它可能很抽象、很朦胧，也可能很具体、很清晰。不论是哪种情况，现在都请您把自己最想干的三种工作或最想读的三种专业，按顺序写下来。

————————　　　————————　　　————————

2. 您所感兴趣的活动（活动量表）

下面列举了若干种活动，请就这些活动判断您的喜好。喜欢的，请在"是"栏里打√；不喜欢的在"否"栏里打×。选中1项得1分，请按顺序回答全部问题。

R:实验型活动

	是	否
1. 装配修理电器或玩具	————	————
2. 修理自行车	————	————
3. 用木头做东西	————	————
4. 开汽车或摩托车	————	————
5. 用机器做东西	————	————
6. 参加木工技术学习班	————	————
7. 参加制图描图学习班	————	————
8. 驾驶卡车或拖拉机	————	————
9. 参加机械和电气学习班	————	————
10. 装配修理机器	————	————

统计"是"一栏得分计————————

A:艺术型活动

	是	否
1. 素描/制图/绘画	————	————
2. 参加话剧/戏剧	————	————
3. 设计家具/布置室内	————	————
4. 练习乐器/参加乐队	————	————
5. 欣赏音乐或戏剧	————	————
6. 看小说/读剧本	————	————
7. 从事摄影创作	————	————

8. 写诗或吟诗　　　　　　　　　＿＿＿＿　　＿＿＿＿

9. 参加艺术(美术/音乐)培训班　＿＿＿＿　　＿＿＿＿

10. 练习书法　　　　　　　　　　＿＿＿＿　　＿＿＿＿

统计"是"一栏得分计＿＿＿＿＿＿

I:调查型活动

	是	否
1. 读科技图书和杂志	＿＿＿＿	＿＿＿＿
2. 在实验室工作	＿＿＿＿	＿＿＿＿
3. 改良水果品种,培育新的水果	＿＿＿＿	＿＿＿＿
4. 调查了解土和金属等物质的成分	＿＿＿＿	＿＿＿＿
5. 研究自己选择的特殊问题	＿＿＿＿	＿＿＿＿
6. 解算术或玩数学游戏	＿＿＿＿	＿＿＿＿
7. 物理课	＿＿＿＿	＿＿＿＿
8. 化学课	＿＿＿＿	＿＿＿＿
9. 几何课	＿＿＿＿	＿＿＿＿
10. 生物课	＿＿＿＿	＿＿＿＿

统计"是"一栏得分计＿＿＿＿＿＿

S:社会型活动

	是	否
1. 学校或单位组织的正式活动	＿＿＿＿	＿＿＿＿
2. 参加某个社会团体或俱乐部活动	＿＿＿＿	＿＿＿＿
3. 帮助别人解决困难	＿＿＿＿	＿＿＿＿
4. 照顾儿童	＿＿＿＿	＿＿＿＿
5. 出席晚会、联欢会、茶话会	＿＿＿＿	＿＿＿＿
6. 和大家一起出去郊游	＿＿＿＿	＿＿＿＿
7. 想获得关于心理方面的知识	＿＿＿＿	＿＿＿＿
8. 参加讲座会或辩论会	＿＿＿＿	＿＿＿＿
9. 观看运动会或体育比赛	＿＿＿＿	＿＿＿＿
10. 结交新朋友	＿＿＿＿	＿＿＿＿

统计:"是"一栏得分计＿＿＿＿＿＿

E:事业型活动

	是	否
1. 说服鼓动他人	_____	_____
2. 卖东西	_____	_____
3. 谈论政治	_____	_____
4. 制订计划、参加会议	_____	_____
5. 以自己的意志影响别人的行为	_____	_____
6. 在社会团体中担任职务	_____	_____
7. 检查与评价别人的工作	_____	_____
8. 结交名流	_____	_____
9. 指导有某种目标的团体	_____	_____
10. 参与政治活动	_____	_____

统计"是"一栏得分计_____

C:常规型(传统型)活动

	是	否
1. 整理好桌面和房间	_____	_____
2. 抄写文件和信件	_____	_____
3. 为领导写报告或公务信函	_____	_____
4. 检查个人收支情况	_____	_____
5. 打字培训班	_____	_____
6. 参加算盘、文秘等实务培训	_____	_____
7. 参加商业会计培训班	_____	_____
8. 参加情报处理培训班	_____	_____
9. 整理信件、报告、记录等	_____	_____
10. 写商业贸易信	_____	_____

统计"是"一栏得分计_____

341

3. 您所擅长的活动(潜能量表)

下面列举了若干种活动,其中您能做且能做好的事,请在"是"栏里打√;反之,在"否"栏里打×。请回答全部问题。

R:实际型活动

	是	否
1. 能使用电锯、电钻和锉刀等木工工具	_____	_____
2. 知道万用表的使用方法	_____	_____
3. 能够修理自行车或其他机械	_____	_____
4. 能够使用电钻床、磨床或缝纫机	_____	_____
5. 能给家具和木制品刷漆	_____	_____
6. 能看建筑设计图	_____	_____
7. 能够修理简单的电气用品	_____	_____
8. 能修理家具	_____	_____
9. 能修理收录机	_____	_____
10. 能简单地修理水管	_____	_____

统计"是"一栏得分计_____

A:艺术型能力

	是	否
1. 能演奏乐器	_____	_____
2. 能参加二重或四重唱表演	_____	_____
3. 独唱或独奏	_____	_____
4. 能扮演剧中角色	_____	_____
5. 能创作简单的角色	_____	_____
6. 会跳舞	_____	_____
7. 能绘画、素描或书法	_____	_____
8. 能雕刻、剪纸或泥塑	_____	_____
9. 能设计板报、服装或家具	_____	_____
10. 写得一手好文章	_____	_____

统计"是"一栏得分计_____

I:调研型能力

	是	否
1. 懂得真空管或晶体管的作用	_____	_____
2. 能够列举三种蛋白质多的食品	_____	_____
3. 理解铀的裂变	_____	_____

4. 能用计算尺、计算器、对数表 ———— ————

5. 会使用显微镜 ———— ————

6. 能找到三个星座 ———— ————

7. 能独立进行调查研究 ———— ————

8. 能解释简单的化学 ———— ————

9. 理解人造卫星为什么不落地 ———— ————

10. 经常参加学术的会议 ———— ————

统计"是"一栏得分计————

S:社会型能力

	是	否
1. 有向各种人说明解释的能力	————	————
2. 常参加社会福利活动	————	————
3. 能和大家一起友好地工作	————	————
4. 善于与年长者相处	————	————
5. 会邀请人、招待人	————	————
6. 能简单易懂地教育儿童	————	————
7. 能安排会议等活动顺序	————	————
8. 善于体察人心和帮助他人	————	————
9. 帮助护理病人和伤员	————	————
10. 安排社团组织的各种事务	————	————

统计"是"一栏得分计————

E:事业型能力

	是	否
1. 担任过学生干部并且干得不错	————	————
2. 工作上能指导和监督他人	————	————
3. 做事充满活力和热情	————	————
4. 有效利用自身的做法调动他人	————	————
5. 销售能力强	————	————
6, 曾作为俱乐部或社团的负责人	————	————
7. 向领导提出建议或反映意见	————	————
8. 有开创事业的能力	————	————

9. 知道怎样做能成为一个优秀的领导 ＿＿＿＿＿ ＿＿＿＿＿

10. 健谈善辩 ＿＿＿＿＿ ＿＿＿＿＿

统计"是"一栏得分计＿＿＿＿＿

C:常规型能力

	是	否
1. 会熟练地打印中文	＿＿＿	＿＿＿
2. 会用外文打字机或复印机	＿＿＿	＿＿＿
3. 能快速记笔记和抄写文章	＿＿＿	＿＿＿
4. 善于整理保管文件和资料	＿＿＿	＿＿＿
5. 善于从事事务性的工作	＿＿＿	＿＿＿
6. 会用算盘	＿＿＿	＿＿＿
7. 能在短时间内分类和处理大量文件	＿＿＿	＿＿＿
8. 能使用计算机	＿＿＿	＿＿＿
9. 能搜集数据	＿＿＿	＿＿＿
10. 善于为自己或集体做财务预算表	＿＿＿	＿＿＿

统计"是"一栏得分计＿＿＿＿＿

4. 你所喜欢的职业

下面列举了多种职业,请逐一认真地看,如果是您有兴趣的工作,请在"是"栏里打√;如果是你不太喜欢、不关心的工作,请在"否"栏里打×。请回答全部问题。

R:实际型活动

	是	否
1. 飞机机械师	＿＿＿	＿＿＿
2. 野生动物专家	＿＿＿	＿＿＿
3. 汽车维修工	＿＿＿	＿＿＿
4. 木匠	＿＿＿	＿＿＿
5. 测量工程师	＿＿＿	＿＿＿
6. 无线电报务员	＿＿＿	＿＿＿
7. 园艺师	＿＿＿	＿＿＿
8. 长途公共汽车司机	＿＿＿	＿＿＿

9. 电工 _____ _____

统计"是"一栏得分计_____

S：社会型职业

	是	否
1. 街道、工会或妇联干部	_____	_____
2. 小学、中学教师	_____	_____
3. 精神病医生	_____	_____
4. 婚姻介绍所工作人员	_____	_____
5. 体育教练	_____	_____
6. 福利机构负责人	_____	_____
7. 心理咨询员	_____	_____
8. 共青团干部	_____	_____
9. 导游	_____	_____
10. 国家机关工作人员	_____	_____

统计"是"一栏得分计_____

I：调研型职业

	是	否
1. 气象学或天文学者	_____	_____
2. 生物学者	_____	_____
3. 医学实验室的技术人员	_____	_____
4. 人类学者	_____	_____
5. 动物学家	_____	_____
6. 化学家	_____	_____
7. 数学家	_____	_____
8. 科学杂志的编辑或作家	_____	_____
9. 地质学家	_____	_____
10. 物理学家	_____	_____

统计"是"一栏得分计_____

E:事业型职业

	是	否
1. 厂长	_____	_____
2. 电视制片人	_____	_____
3. 公司经理	_____	_____
4. 销售员	_____	_____
5. 不动产推销员	_____	_____
6. 广告部长	_____	_____
7. 体育活动主办者	_____	_____
8. 销售部长	_____	_____
9. 个体工商业者	_____	_____
10. 企业管理咨询人员	_____	_____

统计"是"一栏得分计_____

A:艺术型职业

	是	否
1. 乐队指挥	_____	_____
2. 演奏家	_____	_____
3. 作家	_____	_____
4. 摄影家	_____	_____
5. 记者	_____	_____
6. 画家、书法家	_____	_____
7. 歌唱家	_____	_____
8. 作曲家	_____	_____
9. 电影、电视演员	_____	_____

统计"是"一栏得分计_____

C:常规型职业

	是	否
1. 会计师	_____	_____
2. 银行出纳员	_____	_____
3. 税收管理员	_____	_____
4. 计算机操作员	_____	_____

5. 簿记人员 ———— ————

6. 成本估算员 ———— ————

7. 文书档案管理员 ———— ————

8. 打字员 ———— ————

9. 法庭书记员 ———— ————

10. 人口普查登记员 ———— ————

统计"是"一栏得分计————

5. 您的能力类型简评

下面两张表是您在六个职业能力方面的自我评定表。您可以先与同龄者比较出自己在每一方面的能力,经斟酌后对自己的能力进行评估。请在表中适当的数字上画圈。数字越大,表示你的能力越强。

注意:请勿全部画同样的数字,因为人的每项能力不可能完全一样。

自我评定表 1

R 型	I 型	A 型	S 型	E 型	C 型
机械操作能力	科学研究能力	艺术创作能力	解释表达能力	商业洽谈能力	事务执行能力
7	7	7	7	7	7
6	6	6	6	6	6
5	5	5	5	5	5
4	4	4	4	4	4
3	3	3	3	3	3
2	2	2	2	2	2
1	1	1	1	1	1

自我评定表 2

R 型	I 型	A 型	S 型	E 型	C 型
体育技能	数学技能	音乐技能	交际技能	领导技能	办公技能
7	7	7	7	7	7
6	6	6	6	6	6
5	5	5	5	5	5
4	4	4	4	4	4
3	3	3	3	3	3
2	2	2	2	2	2
1	1	1	1	1	1

6. 统计和确定职业倾向

请将2～5的全部测验分数按前面已统计好的六种职业倾向（R型、I型、A型、S型、E型和C型）得分填入下表中，并做纵向累加。

自我评定表3

测试	R 型	I 型	A 型	S 型	E 型	C 型
感兴趣的活动						
擅长获胜的活动						
喜欢的职业						
自我评定 A						
自我评定 B						
总分						

请将表1～3中的六种职业倾向总分按大小顺序依次从左到右排列：

_____型、_____型、_____型、_____型、_____型、_____型。

最高分为_____，最低分为_____，你的职业倾向性得分为_____。

7. 您所看重的东西——职业价值观

这一部分测验列出了人们在选择工作是通常会考虑的九种因素（见所附工作价值标准）。现在请您在其中选出最重要的两项因素，并将序号填入下边相应空格上。

最重要：_____   次重要：_____

最不重要：_____   次不重要：_____

附：工作坐标标准

1. 工资高、福利好
2. 工作环境（福利方面）舒适
3. 人际关系良好
4. 工作稳定有保障
5. 能提供较好的受教育机会
6. 有较高的社会地位
7. 工作不太紧张、外部压力少
8. 能充分发挥自己的能力特长
9. 社会需要与社会贡献大

以上全部测验完毕。

现在,将您测验得分居第一位的职业类型找出来,对照下表,判断一下自己适合的职业类型。

职业索引——职业兴趣代号与其相应的职业对照表:

R(实际型):木匠、农民、操作 X 光的技师、工程师、飞机机械师、鱼类和野生动物专家、自动化技师、机械工(车工、钳工等)、电工、无线电报务员、火车司机、长途公共汽车司机、机械制图员、机器或电器师。

I(调查型):气象学家、生物学家、天文学家、药剂师、动物学家、化学家、科学报刊编辑、地质学家、植物学家、物理学家、数学家、实验员、科研人员、科技作者。

A(艺术型):室内装饰专家、图书管理专家、摄影师、音乐教师、作家、演员、记者、诗人、作曲家、编剧、雕刻家、漫画家。

S(社会型):社会学者、导游、福利机构工作者、咨询人员、社会工作者、社会科学教师、学校领导、精神病工作者、公共保健护士。

E(事业型):推销员、进货员、商品批发员、旅馆经理、饭店经理、广告宣传员、调度员、律师、政治家、零售商。

C(常规型):记账员、会计、银行出纳、法庭速记员、成本估算员、税务员、核算员、打字员、办公室职员、统计员、计算机操作员、秘书。

下面介绍与您三个代号的职业兴趣类型一致的职业表,对照的方法如下:首先根据您的职业兴趣代号,在下表中找出相应的职业,例如您的职业兴趣代号 RIA;那么牙科医助手、陶工等是适合您兴趣的职业。然后寻找与您职业兴趣代号相近的职业,如您的职业兴趣代号是 MIA,那么,其他由这三个字母组成的编号(如IRA、IAR、ARI 等)对应的职业,也较适合您的兴趣。

RIA:牙科医生助手、陶工、建筑设计员、模型工、细木工、制作链条人员。

RIS:厨师、林务员、跳水员、潜水员、染色员、电器修理师、眼镜制作员、电工、纺织机器装配工、服务员、装玻璃工人、发电厂工人、焊接工。

RIE:建筑和桥梁工程、环境工程、航空工程、公路工程、电力工程、信号工程、电话工程、一般机械工程、自动工程、矿业工程、海洋工程、交通工程技术人员、制图员、家政服务人员、计量员、农民、农场工人、农业机械操作、清洁工、无线电修理、汽车修理、手表修理、管工、线路装配工、工具仓库管理员。

RIC:船上工作人员、接待员、杂志保管员、牙医助手、制帽工、磨坊工、石匠、机器制造、机车(火车头)制造、农业机器装配、汽车装配工、缝纫机装配工、钟表装配和检验、电动器具装配、鞋匠、锁匠、货物检验员、电梯机修工、托儿所所长、钢琴调音员、装配工、印刷工、建筑钢铁工作、卡车司机。

RAI：手工雕刻、玻璃雕刻、制作模型人员、家具木工、制作皮革品、手工绣花、手工钩针纺织、排字工作、印刷工作、图画雕刻、装订工。

RSE：消防员、交通巡警、警察、门卫、理发师、房间清洁工、屠夫、锻工、开凿工人、管道安装工、出租汽车驾驶员、货物搬运工、送报员、勘探员、娱乐场所的服务员、起卸机操作工、灭害虫者、电梯操作工、厨房助手。

RSI：纺织工、编织工、农业学校教师、某些职业课程教师（诸如艺术、商业、技术、工艺课程）、雨衣上胶工。

REC：抄水表员、保姆、实验室动物饲养员、动物管理员。

REI：轮船船长、航海领航员、大副、试管实验员。

RES：旅馆服务员、家畜饲养员、渔民、渔网修补工、水手长、收割机操作工、搬运行李工人、公园服务员、救生员、登山导游、火车工程技术员、建筑工作、铺轨工人。

RCI：测量员、勘测员、仪表操作者、农业工程技师、化学工程技师、民用工程技师、石油工程技师、资料室管理员、探矿工、煅烧工、烧窑工、矿工、保养工、磨床工、取样工、样品检验员、纺纱工、炮手、漂洗工、电焊工、锯木工、刨床工、制帽工、手工缝纫工、油漆工、染色工、按摩工、木匠、农民建筑工作、电影放映员、勘测员助手。

RCS：公共汽车驾驶员、一等水手、游泳池服务员、裁缝、建筑工作、石匠、烟囱修建工、混凝土工、电话修理工、爆炸手、邮递员、矿工、裱糊工人、纺纱工。

RCE：打井工、吊车驾驶员、农场工人、邮件分类员、铲车司机、拖拉机司机。

IAS：普通经济学家、农场经济学家、财政经济学家、国际贸易经济学家、实验心理学、工程心理学家、心理学家、哲学家、内科医生、数学家。

IAR：人类学家、天文学家、化学家、物理学家、医学病理、动物标本剥制者、化石修复者、艺术品管理者。

ISE：营养学家、饮食顾问、火灾检查员、邮政服务检查员。

ISC：侦察员、电视播音室修理员、电视修理服务员、验尸室人员、编目录者、医学实验技师、调查研究者。

ISR：水生生物学者、昆虫学者、微生物学家、配镜师、矫正视力者、细菌学家、牙科医生、骨科医生。

ISA：实验心理学家、普通心理学家、发展心理学家、教育心理学家、社会心理学家、临床心理学家、目标学家、皮肤病学家、精神病学家、妇产科医生、眼科医生、五官科医生、医学实验室技术专家、民航医务人员、护士。

IES：细菌学家、生理学家、化学专家、地质专家、地理物理学专家、纺织技术专家、医院药剂师、工业药剂师、药房营业员。

IEC：档案保管员、保险统计员。

ICR：质量检验技术员、地质学技师、工程师、法官、图书馆技术辅导员、计算机操作员、医院听诊员、家禽检查员。

IRA：地理学家、地质学家、声学物理学家、矿物学家、古生物学家、石油学家、地震学家、声学物理学家、原子和分子物理学家、电学和磁学物理学家、气象学家、设计审核员、人口统计学家、数学统计学家、外科医生、城市规划家、气象员。

IRS：流体物理学家、物理海洋学家、等离子体物理学家、农业科学家、动物学家、食品科学家、园艺学家、植物学家、细菌学家、解剖学家、动物病理学家、作物病理学家、药物学家、生物化学家、生物物理学家、细胞生物学家、临床化学家、遗传学家、分子生物学家、质量控制工程师、地理学家、兽医、放射性治疗技师。

IRE：化验员、化学工程师、纺织工程师、食品技师、渔业技术专家、材料和测试工程师、电气工程师、土木工程师、航空工程师、刑事官员、冶金专家、原子核工程师、陶瓷工程师、地质工程师、电力工程师、口腔科医生、牙科医生。

IRC：飞机领航员、飞行员、物理实验室技师、文献检查员、农业技术专家、动植物技术专家、生物技师、油管检查员、工商业规划者、矿藏安全检查员、纺织品检验员、照相机修理者、工程技术员、编计算程序者、工具设计者、仪器维修工。

CRI：簿记员、会计、计时员、铸造机操作工、打字员、按键操作工、复印机操作工。

CRS：仓库保管员、档案管理员、缝纫工、讲述员、收款人。

CRE：标价员、实验室工作者、广告管理员、自动打字机操作员、电动机装配工、缝纫机操作工。

CIS：记账员、顾客服务员、报刊发行员、土地测量员、保险公司职员、会计师、估价员、邮政检查员、外贸检查员。

CIE：打字员、统计员、支票记录员、订货员、校对员、办公室工作人员。

CIR：校对员、工程职员、海底电报员、检修计划员、发报员。

CSE：接待员、通讯员、电话接线员、卖票员、旅馆服务员、私人职员、商学教师、旅游办事员。

CSR：运货代理商、铁路职员、交通检查员、办公室通信员、簿记员、出纳员、银行财务职员。

CSA：秘书、图书管理员、办公室办事员。

CER：邮递员、数据处理员、办公室办事员。

CEI：推销员、经济分析家。

CES：银行会计、记账员、法人秘书、速记员、法院报告人。

ECI：银行行长、审计员、信用管理员、地产管理员、商业管理员。

ECS：信用办事员、保险人员、各类进货员、海关服务经理、售货员、购买员、会计。

ERI：建筑物管理员、工业工程师、农场管理员、护士长、农业经营管理人员。

ERS：仓库管理员、房屋管理员、货栈监督管理员。

ERC：邮政局长、渔船船长、机械操作领班、木工领班、瓦工领班、驾驶员领班。

EIR：科学、技术和有关周期出版物的管理员。

EIC：专利代理人、鉴定人、运输服务检查员、安全检查员、废品收购人员。

EIS：警官、侦察员、交通检验员、安全咨询员、合同管理者、商人。

EAS：法官、律师、公证人。

EAR：展览室管理员、舞台管理员、播音员、驯兽员。

ESC：理发师、裁判员、政府行政管理员、财政管理员、工程管理员、职业病防治员、售货员、商业经理、办公室主任、人事负责人、调度员。

ESR：家具售货员、书店售货员、公共汽车的驾驶员、日用品售货员、护士长、自然科学和工程的行政领导。

ESI：博物馆管理员、图书馆管理员、古迹管理员、饮食业经理、地区安全服务管理员、技术服务咨询者、超市管理员、零售商品店店员、批发商、出租汽车服务站调度。

ESA：博物馆馆长、报刊管理员、音乐器材售货员、广告商售画营业员、导游、（轮船成班机上的）事务长、飞机上的服务员、船员、法官、律师。

ASE：戏剧导演、舞蹈教师、广告撰稿人、报刊专栏作者、记者、演员、英语翻译。

ASI：音乐教师、乐器教师、美术教师、管弦乐指挥、合唱队指挥、歌星、演奏家、哲学家、作家、广告经理、时装模特。

AER：新闻摄影师、电视摄影师、艺术指导、录音指导、丑角演员、魔术师、木偶戏演员、骑士、跳水员。

AEI：音乐指挥、舞台指导、电影导演。

AES：流行歌手、舞蹈演员、电影导演、广播节目主持人、舞蹈教师、口技表演者、喜剧演员、模特。

AIS：画家、剧作家、编辑、评论家、时装艺术大师、新闻摄影师、男演员、文学作家。

AIE：花匠、皮衣设计师、工业产品设计师、剪影艺术家、复制雕刻品大师。

AIR：建筑师、画家、摄影师、绘图员、环境美化工、雕刻家、包装设计师、陶器设计师、绣花工、漫画工。

SEC：社会活动家、退伍军人服务官员、工商会事务代表、教育咨询者、宿舍管理员、旅馆经理、饮食服务管理员。

SER：体育教练、游泳指导。

SEI：大学校长、学院院长、医院行政管理员、历史学家、家政经济学家、职业学校教师、资料员。

SEA：娱乐活动管理员、国外服务办事员、社会服务助理、一般咨询者、宗教教育工作者。

SCE：部长助理、福利机构职员、生产协调人、环境卫生管理人员、戏院经理、餐馆经理、售票员。

SRI：外科医师助手、医院服务员。

SRE：体育教师、职业病治疗者、体育教练、专业运动员、房管员、儿童家庭教师、警察、引座员、传达员、保姆。

SRC：护理员、护理助理、医院勤杂工、理发师、学校儿童服务人员。

SIA：社会学家、心理咨询者、学校心理学家、政治科学家、大学或学院的系主任、大学或学院的教育学教师、大学农业教师、大学工程和建筑课程的教师、大学法律教师、大学（数学、医学、物理、社会科学和生命科学的）教师、研究生助教、普通高等教育教师。

SIE：营养学家、饮食学家、海关检查员、安全检查员、税务稽查员、校长。

SIC：描图员、兽医助手、诊所助理、体检检查员、监督缓刑犯的工作者、娱乐指导者、咨询人员、社会科学教师。

SIR：理疗员、救护队工作人员、手足病医生、职业病治疗助手。

后 记

　　本书是教育部人文社会科学青年基金项目"国外中学学生指导制度发展历史探究"的终结性研究成果，以及教育部基础教育二司委托项目"普通高中学生发展指导实施指南"的阶段性研究成果。

　　我结缘于学生指导的研究得益于霍益萍教授的提携与帮助。2009 年 11 月 6 日至 17 日，她派我和黄向阳老师一起赴法国考察法国中小学的方向指导制度，让我第一次有机会近距离观察国外的学生指导工作。2010 年 5 月，我有幸成为霍益萍和朱益明两位教授主持的教育部基础教育二司委托课题"普通高中学生发展指导"课题组成员，主要负责国外学生指导的研究，从而开启了我学生指导的研究之路，而在此之前，学生指导对我来说还是一个陌生的领域。应该说，是霍老师为我打开了这扇窗户，让我第一次接触到这一领域，最终让我与学生指导的研究结下了不解之缘。在研究的过程中，她给我提出了很多有益的建议。书稿完成后，她还欣然为本书作序。她一直的鼓励与肯定让我充满正能量。

　　2010 年 10 月，我获得教育部人文社会科学青年基金项目"国外中学学生指导制度发展历史探究"课题的资助，课题的成功立项离不开杜成宪教授的指导。2010 年 4 月初，"普通高中学生发展指导研讨会"在华东师范大学召开，我受邀在会上作了"国外中学学生指导的实践与特色"的报告，主持人正是杜成宪教授。报告结束后，我收到了他的手机短信，建议我能否以国外学生指导的历史作为研究的主题，进行课题申报。之前我一直积极申报各类课题，也许是选题不当的缘故，屡报屡败，看到短信后我豁然开朗。当时学校正在组织申报教育部课题，于是我认真填写了申报书，并最终获得了立项。杜老师的"指导"让我体会到了年长一代对青年教师的关怀，更体会到了"指导"在年轻人成长中的作用，从而坚定了我把国外学生指导课题研究好的决心。

　　2013 年 11 月至 2014 年 11 月，我获得国家留学基金委的资助，以访问学者的身份在美国加州圣何塞州立大学（San Jose State University）学生指导系学习工作一年。在这一年内我选修了学生指导专业硕士研究生的主干课程，走访了当地的一些中小学，对美国学校学生指导的历史与现状有了初步的了解。我的合作导师詹森·莱克（Jason Laker）教授为我的研究提供了很多的便利，我们定期会面交流最新的研究进展，他还为我推荐了相关的书籍和信息，这些对我书稿的撰写帮助很大。指导系的胡小璐教授认真阅读了我大部分的书稿,并与我进行了深入的讨论,从专业的角度提出了修改建议。

书稿的撰写前后持续了四年时间,遇到的最大困难是资料的缺乏。国外学生指导虽已有一百多年的历史,但我却很难找到一本系统论述各国学生指导制度发展历史的专著,所幸我所在大学图书馆的数据库比较齐全,尽管费尽周折还是找到了我想要的一手文献。另外一大困难是语言的障碍,原本让精通法语、日语、德语的几位老师负责这几个国家的研究,但由于他们的教学研究任务都很繁重,所以我只能靠自己的力量完成。虽然我从英语文献中找到了这几个国家很多的资料,最终也勉强地完成了研究任务,但不免留有遗憾。

2014 年 10 月,书稿正式完成,随之我将它提交给学校申请出版基金资助出版。经外审专家匿名审读和学校会议评审专家的投票表决,本书荣获华东师范大学2014 年"新世纪学术著作出版基金"的资助。在此,我衷心地感谢各位评审专家的宽容与厚爱,让我多年付出的心血终于有了回报。

书稿的撰写得到了我的博士生导师奚洁人教授,硕士生导师邓明言副教授,我本科阶段的恩师合肥师范学院的朱镜人教授,以及华东师范大学教育学系的王保星教授、朱益明教授、王伦信教授等多位教师的鼓励与指点。华东师范大学教育学系陈锋副教授、蒋纯焦副教授、朱治军博士,上海长宁区教育学院的沈岚霞博士参与了课题研究的学术沙龙活动,他们为书稿的撰写提出了很多好的建议。安徽淮南师范学院教育系教师曹丽博士积极参与本课题的研究,并在公开刊物上发表学术论文两篇。我的爱人张宏菊也花了很多时间为我翻译整理了德语方面的文献。

本书第八章第三节"澳大利亚普通中学学生指导概况"由陈凡撰写,书稿的其余章节均由我独立完成。我的硕士研究生孙雪、陈凡、张婷妹、于婷、戴元智几位同学认真阅读校对了书稿。华东师范大学出版社教心分社社长彭呈军先生以及出版社负责本书编辑工作的老师为本书的出版付出了大量的心血。

本书现已出版面世,欢迎感兴趣的读者通过我的邮箱(ecnuygf@126.com)与我作进一步的交流。限于本人的学识和能力,本书中难免有不当甚至错误之处,敬请前辈和同行不吝赐教。

杨光富

2015 年 4 月 26 日

图书在版编目(CIP)数据

国外中学学生指导制度历史演进/杨光富著. —上海:华东师范大学出版社,2015.5
(当代中国普通高中教育研究报告丛书)
ISBN 978-7-5675-3589-3

Ⅰ.①国… Ⅱ.①杨… Ⅲ.①高中－教育研究－国外
Ⅳ.①G639.1

中国版本图书馆 CIP 数据核字(2015)第 104520 号

华东师范大学新世纪学术著作出版基金资助出版

当代中国普通高中教育研究报告丛书

国外中学学生指导制度历史演进

著　者　杨光富
策划编辑　彭呈军
审读编辑　敬鸿章
责任校对　时东明
装帧设计　高　山

出版发行　华东师范大学出版社
社　址　上海市中山北路 3663 号　邮编 200062
网　址　www.ecnupress.com.cn
电　话　021-60821666　行政传真 021-62572105
客服电话　021-62865537　门市(邮购)电话 021-62869887
地　址　上海市中山北路 3663 号华东师范大学校内先锋路口
网　店　http://hdsdcbs.tmall.com

印刷者　常熟市文化印刷有限公司
开　本　700×1000　16 开
印　张　23.25
字　数　413 千字
版　次　2015 年 7 月第 1 版
印　次　2015 年 7 月第 1 次
书　号　ISBN 978-7-5675-3589-3/G·8325
定　价　56.00 元

出版人　王　焰

(如发现本版图书有印订质量问题,请寄回本社客服中心调换或电话 021-62865537 联系)